Baedeker

Allianz Reisefü

Rumänien

www.baedeker.com

Verlag Karl Baedeker

TOP-REISEZIELE ✶✶

Rumänien, der neue Nachbar in der EU, ist noch ein Geheimtipp: Entdecken Sie außer Siebenbürgen mit seinen Kirchenburgen die dicht bewaldeten Karpatenhöhen, Strände an der Schwarzmeerküste, die Landeshauptstadt Bukarest, das Donaudelta, die Walachei, die hügelige Moldau mit ihren Klöstern, die waldreiche Maramuresch oder die weite Dobrudscha.

12 ✱✱ Timişoara
Auf den Spuren der Habsburger und ihrer Barockarchitekten gibt es auch siebenbürgischen Jugendstil und rumänische Lebenslust zu entdecken. ► **Seite 375**

13 ✱✱ Baia Mare
Die Hauptstadt der Maramureş punktet mit ihrer Umgebung, u. a. mit der originellen Holzkirche in Deseşti, einem Museumsdorf in Sighetu Marmaţiei sowie dem »Fröhlichen Friedhof« in Săpânţa.
► **Seite 148**

14 ✱✱ Moldauklöster · Suceava
Höhepunkte in einer zauberhaften Landschaft sind die Klöster Voroneţ, Humor, Moldoviţa und Suceviţa. Die einzigartigen Außenwandmalereien haben sie in der ganzen Welt bekannt gemacht.
► **Seite 284, 362**

15 ✱✱ Iaşi
In Iaşis Altstadt spürt man noch den Glanz der einstigen Hauptstadt der Moldau; gleichzeitig versprüht die Stadt Jugendflair und Lebenslust.
► **Seite 273**

16 ✱✱ Donaudelta
Das UNESCO-Welterbe und Naturparadies bietet einer artenreichen Flora und Fauna Lebensraum. In Histria spaziert man über römisches Pflaster zu den Resten der vermutlich ältesten Siedlung Rumäniens.
► **Seite 387**

17 ✱✱ Constanţa
Auf antiker Spurensuche im »Rotterdam des Ostens«; nicht weit entfernt locken 100 km feinster, weißer Sandstrand an der Schwarzmeerküste.
► **Seite 219**

DIE BESTEN BAEDEKER-TIPPS

Von allen Baedeker-Tipps in diesem Buch haben wir hier die interessantesten für Sie zusammengestellt. Erleben und genießen Sie Rumänien von seiner schönsten Seite!

! Wie vor 2000 Jahren
Westlich von Băile Herkulane mahlen die Dorfbewohner ihr Korn noch wie vor 2000 Jahren. ▸ **Seite 20**

! Auberginencreme
Ausgesprochen lecker und einfach herzustellen ist »salată de vinete«, Auberginencreme. »Poftă bună« – »Guten Appetit« ▸ **Seite 82**

! No roc und nicht dumm!
Vermeiden Sie beim Anstoßen unbedingt das Wort »Prost«, im Rumänischen bedeutet es »dumm«. ▸ **Seite 85**

! Rund um Siebenbürgen
Viele Literaturtipps zu Siebenbürgen-Themen und ein gemütliches Büchercafé zum Stöbern ▸ **Seite 92**

! Ganz aus Eis
Ein romantisches Eishotel in den Fogarascher Bergen ▸ **Seite 95**

! Jungbrunnen
Die Ärztin Ana Aslan und das von ihr entdeckte Elixier ewiger Jugend ▸ **Seite 114**

! Trampen
Trampen ist in Rumänien eine ganz gewöhnliche Fortbewegungsart. Auf jeden Fall ist es üblich, Sprit- oder »Hafergeld« zu bezahlen! ▸ **Seite 119**

! Unterwegs mit der Mocăniţa
Ein besonderes Erlebnis ist die Fahrt mit der Dampflok Mocăniţa von Vişeu de Sus durch das schöne Wassertal. ▸ **Seite 159**

! Vorzüglicher Käse
Der in Tannenrinde gewickelte Schafskäse ist eine rumänische Spezialität.
► Seite 240

! Für Wanderer und Naturfreunde
Das Padiş-Plateau mit Wiesen, Felsformationen, begehbaren Dolinen und drei Seen ist noch ein Geheimtipp. ► Seite 312

! Leckere Brote
In der Umgebung von Sfantu Gheorghe werden an der Straße wundervoll schmeckende Holzofenbrote verkauft.
► Seite 321

! Einblicke
Einblicke in das Leben von Samuel von Brukenthal, mit dem eine Blütezeit der Stadt Sibiu verbunden ist. ► Seite 330

! Für (fast) jeden Geldbeutel
In schöner Umgebung von Cisnădioara (Michelsberg) und nur 10 km von Sibiu (Hermannstadt) entfernt, gibt es Unterkünfte für alle Ansprüche.
► Seite 338

! Für Steinliebhaber

Hier konkurrieren Quarze, Amethyste, Granate und andere Mineralien um die Gunst der Besucher. Das Museum genießt auch bei Fachleuten einen hervorragenden Ruf. ► Seite 380

! Ins Herz des Donaudeltas
Unter Bäumen, durch Schilf und Seerosenteppiche dahingleiten, sich einem Schwarm Pelikane nähern – die Geheimnisse des Labyrinths entdeckt man am besten mit ortskundigen Fischern und kleinen Booten. ► Seite 386

Herz der Altstadt von Braşov (Abb. links)
Szekler und ihre Kultur (Abb. oben)
Moldaukloster Suceviţa (Abb. Mitte)
Im Donaudelta (Abb. unten)

Verkehrsteilnehmer in Rumänien mit einer Pferdestärke
► **Seite 116**

HINTERGRUND

PRAKTISCHE INFORMATIONEN

TOUREN

Eindrucksvolles Panorama: Sibiu, Hermannstadt, vor den Südkarpaten
▸ **Seite 322**

REISEZIELE VON A bis Z

Hintergrund

KURZ UND KNAPP, VERSTÄNDLICH GESCHRIEBEN UND SCHNELL NACHZUSCHLAGEN: WISSENSWERTES ÜBER RUMÄNIEN, SEINE BEWOHNER, WIRTSCHAFT UND GESCHICHTE SOWIE KUNST UND KULTUR.

RUMÄNIEN ENTDECKEN

»Die wirkliche Entdeckungsreise besteht nicht darin, neue Landschaften zu erforschen, sondern darin, mit neuen Augen zu sehen« (Marcel Proust).

An Dracula, Knoblauchzöpfe, Ceauşescu, Armut und Kriminalität denken immer noch die meisten, wenn es um Rumänien geht. Dabei befindet sich das Land seit 1989 im Aufbruch – ohne seine große Vergangenheit zu vergessen – und hat viel zu bieten!
Die landschaftliche Vielfalt mit malerischen Berglandschaften, weiten Feldern und Wiesen und dem Donaudelta ist überwältigend, das Gleiche gilt für die Kulturschätze mit stillen Klöstern, römischen Relikten, herrlichen alten Städten und – vor allem – für seine gastfreundlichen Bewohner.

Kirchenburg Cisnădioara *eines der Wahrzeichen Siebenbürgens*

Nach Bukarest sind es von Berlin, Bonn oder Frankfurt ca. 2100 km, von Wien 1100 km und von Budapest nur noch 900 km. Es ist also gar nicht so weit, wenn man bedenkt, dass die Hauptstadt im Südosten des Landes liegt!

Bekanntes und Unbekanntes

Am bekanntesten sind Siebenbürgen, auch Transsilvanien genannt, mit den Kirchenburgen und den alten Städten Sibiu (Hermannstadt) und Braşov (Kronstadt), das Banat mit den traditionsreichen Metropolen Arad, Timişoara und Oradea sowie die langen Sandstrände am Schwarzen Meer. Doch überraschen auch die übrigen Regionen wie die waldreiche Maramureş, die sanfte, weitläufige Hügellandschaft der Moldau mit ihren kostbaren Klöstern, Bukarest oder das Naturparadies Donaudelta. Neben den größten zusammenhängenden Waldgebieten Europas reist man durch Landschaften, die so still und harmonisch sind wie ein Gemälde. Das Licht zeichnet die Farben so kräftig wie van Gogh und die schneebedeckten Gipfel der Karpaten erheben sich über sanft gewellte Hügel. Immer wieder sieht man Hirten mit ihren Herden über das Gelände ziehen, deren unstillbarer Appetit die ursprüngliche Natur in eine gepflegte Parklandschaft verwandelt hat. Einen Gegensatz dazu bilden die schroffen Schluchten, steilen Felswände und Höhlen, die in geheimnisvolle Tiefen führen.

← Sonnenblumenfeld bei Sibiel

Sibiu, Hermannstadt
Silhouette der Altstadt vor den Gipfeln des Făgăraş-Gebirges

Unberührte Natur
wie hier auf dem Rucăr-Bran-Pass bei dem Erholungsorts Fundata, in der Nähe von Bran

Roma
Ihre Musiker sind unbestrittene Meister.

Klosterkirche Moldoviţa
Ein besonders schönes Beispiel für die mit Fresken verzierten Salkralbauten in der Moldau

Religion und Kirche
Fast 100 Prozent der Rumänen bekennen sich zu einem Glauben. Hier ruft eine Nonne im Kloster Probota zum Gebet.

Burg Râşnov, Rosenau
Eine der wenigen erhaltenen Bauernburgen in Siebenbürgen

Unterschiede und Gemeinsamkeiten

Seit Jahrhunderten leben hier Rumänen, Ungarn, Deutsche, Slawen, Türken, Juden und Roma zusammen. Unterschiedlich sind ihre Religionen und Bauwerke – orthodoxe Klöster, Holzkirchen mit spitzen Türmen, gotische Kathedralen, Synagogen und Moscheen mit schlanken Minaretten, reich geschnitzte Szeklertore, reetgedeckte Bauernhäuschen, bunt gestrichene Siebenbürger Hofhäuser, in der Sonne glänzende Zinkdächer und prächtige Gründerzeitbauten. Gemeinsam ist ihnen slawische Gemütlichkeit, südländische Leichtigkeit, ungarischer Witz und deutsche Ausdauer, Gastfreundschaft sowie die Liebe zum Geschichtenerzählen. Trotz einer gewissen Melancholie eint sie auch Lebensfreude, spürbar u. a. in der Musik, und der Wille, das Schicksal in die eigene Hand zu nehmen wie 1989, dazu ein Talent zur Improvisation, das vor allem unter dem Ceauşescu-Regime überlebenswichtig war und heute noch ungeahnte Möglichkeiten birgt. »So sind die Rumänen: ein ungeordneter Haufen. Ein sympathischer ungeordneter Haufen, über den die Geschichte hinweggeht«, flachst Richard Wagner, der Schriftsteller aus dem Banat.

Donaudelta
Hier steht die Natur unter Schutz.

In Europa gibt es kaum ein Land mit so vielen Gegensätzen: Alte Frauen mit Holzbündel auf dem Rücken ziehen an neu gebauten Villen mit Doppelgarage vorbei, Bauern, die das Heu mit der Sense mähen, werden von Passanten mit modernsten Digitalkameras geknipst. Neueste Automodelle überholen oft in waghalsigen Manövern Pferdefuhrwerke. Aber auch die schnittigsten Pkws müssen hin und wieder vor der Natur kapitulieren, vor einer heimkehrenden Kuhherde, wenn eine Schafherde die Straße kreuzt oder gar vor einem Beerdigungszug, der mit feierlichem Schritt den offenen Sarg zum Friedhof begleitet.

Reisen Sie nach Rumänien und überzeugen Sie sich selbst von den Worten des großen rumänischen Literaten Tudor Arghezi (1880 bis 1967): »Um uns gründlicher kennenzulernen, reichen die flüchtigen Eindrücke nicht aus, die man beim Reisen kreuz und quer durch das Land sammelt. Rumänien verdient es, in allen Einzelheiten erforscht zu werden: die Ergebnisse wären ersprießlich; denn groß ist die Schönheit von Land und Leuten. Geduldig wartet Rumänien darauf, dass seine Eigenheiten entdeckt werden.«

Fakten

Rumänien ist seit 2007 EU-Mitglied, doch noch ist vieles unbekannt: Worin unterscheiden sich Siebenbürgen, Walachei, Moldau und die übrigen Regionen? Trifft man hier noch auf Bären in freier Wildbahn? Wer sind die Vorfahren der Rumänen? Warum stehen Statuen der römischen Wölfin in vielen Städten?

Naturraum

Geografische Gliederung

Geografie

Rumänien ist mit 238 391 km² heute der größte südosteuropäische Staat und etwa zwei Drittel so groß wie Deutschland. Seine 3152 km langen Grenzen teilen sich in 1070 km Land-, 1837 km Fluss- und 245 km Meeresgrenzen. Die Nachbarn im Westen sind Serben und Ungarn, im Norden und Südosten Ukrainer, im Osten Moldawier und im Süden Bulgaren. Manche Rumänen sehen sich daher gerne als eine »Insel der Latinität im Slawischen Ozean« (► S. 101). In Nord-Süd-Richtung erstreckt sich das Land über 500 km, in West-Ost-Richtung sogar über 650 km. Die äußere Form erinnert an eine **Flunder**, ihr spitz zulaufendes Maul weist nach Westen und die Schwanzflosse, das Donaudelta, Richtung Osten. Die Landesfläche besteht zu je einem Drittel aus Ebenen (33 %), Hügeln und Hochebenen (36 %) sowie Bergen (31 %).

Karpaten

Die Karpaten, die Fortsetzung der Alpen, bilden einen nach Norden nur wenig geöffneten ovalen Ring und erinnern an ein römisches **Amphitheater**. Ihr Name (rum. Carpaţii) leitet sich vermutlich vom indogermanischen »kar« (loben) oder vom albanischen »karpe« (Fels) ab. Geografisch untergliedern sie sich in die West-, Ost- und Südkarpaten. In den **Westkarpaten** (Carpaţii Occidentali) gibt es große Karstregionen mit Höhlen, unterirdischen Flussläufen und bizarren Felsformationen. Die **Ostkarpaten** (Carpaţii Orientali), wegen ihres größten Forstgebiets im Land auch **Waldkarpaten** genannt, erstrecken sich vom Prislop-Pass im Norden bis zum Predeal-Pass im Süden. Im Pietros erreichen sie 2305 m ü. d. M. Einige Gebirgszüge sind vulkanisch geprägt, so die Munţii Călimani und die Munţii Harghita. Am Predeal schließen sich die **Südkarpaten** (Carpaţii Meridionali) an, auch Transsilvanische Alpen genannt. Hier, im touristisch gut erschlossenen Făgăraş-Gebirge, liegen Rumäniens höchste Gipfel. Sechs reichen über 2500 m, der höchste ist der 2543 m hohe Moldoveanul. Mit ihren weiten Almen zwischen zerklüfteten Felswänden, steilwandigen Klammen und kleinen Bergseen erinnern sie an die Alpen.

Entstanden sind die Karpaten nach dem mittleren Tertiär aus den Ablagerungen des früheren »Mittelländischen Meeres«. Da sie das Land nicht nur strukturieren, sondern auch zahlreiche Bodenschätze bergen, werden sie auch »Wirbelsäule des rumänischen Volkes« genannt. Ein anderer Name ist »**Wasserturm**«, weil in dem Gebirge **Hunderte von Flüssen** entspringen, darunter Olt (Alt), Mureş (Marosch), Someş (Samosch), Argeş, Şiret, Râmeţ und Jiu (Schil), um nur die größten zu nennen. Alle Flüsse des Landes münden über die Do-

← *Triumphbogen in Bukarest: Symbol der Selbstständigkeit Rumäniens*

Topografie Orientierung

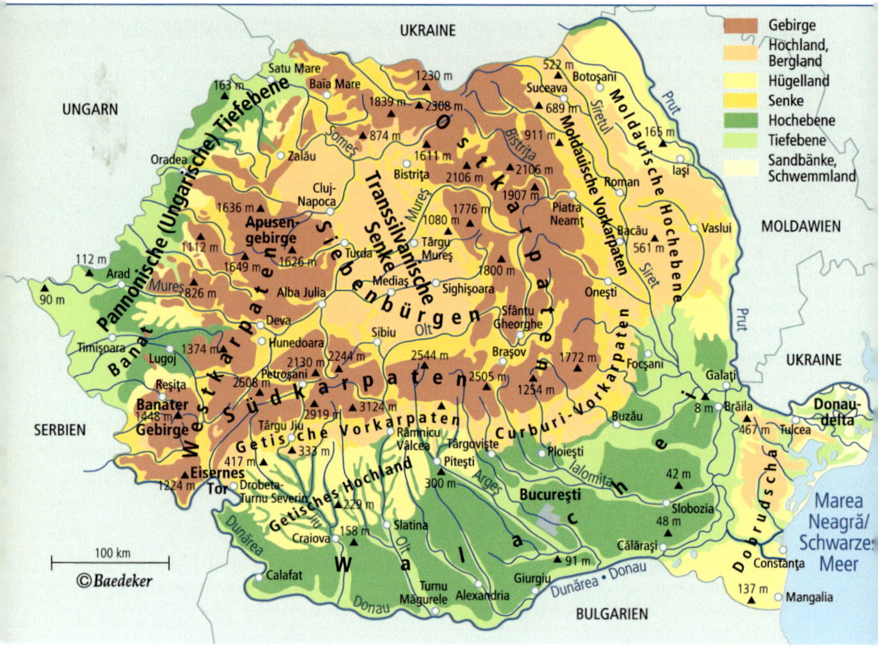

Donau ► nau (Dunărea) ins Schwarze Meer. Die 2750 km lange Donau legt immerhin 1075 km in Rumänien zurück. Neben dem berühmten Donaudurchbruch »Eisernes Tor« ist auch der 58 km lange Engpass des Olt (Alt) in den Südkarpaten ein beeindruckendes Naturschauspiel.

Weitere Gliederung Im Osten des Landes laufen die Karpaten in den **Moldauischen Vorkarpaten** (Subcarpaţii Moldovei) aus, die in die stark gegliederte Moldauische Hochebene (Podişul Moldovei) mit ihrer lang gezogenen Hügellandschaft übergeht. Ganz im Südosten liegt zwischen Schwarzem Meer, Donau und der Grenze zu Bulgarien die **Dobrogea** (Podişul Dobrogei), ein Tafelland mittlerer Höhe. Im Süden erstreckt sich die **Rumänische Tiefebene** (Câmpia Româna), auch Donautiefland genannt, das bedeutendste Agrargebiet. Hier liegen die Hauptstadt Bukarest (Bucureşti) und die Erdölvorkommen des Landes. Im Westen geht die Tiefebene (Câmpia de Vest) über in die **Ungarische Tiefebene**, die Puszta.

Rumäniens Regionen

Kultur, Traditionen und Natur Rumänien ist aus historisch sehr verschiedenen Regionen mit eigener Geschichte und Bevölkerungsstruktur zusammengewachsen. Die

Blick vom Borgó-Pass bei Bistrița auf die Nordkarpaten

waldreiche Maramuresch und das Szeklerland sind vor allem für ihre Holzschnitzkunst bekannt, die Bukowina für die bemalten Klosterkirchen. Die Moldau hat den Ruf, ein großer fruchtbarer Garten zu sein. In Siebenbürgen sind die Städte und Kirchburgen die Hauptanziehungspunkte, in der Dobrudscha das Donaudelta und die Schwarzmeerküste. Weniger bekannt sind die malerisch am Nordrand der Walachei gelegenen orthodoxen Klöster.

Moldau und Bukowina

◄ Moldau

Die Moldau (rumänisch Moldova) im Nordosten des Landes ist nicht zu verwechseln mit der heute selbstständigen Republik Moldawien, obwohl sie eine lange gemeinsame Geschichte und heute den Pruth als Grenze teilen. 1352 gründete Dragoș das Fürstentum Moldau, das sich über den Pruth, das spätere nach dem moldauischen Fürsten Basarab benannte **Bessarabien** und die Bukowina erstreckte. Hauptstadt war zuerst Suceava, später Iași. An die Glanzzeit 1360–1560 erinnern eindrucksvolle Kloster- und Festungsanlagen. Schon im 16. Jh. kam das Land unter die Oberhoheit des osmanischen Reiches und nach dem türkisch-russischen Krieg fiel Bessarabien an den russischen Zaren. 1859 entstand aus der **Vereinigung der Moldau mit der Walachei** das Fürstentum Rumänien, die Wiege des heutigen Staates.

◄ Wiege des rumänischen Staates

Die weitläufige Hügellandschaft der rumänischen Moldau ist bis heute weitgehend agrarisch geprägt, typisch sind die mit Wein überrankten Pergolen der Bauernhäuser. Bekannt sind die Weißweine von Cotnari und Huşi. Aus dieser abgelegenen Gegend stammen zwei der bedeutendsten Persönlichkeiten der rumänischen Kulturgeschichte, der Musiker und Komponist **George Enescu** und der Dichter **Mihai Eminescu**. Für Eminescu war das 1904 m hohe Ceahläu-Massiv der »Olymp der Moldau«; in dem kleinen Bergdorf Durău findet jeden 2. Sonntag im August das Schafhirtenfestival (Festival de Păstori) statt, bei dem man die Volkskunst der Region kennenlernen kann: Teppiche mit orientalisch anmutenden Mustern, Masken, um den Winter auszutreiben, Keramiken, verzierte Eier sowie in Tannenzweigen geräucherte Forelle. Eine großstädtische Atmosphäre mit gewachsener bürgerlicher Kultur findet man heute lediglich in der **Universitätsstadt Iaşi**. In Suceava hat Ceauşescus Abrissbirne nur die alten Kirchen verschont. Eine späte punktuelle Industrialisierung kann nicht darüber hinwegtäuschen, dass die Region zu den ärmsten im Land zählt.

? WUSSTEN SIE SCHON ...?

- ... wie die Moldau zu ihrem Namen und Wappentier kam? Laut einer Legende wollte ein Prinz den mächtigen Auerochsen erlegen, der in seinen Wäldern hauste. Seine Hündin Molda spürte das Tier auf, wurde aber vom Ochsen getötet, der seinerseits vom Prinzen erlegt wurde. Zur Erinnerung nannte der Jäger das Flüsschen Molda und machte den Auerochsen zu seinem Wappentier.

Bukowina ►

Die im Norden anschließende Bukowina, auch Buchenland (Bucovina) genannt, gehört zu einer historischen Landschaft, deren nördliche Hälfte mit der ehemaligen Hauptstadt Czernowitz (Cernăuţi) heute Teil der Ukraine ist. Entsprechend ihrer wechselnden Zugehörigkeit lebten in ihrem bewaldeten Gebirgsland verschiedenste Völker, Juden, Deutsche, Ukrainer, Rumänen, Armenier und Slowaken. Es entwickelte sich eine multikulturelle deutschsprachige Literatur, zu deren bedeutendsten Vertretern Rose Ausländer, Paul Celan und Gregor von Rezzori gehören. Mit Beginn des rumänischen und deutschen Faschismus endete das friedliche Zusammenleben. Hauptsehenswürdigkeiten heute sind die im 15. und 16. Jh. erbauten orthodoxen **Moldauklöster**, deren Außenwände nach 1530 bemalt wurden und die mittlerweile zum UNESCO-Weltkulturerbe gehören.

Siebenbürgen, Transsilvanien

Siebenbürgen (deutsch auch Transsilvanien, rumän. Transilvania oder Ardeal, ungar. Erdély), das Herzstück Rumäniens, umfasst in historischem Sinne lediglich die mittlere Siebenbürgische Hochebene (Depresiunea Transilvaniei). Der ungarische König Geza II. hatte um 1143 deutsche Siedler, Saxones (Sachsen), als Grenzschützer nach Transsilvanien geholt, in das »**Land hinter den Wäldern**«, wie die Übersetzung lautet (► Special S. 278). Diese mitten im Karpatenbogen, zwischen 300 und 800 m ü. d. M. gelegene Region war fruchtbar und reich an Bodenschätzen wie Gold, Salz und Erze. Hier entsprin-

Regionen Orientierung

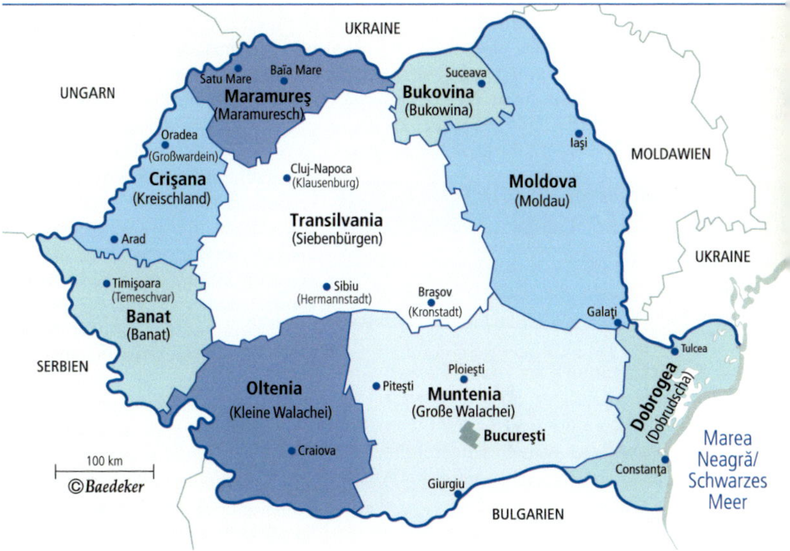

gen die großen Flüsse des Landes Olt (Alt), Mureş (Mieresch/Marosch), Jiu (Schil), Someş (Somesch), Bistriţa (Bistritz) und die Târnave (Kokel). Vor allem im 19. Jh. verband man mit Transsilvanien etwas Geheimnisvolles, Düsteres. Jules Verne und Bram Stoker verlegten ihre Romane »Das Karpathenschloss« und »Dracula« hierher: »Schon das Land, in dem dieser Nicht-Tote seit Jahrhunderten gelebt hat, ist voll von geologischen und chemischen Wundern. Es gibt tiefe Höhlen und Risse, die sich unendlich weit in das Innere der Erde erstrecken. Es gibt dort Vulkane, deren Krater noch heute Wasser von besonderer Beschaffenheit ausspeien und Gase, die töten oder heilen. Zweifellos sind einige dieser Kombinationen geheimer Kräfte magnetischer oder elektrischer Natur und wirken eigenartig auf das animalische Leben ein ...« (Bram Stoker). Heute gehören die »chemischen Wunder«, die **Heilbäder** Ocna Sibiului, Sovata, Băile Tusnad und **Mineralwässer** (Dorna, Borsec), die **mittelalterlichen Städte** Sibiu und Braşov, die **Kirchenburgen** und das berühmte »Dracula-Schloss« **Bran** zu den Hauptreisezielen. Im Szeklerland, ganz im Osten im malerischen Karpatenvorland, leben die einst als Grenzwächter angesiedelten ungarisch sprechenden **Szekler** (►Special S. 370).

◄ Szeklerland

Banat und Kreischland

Das Banat (Banatul), eine historische Region im äußersten Westen Rumäniens zwischen den Flüssen Mureş (Marosch), Tisa (Theiß) und Donau, war lange Zeit Zankapfel zwischen Ungarn, Serben und Rumänen, bis es 1920 im Vertrag von Trianon aufgeteilt wurde. Den größten Zipfel erhielten die Rumänen. Der Name leitet sich wahrscheinlich von dem awarischen Fürstentitel Ban (= reich) ab. Diesen übernahmen die Magyaren und nannten die Region Bánság. Wirtschaftliches und kulturelles Zentrum ist **Timişoara**, wegen der vielen Barockbauten auch »Klein-Wien« genannt. Einen guten Ruf genießen das noch den Charme der vorigen Jahrhundertwende verströmende Băile Felix (Felixbad) und die Weine aus Recaş. Da das Land nach den Türkenkriegen nahezu entvölkert war, warb die Habsburger Krone ab 1716 um neue, bestenfalls katholische Siedler. Dem Ruf folgten überwiegend Deutsche aus der Pfalz, Schwaben, Bayern, Hessen, Elsässer, aber auch die sog. österreichischen Landler, die alle unter dem Namen **Banater Schwaben** oder **Donauschwaben** zusammengefasst wurden. Sie sollten auch ein Gegengewicht zu den bereits hier ansässigen orthodoxen Serben bilden. Außerdem lebten hier schon immer Juden, Kroaten, Bulgaren, Armenier, Rumänen und Slowaken. Im südlichen Banat, nahe der Donau und dem »Eisernen Tor«, wurden Anfang des 19. Jh.s **Tschechen** angesiedelt, deren rund 6000 Nachfahren bis heute an ihren Traditionen festhalten. Nach dem Zweiten Weltkrieg wurde die deutsche Bevölkerung teilweise enteignet und auch deportiert, aber nicht systematisch vertrieben. Der Exodus der Banater Schwaben erfolgte erst in den 1980er- und 1990er-Jahren. An ihre Stelle zogen Siedler aus anderen Teilen Rumäniens, überwiegend Rumänen, aber auch Szekler und Roma.

! *Baedeker* TIPP

Wie vor 2000 Jahren

In dem kleinen abgelegenen Dorf Eftimie Murgu, westlich von Băile Herkulane, und in seiner Umgebung, der 3 km langen Schlucht Cheile Rudariei, gibt es noch 32 von Schaufelrädern angetriebene Wassermühlen. Wenn die Dorfbewohner hier ihr Korn noch wie vor 2000 Jahren mahlen, scheint die Zeit stillzustehen. Besuchern geben sie gerne Auskunft über das vom Aussterben bedrohte Handwerk.

Kreischland ► Das nördlich des Mureş anschließende Kreischland (**Crişana**) ist nach den drei Flüssen Crişul Alb, Negru und Repede (Weiße, Schwarze und Schnelle Kreisch) benannt, die die Region von Ost nach West durchfließen. Historisch bildete es mit der ungarischen Tiefebene die einstige Region **Sathmar**. Die größten Städte sind Arad und Oradea, beide noch mit einem Flair der K.-u.-k.-Monarchie. Viele Kultur- und Naturdenkmäler sind im östlichen **Apuseni-Gebirge** verborgen, neben den traditionellen Holzkirchen gibt es bizarre Höhlen, Schluchten und Hochplateaus.

Maramuresch

Die Maramuresch (Maramureş), eine waldreiche Berglandschaft im Nordwesten, gilt als die ursprünglichste, am meisten in ihren Traditionen verhaftete Region Rumäniens. Alles scheint hier langsamer zu gehen. Ein Sprichwort sagt, die Uhren messen nicht die Stunden, sondern die Ewigkeit. Der abgelegene Winkel wurde **nie von Römern besetzt** und blieb dakisch. Um 900 n. Chr. eroberten die Ungarn die Region und machten sie 1386 zum Komitat Máramaros. Heute gehört der nördliche Teil zur Ukraine, der südliche zu Rumänien. Neben Rumänen, Deutschen, Ungarn und Juden lebten hier immer auch viele **Russinen** (auch Ruthenen genannt), ein kleine slawische Minderheit. Die größten Städte Satu Mare, Baia Mare und Sighetu-Marmației kamen durch Handel und den örtlichen **Bergbau** zu Reichtum. Der Holzreichtum – um 1900 war der Landesteil noch fast vollständig bewaldet – förderte die Entwicklung einer qualitätvollen **Handwerkerkunst**. Aus Holz entstanden kunstvoll mit Ornamenten und Symbolen **geschnitzte Tore**, die berühmten **Holzkirchen** mit spitzen Türmen (Ieud, Surdești und Desești), aber auch Arbeitsgeräte und Gebrauchsgegenstände wie Löffel und Schalen. Ein besonderer Anziehungspunkt ist der **»Fröhliche Friedhof«** von Săpânța. In der Maramuresch widersetzten sich die Bauern lange einer Zwangskollektivierung; stattdessen hielten sie an ihren Traditionen fest wie Teufels- und Schellentänze am Heiligen Abend (24.12.), Winteraustreibung als Bärentanz oder große Feuer zur Sonnenwende (21.6.).

◄ Holzreichtum

Walachei

»Geh' doch in die Walachei!« ist ein verbreiteter Ausdruck, wenn man jemanden möglichst weit fortwünscht. Doch wo die Walachei (rumän. Țara Românească = Rumänisches Land) genau liegt, ist den Wenigsten bekannt. Der Name der historischen Landschaft im Süden Rumäniens geht auf das über Südosteuropa verbreitete romanischsprachige Volk der Walachen zurück.

Der Olt teilt die Walachei in die **Kleine Walachei** (Oltenia, im Westen) und die **Große Walachei** (Muntenia, im Osten). Ab 1324 war die Walachei ein selbstständiges Fürstentum, bis 1330 unter ungarischer Oberhoheit, ab 1395 als tributpflichtiger Vasallenstaat des osmanischen Reiches. Das Königreich Rumänien entstand 1862 durch die **Vereinigung der Walachei mit der Moldau**. Die Hauptstadt Olteniens war Craiova, die Munteniens abwechselnd Târgoviște und Bukarest, alle drei ehemalige Fürstensitze. Die **Landschaft** zwischen Südkarpaten im Norden und der Donau im Süden bestimmt ein Wechsel von Bergland und Tälern. Das überwiegend flache Muntenien ist die »Kornkammer Rumäniens«; größte Stadt ist die rumänische Hauptstadt Bukarest. Große Vorkommen an »Schwarzem Gold« haben zur großflächigen Ölförderung und Verschandelung einiger Regionen wie um Pitești geführt. Touristisch interessant sind neben alten Badekurorten wie Băile Govora und Călimănești vor allem die orthodoxen **Klöster** Horezu, Tismana und Cozia sowie die alten **Fürstenstädte** Curtea de Argeș und Târgoviște. Sehenswert sind auch das Prahova-Tal, der elgante Kurort **Sinaia** mit Schloss Peleș, der einstigen Sommerresidenz der rumänischen Könige. Târgu Jiu, Heimatstadt **Constantin Brâncușis**, besitzt ein bemerkenswertes Skulpturenensemble des bekannten Bildhauers.

◄ Oltenia, Muntenia

◄ Königreich Rumänien

Dobrudscha

Die Dobrudscha (Dobrogea) erstreckt sich vom Unterlauf der Donau entlang der Schwarzmeerküste bis nach Bulgarien. Bereits im 7. Jh. v. Chr. gründeten Griechen hier bedeutende Seehäfen wie Tomis, das heutige Constanța. Später folgten die Römer und ab dem 7. Jh. n.

Chr. gehörte das Gebiet zum neu gegründeten slawo-bulgarischen Staat. Benannt ist es nach dem um 1383 herrschenden bulgarischen Bojaren (Fürsten) Dobrotica. Nach seinem Tod 1396 fiel die Dobrudscha an das osmanische Reich und wurde mit Türken besiedelt. Im 19. Jh. wanderten deutsche Siedler, vor allem Bauern aus dem Zarenreich in die Dobrudscha ein. Seit dem Berliner Kongress 1878 gehört die Nord-Dobrudscha zu Rumänien, die Süd-Dobrudscha kam 1940 endgültig zu Bulgarien. Und auch wenn sich nach dem Zweiten Weltkrieg die Zusammensetzung der bunt gemischten Bevölkerung zugunsten der Rumänen verschoben hat, leben in der Dobrudscha bis heute Rumänen, Bulgaren, Türken, Tataren, Lipowaner, Ukrainer, Griechen, Juden, Armenier, Roma und Dobrudscha-Deutsche.
Seit der Antike wird **Weinbau** betrieben, die bekanntesten Weingüter sind Murfatlar, Oltina und Niculițel. Im Süden werden vor allem Weizen und Mais angebaut. Neben der **Schwarzmeerküste** mit ihren flachen Sandstränden und den bekannten **Badeorten** Mamaia und Mangalia, Klöstern und antiken Stätten gehört das **Donaudelta** zu den Hauptsehenswürdigkeiten der Dobrudscha.

Pflanzen und Tiere

Fauna Rumäniens Fauna gilt als eine der **reichsten und vielfältigsten** in Europa. In den ausgedehnten Wäldern leben Hirsche, Rehe, Mufflons, Wildschweine, Füchse, Marder, Eichhörnchen, Dachse, Luchse und Auerhähne, aber auch Braunbären, Wölfe und Wildkatzen. In den Bergen sind Gämsen und Bartgeier zu Hause und das Donaudelta steht als Vogelparadies unter dem Schutz der UNESCO. Hier nisten Pelikane, Kormorane und Reiher und rasten unzählige Zugvögel, außerdem bietet der Fluss rund 70 Fischarten (u. a. Stör, Hecht und Zander), Fischottern und Biberratten Lebensraum. In den Gebirgsbächen springen Forellen und in der Nähe der Meeresküste gibt es Heringe, Barben und Flundern. Manch ein Besucher hat sogar Delfine gesichtet. An Reptilien findet man außer Echsen, Schleichen, Nattern, Schildkröten und Fröschen auch die scheue, sehr giftige Horn- und Kreuzotter. Für die Steppe sind vor allem Hasen und Kleinnager wie Hamster, Erdhörnchen und Iltisse charakteristisch – eine ideale Beute für den hier ebenfalls heimischen Steppenadler.

Flora Rund 30 % der Landesfläche nehmen **Wälder** ein. Typisch sind Laubwälder, die in höheren Regionen zunehmend von Nadelhölzern durchsetzt sind. Bis 600 bzw. 700 m Höhe dominieren Eichen, Steineichen, Kornelkirschen, Bergahorne, Linden, Birken und Eschen. Mediterrane Bäume wie Edelkastanien und Walnuss findet man vornehmlich im Süden. In höheren Lagen (1200–1400 m) sind Buchen- und Eichenarten typisch. Nadelhölzer (Tannen, Fichten, Lärchen und Föhren) wachsen bis zur Baumgrenze in 1900 m. In der alpinen Graslandschaft findet man auch die unter Naturschutz stehenden Edelweiß und Enzian. An der Donau und im **Donaudelta** gibt es noch Auwälder mit Weiden und Pappeln. Vor allem im Delta kommen zahlreiche Sumpf- und Schilfpflanzen sowie Teppiche von Lotus vor. Eine seltene Kostbarkeit sind die fleischfressenden Pflanzen Wasserschlauch und Wasserhade.

In den übrigen Gebieten wurde die natürliche Vegetation zugunsten einer landwirtschaftlichen Nutzung weitgehend zurückgedrängt. Eine der Kostbarkeiten ist der **großwüchsige Lotus**. Seit Tausenden von Jahren gedeiht das Überbleibsel aus dem Tertiär in Europa nur noch im Peța-Flüsschen in Băile Felix (► S. 311). Dieser Verwandte der Nimphaea lotus, der nur noch in den Tropen, im Niltal, im östlichen Indien, auf den Philippinen, Jawa und Neuguinea anzutreffen ist, besitzt weiß-gelbliche, leicht parfümiert duftende Blüten und steht seit 1931 unter Naturschutz. Weitere botanische Attraktionen in Rumänien sind der **Fliederwald von Ponoarele** – in dem botanischen Reservat ca. 4 km südlich von Baia Aramă (im Norden von Drobeta-Turnu Severin) wird jedes Jahr in der ersten Maihälfte das Fliederfest gefeiert – und der im Frühjahr blühende und betörend duftende riesige **Narzissen-Teppich** (Poiana de Narcise; nordwestlich von Alba Iulia, in der Nähe von Abrud).

◄ Lotus

In Rumänien stehen derzeit ca. 8,5 % der Landschaft unter Naturschutz (►S. 94).

◄ Natur- und Nationalparks

Das Donaudelta, hier bei Mila 23, ist ein einzigartiges Ökosystem.

Klima

Insgesamt ist das Klima Rumäniens von atlantischen Westwinden geprägt mit einem ständigen Wechsel von Hoch- und Tiefdruckgebieten. Dabei machen sich – wie in ganz Südosteuropa – schon deutlich kontinentale Klimaeinflüsse bemerkbar. Typisch dafür sind die großen jahres-, aber auch tageszeitlichen **Temperaturschwankungen**, relativ **geringe Niederschläge**, aber auch sehr **viele Sonnenstunden** im Sommerhalbjahr. Die abwechslungsreichen Landschaften mit Hoch- und Mittelgebirgsformen, gebirgsumrahmten Beckenländern, Hügelzonen oder auch flachen Steppen sowie der mäßigende Einfluss des Schwarzen Meers sind Ursache für zahlreiche regionale Klimaunterschiede und -besonderheiten. Eines ist allen Regionen aber gemeinsam: die im Vergleich zu Mitteleuropa bis zu 40 % höhere Sonnenscheindauer von rund 1800 bis 2300 Stunden im Jahr.

? WUSSTEN SIE SCHON ...?

- Mit durchschnittlich 29 mm Regen/m² an nur 3 Tagen (Constanţa) ist der September am Schwarzen Meer der trockenste Monat des ganzen Jahres.

Bevölkerung · Politik · Wirtschaft

Vielvölkerstaat

In Rumänien leben 21 564 000 Menschen, vor allem **Rumänen** (89,5 %;); über ihre Herkunft gibt es verschiedene Theorien (► Special S. 224). Darüber hinaus gibt es 20 anerkannte ethnische Minderheiten. Die zweitgrößte Gruppe sind die **Ungarn** (7,1 %), im **Szeklerland** in Südostsiebenbürgen stellen sie sogar die Mehrheit, daher ist dort Ungarisch zweite Amtssprache (► Special S. 370). Weitere Hauptsiedlungsgebiete der Magyaren liegen im Grenzgebiet zu Ungarn, um Baia Mare und Târgu Mureş. Das historisch bedingt nicht einfache Verhältnis zwischen Rumänen und Ungarn entspannt sich seit Mitte der 1990er-Jahre. Derzeit ist die Partei der Ungarn sogar an der Regierung beteiligt.

Die **Roma** machen 2,5 % (offiziell) bzw. geschätzte 8 % (► Special S. 28) aus. Sie leben im ganzen Land, vermehrt aber in den Dörfern der ausgewanderten Siebenbürger Sachsen und Donauschwaben. Die **Siebenbürger Sachsen** machen nur noch 0,5 % der Gesamtbevölkerung aus (aus Altersgründen wird ihre Zahl weiter zurückgehen; ► Special S. 278). Auch der Anteil der **Juden** ist mit 10 000 sehr gering, wenn man bedenkt, dass bis 1940 rund 850 000 Juden in Rumänien lebten (►Special S. 200). Zu den übrigen **Minderheiten** gehören die Ukrainer in der Maramuresch und in der Bukowina, Türken, Tataren und Russen in der Dobrudscha, Serben, Slowaken und Tschechen im Banat sowie Armenier im Szeklerland. In der Bukowina gibt es außerdem eine kleine polnische Minderheit.

Zahlen und Fakten Rumänien · România

Staat

- Republik Rumänien (Republică România)
- Parlamentarische Demokratie mit Zweikammersystem
  Staatssprache: Rumänisch
  Nationalfeiertag: 1. Dezember (Proklamation des Anschlusses von Siebenbürgen an das Königreich Rumänien 1918)

Fläche und Lage

- 238 391 km²
  Lage: zwischen 48° 15′ und 42° 37′ nördl. Breite und 20° 16′ und 29° 41′ östl. Länge

Bevölkerung

- Einwohnerzahl: 21 564 000 (2007)
  Bevölkerungsdichte: 93,7 pro km² (Deutschland 227)
  Zusammensetzung: 89,5 % Rumänen, 7,1 % Ungarn, 2,5 % Roma, 0,5 % Deutsche, 0,3 % Ukrainer, wenige Armenier, Bulgaren, Juden, Slowaken, Serben, Tataren, Türken und Russen
  Durchschnittsalter: 36,6 Jahre
  Lebenserwartung: Männer 68, Frauen 75 Jahre

Religion

- Rumänisch-orthodox: 86,5 %, römisch-katholisch: 5 %, griechisch-katholisch: 1 %, reformiert: 3,5 % und andere

Die größten Städte

- Hauptstadt: Bukarest (Bucureşti), ca. 2,064 Mio.
- Iaşi (348 999), Constanţa (344 876), Timişoara (334 098), Arad (191 500), Oradea (225 000), Craiova (310 000), Cluj-Napoca (320 000), Braşov (320 000), Sibiu (170 000)

Wirtschaft

- Bruttoinlandsprodukt pro Kopf: 1900 € (2008)
  Durchschnittseinkommen: ca. 300 € im Monat
  Inflationsrate: 6,6 % (2007)
  Arbeitslosigkeit: 5,4 % (2007)
- Wirtschaftsstruktur:
  Dienstleistungen: 34,5 %
  Industrie: 29,8 %
  Landwirtschaft: 35,7 %

Flagge, Wappen, Hymne

- Flagge: senkrechte, blau-gelb-rote Streifen
  Wappen: Die Brust eines Adlers zieren die vier Wappen der historischen Provinzen Walachei, Moldau, Transsilvanien und Banat sowie zwei Delfine für die Dobrudscha.
  Nationalhymne: seit 1990 »Deşteaptăte, române«, »Erwache, Rumäne«; Text von Andrei Mureşanu (1816–1863), Musik von Anton Pann (1796–1854)

Religion Die bunte Zusammensetzung von Völkern und Kulturen spiegelt sich auch in den unterschiedlichen Sakralbauten der verschiedenen Religionsgemeinschaften wider. Orthodoxe Kirchen und Klöster dominieren im Land und auch die Freude an Neubauten scheint ungetrübt. Die Frömmigkeit, 99,8 % der Bevölkerung bekennen sich zu einer Glaubensrichtung, zeigt sich im Alltag: In Autos, Bussen und im Vorübergehen bekreuzigen sich Gläubige aller Altersgruppen im Angesicht einer orthodoxen Kirche.

Rumänisch-orthodoxe Kirche ► Der größte Teil der Bevölkerung (86,5 %) bekennt sich zur rumänisch-orthodoxen Kirche. Ursprünglich gehörte sie zum byzantinischen Einflussbereich und übernahm im 9. Jh. von ihren Nachbarn die slawische Sprache im Gottesdienst. Der Patriarch von Konstantinopel gründete 1359 den ersten Metropolitensitz des Landes in Curtea de Argeş, der zweite folgte 1401 in Suceava. Erst der orthodoxe Geistliche Coresi (1510–1581) setzte sich um 1557 von Braşov aus für die Einführung der rumänischen Sprache in die Liturgie ein. Einen Einschnitt in der freien Ausübung ihres Glaubens erlebte die rumänisch-orthodoxe Kirche in Siebenbürgen und den angrenzenden westlichen Gebieten. Im Toleranzedikt von Mediaş (1572), das Katholiken, Lutheraner, Reformierte und Unitarier anerkannte, blieb einzig die rumänisch-orthodoxe Kirche ausgeschlossen.

Griechisch-katholische Kirche ► Erst die im 17. Jh. gegründete griechisch-katholische Kirche, die dem orthodoxen Ritus folgt und den Papst in Rom anerkennt, ermöglichte es den Rumänien, einer anerkannten Religion anzugehören. Diese **mit Rom unierte Kirche nach byzantinischem Ritus** verbreitete sich in Siebenbürgen vor allem nach 1693 unter dem Habsburger Kaiser Leopold. Daher gibt es in dieser Region kaum ältere rumänisch-orthodoxe Kirchen bzw. stammen sie, wie die großen Kathedralen in Oradea und Timişoara, aus der vorigen Jahrhundertwende.

Anders war die Lage im sog. Altreich, wo die rumänisch-orthodoxe Kirche ohne Repressalien ihren Glauben ausüben konnte. Mit der Vereinigung von Moldau und Walachei 1862 zum souveränen Staat Rumänien forderte auch sie mehr Selbstständigkeit. Alexandru Ioan Cuza enteignete die Klöster und führte das lateinische Alphabet ein; aber er gründete auch eine von Konstantinopel unabhängige rumänisch-orthodoxe Synode. 1892 gelang der rumänisch-orthodoxen Kirche endgültig die Ablösung von Konstantinopel. Der Sitz des rumänischen Patriarchen wurde Bukarest.

Während des Kommunismus wurde die rumänisch-orthodoxe Kirche geduldet, die griechisch-katholische jedoch der rumänisch-orthodoxen Kirche einverleibt. Wer sich weigerte, kam in ein Arbeits-

? WUSSTEN SIE SCHON ...?

- Zwischen dem 11. und 15. Jh. flohen christliche Armenier vor arabischen, mongolischen, türkischen und persischen Einfällen aus ihrer kaukasischen Heimat zunächst in die Moldau. Später siedelten sie sich im Szeklerland an, wo sie als erfolgreiche Händler bald das wirtschaftliche und gesellschaftliche Leben bestimmten. Heute gibt es hier jedoch nur noch wenige Nachkommen.

Timişoara, die alte Hauptstadt des Banat mit jugendlichem Flair

oder Umerziehungslager. Nach 1989 wurde die griechisch-katholische Kirche wieder zugelassen, auch erhielt sie einen Teil ihrer Besitztümer zurück.

◄ Weitere Kirchen

Ungefähr 6,6 % der Bevölkerung sind Protestanten, rund die Hälfte davon Calvinisten, die übrigen Unitarier, Lutheraner, Baptisten, Adventisten und Evangelikale. Ein besonderes Zeugnis sind die Kirchenburgen der seit 800 Jahren in Transsilvanien ansässigen Siebenbürger Sachsen (► Special S. 278). 5,6 % der Rumänen sind römisch-katholisch, vor allem die Ungarn, die meisten Donauschwaben im Banat, die wenigen Armenier sowie die Anhänger der mit Rom unierten griechisch-katholischen Kirche. Die ca. 0,3 % Moslems, vor allem Türken und Tataren, leben in der Dobrudscha. An die einst bedeutende jüdische Minderheit erinnern heute noch einige Synagogen und Friedhöfe.

Staat und Gesellschaft

Staatsform

Rumänien ist eine repräsentative parlamentarische Demokratie. In dem stark zentralisierten Land hat der Staatspräsident weitgehende Machtbefugnisse, er ernennt u. a. den Premierminister, dieser wiederum die Minister. Vorbild für die Verfassung von 1991 (geändert 2003) ist die Verfassung Frankreichs. Staatsoberhaupt ist der auf fünf Jahre vom Volk direkt gewählte Präsident.

Die Roma sind zahlenmäßig die größte Minderheit des Landes, ihre Integration noch lange nicht abgeschlossen.

Abb. rechts: ein Kupferschmied bei der Arbeit

Abb. S. 30: In Turda, Huedin (40 km westlich von Cluj) und anderen Orten fallen die Paläste konkurrierender »Zigeunerbarone« auf.

ROMA IN RUMÄNIEN

»Dreifach haben sie mir gezeigt, wenn das Leben uns nachtet, wie man's verraucht, verschläft, vergeigt und es dreimal verachtet.«

In der letzten Strophe des Gedichts »Die drei Zigeuner« (1838) bewundert der im Banat geborene **Nikolaus Lenau** die Respektlosigkeit der Roma gegenüber ihrem Schicksal. Diese romantische Haltung des 19. Jh.s findet man in zahlreichen Operetten, Genrebildern und sogar in Bram Stokers Roman »Dracula«, wo Zigeuner den Sarg des Grafen auf dessen Reisen bewachen. »Mit Anbruch der Morgendämmerung sahen wir den Zug der Zigeuner in Eile mit ihren Leiterwagen vom Flusse weg landeinwärts fahren. Sie umgaben ihn in einem dichten Schwarm und flogen dahin wie besessen.«

Wer als Rumänienurlauber auf in Planwagen umherziehende »Zigeuner« hofft, wird enttäuscht. Das »Fahrende Volk« ist zum größten Teil sesshaft geworden. Doch ihre **Präsenz ist allgegenwärtig**. Überall trifft man Männer mit großen schwarzen Hüten, Mädchen und Frauen mit langen Zöpfen und roten Schleifen, bunten Röcken und Kopftüchern. Man sieht sie vom Markt kommen, beladen mit Heu oder Brennholz, auf dem Weg zu Verwandten und Freunden, oft läuft auf der Seite ein junges Fohlen mit. Jedenfalls wird dem Reisenden schnell klar, dass der mit 2,5 % angegebene Bevölkerungsanteil der Roma zu niedrig angesetzt ist. Andere Schätzungen, die von bis zu 8 % ausgehen, sind wahrscheinlicher.

Name, Herkunft und Berufe

Da im Deutschen der Name »Zigeuner« negativ besetzt ist, wurde er politisch korrekt durch Sinti und Roma ersetzt. Doch die Vermeidung des Begriffs ist nicht nur bei den rumänischen Roma umstritten, die sich selbst **»Ţigani«** nennen.

Vom 15. Jh. an wanderten die Roma und Sinti aus dem indischen Raum nach Europa ein. Meist übernahmen sie die vorherrschende Religion und

so bekennen sie sich größtenteils zum rumänisch-orthodoxen Glauben. Die verschiedenen Namen wie Zigeuner, rumänisch Țigan, italienisch Zingaro, französisch Tzigane, serbisch und kroatisch Cigani und ungarisch Cigány haben wahrscheinlich ihre Wurzel im altgriechischen »atsinganoi«. Im Wort Roma (= Romi auf Romanes) steckt das Wort Rom (= Mensch).

Traditionell waren die Roma in Sippen organisiert, die bestimmten Gewerben nachgingen, u.a. die **Lovari** (Pferdehändler), **Caldarași** (Kesselflicker), **Lautari** (Musiker), **Ursari** (Bärenführer), **Ciurari** (Siebmacher) und **Lingurari** (Löffelmacher).

Während es die Sieb- und Löffelmacher oder Bärenführer längst nicht mehr gibt, genießen die **Pferdehändler** nach wie vor hohes Ansehen. Pferde sind bis heute in der Landwirtschaft und als Fortbewegungsmittel wichtige Nutztiere. So stellen die Lovari auf den großen Tiermärkten einen beträchtlichen Anteil der Käufer und Verkäufer. Der seit den 1990er-Jahren anhaltende Trend zur Häuserrenovierung sorgte für einen Aufschwung der **Kesselflicker**, da sie auch Dachrinnen und -verzierungen schmieden. Zu den alten Handwerken gehört auch die **Ziegelherstellung**, hierfür wird Lehm in ziegelgroße Holzrahmen gepresst, in der Sonne getrocknet und im Ofen gebrannt. Die **Caramizari** (»Ziegelzigeuner«) sieht man noch ab und zu für den Eigenbedarf produzieren.

Unbestrittene Meister sind die Țigani auch auf dem Gebiet der **Musik**. So trugen sie viel zur Bewahrung der Volksmusik ihres jeweiligen Heimatlandes bei und ihre Kapellen genießen einen guten Ruf, vor allem Braas-Bands (► S. 58), die bei Festen für Stimmung sorgen. Auch Musiker wie Franz Liszt und Béla Bartók oder der Jazzer Peter Herbolzheimer übernahmen ihre in Rhythmus und Melodie eigentümlichen Weisen. Die Lage der »Zigeunermusiker« ist auch in Rumänien schwieriger geworden, da nicht mehr zu allen Festen Live-Bands

engagiert werden und auch die Restaurants häufig auf die traditionelle Musikbegleitung verzichten.

Roma heute

»Zigeuner« sein bedeutet nicht automatisch arm sein. Auch unter ihnen gibt es große soziale Unterschiede. Während die einen in Hütten am Dorfrand oder in ehemaligen Fabriken hausen, haben andere schmucke Häuschen oder Paläste, deren Zinkdächer in der Sonne glitzern.
Nach einem 2008 veröffentlichten Bericht der Europäischen Kommission sind die Roma in ganz Europa Opfer von wirtschaftlicher, sozialer und politischer Diskriminierung. Auch in Rumänien leben sie **am geografischen und die meisten auch am sozialen Rand** der Gesellschaft. Ihre Lebenserwartung liegt 10 bis 15 Jahre unter dem europäischen Durchschnitt, ihre Analphabetenrate ist besonders hoch. Das liegt sicher auch daran, dass sich lange niemand darum kümmerte, ob Roma-Kinder der allgemeinen Schulpflicht nachkamen. Auch aus Angst vor Diskriminierung oder Entfremdung ihrer Kinder durch Gadji-(Nicht-Roma-)Lehrer schickten viele Eltern ihre Kinder nicht zur Schule.
Es gibt aber auch Fortschritte. An der Bukarester Universität wird **Romanes** gelehrt, im Handel gibt es eigene Zeitungen und Roma-Vertreter in der Regierung. Laut **Florin Cioabă**, seit dem Tod seines Vaters Ion 1997 **»Internationaler König der Roma«**, fehlen Arbeitsplätze, »auf denen Roma ihren alten Berufen nachgehen können«. Die Familie Cioabă führt schon seit Generationen das Volk der Roma. Anfang der 1990er-Jahre wurde Ion Cioabă vom Bulibassa (Anführer) zum König der Roma ernannt. Heute setzt sich sein Sohn für die Rechte und Interessen seines Volkes ein. »Meine Vision ist, dass Kesselflicker die Möglichkeit bekommen, sich zu den besten Kupferverarbeitern weltweit zu entwickeln, ebenso die Silber- und Goldschmiede. Meiner Meinung nach muss man den Menschen eine Angel geben. Gibst du ihm einen Fisch, wird er darauf warten, dass er noch mehr bekommt. Gibst du ihm eine Angel, fängt er sich selbst welche« (Florin Ciobabă).

Parlament und Regierung

Das rumänische Zweikammerparlament besteht aus Abgeordnetenhaus (332 Sitze) und Senat (137 Sitze). Die Mitglieder beider Kammern werden für vier Jahre vom Volk gewählt.

Parteien

Bei den Wahlen 2004 ging die Allianța D. A., das »Bündnis Gerechtigkeit und Wahrheit« der Mitte-rechts-gerichteten Nationalliberalen Partei (PNL) und der Demokratischen Partei (PD), als knapper Sieger hervor (112 Sitze). Um regieren zu können, benötigte das Bündnis außerdem die Unterstützung der Humanistischen Partei Rumäniens (PUR), heute Konservative Partei (PC; 19 Sitze), und des Demokratischen Verbands der Ungarn Rumäniens (UDMR; 22 Sitze), der stärksten Minderheitenpartei des Landes. Die Deutschen sind mit einem Abgeordneten des Demokratischen Forums der Deutschen Rumäniens (DFDR) vertreten. Außerdem gibt es in der Parteienlandschaft u. a. noch die nationale Großrumänien-Partei (PRM), die Rumänische Kommunistische Partei (PCR) und die Sozialdemokratische Partei (PSD). Seit einem Streit zwischen Staatschef und Premier im März 2007 existiert die Alianța D. A. de facto nicht mehr. Popescu-Tăriceanu (PNL) entließ die Minister der PD. Die nun neu gebildete Minderheitsregierung ist auf die Unterstützung aus den Reihen der Opposition angewiesen.

Parlamentspalast in Bukarest, Symbol für den Größenwahn Ceaușescus

Verwaltung Das Land ist in 41 Bezirke (Judeţe) und (seit 1995) den Hauptstadtbezirk Ilfov gegliedert. Jeder Bezirk besitzt eine Hauptstadt mit Rathaus (Primărie) und Präfektur. Der Präfekt wird von der Zentralregierung eingesetzt, die Bezirksräte von den Bürgern gewählt.

Außenpolitik Rumänien ist Mitglied zahlreicher internationaler Organisationen, u. a. seit 2004 der Nato und seit 2007 der Europäischen Union.

Wirtschaft

Situation heute Die schöne Landschaft und die vielen Sehenswürdigkeiten können nicht darüberhinweg täuschen, dass die soziale Schere im Land weit auseinanderklafft. Chromglänzende Geländewagen überholen in waghalsigen Manövern Pferdewagen, Ochsenfuhrwerke und Eselskarren. Malerische Brunnen vor den Häusern zeigen das Fehlen einer zentralen Wasserversorgung – solche Kontraste gibt es noch viele. Die Schatten des Ceauşescu-Regimes sind lang: Rumänien krankt weiterhin an Korruption und Misswirtschaft. Obwohl die wirtschaftlichen Prognosen insgesamt gut sind, lebt noch immer rund ein Drittel der Bevölkerung unterhalb der Armutsgrenze. Bis heute fehlt noch eine tragfähige Mittelschicht.

Rumänien war bis zum Zweiten Weltkrieg ein **Agrarland**. Nur die Erdölförderung hatte eine größere industrielle Bedeutung. Nach 1945 erfolgte die **Industrialisierung** »von oben«, die sich vor allem auf den Ausbau der Schwerindustrie und der Förderung der Bodenschätze und der reichen Holzvorkommen konzentrierte. Die Lebensmittel- und Konsumgüterproduktion wurden vernachlässigt. Der durch hohe Auslandskredite stark verschuldete Staat versuchte in den 1980er-Jahren, die Schulden durch Exportsteigerung zurückzuzahlen. Die Folge war für die Bevölkerung eine Senkung des Lebensstandards an die Armutsgrenze, Lebensmittel waren knapp, aber auch die Versorgung mit Öl, Gas und Strom wurde eingeschränkt, sodass die Menschen zeitweilig ohne Energie auskommen mussten, sogar im Winter. Der Zusammenbruch des Regimes, die Auflösung des Rates für gegenseitige Wirtschaftshilfe (RGW) 1990, der Golfkrieg und die Balkankrise verschärften die Krise. Nach der Wende ging die industrielle Produktion zunächst um 20 % zurück. Anfangs unterließen die postkommunistischen Regierungen die dringend notwendige Modernisierung der rumänischen Wirtschaft, die Privatisierung ging nur schleppend und nicht ohne kriminelle Machenschaften voran. Doch ein Jahr nach dem Beitritt in die EU sorgen nun Konsum, Bauboom und Investitionen für einen spürbaren Aufschwung.

Bodenschätze Das »**Schwarze Gold**« hat längst die Bedeutung der Goldvorkommen der Maramureş aufgewogen. Der schonungslose Abbau von Rohöl hat in der Gegend um Ploieşti **unübersehbare Spuren** hinterlassen; Bohrlöcher und Bohrtürme reihen sich hier dicht an dicht. Heute werden täglich ca. 120 000 Barrel Öl gefördert, sie decken rund 50 % des Eigenbedarfs. Wegen der Vorräte an Öl, Erdgas, Kohle, Eisen, Kupfer, Bauxit und Uran ist Rumänien kein wirklich armes Land. Die **Erdgasvorkommen** bei Sighişoara und Mediaş werden seit 1910 ausgebeutet und bilden einen weiteren wichtigen Wirtschaftsfaktor. Edelmetalle werden vor allem in der Maramureş abgebaut. Eine Umweltkatastrophe im Jahr 2000 brachte die Gegend um Baia Mare in die Schlagzeilen. Reiche Braun- und Steinkohlevorkommen gibt es vor allem im Tal des Jiu (Schiltal) südlich von Hunedoara. Auch **Salz** wird weiter abgebaut, sehenswert sind die alten Bergwerke von Turda und Praid. Wer sich besonders für **Mineralien** interessiert, für den ist das kleine Museum in Ocna de Fier bei Reşiţa (►S. 380) ein Muss. Die zahlreichen, schon von den Römern genutzten **Mineralquellen** mit ihren therapeutischen Eigenschaften werden in rund 160 Kurorten, darunter in Băile Herculane und Geoagiu-Băi, genutzt.

◄ Edelmetalle

◄ Kohle

Landwirtschaft

Obwohl Rumänien mit 15 Mio. ha die **größte landwirtschaftliche Fläche in Europa** besitzt, musste das Land nach der Wende zunächst Weizen, Mais, Kartoffeln und Zucker importieren. Die Bodenrückgabe nach 1991 hatte zu einer Zersplitterung des Landes in Kleinstflächen mit weniger als 10 ha geführt, gerade genug, um eine Familie zu ernähren, aber zu klein, um sich Maschinen und Traktoren leisten zu können. Noch heute sind viele Bauern gezwungen, wie vor 150 Jahren mit der Hand und mithilfe von Zugtieren ihr Land zu bestellen. Angebaut werden vor allem Mais, Getreide, Zuckerrüben, Kartoffeln, Sonnenblumen und Wein. Wer kann, verkauft seinen Überschuss auf den privaten Märkten.

Für viele junge Leute bietet die harte Arbeit in der Landwirtschaft bei minimalem Gewinn keine Zukunftsperspektive. So schnellten Anfang der 1990er-Jahre die Zuwanderungsraten in den Städten nach oben, während bis heute Millionen Hektar Ackerland brach liegen. In der **Viehwirtschaft** sind die Schaf-, Rinder- und Schweinezucht von Bedeutung. Pferdeliebhaber werden ihre Freude an den zahlreichen unterschiedlichen Pferderassen haben, die als Nutztiere weiterhin gefragt sind.

Industrie

Rumänien gilt immer noch als **Billiglohnland**. Dies ist auch einer der Gründe, dass es seit 2000 jährliche Wachstumsraten bis zu 8 % aufweisen kann. Der gesetzlich vorgeschriebene Mindestlohn liegt bei 130 € im Monat. Erst 2007 sorgte der Umzug von NOKIA aus Bochum nach Nordrumänien in Deutschland für Negativschlagzeilen. Traditionell dominiert die Schwerindustrie, d. h. Maschinenbau, Metallurgie, Ölindustrie und Petrochemie. Zukunftsträchtig erscheinen vor allem der Schiffs- und Kraftfahrzeugbau, besonders der Ausbau ihrer Zulieferfirmen. Auch IT-Technologien und Software-Entwicklung versprechen Erfolge. In der Textil- und Bekleidungsindustrie, die fast ein Viertel der rumänischen Exporte ausmacht, vollzieht sich wegen der zunehmenden Konkurrenz billigerer Waren aus China

Finanzplatz Rumänien, hier die BCR in Sibiu

und Indien ein Strukturwandel. Einen regelrechten Boom erleben jedoch die Bau- und Baustoffindustrie. Bis 2010 wird in dieser Branche ein jährliches Wachstum von 10–12 % erwartet.

Fremdenverkehr Große Hoffnungen setzt Rumänien auch in den Tourismus. 2007 besuchten über 470 000 Deutsche das Land, vor allem Kultur- und Naturfreunde. Die Lieblingsreiseziele waren Siebenbürgen (Transsilvanien), vor allem Sibiu, die Kulturhauptstadt 2007, die Klöster der Moldau und das Donaudelta.

Rumänien im Ausland Trotz des beträchtlichen wirtschaftlichen Aufschwungs treibt die ökonomische Perspektivlosigkeit nach wie vor viele Rumänen zum Geldverdienen ins Ausland. Auch partizipieren nicht alle an dem Aufschwung, vor allem Landarbeiter und Ungelernte haben das Nachsehen. Rund drei Viertel der Arbeitsemigranten kommen vom Land und aus Kleinstädten, die meisten aus dem Osten, der ärmsten Region des Landes. Heute arbeiten rund 2 Millionen Rumänen im Ausland, was in einigen Dörfern und Orten zu einem sichtbaren Mangel an jungen Männern geführt hat. Die Familien sind nur in Ferienzeiten vereint und zahlreiche Kinder wachsen ohne Väter auf. Gerade im Sommer fallen die vielen spanischen und italienischen Autokennzeichen der Heimkehrer auf. Sie ernähren ihre Familie und unterstützen oft auch weitere Angehörige, sodass sie zu einem wichtigen Wirtschaftsfaktor geworden sind. Nach amtlichen Schätzungen bringen sie rund 4,3 Milliarden Euro ins Land, immerhin 5,5 % des BIP!

Ende 2004 hat die rumänische Regierung unter Premierminister Popescu-Tăriceanu einen einheitlichen Steuersatz von 16 % (mittlerweile 19 %) auf Einkommen und Unternehmensgewinne eingeführt, um die Sanierung des rumänischen Haushalts voranzutreiben sowie Steuerhinterziehung, Schattenwirtschaft und Korruption zu bekämpfen. Bis 2014 strebt Rumänien die Einführung des Euro an.

Geschichte

Rumänien entstand aus dem Zusammenschluss kleinerer Fürstentümer. Daher gibt es streng genommen »drei Geschichten« – die transsilvanische, die walachische und die moldauische Geschichte –, die bis zur Proklamation von »Groß-Rumänien«, dem heutigen Rumänien, im Jahr 1920 teils parallel und teils gegensätzlich verlaufen sind.

Frühzeit bis 11. Jahrhundert

ab 6500 v. Chr.	Hamangia- und Cucuteni-Kultur auf dem Gebiet des heutigen Rumänien
50 v. Chr.	Erstes Dakerreich
106–271 n. Chr.	Römische Provinz Dacia
ab 7. Jh.	Slawen in Dakien

Ur- und Frühgeschichte

Archäologische Funde, Faustkeile und Skelette, belegen bereits eine Besiedlung des Donau-Karpatenraums im Paläolithikum (Altsteinzeit, ca. 100 000 v. Chr.). Zu den eindrucksvollsten Stücken aus der Zeit des Neolithikums gehören Funde aus der Zeit der **Hamangia-Kultur**, die sich ab 6500 v. Chr. in der Dobrudscha entwickelte. Herausragend sind der »Denker und seine Frau«, zwei durchaus modern wirkende Statuetten, heute im Archäologischen Museum in Constanţa (Abb. S. 50). Im Gebiet von Bukarest und der Moldau ist seit 5000 v. Chr. die **Cucuteni-Kultur** bekannt, deren namensgebender Ort 15 km von Iaşi entfernt liegt. Bislang wurden Siedlungen mit bis zu 2000 Häusern nachgewiesen. Außergewöhnlich schön ist ihre schwarz-weiß-rot gemusterte Keramik, deren Spiralmotive die Bandkeramik fortsetzen.

Im 7. Jh. v. Chr. ließen sich Griechen aus Milet an der westlichen Küste des Schwarzen Meeres nieder und gründeten die ersten Hafenstädte wie Istria (Histria) und Tomis (Constanţa). Sie kamen in Kontakt mit den ab ca. 2000 v. Chr. nördlich der Donau lebenden **Dakern** und **Geten**. Diese thrakischen indoeuropäischen Völker beuteten die Bronze-, Kupfererz- und Goldvorkommen in den Westkarpaten aus. Um 50 v. Chr. vereinte der dakische König Burebista die Stämme zum ersten großen Dakerreich, dessen Zentrum Siebenbürgen war und das sich im Westen bis Mähren, im Osten bis ans Schwarze Meer und im Süden bis zum Balkangebirge in Bulgarien erstreckte. Mit Burebistas Tod 44 v. Chr. zerfiel das Reich.

◄ Dakisches Reich

? WUSSTEN SIE SCHON …?

- … wie der Dacia zu seinem Namen kam? Der einzige, seit 1966 in Rumänien produzierte Pkw erhielt einen geschichtsträchtigen Namen. »Dacia« leitet sich von den Dakern und der späteren römischen Provinz Dacia ab. Die Idee, direkte Nachfahren der dako-römischen Bevölkerung zu sein, hat das Nationalbewusstsein vieler Rumänen geprägt.

Unter römischer Herrschaft

Erst **König Decebal** gelang es 80 n. Chr. nochmals, die Daker zu einen und ein starkes Reich aufzubauen; Hauptstadt war **Sarmizegetusa Regia** beim heutigen Hunedoara. Er wagte es sogar, in die römische Provinz Moesia (Serbien, Bulgarien) vorzudringen. In den Da-

← 1. Januar 2007: Null Kilometer bis in die Europäische Union

Kaiser Trajan siegt über König Decebal (Geschichtsmuseum, Bukarest)

Dakerkriege ▶ kerkriegen 102–106 besiegte Kaiser Trajan seinen Widersacher und gliederte Dakien als **römische Provinz Dacia** seinem Reich an. Szenen dieser blutigen Kämpfe und des römischen Triumphs sind auf dem Siegesmonument in **Adamclisi** sowie auf der Trajanssäule in Rom verewigt. In den anschließenden rund 170 Jahren erfolgten die Romanisierung und Kolonisierung des Landes, es entstanden Siedlungen, Bäder, Straßen und Befestigungsanlagen.
Angesichts zahlreicher Einfälle germanischer und anderer Völker wie der Sarmanten, Kostoboken, Goten und Heruler zog sich Rom 271 ans rechte Donauufer zurück und gab die Provinz Dacia auf. Nach der Teilung des Römischen Reiches im Jahr 395 gehörte das Donaugebiet zum Einflussbereich von Byzanz, daher setzte sich hier das **orthodoxe Christentum** durch. Im 7. Jh. drangen Slawen in das heutige rumänische Tiefland ein, wurden sesshaft und vermischten sich mit dem hier lebenden bunten Völkergemisch. Eine Folge war die Übernahme des Slawischen als Liturgiesprache.

Geschichte Rumäniens bis 1862

12./13. Jh.	Ansiedlung Siebenbürger Sachsen in Transsilvanien
13./14. Jh.	Walachei und Moldau werden Fürstentümer.
14.–17. Jh.	Türkische Herrschaft
1859	Vereinigung der Fürstentümer Moldau und Walachei
1862	Gründung Rumäniens

»Drei Geschichten«

Die weitere Geschichte verlief nun im Schatten mächtiger Reiche, der Ungarn im Westen, die sich Siebenbürgen einverleibten, und der Osmanen im Osten.

◄ Transsilvanien

Für Transsilvanien wurden die **Magyaren** (Ungarn) prägend, die sich ab 896 im Karpatenbecken niedergelassen hatten. Der ungarische König und spätere Heilige Stephan I. gründete bereits um 1000 Festungen und Bistümer in Siebenbürgen. Zum Schutz der Grenze und zur Förderung der wirtschaftlichen Entwicklung wurden im 12./13. Jh. erst der Deutsche Ritterorden, dann deutsche Siedler, die sog. Siebenbürger Sachsen, und Szekler ins Land geholt. Mit dem Aussterben der Arpaden, des ersten ungarischen Herrschergeschlechts, kam es zu einer Schwächung des ungarischen Königtums und in der Folge wurde Siebenbürgen ein weitgehend autonomer Teil des ungarischen Reichs. Dank königlicher Privilegien entwickelten sich die Städte rasch; die Handwerker bildeten Zünfte und der Gold-, Silber- und Salzabbau wurde ausgedehnt. Nach der Niederschlagung eines Bauernaufstands 1437 schlossen sich der ungarische Adel, die Sachsen und die Szekler (► Special S. 279) zur sog. **Nationsuniversität** zusammen. Die anderen »Nationen«, darunter auch die Rumänen, wurden nur toleriert. Der daraus resultierende Konflikt dauert bis heute an.

◄ Walachei, Moldau

Südlich und östlich der Karpaten entwickelten sich die beiden Fürstentümer Walachei und Moldau. Erster Herrscher der Walachei war Radu Negru Vodă (1215–1230), erster Herrscher der Moldau Fürst Dragoş (1352–1353). Mithilfe der orthodoxen Kirche konnte sich die Walachei 1380 von der ungarischen Oberhoheit befreien. Die Macht hatten die Fürsten, die sog. **Woiwoden**, gefolgt vom Kleinadel, den **Bojaren**. Dieses hierarchische System begünstigte Korruption und Intrigen, zumal die Nachfolge nicht geregelt war und sich im weiteren Verlauf viele Herrscher nur kurze Zeit auf dem Thron halten konnten. Der Handel an der Schwarzmeerküste lag vor allem in den Händen fremder Kaufleute, der Tataren, Deutschen, Griechen, Juden, Polen und Armenier, während die Walachen und Moldauer weitgehend ein Agrarvolk blieben.

Osmanische Bedrohung

Die unaufhaltsam vorrückenden Osmanen bedrohten alle drei Länder. Nachdem der walachische Fürst Mircea cel Bătrân (Mircea der Alte, 1386–1418) lange Zeit erbittert Widerstand geleistet hatte, willigte auch er 1417 in Tributzahlungen an Sultan Mehmed I. ein. So blieben die Moldau und die Walachei relativ selbstständig. Nach Mirceas Tod entbrannten jedoch Machtkämpfe und in den folgenden 25 Jahren wechselten sich elf Fürsten auf dem Thron ab.

Ein letztes erfolgreiches Aufbegehren **Siebenbürgens** gelang János Hunyadi, dem Vater des späteren Ungarnkönigs Matthias Corvinus, der 1456 die Osmanen bei Belgrad schlug. Obwohl er mit Vlad Dracul verfeindet war, half er dessen Sohn Vlad Ţepeş (► Special S. 343) auf den Thron der Walachei. In der Moldau stellte sich der später auch als Heiliger verehrte Fürst **Ştefan cel Mare** (Stephan der Große, 1457–1562) dem Sultan entgegen.

Einen Wendepunkt brachte die Niederlage der Ungarn 1526 bei Mohács: **Siebenbürgen** gelang es, sich von Ungarn abzunabeln, geriet dafür jedoch unter die Vorherrschaft des Sultans. Nach dem Toleranz-Edikt von 1571 breitete sich die **Reformation** aus. Auch die **Moldau und die Walachei** wurden Vasallenstaaten der Hohen Pforte. Erst dem bis heute als Nationalheld gefeierten **Mihai Viteazul** (Michael der Tapfere, 1593–1601) gelang es 1600 zum ersten Mal in der Geschichte, **Siebenbürgen, Moldau und Walachei für ein Jahr zu vereinigen**. Nach seinem Tod zerfiel das Bündnis wieder.
In der Folge gerieten die drei Fürstentümer zwischen die Fronten von Österreich, Russland und der Türkei. Durch Paktieren mit Österreich und Russland verspielten der moldauische Fürst **Dimitrie Cantemir** (1673–1723) und der walachische Fürst **Constantin Brâncoveanu** (1688–1714) letztlich die Unabhängigkeit ihrer Fürstentümer: Sie wurden von der Hohen Pforte entmachtet.

Die Zeit der Phanarioten

Zur Stabilisierung der türkischen Herrschaft schickte der Sultan 1711 sogenannte Phanarioten in die **Moldau** und in die **Walachei**, aus adligen griechischen Familien stammende Beamte. Ihrer persönlichen Bereicherung waren keinerlei Grenzen gesetzt, daher ist die bis 1821 dauernde Phanariotenherrschaft bis heute ein Synonom für Korruption und Misswirtschaft.

Siebenbürgen ►

In Siebenbürgen regierten verschiedene protestantische Fürsten mit Duldung der Hohen Pforte. Unter György Rákóczi I. (1630–1640) erreichte es sogar den Status eines souveränen Staats. Das »goldene Zeitalter« endete, als György Rákóczi II. (1648–1660) den Osmanen zu selbstständig geworden war. Nach dem Sieg von Prinz Eugen von Savoyen über die Türken 1697 bei Senta fielen Ungarn und Siebenbürgen Ende des 17. Jh.s an das Habsburger Reich. Den Rumänen blieben hier noch bis ins 19. Jh. die weltlichen Rechte versagt.

Nationale Befreiung

Auch in der Walachei und in der Moldau, die weiter unter osmanischer Oberhoheit standen, waren die Rumänen nur Bürger zweiter Klasse. So entwickelte sich wie vielerorts in Europa ein **nationales Bewusstsein**, das 1848 in allen drei Ländern zu revolutionären Erhebungen führte.

Siebenbürgen

In Siebenbürgen scheiterte die von Avram Iancu geführte rumänische Bewegung für nationale Unabhängigkeit bereits am Widerstand der Ungarn und erst recht durch die Niederschlagung durch Österreich.

Walachei, Moldau

In der Walachei waren die geistigen Führer der Aufstände Fürst Bibescu und Nicolae Bălceşcu, in der Moldau war es Mihail Kogălniceanu, doch auch ihre Hoffnungen endeten in einer härteren türkischen bzw. russischen Fremdherrschaft. Einen Umschwung brachte der Krimkrieg 1854. Im Frieden von Paris 1856 musste Russland das Protektorat für die Fürstentümer an die sog. Garantiemächte Preußen, Frankreich und Österreich abgeben. Konstantinopel behielt zwar die Oberhoheit, aber in den Ländern herrschte nun Freiheit in Religion, Gesetzgebung, Handel und Schifffahrt sowie nationaler Verwaltung. So kam es auch, dass **Alexandru Ioan Cuza** (1820–1873) 1859 zuerst vom moldauischen und dann vom walachischen Parlament zum Fürsten gewählt wurde. Zwar verstieß diese **Personalunion** gegen die Pariser Konvention, doch gelang es Cuza durch geschicktes Taktieren, die Garantiemächte und die Türkei zu besänftigen. **Bukarest** wurde die gemeinsame Hauptstadt und am 24. Januar 1862 wurde hier die **Vereinigung des Landes** unter dem Namen Rumänien proklamiert. Innerhalb kurzer Zeit unternahm Cuza viele Neuerungen, u. a. wurde das kyrillische Alphabet durch das lateinische ersetzt. Seine Pläne für eine Umverteilung des Grundbesitzes stießen auf großen Widerstand der Bojaren. Im Februar 1866 zwang die »monströse Koalition«, ein Bündnis der Bodenreform-Gegner und der bürgerlichen Liberalen, denen Cuza zu autoritär regierte, Cuza zum Rücktritt (►Berühmte Persönlichkeiten).

◄ Vereinigung der Moldau und der Walachei

Rumäniens Entwicklung bis 1945

1866	Karl von Hohenzollern-Sigmaringen wird Fürst von Rumänien.
1877/78	Rumänien wird unabhängig.
1920	Großrumänien entsteht.
1941	Rumänien tritt auf der Seite Deutschlands in den Zweiten Weltkrieg ein.

Carol I.

Prinz Karl von Hohenzollern-Sigmaringen (1839–1914) folgte Cuza 1866 als rumänischer Fürst Carol. Mit seiner Wahl (durch Volksabstimmung) erhofften sich die Rumänen nicht nur ein Ende der Streitereien im Inland, sondern eine stärkere Verbindung zum westlichen Ausland und vor allem deutsche Unterstützung für eine zukünftige Unabhängigkeit. Die Rechnung ging auf: Rumänien wurde nach dem russisch-türkischen Krieg 1877/78, in dem es an der Seite des Zaren gestanden hatte, auf dem Berliner Kongress für unabhängig erklärt. Doch musste es dafür einige territoriale Veränderungen in Kauf nehmen. Während Rumänien Bessarabien (►Regionen, Moldau, S. 17) an Russland abtreten musste, erhielt es das Donaudelta und die nördliche Dobrudscha bis Vama Veche. Dieser Staat gilt bis heute als »**Altreich**«. 1881 wurde Carol I., verheiratet mit Elisabeth, Tochter des Fürsten Hermann zu Wied-Neuwied, zum **König Rumäniens** gewählt. Das lange Festhalten an einem vor allem gegen Juden gerichteten Gesetz, das Nichtchristen die Einbürgerung und Landbesitz verbot, war der Grund für die Verzögerung gewesen. In der Ver-

◄ Rumänien wird unabhängig

fassung von 1866 hatte sich Carol I. eine starke Stellung gesichert. Er war Oberkommandierender der Armee, konnte das Parlament auflösen, Minister ernennen oder entlassen und besaß ein Vetorecht bei parlamentarischen Entscheidungen.
Während Rumänien unabhängig geworden war, setzte in **Siebenbürgen** eine entschiedene Magyarisierung ein, u. a. beendete Ungarn die Sonderstellung der Siebenbürger Sachsen. Daraufhin erstarkte in Transsilvanien die Forderung nach der Vereinigung aller Rumänen.

Erster Weltkrieg und die Entstehung Großrumäniens

Eine Wende brachte der Erste Weltkrieg. In der Hoffnung, Siebenbürgen zu gewinnen, paktierte Carols Neffe **Ferdinand I.** zuerst mit Russland, dann mit der Entente. Im **Friedensvertrag von Trianon** 1920 erfüllten die Siegermächte nahezu alle territorialen Wünsche Rumäniens, um das Habsburgerreich zu schwächen und um eine möglichst große Pufferzone zwischen dem Westen und Russland entstehen zu lassen. Das Banat mit Arad und Timişoara, Oradea, Siebenbürgen, die Maramureş, die Bukowina sowie Bessarabien kamen zu Rumänien. Von einem Tag auf den anderen hatte Rumänien sein Territorium sowie seine Bevölkerung mehr als verdoppelt. Es war nun ein **Vielvölkerstaat mit 30 % Nicht-Rumänen**. Die nun einsetzende »Rumänisierung«, eine Agrarreform, die vor allem auf dem Rücken der Nicht-Rumänen ausgetragen wurde, und ein starker Zentralismus führten dazu, dass sich die Bevölkerung vor allem in den neuen Gebieten übergangen fühlte. Gleichzeitig vergrößerte die Weltwirtschaftskrise die soziale Spaltung im Land. In der 1930er-Jahren bekamen radikale nationalistische Parteien großen Zulauf, allen voran die faschistische Bewegung der »**Eisernen Garde**«, die Nachfolgeorganisation der 1927 von Corneliu Zelea Codreanu gegründeten »Legion des Erzengels Michael«.

◄ Großrumänien

Zweiter Weltkrieg

1927 war König Ferdinand gestorben. Sein Sohn und Nachfolger Carol II. blieb nach Kriegsausbruch zunächst neutral. Ab 1938 reagierte er auf die fortschreitende faschistische Bewegung mit einer sog. **Königsdiktatur**: Er bekam das Recht, u. a. die Parteien aufzulösen und die Grundrechte einzuschränken. Innen- wie außenpolitisch blieb Carol jedoch erfolglos. 1940 musste Rumänien auf Druck Hitlers Nordsiebenbürgen an Ungarn, Bessarabien östlich des Pruth und die Nordbukowina an die UdSSR sowie die südliche Dobrudscha an Bulgarien abgeben. Vor dem Hintergrund dieser Gebiets- und Bevölkerungsverluste gelang es **General Ion Antonescu** im August 1940 mit der Eisernen Garde unter Horia Sima, Carol II. zur Abdankung zu zwingen. Rumänien trat dem Dreimächtepakt bei. Die bereits herrschenden antisemitische Gesetze im Land wurden verschärft. Es kam zu Pogromen u. a. in Iaşi und Bukarest und ab 1941 auch zu Deportationen (► Special S. 200). 1941 griff Rumänien an der Seite

← Carol I., der erste König Rumäniens, als stolzer Hausherr vor Schloss Peleş, dem »Neuschwanstein Rumäniens«, in Sinaia

Deutschlands die UdSSR an und bekam dafür Bessarabien und die Bukowina zurück.
Die Niederlage der deutschen Wehrmacht bei Stalingrad 1943 und der Vormarsch der Roten Armee im Zuge der Operation Jassy-Kischinew im Jahr darauf brachte die Wende. Ende August 1944 wurde Antonescu von Carols Nachfolger Mihai gestürzt und Rumänien wechselte auf die Seite der Alliierten. Mitte September kam es zur bedingungslosen Kapitulation. Innerhalb weniger Wochen wurde ganz Rumänien von den Sowjets eingenommen. Im **Wiener Schiedsspruch** erhielt Rumänien das »Altreich« zurück, musste aber die Nord-Bukowina (heute Ukraine) und Ost-Bessarabien (heute Moldawien) engültig an die UdSSR abtreten.

1945 bis zur Wende 1989

1947	Rumänien wird Volksrepublik.
1960er-Jahre	Kurzzeitige Öffnung
1965-1989	Ceauşescu-Ära

Weg in den Kommunismus

Unter **Petru Groza**, dem ersten Ministerpräsidenten Rumäniens 1945, erfuhr die Kommunistische Partei (PCR) im Land einen großen Aufschwung. Innerhalb kurzer Zeit besetzte sie im Schutze der sowjetischen Besatzungsmacht alle Schlüsselpositionen im Land. Im Februar 1947 erhielt Rumänien das nördliche Siebenbürgen zurück. Auf Druck der Westalliierten fanden im gleichen Jahr »freie« Wahlen statt, aus denen die PCR als Siegerin hervorging. Am 30. Dezember 1947 wurde König Mihai zur Abdankung gezwungen und die Volksrepublik Rumänien proklamiert.

Volksrepublik Rumänien

Aus den Machtkämpfen innerhalb der kommunistischen Gruppierungen ging der **stalintreue Gheorghe Gheorghiu-Dej** als Sieger hervor. Er leitete »Säuberungen« ein, deren Opfer Andersdenkende und »Kriegsverbrecher« waren. So wurden etwa 800 000 Angehörige der deutschen Minderheit als »Faschisten« zur Zwangsarbeit in der UdSSR verurteilt. In Piteşti wurde ein Umerziehungslager eingerichtet (1949–1951), in dem die inhaftierten »Volksfeinde« und »Saboteure« von der 1948 gegründeten **Securitate** gezwungen wurden, einander zu foltern und zu »guten« Kommunisten umzuerziehen. Dieses sogenannte **Experiment von Piteşti**, das aus Opfern Täter machte, verarbeitete der ehemalige Gefangene und Schriftsteller Paul Goma in dem Roman »Ostinato«.
Wirtschaftlich schlug sich die Stalinisierung in einer rigorosen **Verstaatlichung** (1948), **Kollektivierung** in der Landwirtschaft (1949 bis 1962) und gnadenlosen **Industrialisierung** des bislang vorwiegend agrarisch ausgerichteten Landes nieder. Vor allem die Schwerindus-

Sie haben ausgedient: Statuen von Lenin und Petru Groza im Mogoşoaia-Park.

trie wurde ausgebaut. Mit dem für viele tödlich endenden Einsatz von Inhaftierten entstand der Donau-Schwarzmeer-Kanal (erst 1984 fertiggestellt). Mit Stalins Tod 1953 und Chruschtschows »Tauwetterpolitik« begannen auch die Rumänen, auf Reformen zu hoffen. Gheorghiu-Dej zeigte sich im Ungarnaufstand von 1956 noch loyal und 1958 folgte der Abzug der sowjetischen Truppen aus Rumänien. Anfang der 1960er-Jahre, am Ende seiner Regierungszeit, leitete Gheorghiu-Dej einen Politikwechsel ein: In der Schule wurde Russisch als Pflichtfach abgesetzt, russische Straßennamen und Institutionen verschwanden. Sein Nachfolger Nicolae Ceauşescu setzte ab 1965 den Kurs in Richtung größerer Eigenständigkeit zunächst fort.

◄ Vorübergehende Öffnung

Ceauşescu-Ära

Der Westen hoffierte Ceauşescu (1918–1989) wegen seiner **moskaukritischen Politik**. Als erster Ostblockstaat nach der UdSSR nahm Rumänien 1967 diplomatische Beziehungen zur Bundesrepublik Deutschland und zu Israel auf. 1968 kritisierte Ceauşescu öffentlich den Einmarsch der Sowjettruppen in die Tschechoslowakei. Nach einem **USA-Besuch** gelang ihm 1970 die Aufnahme in den Internationalen Währungsfond und die Weltbank. Nachdem er 1974 das Amt des Staatspräsidenten übernommen hatte, besetzte er alle wichtigen Ämter mit Familienangehörigen und führte einen **starken Personenkult** ein, wie er ihn 1971 in China und Nordkorea kennengelernt hatte. Er gab sich den Titel »Conducător« (Führer), ließ sich als »Titan der Titanen« oder mit »Der Auserwählte« anreden. Hatte es anfangs sogar ein gewisses Maß an persönlicher Freiheit und einen gewissen Wohlstand für die Bevölkerung gegeben, änderte sich dies nun wieder. Sein von seiner ehrgeizigen Frau Elena unterstützter Größenwahn zeigte sich in einer **forcierten Industrialisierung**, die zu großen Versorgungsproblemen der Bevölkerung führte. Strom, Wasser und Gas wurden reduziert, die Menschen hungerten und froren, ältere Menschen hatten oft keine Gesundheitsversorgung, Zugang zur Hochschule erhielt man meist nur gegen »Bakschisch« (Schmiergeld). Unzählige **Dörfer und Altstädte wurden niedergerissen** und durch Plattenbauten ersetzt, die Menschenrechte nicht nur der Minderheiten eingeschränkt. Deutsche und Juden verkaufte er gegen ein »Kopfgeld« an ihre Regierungen. Unvergessen bleiben die schrecklichen Bilder aus den rumänischen Waisenhäusern. Jeglicher Widerstand im Land wurde mithilfe der **Securitate**, der dem Innenministerium unterstellten Geheimpolizei, unterdrückt.

1989 bis heute

1989	Sturz und Hinrichtung Ceauşescus, erste freie Wahlen
1990–2400	Reformkommunisten an der Macht. Rumäniens Lage ist gespannt. Ab 2000 setzt ein Aufschwung ein.
2004	Nato-Beitritt
2007	Rumänien wird EU-Mitglied.

Zusammenbruch des Ceauşescu-Regimes

Auf Michail Gorbatschows **Perestroika** (1985) reagierte das Diktatorenpaar mit Ablehnung, so wie es auch die zunehmende Verarmung des Landes ignorierte. Stattdessen initiierte es gigantische Bauvorhaben wie den Parlamentspalast in Bukarest.
Am 16. Dezember 1989 kam es in Timişoara zum ersten großen Aufstand, als der regimekritische Pfarrer László Tőkés deportiert werden sollte. Die Securitate schoss in die Menge und es gab die ersten Toten. Eine von Ceauşescu am 21. Dezember verordnete regierungsfreundliche Massenkundgebung in Bukarest schlug ins Gegenteil um, die Securitate schoss, während die Armee sich bereits weigerte. Es gab Hunderte Opfer, doch die Erhebung war nicht mehr aufzuhalten. Auch in anderen Städten kam es zu Demonstrationen, so in Cluj, Iaşi und Sibiu. Einen Tag später, am 22. Dezember, stürmten die Menschen das Zentralkomitee in Bukarest. Die Ceauşescus flohen mit dem Hubschrauber, wurden jedoch in Târgovişte verhaftet, von einem Militärgericht angeklagt, verurteilt und am 25. Dezember erschossen. So folgte auf den schnellen Aufstieg des Schusterlehrlings Ceauşescu zum Diktator ein noch schnellerer Fall. In der DDR – damals selbst noch im Umbruch – kam der Gruß »**Ciao-Şescu**« auf.

Die gestohlene Revolution

Schon kurz nach der Flucht der Ceauşescus übernahm die »Front der Nationalen Rettung« (FSN) unter **Ion Iliescu**, politischer Ziehsohn des Diktators, die Führung. Aus der Sozialistischen Republik wurde die Republik Rumänien. Im Mai 1990 gewann die FSN die Wahlen. Staatspräsident wurde Ion Iliescu, der sich bis 1996 an der Macht hielt, obwohl er bereits im Sommer 1990 antikommunistische Demonstrationen von Sicherheitskräften und Bergarbeitern aus dem Schil-Tal brutal niederschlagen ließ. Auch Ceauşescu hatte die Bergarbeiter zu ähnlichen Aktionen missbraucht. Oppositionelle und Intellektuelle sprechen von einer verratenen Revolution: »Fazit, wenn es kurz vor Weihnachten eine Revolution gegeben hat, dann deshalb, weil die Revolte der einen sich ›kreuzte‹ mit der Verschwörung der anderen ...« (Dumitru Țepeneag); sein Schriftstellerkollege Mircea Cartarescu kommt zum gleichen Ergebnis: »Die rumänische Revolution von 1989 war eine Mischung aus einer spontanen Volkserhebung und einem wohlorganisierten Staatsstreich, geplant von marginalisierten Figuren der kommunistischen Partei wie Ion Iliescu.« Nutznießer sei »eine monströse Allianz« zwischen »den Exponenten des neuen Kapitalismus und den Krokodilen des alten Regimes«.

Ceaușescu ist gestürzt.

Rumäniens Weg in die EU

Die Wahlkampagne gegen Korruption und für Wirtschaftsreformen der Demokratischen Konvention Rumäniens (CDR) überzeugte 1996 die Wähler, neuer Staatspräsident wurde **Emil Constantinescu**. Die neue Regierung stärkte zwar das Ansehen Rumäniens im Ausland, doch scheiterte sie schließlich am Widerstand der alten Garde. Die Korruption grassierte und die Wirtschaft schrumpfte weiter. Bei der folgenden Wahl – Constantinescu ließ sich nicht wieder aufstellen – reagierte die enttäuschte Bevölkerung mit einer Hinwendung nach rechts außen. Schließlich entschieden sich die Rumänen im Jahr 2000 bei einer Stichwahl zwischen C. Vadim Tudor, Chef der ultranationalistischen Großrumänien-Partei (PRM), und Iliescu für Letzteren.
Demokratische Reformen setzten sich auch weiterhin nur zögerlich durch. Der Wunsch nach Aufnahme in die NATO und die EU schien der wichtigste Antriebsmotor für Veränderungen zu sein. Auf zunehmenden Druck des Europarats wurden Minderheitenrechte verbessert, völlige Pressefreiheit garantiert, Homosexualität nicht mehr unter Strafe gestellt und schließlich die Polizei entmilitarisiert.
2004 wurde Rumänien Mitglied der NATO. Die Wahlen im Dezember des Jahres gewann die Allianz aus Liberalen, Demokraten, Ungarnverband und Humanistischer Partei (DA). Premierminister wurde Călin Popescu Tăriceanu, Staatspräsident **Traian Băsescu** von der Demokratischen Partei (PD). Unter dem ehemaligen Kapitän der Handelsflotte und Bürgermeister von Bukarest beschleunigte sich der Reformkurs und seither steigen Wachstum und Auslandsinvestionen. Eine Behörde zur Aufklärung der Verbrechen der Securitate wurde ins Leben gerufen. In seine Amtszeit fiel auch der EU-Beitritt am 1.1.2007.

Kunst und Kultur

Orthodoxe Klöster im Schatten der Karpaten, Holzkirchen mit spitzen Türmen, massive Kirchenburgen, katholische, protestantische und armenische Kirchen, Synagogen und Moscheen erzählen die Geschichten ihrer Erbauer. Außerdem gibt es Spuren der Daker, Griechen und Römer und mit dem Brâncoveanu-Stil sogar einen eigenen rumänischen Baustil zu entdecken.

Architektur- und Kunstgeschichte

Frühgeschichte

Zu den eindruckvollsten Stücken aus der Zeit des Neolithikums gehören Funde aus der Zeit der **Hamangia-Kultur**, die sich ab 6500 v. Chr. in der Dobrudscha entwickelte. Herausragend sind der **»Denker und seine Frau«**, zwei durchaus modern wirkende Statuetten (heute im Archäologischen Museum in Constanţa; Abb. S. 50). Im Gebiet von Bukarest und der Moldau ist seit 5000 v. Chr. die **Cucuteni-Kultur** bekannt, deren namengebender Ort 15 km von Iaşi entfernt liegt. Man weiß bereits von Siedlungen mit bis zu 2000 Häusern. Außergewöhnlich schön ist ihre schwarz-weiß-rot gemusterte Keramik, deren Spiralmotive die Bandkeramik fortsetzen. Von den einst blühenden griechischen, dakischen und römischen Niederlassungen gibt es einige interessante Ausgrabungsstätten, so in Histria und Constanţa am Schwarzen Meer sowie Sarmizegetusa Regia bei Alba Iulia und Sarmizegetusa-Ulpia Traiana bei Hunedoara. Das Ehrenmal Tropaeum Traiani in Adamclisi in der Großen Walachei (Muntenia) ist vergleichbar mit der Trajanssäule in Rom.

Mittelalter

Die getrennte Entwicklung der drei Fürstentümer Siebenbürgen, Walachei und Moldau schlägt sich auch in der Kunst- und Architekturgeschichte Rumäniens nieder. Die reinste Verkörperung des Rumänischen findet man in der Walachei und in der Moldau, während Siebenbürgen schon im Mittelalter unter westeuropäischem Einfluss stand.

Walachei und Moldau

Die Fürstentümer Walachei und Moldau standen seit der Verbreitung des Christentums unter östlichem Einfluss. Walachische und moldauische Baumeister und Künstler folgten der byzantinischen Schule, die überwiegend von den griechischen Athosklöstern und Serbien vermittelt wurde. Da hier den Architekten und Malern nicht die gleiche persönliche Aufmerksamkeit zuteil wurde wie in der westeuropäischen Kultur, sind ihre Namen oft in Vergessenheit geraten. Die Sakralbauten der Walachei folgten dem Typ der byzantinischen Kreuzkuppelkirche (Fürstenkirche in Curtea de Argeş, 14. Jh.) und übernahmen dann den auf Athos typischen Dreikonchenbau mit Kuppel auf dem hohen Tambour (Klosterkirche in Cozia). Eine nationale Eigenart zeigt sich beispielsweise an der Bischofskirche von Curtea de Argeş (1517): Ihre Außenwände sind reich mit einheimisch, armenisch und orientalisch beeinflussten Motiven verziert. Während in der Walachei der kubische Charakter der byzantinischen Baugrundform beibehalten wurde, hat sich der gleiche Grundtyp in der Moldau, besonders in der Bukowina, der Gotik des Wes-

← Kloster Sinaia, ein schönes Beispiel für den sog. Brâncoveanu-Stil

»Denker und seine Frau«, Meisterwerke der sog. Hamangia-Kultur

tens angenähert. Hier wurde der stark gestreckte Baukörper von einem Satteldach gedeckt, aus dem die Tambourkuppel turmartig hervorragt. Als gotische Elemente wurden Stützpfeiler, Fenster- und Türrahmungen übernommen. Einmalig sind die auf Anregung des Fürsten Petru Rareş ab 1530 in der Bukowina entstandenen Außenfresken der Klosterkirchen. Im 17. Jh. wurden die Außenfassaden dann nicht mehr bemalt, sondern mit einer reichen Ornamentik geschmückt; schönstes Beispiel ist die Drei-Hierarchen-Kirche in Iaşi (1639).

In der Walachei kam unter dem weit gereisten Fürsten **Constantin Brâncoveanu** (► Berühmte Persönlichkeiten) ein eigener, später nach ihm benannter Stil auf, der italienische Stilelemente der Renaissance und orientalische Formen vereint. In Bukarest sind u. a. noch die Stavropoleos-Kirche und Schloss Mogoşoaia erhalten, die Sommerresidenz des Fürsten. Jüngstes Beispiel ist die Präfektur in Craiova, die Anfang des 20. Jh.s im sog. Neo-Brâncoveanu-Stil entstand.

Künstlerische Ausdrucksformen waren die Wand- und Ikonenmalerei, beide standen wie die Architektur in byzantinischer Tradition. Zu den wertvollsten Zeugnissen dieser Zeit zählen die von **Dobromir aus Târgovişte** geschaffenen Fresken in der Klosterkirche von Curtea de Argeş (heute im Nationalen Kunstmuseum in Bukarest) und in der Kirche von Tismana. Meisterwerke der monumentalen Freskenmalkunst sind die Außenwandmalereien der Moldauklöster aus dem 16. Jh., Voroneţ (1547), Moldoviţa (1532) und Suceviţa (um 1584). Um die Malereien zu schützen, zog man die Dächer besonders weit

Moldauklöster ►

herunter. Heute gehören die meisten dieser einmaligen Baudenkmäler zum UNESCO-Weltkulturerbe. Obwohl sie schon jahrhundertelang der Witterung ausgesetzt sind, haben die Farben ihre einzigartige Frische bewahrt. Das Geheimnis der Farbenzubereitung haben die örtlichen Maler mit ins Grab genommen.
Besonders in der Walachei entwickelte sich im 17./18. Jh. eine eigene volkstümliche Ikonenkunst.

Siebenbürgen

Dagegen spürte Siebenbürgen in der Architektur schon seit dem Mittelalter die Auswirkungen des Übergangs von der Romanik zur Gotik. Bedeutendstes Baudenkmal dieser Zeit ist die Bischofskirche von Alba Iulia (Weißenburg). Die Gotik verkörpern die Kathedralen von Cluj (Klausenburg), Braşov (Kronstadt) und Sibiu (Hermannstadt), wobei die beiden ersten einen Einfluss der Prager Parler-Hütte aufzeigen. Als herausragendes Beispiel gotischer Profanarchitektur gilt der einstige Fürstensitz der Hunyadis in Hunedoara. In dieser Zeit entstanden auch die einzigartigen Kirchenburgen oder Wehrkirchen der Siebenbürger Sachsen und der Szekler (►Special S. 278).
Eine Besonderheit in den Kirchen sind die Sammlungen kostbarer Orient-Teppiche aus dem 16./17. Jh., die einst von durchreisenden Kaufleuten gestiftet wurden, wie beispielsweise in der Schwarzen Kirche von Braşov. In der Metallverarbeitung sind die Brüder Martin und Georg von Klausenburg berühmt für ihr fein gearbeitetes Reiterstandbild des hl. Georg mit dem Drachen. Herausragend ist auch Meister Leonhardus von Hermannstadt. Er schuf Mitte des 15. Jh.s wertvolle kelchförmige Taufbecken, so in Medias, Sibiu und Sighişoara. Von den wenigen erhaltenen Flügelaltären ist der in der Kirche von Sebeş nicht nur der größte, sondern auch besonders kostbar (1524). Er stammt aus der Riemenschneider-Schule.

Kirchenburg Grossau (Cristian)

Maramureş und Apuseni-Gebirge

Eindrucksvolle Baudenkmäler sind auch die orthodoxen **Holzkirchen** mit den hohen, spitzen Türmen in der Region Maramureş und im Apuseni-Gebirge. Bei ihrem Bau wurden keine Nägel und andere Hilfsmittel aus Metall verwendet. Die meisten erhaltenen Kirchen stammen aus dem 18. Jh., so die »Untere Kirche« in Budeşti (1760;

Welterbe), die »Obere Kirche« ist sogar noch älter, sie entstand 1532. Die byzantinischen Wandmalereien zeigen bereits westliche barocke Einflüsse. Zu den bekanntesten regionalen Malern zählen Alexandru Ponehalski (in Budeşti, Calineşti und Ieud), Radu Munteanu (in Deseşti) und Toader Hodor (in Bârsana).

Von der Aufklärung bis zum Königreich Rumänien

Walachei und Moldau

Über Polen und Russland fand im 18. Jh. der Barock langsam Einzug in die rumänische Architektur der Walachei und der Moldau. Nach der Vereinigung der beiden Fürstentümer 1859 entwickelte sich schließlich ein engerer Anschluss an die westeuropäische Architekturmode. So entstanden zahlreiche historisierende Bauten wie das **Athenaeum** in Bukarest (1886–1888), der Kulturpalast in Iaşi (1905–1907), die Kurbauten in Băile Herculane oder das Kasino in Constanţa (1907–1910).
Der Architekt Ion Mincu steht für einen nationalen »neo-rumänischen« Baustil. Nach seinem Studium in Paris verband er westliche und rumänische Stilelemente zu einem eigenen nationalen Stil. In Bukarest schuf er u. a. das Casa Monteoru sowie das Krematorium, Mausoleen und Grabmäler auf dem Belu-Friedhof.

Siebenbürgen

In Siebenbürgen breitete sich erst unter österreichischer Herrschaft (ab 1688) und als Zeichen der Gegenreformation der Barockstil aus, der aber schon bald in den Klassizismus überging. Herausragende Bauwerke dieser Zeit findet man u. a. am Großen Ring mit dem **Brukenthal-Palais** und der katholischen Kirche in Sibiu, das Bischofspalais mit der Kathedrale in Oradea sowie das Teleki-Palais und das Toldagi-Palais in Târgu Mureş.

Die Moderne

Architektur

Bemerkenswert sind die **Jugendstilbauten**, in denen ungarische, rumänische und orientalische Einflüsse zu einem harmonischen Stilmix verbunden sind, so die Passage zum Schwarzen Adler in Oradea, das Hotel und Casino in Craiova sowie die Präfektur und der Kulturpalast in Târgu Mureş. Vor allem in Bukarest machten sich die Architekten Marcel Iancu, Horia Creanga und Henriette Delavrancea als Vertreter der Avantgarde der 1930er-Jahre einen Namen.

Nach 1945 ►

Nach dem Zweiten Weltkrieg setzten sich eine graue, monotone **Plattenbauweise** oder eine am russischen »**Zuckerbäckerstil**« orientierte Architektur durch. Blockbauten prägten nicht nur die neuen Industriestädte und Vororte, auch viele historische Zentren im Land wurden Opfer dieses sozialistischen Realismus, darunter auch zwei Drittel der Bukarester Altstadt. Anstelle der Altstadt entstand hier zwischen 1984 und 1989 der gigantische Parlamentspalast (Abb. S. 31), konzipiert von der zur Hausarchitektin Ceauşescus avancierten Anca Petrescu.

Malerei und Bildhauerei

Die führenden Maler des 19. Jh.s und der modernen rumänischen Malerei erhielten ihre Anregungen vor allem aus Frankreich. Zu den bekanntesten Vertretern zählen Theodor Aman (1831–1891), Ştefan Luchian (1868–1916), Costache Petrescu (1828–1910) und Theodor Pallady (1871–1956). Diese Malergeneration widmete sich vor allem historischen Themen sowie dem heimischen bäuerlichen Leben. Eine führende Rolle als Wegbereiter des Impressionismus kam **Nicolae Grigorescu** (1838–1907) zu, der nach einem längeren Parisaufenthalt seinen Lebensabend im rumänischen Câmpina (► Berühmte Persönlichkeiten) verbrachte. Victor Brauner (1903–1966) siedelte 1930 nach Paris über. Für sein weiteres Schaffen wurde der Surrealismus richtungweisend. Über die Landesgrenzen hinaus bekannt ist die in ► Baia Mare gegründete »Schule von Nagybánya«. Hier wirkte auch der Holzbildhauer Géza Vida (1913–1980). In der Bildhauerei hatten sich auch Karl Storck (1826–1887) und Ion Georgescu (1856–1898) einen Namen gemacht. Internationale Anerkennung erlangte jedoch lediglich **Constantin Brâncuşi** (1876–1957). Der in Paris lebende Meister verband eine reduzierte Formensprache, die er im Westen kennengelernt hatte, mit der der Volkskunst seiner rumänischen Heimat. Seine Arbeiten findet man in den Museen von Bukarest und Craiova sowie in einem Park in Târgu Jiu (► Special S. 254). »Eine vollkommene Skulptur muss die Eigenschaft haben, ihren Betrachter zu heilen« (C. Brâncuşi).

Das Athenaeum in Bukarest, ein Beispiel für den historisierenden Baustil

»COME AND SEE BEFORE THE TOURISTS WILL DO – THE MYSTERY OF TRANSYLVANIA«

Gert und Uwe Tobias; Farbiger Holzschnitt auf Papier (160 x 130 cm), 2004

DIE ZEICHNER MIT DER SÄGE

Köpfe auf langen Hälsen, reduzierte Körper, leuchtend bunte Farben ... die Figuren von Gert und Uwe Tobias scheinen Märchenbüchern, Kinderzeichnungen oder Comicstrips entsprungen zu sein und erinnern an Paul Klee, Art Brut und folkloristische Motive.

Manche Bilder sind reines Formen- und Farbenspiel. Gert und Uwe Tobias arbeiten mit **Holzschnitt, Collagen, Gouachetechnik, Kugelschreiber und Schreibmaschine**. Einige Blätter sind nur mit Schreibmaschinenzeichen überzogen. Die beiden Künstler, die nicht nur malen, sondern auch Installationen, Keramiken und Skulpturen herstellen, mischen alle Stile und bedienen sich bei den unterschiedlichsten Kunstrichtungen, vor allem beim Konstruktivismus und Symbolismus, um daraus eine eigene Bildsprache zu schaffen.

Die vor allem als **Erneuerer des Holzdrucks** bekannt gewordenen Zwillinge wurden 1973 in Braşov geboren und wanderten 1985 mit ihrer Familie nach Deutschland aus. Hier studierten sie 1998–2002 an der Hochschule für Bildende Künste in Braunschweig bei Walter Dahn. Schon während des Studiums entdeckten die beiden, dass sie gut zusammenarbeiten, und seither produzieren sie ihre Werke gemeinsam. Sie verstehen sich als gleichberechtigte Partner und signieren immer beide. »Jeder macht alles, und am Schluss ist es unser gemeinsames Produkt.« Nach verschiedenen Auszeichnungen erregten sie im November 2007 mit ihrer Einzelausstellung im New Yorker MoMA Aufsehen in der internationalen Kunstszene.

Werke der Tobias-Zwillinge

Auf den ersten Blick wirken ihre Arbeiten unbeschwert, fröhlich und von einer gewissen Leichtigkeit durchdrungen. Schaut man jedoch genauer hin, entdeckt man Brüche, Widersprüche, Vergänglichkeit und Ironie. So zeigt sich im Gesichtsausdruck, wenn auch auf wenige Zeichen reduziert, oft eine **Traurigkeit, Melancholie**,

die nicht zur bunten Umgebung zu passen scheint, also die gleichen Gegensätze wie in ihrem Heimatland Rumänien. Für Sarah Suzuki, Kuratorin der Tobias-Ausstellung im New Yorker MoMA, ist ihre Arbeit **»eine fantasievolle, vielschichtige Erforschung kultureller Identität«**.

Ihre transsilvanische Kindheit lebt in ihrer Kunst weiter, vor allem wenn sie Blumenmotive, Totenköpfe, Kopftücher, gezwirbelte Schnauzbärte, Herzen, Glocken und Ornamente in ihre Bildwelten einbauen. Aus einer Vermischung ihrer alten und neuen Welt entstand auch die **»Vampir-Serie«**. Während Gert und Uwe Tobias in der Schule den Grafen Vlad Țepeș noch als Türkenbezwinger kennenlernten, wurde er später zum schauerlichen Grafen Dracula. Indem sie ihre Bilder mit Zitaten aus Dracula-Filmen kombinieren, ironisieren sie den Transsilvanien-Mythos. So ist auch das **Plakat mit den beiden Eulen** und dem einladenden Titel »Come and see before the Tourists will do – The mystery of Transylvania« zu verstehen oder der weiße Schriftzug »I Married A Vampire« unter lieblichem Blumenmotiv. Vielleicht ist auch ihre Vorliebe für den Holzschnitt Ausdruck einer Verschmelzung von Vergangenheit und Gegenwart, da in Rumänien **Holz das Material schlechthin** ist. Überall begegnet man Holzschnitzereien, u. a. in den großen Holztoren in der Maramureș und im Szeklerland. Bei seinen Holzschnitten geht das Künstlerpaar von einer Skizze aus, die in viele Schablonen umgesetzt wird. So kann ein großformatiger Holzschnitt aus bis zu 20 Einzelblättern zusammengesetzt sein, die das Künstlerpaar mit einer selbst entwickelten Säge zuschneidet. Dann wird mit Körpergewicht gedruckt. »Tatsächlich haben die beiden Künstler einmal gesagt, sie ›zeichneten‹ mit der Säge«, so Bob Nickas im Katalog (2007).

Auch der Schweizer Künstler **Daniel Spoerri** stammt aus Rumänien. Er wurde 1930 als Daniel Isaac Feinstein in Galaţi in der Moldau geboren. Nachdem sein Vater 1941 deportiert worden war, floh seine Mutter mit ihm in die Schweiz. Ebenfalls jüdisch-rumänischer Abstammung war **Arthur Segal**, 1875 in Iaşi als Aaron Sigalu geboren und 1944 in London gestorben, ein den Dadaisten nahestehender Maler, Mitglied der »Novembergruppe« in Berlin.

Nach 1945

Sozialistischer Realismus ►

In der Zeit zwischen 1948 und 1965 wurde die rumänische Kunst vom »sozialistischen Realismus« beherrscht, der in Rumänien stark expressionistische Züge trug. Nach einem durch die Medien begünstigten Kontakt mit dem Westen schlugen die Künstler zwei unterschiedliche Richtungen ein. Die einen verfolgten die vom Staat vorgegebene und geförderte Richtung, die anderen schlugen private Wege ein und arbeiteten zum Teil im Verborgenen. In dieser Zeit bildete sich in Timişoara die erste experimentelle Künstlervereinigung »Gruppe 111«, ab 1970 »Sigma«, zu der u. a. Constantin Flondor gehörte. Weitere bedeutende Maler der 1970er-Jahre sind Octav Grigorescu, Marin Gherasim und Paula Ribariu.

Gruppe 111 ►

Der Minimal- und Konzeptkünstler **André Cadere** (1934–1978) emigrierte 1971 nach Paris, wo er im Alter von 44 Jahren starb. Jüngst wird seinem Œuvre durch einige größere Ausstellungen wieder internationale Aufmerksamkeit zuteil. Ungewöhnlich, voller Humor und Ironie ist die Arbeitsweise des in Bukarest lebenden **Dan Perjovschi** (geb. 1961), der seine Zeichnungen, Cartoons und Graffitis direkt auf Museumswände malt oder in den öffentlichen Raum setzt. Viele Arbeiten realisiert er mit seiner Frau Lia.

Wie in Brâncuşis Werk zeigen sich in den Arbeiten der 1973 in Rumänien geborenen, mit ihren Eltern ausgewanderten Zwillinge Gerd und Uwe Tobias Einflüsse der beiden Kulturen. Aus der rumänischen Kultur stammt eine Vorliebe zum Organischen, aus der westlichen die zur reinen Form, dazu kommen Anleihen aus der Volkskunst (►Special S. 54).

Film- und Videokunst ►

Der wichtigste Vertreter der Film- und Videokunst der 1970er-Jahre ist Ion Grigorescu (geb. 1945), z. B. mit »Boxing« und »Les verités du Monde du Capital« (1977). Im Erscheinungsjahr der beiden Filme wurde Andrea Faciu geboren, eine junge Video-Künstlerin, die heute in München lebt.

Musik · Literatur · Film

Musik

Anfänge

Mit der Übernahme des Christentums im 9. Jh. fanden die ersten liturgischen Gesänge Eingang in die rumänische Musik, in der Moldau und Walachei beeinflusst vom byzantinisch-slawischen Ritus, in

Siebenbürgen vom gregorianischen Choral. Die ersten schriftlichen Musikzeugnisse stammen aus dem 15. Jh. und bis zum 19. Jh. bewegt sich die weltliche Musik fast gänzlich in dem breiten Spektrum der **Volksmusik**. Neben Hirtenliedern spielen Balladen (**Mioriţa**) sowie Liebes- und Klagelieder (**Doina**) oder Weihnachtsgesänge (**Colinde**) eine große Rolle. In ihrer Struktur ist die traditionelle Volks- und Zigeunermusik ausgesprochen vielseitig. Charakteristisch sind vor allem die Pentatonik (= Fünftonmusik), unaufgelöste Dissonanzen und ein freier Wechsel des Metrums. Daher entspricht ihr Rhythmus nicht den westeuropäischen Hörgewohnheiten, was die Musik für das Publikum zunehmend interessant macht. Die Sammlung und Erforschung dieses Musikschatzes ist vor allem dem im Banat geborenen Komponisten **Béla Bartók** (► S. 65) zu verdanken. Bereits 1927 wurde ein Phonogrammarchiv gegründet.

16. bis 19. Jh.

Vom 16. bis 18. Jh. hatte die türkische, aber auch die russische Musik Einfluss auf die rumänische Stilrichtung, im 19. Jh. war es vornehmlich die italienische und französische. Mit dem Aufkeimen eines Nationalgedankens entwickelte sich auch eine nationale **rumänische Kunstmusik**. George Stephănescu komponierte 1869 die erste rumänische Sinfonie und Eduard Caudella (1841–1923) ab 1872 einige Monumentalopern; 1877 wurde in Bukarest die Rumänische Oper gegründet. Einen Ruf von Weltrang erreichte aber erst **George Enescu** (1881–1955; ► S. 67), der in seine Kompositionen Melodien und Rhythmen der Volksmusik einfließen ließ. Er gilt als der Begründer der rumänischen Nationalschule.

20./21. Jh.

Über die Landesgrenzen hinaus bekannt sind die **Komponisten** Anatol Vieru (1926–1998) und Wilhelm Georg Berger (1929–1993), außer Komponist auch Violinist und Musikwissenschaftler, der seiner Heimat ein Messa Requiem widmete und dessen Streichquartett Nr. 6 1965 in Liège ausgezeichnet wurde. Weitere bedeutende Komponisten der Gegenwart sind Myriam Marbe (1931–1997), Cornel Ţăranu (geb. 1934), Corneliu Dan Georgescu (geb. 1938), Costin Miereanu (geb. 1943) sowie Violeta Dinescu (geb. 1953), Letztere ist durch ihre Kinderoper »Der 35. Mai«, nach einem Roman von Erich Kästner, bekannt geworden. Der Violinist und Komponist **Alexander Balanescu** (geb. 1954) studierte u. a. bei Pinchas Zukerman und Itzhak Perlman. Er spielte vier Jahre beim Arditti-Quartett, bevor er 1987 das Balanescu-Quartett gründete.

? WUSSTEN SIE SCHON ...?

- Die Nationalhymne »Deşeaptă-te, române!« (Wach auf, Rumäne) geht auf ein traditionelles Lied zurück – Melodie von Anton Pann (1796–1854) und Text Andrej Muresanu – das während der Revolution 1848 veröffentlicht wurde und auch während der 1989er-Revolution wieder erklang. Seitdem hat es die einstige Hymne »Trei culori« (Tricolore) von Ciprian Porumbescu (1853–1883) abgelöst. Von Porumbescu stammt übrigens die albanische Nationalhymne.

Zu den international bekannten **Interpreten** gehören der Violinist **Arnold Rosé** (1863–1946), Gründer des bekannten Rosé-Quartetts (1882), der Pianist Dinu Lipatti (1917–1950) und die Pianistin Clara Haskil (1895–1960; ► S. 69) sowie die Sopranistin Ileana Cotrubaş (geb. 1939). Weltruhm erlangte **Sergiu Celebidache** (1912–1996; ► S. 66). Der Dirigent Lawrence Foster wurde 1941 in Los Angeles als Sohn von Einwanderern aus Siebenbürgen geboren.

Jazz

Die traditionelle rumänische Volks- und Zigeunermusik hat nicht nur klassische und zeitgenössische Komponisten beeinflusst, sondern auch die rumänischen Jazzmusiker. Bekannteste Vertreter sind die Pianisten Jancsy Kőrössy (geb. 1926), Richard Oschanitzky (geb. 1939) und der Jazzsaxophonist und Komponist **Nicolas Simion** (geb. 1959). Inspirieren lässt er sich von Béla Bartók, George Enescu, von der Volksmusik, Zigeunerweisen, Tänzen und Balladen seiner Heimat, und diese Rhythmen verarbeitet er dann mit Bebob, Funk und klassischem Jazz zu einer eigenen Klangwelt. Der seit 1997 in Deutschland lebende Jazzer tritt mit seiner Band »Nicolas Simion Group« oder auch in anderen Formationen auf internationalen Bühnen auf. Ebenfalls aus Rumänien stammt **Peter Herbolzheimer** (► S. 69).

Volks- und Zigeunermusik

Doch auch die vor allem durch die Sängerin **Maria Tanase** (► S. 72) über die Landesgrenzen hinaus bekannt gewordene Volksmusik ist im Ausland sehr beliebt. Als »Hexer auf der Panflöte« machte **Gheorghe Zamfir** (geb. 1946) zuerst in Frankreich Karriere. Heute unterrichtet er am Bukarester Konservatorium das traditionellste rumänische Instrument.

Die auf Hochzeiten und anderen großen Festen vor allem von Zigeunern – sie selbst nennen sich stolz Ţigan und nicht Roma –, auftretenden Bläser-Orchester machen längst auch international Karriere.

Braas-Band ►

Ihren Ursprung hat die Braas-Band in der Militärmusik der ottomanischen Armee. Doch ist in der Moldau daraus eine beliebte Festmusik geworden, und keiner hält lange still, wenn Saxophone, Klarinetten, Hörner, Trompeten und Posaunen, unterstützt von einem Percussionisten, zum Tanz aufspielen. Meistens kommen die Musiker aus einem Dorf, dem sie mit dem im Ausland verdienten Honoraren sogar zu kleinem Wohlstand verhelfen. Die bekanntesten Bands sind »**Fanfare Ciocârlia**« und »**Tărăf de Haidouks**«. Von ihrer Kunst des rasanten rhythmischen Spiels kann man sich auch auf CD-Einspielungen überzeugen.

Manele ►

Eine neuere Musikrichtung scheint Rumänien zu spalten: Manele. Manele ist auf den Straßen in den Bukarester Zigeunerviertel entstanden und eine bunte Mischung aus volkstümlichen Weisen, türkischen, arabischen und serbischen Klängen, gepaart mit alten Zigeunermelodien. Heute ist Manele überall zu hören, im Radio, als Videoclip, in der Disko, auf Festen; im Sommer tönt es aus den offenen Autos nicht nur in den Straßen der Hauptstadt. Die Stars dieser

Gheorghe Zamfir, der »Hexer auf der Panflöte«

neuen Musikrichtung heißen »Vali, der Verrückte« oder »Sile mit der goldenen Kehle«. Ihre Gegner, darunter der Ex-Premierminister Adrian Nastase, beklagen die Verunstaltung und den Verlust der »reinen rumänischen Volksmusik«.

Literatur

Anfänge

Die rumänische Literatur basiert auf einer umfangreichen Volksdichtung aus lyrischen Liebesliedern (**Doina**), Klagegesängen, epischen Balladen (**Mioriţa**), Märchen und satirisch religiösen und magischen Dichtungen. Das älteste rumänische Schriftstück ist ein Brief des Bojaren Neascu von 1521, es folgten Übersetzungen kirchlicher Texte. Für die Entwicklung der rumänischen Schriftsprache war die erste vollständige Bibelübersetzung von 1688 bedeutend.
Höhepunkte der altrumänischen Literatur des 17. Jh. sind die Verspsalmen des Metropoliten Dosoftei (1624–1693) von 1673, die Schriften der moldauischen Chronisten Grigore Ureche (1590–1647) und Dimitrie Cantemir (1673–1723) sowie des walachischen Constantin Cantacuzino (1640–1716).

◄ Griechisch wird Amtssprache

Eine sich auch auf die Sprache auswirkende Besonderheit war die sog. Phanarioten-Zeit 1715–1821 (► S. 40), als in der Moldau und Walachei vom türkischen Sultan eingesetzte griechische Adlige herrschten. Diese führten Griechisch als Amtssprache ein, und so verbreiteten sich über griechische Übersetzungen abendländische Gedanken, darunter Racine, Fénelon und Metastasio. Erst Gheorghe Lazăr (1779–1823) schaffte Griechisch als Unterrichtssprache ab und säkularisierte die Schule in der Walachei und in der Moldau.

◄ Schulreform

Siebenbürgische Schule Eine besondere Rolle spielte die Siebenbürgische Schule (Şcoala Ardeleană), eine in der zweiten Hälfte des 18. Jh.s entstandene und bis ins 19. Jh. wirkende Kulturbewegung. Sie entwarf u. a. die »Dako-romanische Kontinuitätstheorie« (► Special S. 224) und das auf diese Weise gestärkte Selbstbewusstsein der Rumänen schlug sich schließlich in der Erhebung von 1848 nieder. Sie entwickelte auch aus dem lateinischen das **rumänische Alphabet**, das 1860 das kyrillische Alphabet ablöste. Die bekanntesten Vertreter sind Petru Maior (1760 bis 1821), Samuil Micu (1745–1806), Gheorghe Şincai (1754–1816) und Ion Budai-Deleanu (1760–1820), Autor des volkssprachlichen Epos »Ţiganiada«. Weitere bekannte Literaten aus der Zeit des nationalen Aufbruchs sind Cezar Bolliac (1813–1881), **Nicolae Bălceşcu** (1819–1852) und **Mihai Kogălniceanu** (1817–1891), die letzten beiden waren auch bekannte Politiker.

Junimea in Moldau Das Geistesleben in der Moldau bestimmte im ausgehenden 19. Jh. vor allem die 1863 in Iaşi gegründete **literarische Gesellschaft »Junimea«** (Die Jugend). Gründer dieser Gruppe war der konservative Politiker und philosophische Ästhet Titu Maiorescu (1840–1917), der sich strikt gegen eine unkritische Übernahme der westlichen Kultur und ihres Gesellschaftsmodells wendete. Die »Junimea«-Bewegung setzte sich vehement für die **Anerkennung und Förderung der rumänischen Kultur** ein. Ihr Ziel war die Schaffung einer »authentischen Nationalkultur«. Zu dem Kreis gehörten Mihai Eminescu (► S. 67), der Erzähler Ion Creangă (1839–1889), der Novelist Ioan Slavici (1848–1925) und Ion Luca Caragiale (1852–1912), der für seine satirischen Bühnenstücke über das westlich orientierte Bürgertum bekannt ist.

Strömungen im 20. Jh. Am Anfang des 20. Jh.s gruppierten sich die Schriftsteller in zwei unterschiedliche Lager, die eine Gruppe dachte national und idealisierte das bäuerliche Leben, die andere war Anhängerin einer modernistischen und symbolistischen Richtung. Zur ersten Gruppe gehörten Ştefan Iosif (1875–1913) und Octavian Goga (1881–1938), dessen antisemitische Äußerungen sein Schaffen überschatten. Bekanntester Vertreter der zweiten Gruppe ist Ion Minulescu (1881–1944). Beide Standpunkte entwickelten sich bis zum Zweiten Weltkrieg weiter und in diesem spannungsreichen Klima wuchsen weitere bedeutende Schriftsteller heran wie Lucian Blaga (1895 bis 1961), Liviu Rebreanu (1885–1944), Camil und Cezar Petrescu (1894–1957; 1892–1961), Tudor Arghezi (1880–1967), Mircea Eliade (1907–1986), **Eugène Ionesco** (1909–1994; ► S. 70) und Émil Cioran (1911–1995). Eine außergewöhnliche Figur war **Panait Istrati** (1884–1935). In den 1920er-Jahren war der Sprecher der Unterdrückten, der »**Gorki des Balkan**« (Romain Rolland), einer der bekanntesten Schriftsteller des Landes. Nach einer Reise in die Sowjetunion wurde er aber auch zu einem Kritiker des Arbeiter- und Bauernstaates. Heute wird er langsam wiederentdeckt.

Jüdische Einflüsse

Auch aus der einst lebendigen jüdischen Kultur Rumäniens gingen international bekannte Größen hervor, darunter **Tristan Tzara** (1896–1963). Der Gründer des Dadaismus wurde als Samuel Rosenstock in Moineşti geboren. 1920 wanderte er nach Paris aus. Auch der 1895 in Bukarest geborene und 1984 in Tel Aviv gestorbene Marcel Janco (urspr. Marcel Iancu) gehörte zu den »Urvätern« des Dadaismus. Der Lyriker **Paul Celan** (urspr. Paul Antschel, 1920–1970) stammte aus der Bukowina und lebte seit 1948 in Paris. Aus der Bukowina stammte auch **Rose Ausländer** (1901–1988). Die erst 1996 in Rumänien veröffentlichten Tagebücher ihres Zeitgenossen **Mihail Sebastian** alias Iosif Hechter (1907–1945) sind ein wichtiges Zeugnis für den zunehmenden Antisemitismus in Rumänien und werden mit den Schriften von Anne Frank, Victor Klemperer oder André Gide verglichen. In jüngster Zeit lösten sie eine Debatte über Mircea Eliade oder Émil Cioran aus, die einst durchaus Symphathie für Hitler und den Antisemitismus äußerten.

? WUSSTEN SIE SCHON ...?

- ... dass Rumänien um die Wende des 19./20. Jh.s drei fürstliche Dichterinnen hervorgebracht hat?
Elena Văcărescu (1864–1947) hinterließ auf Französisch verfasste Romane, Gedichte und literarische Porträts von Victor Hugo, Nietzsche, Sarah Bernhardt u. a. berühmten Persönlichkeiten ihrer Zeit. Anna de Noailles aus dem Geschlecht der Brâncoveanu (1876–1933), die ebenfalls französisch schrieb, wurde 1921 als erste Frau in die Königlich Belgische Akademie aufgenommen. Martha Bibescu (1886–1973), die durch ihre Heirat sogar in die Familie des Kaisers Napoleon Bonaparte aufstieg, war als Romanautorin in Rumänien und Frankreich gleichermaßen bekannt, außerdem verfasste sie ein politisches Tagebuch. 1955 wurde sie zusammen mit Jean Cocteau in die Königlich Belgische Akademie aufgenommen.

Rumänische Literatur seit 1945

Nach dem Zweiten Weltkrieg stand die rumänische Literatur bis ca. 1964 ganz im Zeichen des **sozialistischen Realismus**. Die daran anschließend entstehende Literaturrichtung zeichnete sich aus durch eine Erprobung neuer Formen und Stile, eine notgedrungene Abkehr vom Politischen und eine Hinwendung zum Fantastischen. Herausragende Schriftsteller dieser Zeit waren Leonid Dimov (1926–1987), Dumitriu Ţepeneag (geb. 1937) und Dumitriu Radu Popescu (geb. 1935). Nach einer kurzen Phase der Liberalisierung sorgten erneute Repressionen in den 1970er-Jahren wieder für eine Einschränkung der Meinungsfreiheit und für die Emigration zahlreicher Schriftsteller, u. a. wurde Ţepeneag 1975 die Staatsbürgerschaft entzogen, er ging nach Paris und wurde dort die Leitfigur der Exilrumänen.

◄ 1989

Beim Sturz des Diktators Ceauşescu waren viele Autoren politisch aktiv und auch heute ist das **politische Engagement** ein Charakteristikum der neuen rumänischen Literatur. **Mircea Dinescu** (geb. 1950) stand bis 1989 unter Hausarrest. Nachdem er im Dezember 1989 in die laufenden Kameras das befreiende »Der Diktator ist gestürzt!« bekannt gab, wurde er auch im Ausland zum bekanntesten rumänischen Schriftsteller der post-kommunistischen Ära. Noch im glei-

chen Jahr wurde er Mitbegründer des satirischen Magazins »Academia Caţavencu« und gründete 1998 seine eigenen Satire-Magazine »Plai cu Boi« (Land der Sprachlosen) und »Aspirina Săracului« (Aspirin der Armen). Zu den Engagierten der ersten Stunden der Nach-Ceauşescu-Ära gehörte auch die Lyrikerin Ana Blandiana (geb. 1942).
Neben der Veröffentlichung neuer junger Autoren bemühen sich die Verlage auch um ehemalige Regimekritiker und Exil-Schriftsteller.

Siebenbürgen

Die Literaturgeschichte Transsilvaniens orientierte sich bis zur Entstehung Groß-Rumäniens 1920 überwiegend nach Westen und brachte zahlreiche deutschsprachige Schriftsteller hervor. Nur wenig bekannt ist, dass der Dichter **Nikolaus Lenau** 1802 im Banat geboren wurde. Aus Timişoara und Umgebung stammen außerdem der Dichter und Dramatiker Heinz Kehrer (geb. 1913), Nikolaus Berwanger (geb. 1935), **Richard Wagner** (geb. 1952), Autor von »Habseligkeiten« und »Miss Bukarest«, Herta Müller (geb. 1953; ►S. 71) und der auch international bekannte jüngste Autor **Catalin Dorian Florescu** (geb. 1967). Florescu zog 1982 mit seinen Eltern nach Zürich, wo er seit 2001 als freier Autor lebt. Er schrieb »Wunderzeit« (2001) und »Der kurze Weg nach Hause« (2002). 2002 erhielt er den Albert-von-Chamisso-Förderpreis. Auch sein neuester Roman »Zaira über eine Jahrhundertreise«, eine Migranten-Geschichte, fand beim Publikum und in der Fachpresse viel Beachtung. Als wichtiger Vertreter der rumäniendeutschen Literatur gilt **Adolf Meschendörfer** (1877–1962), einst Herausgeber der Zeitschrift »Die Karpathen«. In dem Roman »Die Stadt im Osten« hat er seiner Heimatstadt Braşov ein schönes literarisches Denkmal hinterlassen. **Eginald Schlattner** (geb. 1933), Pfarrer und Schriftsteller in Siebenbürgen, wurde vor allem nach dem Erscheinen seines Romans »Rote Handschuhe« (2000) bekannt, in dem er sich selbstkritisch mit seiner Doppelrolle als Gefangener der Securitate und als Verräter auseinandersetzt. Sein erster Roman »Der geköpfte Hahn«, der zur Zeit des Nationalsozialmus spielt, wurde 2006/07 von Radu Gabrea verfilmt.

Rumäniendeutsche Literatur ►

Mit dem **Dracula-Mythos** beschäftigte sich jüngst ausgiebig **Dieter Schlesak** (geb. 1934; »Vlad. Die Dracula-Korrektur«), Schriftsteller und Mitglied des Deutschen P.E.N.-Zentrums.

Film

Wandel im Filmschaffen

2000 war das »Jahr null« der rumänischen Filmindustrie. Waren bislang vor allem pathetische Filme über rumänische Geschichte und historische Kostüm- und Fantasieschinken erschienen, setzten sich nun die Filme vor allem junger Filmemacher mit dem Hier und Jetzt, mit den sozialen und politischen Problemen des nachkommunistischen Rumäniens auseinander.
Trotz geringer staatlicher Förderung entstanden mithilfe von Sponsoren teils hochkarätige Filme: »**4 Monate, 3 Wochen und 2 Tage**«

von **Cristian Mungiu** (geb. 1968), die Geschichte von Gabita, die abtreiben will, erhielt auf den Filmfestspielen von Cannes 2007 die Goldene Palme und den Europäischen Filmpreis. Bereits sein Film »Occident« über Flucht und Emigration (2002) war viel beachtet worden.

Cristian Mungiu mit einer seiner zwei Auszeichnungen

Cristi Puiu (geb. 1967), bekannt für seine mit der Handkamera gedrehten Bilder, lenkte mit »Koks und Kohle« (2001) über die Welt des organisierten Verbrechens die internationale Aufmerksamkeit auf sich. Sein »Der Tod des Herrn Lăzărescu«, eine in Bukarests Krankenhäusern spielende Metapher über den Widerspruch von sozialer Kälte und herzlicher Wärme in der rumänischen Gesellschaft, erhielt 2005 in Cannes den Certain Regard Award.

Jüngster rumänischer Regisseur und Drehbuchautor ist **Corneliu Porumboiu** (geb. 1975). 2007 erhielt er in Cannes die Goldene Kamera für den besten Erstlingsfilm »Zwölf Uhr Acht, östlich von Bukarest«, der Titel bezieht sich auf den Zeitpunkt, als die Ceauşescus mit dem Hubschrauber flohen. **Catalin Mitulescus** (geb. 1972) Film »Trafic« war 2004 Cannes »Bester Kurzfilm« und »Ryna« von Ruxandra Zenide wurde 2006 für den Schweizer Filmpreis nominiert. Empfehlenswert ist auch »Filantropica« (2002), die mit Witz und Esprit von **Nae Caranfil** (geb. 1960) erzählte Liebesgeschichte eines gescheiterten Schriftstellers, der als schlecht bezahlter Lehrer arbeiten muss.

Die beiden mehrfach ausgezeichneten Altmeister **Lucian Pintilie** (geb. 1933) und **Radu Gabrea** (geb. 1937) dürfen in dieser Aufzählung nicht fehlen. Pintilies letzter Film »Niki und Flo« (2003), eine Tragigkomödie, setzt sich mit dem Aufeinandertreffen des alten und neuen Rumänien auseinander. Radu Gabreas Film »Der geköpfte Hahn« (2007, nach dem gleichnamigen Roman von Eginald Schlattner) handelt vom Schicksal der Siebenbürger Sachsen.

Filmstadt Buftea

Die Filmstadt Buftea am Rand von Bukarest hat sich zu **Rumäniens Cinecittà** entwickelt. Die professionell ausgestatteten Castel-Film-Studios und die im Vergleich noch geringeren Produktionskosten haben schon mehrmals ausländische Produzenten angezogen. So entstanden hier u. a. 2002 der Film »Unterwegs nach Cold Mountain« mit Nicole Kidman (Regisseur Anthony Minghella nach einem Roman von Charles Frazier) sowie 2008 »Mirrors«, ein Horrorfilm mit Kiefer Sutherland (Regisseur Alexandre Aja).

Berühmte Persönlichkeiten

Rumänien hat eine Reihe berühmter Persönlichkeiten hervorgebracht. Da viele erst im Exil zu Anerkennung gelangten, ist bei einigen ihre rumänische Herkunft gar nicht bekannt.

Béla Bartók (1881–1945)

Komponist und Pianist

Die Heimat des ungarischen Komponisten und Pianisten Béla Bartók ist das kleine Örtchen Sânnicolau Mare (Großsanktnikolaus) bei Arad. Seine ersten Studien in Klavier und Komposition absolvierte er in der Slowakei, dann in Budapest, wo er bis 1934 als Professor unterrichtete. Seine Vorbilder waren Brahms, Wagner, Liszt und Debussy. Durch Zoltán Kodály entdeckte er die Volksmusik seiner Heimat und ab 1905 begann er sie zu erforschen und zu sammeln; so bewahrte er wertvolle Tondokumente. Einflüsse der ungarischen, rumänischen und zigeunerischen Volksmusik zeigen sich auch in seinen Werken, beispielsweise in den rumänischen Tänzen (1915). Als vehementer Gegner nationalsozialistischer Ideen schrieb er 1930 die »Cantata Profana«, ein **Oratorium zur Völkerverständigung**. 1940 emigrierte er in die USA. Von dem Einbruch seiner Karriere konnte er sich nicht mehr erholen, auch wenn Yehudi Menuhin 1943 sein »Konzert für Orchester und Violine« uraufführte, das tosenden Beifall erhielt. Am 26. September 1945 starb Béla Bartók in New York.

Constantin Brâncoveanu (1654–1714)

Fürst der Walachei

Auf den Namen des 1992 heilig gesprochenen Constantin Brâncoveanu stößt man in Rumänien immer wieder. Der kunstsinnige, humanistisch gesinnte Fürst herrschte von 1688 bis 1714 in der Walachei. Angesteckt von der westlichen Kultur, ließ er sich nach seinen Vorstellungen Paläste bauen (Schloss Mogoşoaia bei Bukarest), gründete Kirchen und Klöster (u. a. Horezu). In den Bauwerken verbanden sich westliche und östliche Einflüsse zu einem eigenen Stil. Das Kloster Horezu gilt als erstes und bestes Beispiel für diesen **»Brâncoveanu-Stil«**, der die Architektur des 17./18. Jh.s in Rumänien maßgeblich geprägt hat. Als Baustil verbreitete er sich auch im übrigen Osteuropa und ist in Rumänien bis heute lebendig. Aber er ist auch in die dörfliche Architektur eingegangen: So haben die würfelförmigen, schlichten Häuser meistens eine Loggia im ersten Stock.
Politisch hatte sich Constantin Brâncoveanu gegenüber den Türken auf ein Doppelspiel mit Russland und Habsburg eingelassen. Sultan Ahmed III. kam der Verrat zu Ohren. Daraufhin ließ er den Fürsten mit seinen vier Söhnen und dem Schwiegersohn hinrichten.

Brassaï (1899–1984)

Fotograf

Wenige wissen, dass der vor allem für sein Buch »Paris de Nuit« bekannt gewordene ungarische Fotograf Brassaï als Gyula Halász in Braşov zur Welt kam. 1918–1919 absolvierte er ein Kunststudium in Budapest und 1920/21 in Berlin. Seit 1924 lebte er als Journalist in Paris. Zur Fotografie kam er über seine fotografischen Vorbilder

← Clara Haskil, die »skrupulöse Prinzessin der Musik« (1940er-Jahre)

Eugène Atget und André Kertesz. Der als Meister des unbeobachteten Fotografierens bekannt gewordene Brassaï – **»das Auge von Paris«** (Henry Miller) – legte sich 1932 dieses Pseudonym zu, das er von seiner Geburtsstadt abgeleitet hat. In seinem Todesjahr wurde er französischer Staatsbürger.

Sergiu Celibidache (1912–1996)

Dirigent

Der für seine langsamen Tempi bekannte Star-Dirigent hatte zunächst in Bukarest Musik und Philosophie studiert, bevor er nach Berlin ging. Die deutschen Behörden machten aus seinem Namen Celebidachi irrtümlicherweise Celibidache und diesen Namen behielt der Künstler dann zeitlebens bei. Seine Kindheit verbrachte er in Iaşi, wo er seine ersten Klavierstunden erhielt und später mit dem Studium begann. Dieses setzte er in Bukarest, Paris und Berlin fort. 1945–1952 leitete er die Berliner Philharmoniker, anschließend arbeitete er mit Orchestern in Südamerika, Stockholm, Italien und Paris, bis er 1979 Generalmusikdirektor der Münchner Philharmoniker wurde. Berüchtigt war er für seine vielen Proben, auch galt er als unnachgiebiger Perfektionist und Gegner von Aufnahmen seiner Konzerte. Für Celibidaches Verständnis war nicht die Interpretation des Dirigenten wichtig, er wollte die **»reine« Musik** klingen lassen.

Alexandru Ioan Cuza (1820–1873)

Fürst der Moldau und der Walachei

Wahrscheinlich wäre Alexandru Ioan Cuza mit seinem schweren Schicksal ausgesöhnt, wenn er wüsste, dass es heute in fast jeder Stadt einen Platz oder eine Straße mit seinem Namen gibt. Sein Landsitz in Ruginoasa bei Iaşi ist heute ein Museum. Der in dem moldauischen Weindorf Huşi geborene Fürst wird in Rumänien als der eigentliche **Staatsgründer** verehrt. Cuza gelang es, im Januar 1859 als Fürst der Moldau und im März darauf auch als Fürst der Walachei gewählt zu werden und so die beiden unter dem Namen »România« zu vereinigen. Hauptstadt wurde Bukarest. Dann schritt Cuza zur Verwirklichung seiner Reformpläne, u. a. gründete er eine von Konstantinopel unabhängige rumänisch-orthodoxe Synode, führte die Grundschulpflicht und das lateinische Alphabet ein. Zusammen mit den Liberalen, denen Cuza zu mächtig geworden war, schmiedeten die Bojaren ein Komplott, das Alexandru Ioan Cuza 1866 zur Abdankung zwang. Er starb im Exil in Heidelberg. Nachfolger wurde Karl von Hohenzollern-Sigmaringen als König Carol I.

Mihai Eminescu (1850–1889)

Dichter

Auf Schritt und Tritt begegnet man in Rumänien dem **Dichterfürsten** Mihai Eminescu. Der Sohn eines Gutsbesitzers kam als Mihail Eminovici in Botoşani bei Suceava zur Welt. Es war die Zeit der niedergeschlagenen Nationalbewegung unter der Habsburger K.-u.-k.-Monarchie, die jedoch in den Köpfen weiterlebte. Auch Eminescu war ein ausgesprochener Nationalist, das erklärt die Romanisierung seines slawischen Familienamens.

Die Kindheit verbrachte Eminescu in Ipoteşti. Später besuchte er das deutsche Gymnasium in Czernowitz, heute Ukraine. Als 14-Jähriger ging er mit einer Theatergruppe auf Wanderschaft und veröffentlichte erste Gedichte. 1869 spürte ihn sein Vater auf und schickte ihn zum Philosophie-Studium nach Wien, wo seine 1870 veröffentlichten Gedichte Titu Maiorescu auffielen, dem Gründer von Iaşis Literaturkreis Junimea. In ihm hatte Eminescu nun zeitlebens einen einflussreichen Mentor. 1871 bis 1874 war er in Berlin, wo er Auszüge von Kant und Schiller übersetzte und sich mit Schopenhauer und der deutschen Lyrik beschäftigte. Nach seiner Rückkehr wurde er Direktor der Zentralbibliothek in Iaşi. 1875 verliebte sich Eminescu unsterblich in die ebenfalls schriftstellerisch tätige, verheiratete Veronika Micle. Damals und später verfasste Texte spiegeln seine innere Zerrissenheit wider. 1883 zeigten sich erste Symptome einer Geisteskrankheit. Im gleichen Jahr erschien sein erster von Titu Maiorescu finanzierter Gedichtband. 1888 holte ihn Veronica Micle zu sich nach Budapest, doch schon bald musste er erneut in die Klinik, wo er am 15. Juni 1889 verstarb. Dank seiner Wort- und Metapherschöpfungen sowie der Fähigkeit, die dichterische mit der Volkssprache zu verbinden, leistete er einen entscheidenden Beitrag zur Erneuerung der rumänischen Sprache.

George Enescu (1881–1955)

Komponist und Dirigent

Der **Komponist, Violinist und Dirigent** kam im Dorf Liveni Vârnav bei Suceava in der Bukowina zur Welt, das ihm zu Ehren in George Enescu umbenannt wurde. Sein Geburtshaus ist heute Museum. Bereits mit 4 Jahren spielte der Enkel eines orthodoxen Priesters Geige. Den ersten richtigen Unterricht erhielt er 1888 bis 1894 am Wiener Konservatorium, den ersten öffentlichen Auftritt hatte er als Achtjähriger. 1895–1899 studierte er zusätzlich Komposition bei André Gédalge, Jules Massenet und Gabriel Fauré in Paris, seiner neuen Heimat. Einer seiner Mitschüler war Maurice Ravel. Als Dirigent trat er 1898 vor das Bukarester Publikum. In der Folge war Enescu als gefragter Violinvirtuose und Dirigent viel auf Reisen. In Rumänien besaß er eine Villa in dem mondänen Kurort Sinaia, 1912 rief er einen Enescu-Kompositionspreis ins Leben. In Iaşi gründete er das Sinfonieorchester. Weltweit hatte er sich auch als Lehrer einen Namen gemacht; sein berühmtester Schüler war Yehudi Menuhin. Zu den bekanntesten Kompositionen Enescus gehören die drei »Rumänischen Rhapsodien« (Opus 11). Die Themen stammen von Tanzweisen der Zigeuner und der rumänischen Bauernmusik ab. Charakteristisch ist der ständige Wechsel des Zeitmaßes. Wenig bekannt, aber hörenswert ist die einzige Oper »Oedipe«. Aus Protest gegen die kommunistische Machtübernahme kehrte er nach 1946 nie mehr nach Rumänien zurück und starb am 4. Mai 1955 in Paris.

Nicolae Grigorescu (1838–1907)

Maler

Nicolae Grigorescu kam in einer Bauernfamilie im Dorf Pitaru nahe Bukarest zur Welt. Als Fünfjähriger verlor er den Vater, entsprechend schwer und von Armut geprägt war seine Kindheit. Die große Wende brachte der Maler Anton Chladek, bei dem der erst Zehnjährige die Ikonenmalerei lernte. Als Freskenmaler im Nonnenkloster Agapia bei Suceava wurde er von dem Schriftsteller und Politiker Mihail Kogălniceanu entdeckt, der dem jungen Künstler 1861 ein Stipendium in Paris verschaffte. Hier lernte er Renoir kennen und wurde von der Plein-air-Malerei der Schule von Barbizon beeinflusst. Als Teilnehmer des Unabhängigkeitskrieges 1877/78 gegen die Türken hielt er nicht nur den Mut der Soldaten, sondern auch das menschliche Drama des Krieges fest. Berühmt ist er außerdem für poetische, stimmungsvolle Landschaftsbilder. Erste Bilder entstanden im Wald von Fontainebleau, später auch in seiner rumänischen Heimat, über die er seinen Pariser Künstlerkollegen vorgeschwärmt haben soll: »Wenn ihr wüsstet, wie schön mein Land ist.« Erst 1904 verließ er Paris und kehrte nach Câmpina in Rumänien zurück. Sein Lieblingsthema wurde ein weißer Ochse namens Schneeflocke. Nicolae Grigorescu, der rund 3000 Werke hinterließ, gilt als Begründer der modernen rumänischen Malerei.

Gheorghe Hagi (geb. 1965)

Fußballspieler

Vor allem Fußballfans ist der »Karpaten-Maradona« aus Săcele bei Constanţa ein Begriff. International debütierte der 18-jährige Gheorghe Hagi 1983 bei einem Freundschaftsspiel zwischen Norwegen und Rumänien. 1987 wurde er in den Topverein Steaua Bukarest aufgenommen, mit dem er drei Mal die nationale Meisterschaft gewann. Im Ausland wurde der »exzentrische Ballzauberer« nach Erfolgen bei Real Madrid von Galatasaray Istanbul abgeworben. 2001 verabschiedete sich Hagi aus dem aktiven Fußball und wurde Nationaltrainer. Im Sommer 2007 war er wieder bei Steaua Bukarest unter Vertrag, doch dauerte sein Aufenthalt als Trainer gerade mal drei Monate – es gab Differenzen mit dem Management.

Clara Haskil (1895–1960)

Pianistin

Die Pianistin Clara Haskil wurde vor allem als **Mozart-Interpretin** gefeiert. Doch obwohl sie ihre Karriere als Wunderkind begann, gelang ihr der Durchbruch erst mit über fünfzig Jahren. Schon als Dreijährige fiel das Kind aus einer jüdischen Bukarester Bürgerfamilie durch sein großes musikalisches Talent auf: Clara spielte ohne musikalische Erziehung alle Melodien nach, die ihre ältere Schwester übte, und konnte diese sogar in jede Tonart transponieren. Ab 1903 unterrichtete der bedeutende Klavierpädagoge Richard Robert, Lehrer u. a. von George Szell, auch die junge Künstlerin, die bereits zwei Jahre später ihren ersten Solo-Klavierabend gab. Erst 15-jährig, schloss sie die Meisterklasse von Alfred Cortots am Pariser Conservatoire ab. Ihre Karriere wurde ab 1913 durch eine fortschreitende Skoliose (Rückgratverkrümmung) abrupt gebremst. Trotz ihrer überdurchschnittlichen Begabung blieb sie bescheiden und selbstkritisch. Die »skrupulöse Prinzessin der Musik« nannte sie der Musiker-Freund Dinu Lipatti. Seit den 1950er-Jahren trat sie mit führenden Dirigenten auf, u. a. mit George Enescu und Pablo Casals. Für Charlie Chaplin gab es seinerzeit nur drei Genies: »Einstein, Churchill und Clara Haskil«. Er hatte sich eigens einen Steinway kommen lassen, um sie auch zu Hause hören zu können.

Peter Herbolzheimer (geb. 1935)

Musiker

Der in Rumänien aufgewachsene, 1951 nach Deutschland ausgewanderte Bandleader, Posaunist, Arrangeur und Komponist Peter Herbolzheimer gilt auch international als einer der Großen des deutschen Jazz. Unter anderem gelang es ihm in den 1970er-Jahren, den Sound und Drive der Swing-Big-Bands ins Zeitalter von Fusion und Rockjazz zu retten. »Sein Gefühl für die Rhythmik des Jazz und die Freude am Verändern von Melodien verdankt er seinen eigenen Worten nach den Zigeunerkapellen Bukarests. Er stammt aus einer deutsch-jüdischen Familie aus Bukarest, die an den Wochenenden auswärts essen ging, und bald sah man den kleinen Peter Herbolzheimer vor den Bühnenpodesten der rumänischen Kapellen stehen, die in den Wirtshäusern aufspielten. ›Mit großen Augen habe ich damals jeden Ton aufgesaugt‹, erinnert er sich noch heute. Der vielfach ausgezeichnete Musiker, dem es mit seiner Band ›Rhythm Combination and Brass‹ gelungen war, den Big-Band-Sound derart zu öffnen, dass er für ein Rock- und Pop-Publikum zugänglich wurde, hat seine rumänischen Wurzeln niemals vergessen«, schrieb Andreas Kolb, Chefredakteur der **Jazzzeitung**, im Vorspann eines 2007 mit Herbolzheimer geführten Interviews.

Eugène Ionesco (1909–1994)

Schriftsteller

Eugène Ionesco kam als Eugen Ionescu in der walachischen Industriestadt Slatina zur Welt, 42 km östlich von Craiova. Heute gilt er als französischer **Autor**, bedeutendster französischer **Dramatiker** und führender Vertreter des Absurden Theaters. 1913 zog die kleine Familie – die Mutter war französischer Abstammung – nach Paris, weil der Vater dort als Jurist promovieren wollte. Nach dem Ausbruch des Ersten Weltkriegs kehrte der Vater nach Rumänien zurück. Ionescu folgte ihm 1922 nach Bukarest, doch zeigte der Vater für die schriftstellerischen Neigungen des Sohnes kein Verständnis; so kam es 1926 zum Zerwürfnis. Ionescu studierte Französisch an der Bukarester Universität, wo er Émile Michel Cioran und Mircea Eliade kennenlernte. 1936 heiratete er Rodica Burileanu und zwei Jahre später ging das Paar nach Paris. 1940 kehrte es zurück, um 1943 der nationalsozialistisch gewordenen Heimat endgültig den Rücken zu kehren. In Paris begann dann ein langsamer Aufstieg in den Olymp der Literatur. Nur sein erstes Stück »Die kahle Sängerin« schrieb Ionescu 1948 noch auf Rumänisch. Von da an dichtete er auf Französisch. 1950 nahm er die französische Staatsbürgerschaft an. Vierzehn Jahre später wurde in seinem Geburtsland mit »Rhinocéros« das erste Theaterstück von ihm inszeniert.

Peter Maffay (geb. 1949)

Musiker

Der erfolgreiche Schlagersänger, Gitarrist und Rockmusiker Peter Maffay – 40 Millionen Tonträger mit seiner Musik gingen bisher über den Ladentisch – kam 1949 als Peter Alexander Makkay, Sohn eines Ungarn und einer Siebenbürger Sächsin, in Braşov zur Welt. 1963 siedelte die Familie nach Bayern über. Im Dorf Waldkraiburg gründete Peter Maffay 1968 seine erste Band und landete mit der Single »Du« seinen ersten großen Hit. Es folgten »Josie« und »Und es war Sommer«, die Maffay zu einer Größe im Musikgeschäft werden ließen. Ab den 1980er-Jahren vollzog er einen stilistischen Wandel vom Schlagersänger zum **»Deutschrocker«**. Nach einigen Rückschlägen verbuchte er mit seinem Tabaluga-Rockmärchen neue Erfolge, auch

wurde die Märchengestalt des kleinen grünen Drachen als Zeichentrickfilmserie verfilmt. Für sein soziales Engagement für traumatisierte Kinder erhielt Maffay 2006 den World Vision Charity Award.

Herta Müller (geb. 1953)

Schriftstellerin

Herta Müller gilt als die derzeit bekannteste **rumänische Autorin**. Sie wurde in Nitzkydorf, im deutschsprachigen Banat, geboren. Das Dorf hat heute zwar eine recht ausführliche Website, aber einen Hinweis auf die berühmte Tochter sucht man vergeblich. Vielleicht liegt der Grund in der kritisch-schonungslosen Haltung, die Herta Müller schon immer ihrer Umwelt, ihrer Heimat und sich selbst gegenüber gehabt hat. Nach einem Studium der Germanistik und rumänischen Literatur in Timişoara arbeitete sie ab 1976 in einer Maschinenfabrik. Da sie sich weigerte, mit der Securitate zusammenzuarbeiten, wurde sie 1979 entlassen. So konnte ihr erstes Buch »Niederungen« 1982 nur zensiert erscheinen. Damals stand sie der »Aktionsgruppe Banat« nahe, zu der der Schriftsteller und Journalist Richard Wagner, ihr späterer Ehemann, gehörte. Aufgrund zunehmender Drangsalierungen vonseiten der Obrigkeit reiste das Paar 1987 nach Berlin aus, wo beide heute getrennt leben und schriftstellerisch arbeiten. Mit »Der König verneigt sich und tötet« rückte Herta Müller 2003 in den Blick einer breiten Öffentlichkeit. 2005 erhielt sie den Berliner Literaturpreis und wurde Heiner-Müller-Gastprofessorin an der Freien Universität in Berlin.

Ovid (43 v. Chr.–17 n. Chr.)

Dichter

Der **römische Dichter** Ovid war ein Zeitgenosse von Horaz und Vergil, mit Letzterem verband ihn sogar eine lebenslange Freundschaft. In Rom bereits ein gefeierter Dichter und zum dritten Mal verheiratet, traf ihn im Herbst 8 n. Chr. auf der Insel Elba der **Bannstrahl** des Kaisers Augustus. Er wurde nach Tomis (heute Constanţa) an die Küste des Pontus Euxinus verbannt. Der Grund für die Strafe ist nicht bekannt. Laut Ovid gab es nicht einmal ein Gerichtsverfahren. Vielleicht lag es an einem Gedicht wie »Ars amatoria«, dessen freizügiger Inhalt dem Kaiser missfallen hatte. In seinen »Tristien« deutet er lediglich an, er habe etwas »gesehen, was er nicht habe sehen dürfen«. Im Exil verfasste er die »Tristia« (Klagelieder), »Epistulae ex Ponto« (Briefe vom Schwarzen Meer), eine Lobschrift auf den Kaiser Augustus, und später auch Texte in der Landessprache Getisch.
Sein Leben lang versuchte Ovid vergeblich, seine Rückkehr nach Rom zu erwirken. Dass er sich schließlich mit Tomis und seinen Bewohnern arrangiert hatte, zeigen Zeilen wie »weil ihr Tomiten fürwahr meines Schicksals freundlich euch annehmt, ist auch Tomi mir teuer ...« 17 n. Chr. starb Ovid, sein Grab ist unbekannt. Wie sehr die Rumänen den Dichter zu einem der Ihren gemacht haben, zeigt die bis heute häufige Verwendung von Ovidius als Vorname.

Maria Tanase (1913–1963)

Sängerin

Maria Tanase, die Frau mit der warmen, sonoren Stimme, gilt als die **rumänische Piaf**. Mit »Cine iubeste si Lase« (Den, der liebt und verlässt, straft Gott ...) debütierte die Sängerin 1938 im Radio Bukarest und ist bis heute ein Star in ihrer Heimat. Sie stammt aus einer Bukarester Vorstadt, wo ihre Eltern eine Gärtnerei betrieben. Es heißt, sie lernte gleichzeitig das Singen und Laufen, und zwar mit den dort angestellten Frauen. So hörte sie die traditionellen Weisen aus allen Ecken des Landes, Wiegenlieder, derbe Trink- und schmachtende Liebeslieder, aber auch traditionelle Doinas (Balladen). Der elterliche »Garten der Lieder« war ihre Grundausbildung. Später besuchte sie ein Folkloreinstitut. Bereits ab Ende der 1930er-Jahre ging sie als »weiblicher Béla Bartók« in die Dörfer und suchte nach traditionellen Liedern. Dank ihres Gefühls für das Wechselspiel von Text und Melodie gelangen ihr einfühlsame Interpretationen und eine unvergleichliche Intensität. 1939–1944 fiel die Sängerin aufgrund ihres antifaschistischen und jüdischen Freundeskreises in Ungnade, konnte ihre Karriere nach dem Krieg jedoch fortsetzen. Bis heute gilt sie als die **ideale Doina-Interpretin**. Mit nur 49 Jahren starb sie im Sommer 1963. Die ganze Nation folgte dem Trauerzug – wenn auch nur via TV – zum Belu-Friedhof in Bukarest.

Ion Țiriac (geb. 1939)

Tennismanager und Banker

Sportbegeisterten dürfte der Name noch ein Begriff sein. Der in Brașov geborene Ion Țiriac machte 1964 als Eishockeyspieler der rumänischen Nationalmannschaft bei den Olympischen Spielen auf sich aufmerksam, anschließend wechselte er zum Tennis, gewann im Doppel mit Ilie Năstase 1970 die French Open und erreichte in Folge mehrfach das Daviscup-Finale. 1984–1993 machte er als **Betreuer von Boris Becker** Schlagzeilen. Heute begegnet sein Name Rumänienreisenden als »Banca Țiriac« in den Geschäftsstraßen kleiner und größerer Städte. Bereits 1990 gründete der Heimkehrer die erste rumänische Privatbank und herrscht heute über ein gewaltiges Firmenimperium. Laut einem Fernsehbericht aus dem Jahr 2006 ist er der reichste Mann Rumäniens. Mit Boris Becker trifft er sich laut einem Interview im Stern 2007 noch ein bis zwei Mal im Jahr und dann »reden wir beim Bier über die guten alten Zeiten«.

Mihai Viteazul (1558–1601)

Vereinigungsfürst

Es war nur ein Intermezzo, aber für die Rumänen ein bedeutendes historisches Ereignis: die erstmalige **Vereinigung von Walachei, Moldau und Siebenbürgen** von 1600 bis 1601 unter Mihai Viteazul (Michael dem Tapferen). Für manche rumänische Historiker begründet diese kurzlebige Union sogar die Entstehung Groß-Rumäniens nach 1920. Unbestritten ist der politisch-diplomatische und militärische Genius

Zwei Große der rumänischen Geschiche in Iaşi

von Mihai Viteazul, der es als Bauernsohn bis auf den Fürstenthron schaffte. Als erfolgreichem Kaufmann gelang es ihm, durch die Heirat mit einer Adeligen in höhere Kreise aufzusteigen und unter den Osmanen zum Fürsten der Walachei gewählt zu werden. Doch das reichte ihm noch nicht. Nach der Eroberung der Moldau vereinigte Viteazul alle drei Fürstentümer 1600 unter seiner Herrschaft. Allerdings stand der Thron von Anfang an auf wackeligen Füßen, denn nun hatte er den siebenbürgischen Adel gegen sich, der sich mit den Habsburgern verbündete. Mihai wurde besiegt, aber von den Habsburgern als Vasall zurückgeschickt, um die nun wiederum abtrünnigen Siebenbürger zu unterjochen. Der Sieg war sein Fall! Hinterhältig wurde er von seinem Widersacher, dem Heerführer Georg Basta, ermordet. Seine letzte Ruhestätte fand er in der Klosterkirche Dealu bei Târgovişte.

Elie Wiesel (geb. 1928)

Schriftsteller, Friedensnobelpreisträger

»Es liegt jetzt an euch, und wir werden euch dabei unterstützen – dass meine Vergangenheit nicht zu eurer Zukunft wird«, sagte Elie Wiesel vor Jugendlichen am UN-Weltfriedenstag am 21. September 2006 in New York. Der Sohn eines jüdischen Kaufmanns kam als Eliezer Wiesel in Sighetu Marmaţiei zur Welt. 1944, er besuchte das örtliche Gymnasium, wurde er mit seiner Familie von den Nationalsozialisten in das Konzentrationslager Auschwitz deportiert, später nach Buchenwald, das amerikanische Truppen am 11. April 1945 befreiten. In der Nachkriegszeit ging Elie Wiesel nach Straßburg, dann zum Studium an die Sorbonne nach Paris. Als Journalist berichtete er ab 1948 über die israelische Staatsgründung, ab 1956 arbeitete er als Berichterstatter für die Vereinten Nationen. 1963 wurde er amerikanischer Staatsbürger. Seine Romane, Essays und Theaterstücke schreibt er aber bis heute überwiegend in Französisch. Seit 1978 unterrichtet er jüdische Studien an der Universität in Boston. Ein Jahr später wurde er Vorsitzender des Holocaust Memorial Council. Anfänglich schrieb er vor allem zur Verarbeitung **seiner Erfahrungen mit dem Holocaust** und gegen das Vergessen oder Verdrängen dieser grauenhaften Zeit. 1986 erhielt er für seinen Einsatz für Humanismus und Verständigung, gegen Gewalt und Rassismus den Friedensnobelpreis. Seit 2003 ist er der Vorsitzende der Internationalen Kommission zur Erforschung des Holocaust in Rumänien.

bristot
VALEA
Cafe

Praktische Informationen

WIE KOMMT MAN AM BESTEN NACH RUMÄNIEN? WO ÜBERNACHTET MAN? WAS STEHT AUF DER RUMÄNISCHEN SPEISEKARTE? AN WEN WENDE ICH MICH BEI PROBLEMEN UNTERWEGS?

Anreise · Reiseplanung

Rumänien liegt zwar im Südosten Europas, ist aber einfacher zu erreichen, als man denkt.

Mit dem Flugzeug Zahlreiche Nonstop-Flüge, beispielsweise der rumänischen Fluggesellschaft TAROM, verbinden die rumänische Hauptstadt Bukarest mit Berlin, Düsseldorf, Hamburg, Köln, München und Stuttgart, aber auch mit Wien oder Zürich. Daneben gibt es zahlreiche ausländische Fluggesellschaften und neuerdings auch Billigairlines, die Rumänien auf ihrem Flugplan haben. Neben Bukarest gibt es weitere internationale Flughäfen in Rumänien, so in Timişoara, Cluj-Napoca, Baia Mare, Târgu Mureş, Sibiu, Suceava, Oradea, Arad und Bacău. Während der Sommersaison wird auch die Hafenstadt Constanţa direkt angeflogen. Außerdem gibt es von Bukarest täglich Inlandsflüge (Carpatair) zu den großen Städten des Landes.

← Bukarest, Schmuckpassage

Eine ebenso praktische wie preisgünstige Alternative, v. a. für eine Reise nach Westrumänien, kann ein Flug nach Budapest sein; von dort geht es dann per Leihwagen durch die ungarische Tiefebene nach Arad, Timişoara oder Oradea.

Mit der Bahn Nach Bukarest gelangt man am besten mit dem Eurocity über Wien und Budapest. Will man auch innerhalb Rumäniens mit der Bahn reisen, lohnt sich ein InterRail-Ticket aufgrund der niedrigen Bahnpreise nicht unbedingt.

Mit zwei Rinderstärken unterwegs

Mit dem Bus

Viele Reiseveranstalter bieten mehrtägige bis mehrwöchige Busreisen nach Rumänien an. Die Deutsche Touring GmbH bietet Busverbindungen von und nach Rumänien an.

Mit dem Auto

Für Reisende aus Deutschland, Österreich und der Schweiz führt der Weg nach Rumänien in der Regel über Ungarn, das ein recht gutes Autobahnnetz besitzt, doch besteht eine **Vignettenpflicht**. Die Mautplaketten sind nach Zeitspannen (4 Tage, 2 Monate, 1 Jahr) preislich gestaffelt und an allen Tankstellen erhältlich.
Seit dem 1. Januar 2005 gibt es auch in Rumänien eine **Straßenbenutzungsgebühr**, die ab dem Übertritt der Grenze fällig wird und sich auf das gesamte Straßennetz bezieht. Der Preis der Vignette (Rovignieta) richtet sich nach der Dauer des Aufenthalts, der Schadstoffklasse und Vignette dem Gesamtgewicht des Fahrzeugs (4 bis 6 Euro) und man sollte sie direkt an der ersten Tankstelle nach der Grenze erwerben.
Autofahrer benötigen in Rumänien einen gültigen Führerschein und die Fahrzeugpapiere. Seit dem 1. Januar 2007 ist eine **Grüne Versicherungskarte** (beim ADAC erhältlich) nicht mehr erforderlich, aber weiterhin empfehlenswert.

i Rovignette

- Die Rovignette ist in Rumänien ein Muss für alle, die sich mit ihrem Fahrzeug auf den Straßen des Landes bewegen. Diese Mautgebühr sollte man unbedingt sofort nach dem Grenzübertritt bezahlen, denn spätestens beim Verlassen des Landes wird man daraufhin kontrolliert. Wichtig: Der Kaufbeleg muss aufbewahrt werden.

Mit dem Schiff

Eine völlig andere Möglichkeit, Rumänien kennenzulernen, bietet eine Flusskreuzfahrt auf der Donau von Passau oder Budapest bis ans Schwarze Meer. Die Faszination, das Land vom Wasser aus zu entdecken, liegt zum einen in dem Perspektivenwechsel, der gemütlichen wie stressfreien Fortbewegung und der Möglichkeit, die Annehmlichkeiten eines schwimmenden Nobel-Hotels zu genießen. Zudem lässt sich solch eine Fahrt einfach mit einem längeren Aufenthalt kombinieren (Dauer Passau–Sulia/Izmail im Donaudelta 8 bis 10 Tage).

Einreisebestimmungen

Reisedokumente

Für die Einreise nach Rumänien genügt für EU-Bürger ein Personalausweis oder Reisepass, der (wie auch alle anderen Einreisedokumente) noch sechs Monate gültig sein sollte. Überschreitet die Aufenthaltsdauer 90 Tage, wird ein Visum benötigt. Der deutsche Kinderausweis oder der Kinderpass wird bis zum vollendeten 16. Lebensjahr anerkannt. Ab dem 10. Lebensjahr ist im Kinderausweis oder im Ausweis des Erziehungsberechtigten ein Lichtbild erforderlich.

Tiere

Der Tierausweis (Impfbuch) ist notwendig, weitere Unterlagen sind nicht erforderlich (Infos unter www.bundestieraerztekammer.de).

WICHTIGE ADRESSEN

FLUGHÄFEN

- **Aeroportul Arad**
  Tel. 02 57/33 90 10

- **Aeroportul Bacău**
  Tel. 02 34/57 53 62

- **Aeroportul Baia Mare**
  Tel. 02 62/29 34 44

- **Aeroportul Henri Coandă Bucureşti**
  Calea Bucurestilor Nr. 224 E
  075150 Bukarest-Otopeni
  Tel. 021/204 10 00, 201 40 00
  www.otp-airport.ro

- **Aeroportul Aurel Vlaicu**
  013695 Bukarest-Băneasa
  Şos. Bucureşti-Ploieşti 40
  Tel. 021/232 00 20
  Fax 232 36 87
  www.baneasa-airport.ro

- **Aeroportul Mihail Kogălniceanu – Constanţa**
  Tel. 02 41/25 51 77
  www.mk-airport.ro

- **Aeroportul Cluj-Napoca**
  Tel. 02 64/41 67 02
  www.airportcluj.ro

- **Aeroportul Craiova**
  Tel. 02 51/41 68 60

- **Aeroportul Iaşi**
  Tel. 023 22/715 70

- **Aeroportul Sibiu**
  Tel. 02 69/22 92 35

- **Aeroportul Suceava**
  Tel. 02 30/52 99 62

- **Aeroportul Târgu Mureş**
  Tel. 02 65/32 82 59

- **Aeroportul Traian Vuia Timişoara**
  Tel. 02 56/49 36 39

- **R. A. Aeroportul Tulcea**
  Tel. 02 40/51 29 10

BAHNAUSKUNFT

- **Deutsche Bahn**
  www.reiseauskunft.bahn.de
  Tel. 08 00/150 70 90

BUSREISEN

- **Deutsche Touring GmbH**
  Am Römerhof 17
  60486 Frankfurt
  Servicehotline 069/790 35 01
  www.touring.de

Zollbestimmungen

Seit Rumänien Mitglied der EU ist, gibt es für Privatpersonen fast keine Einschränkungen hinsichtlich dessen, was sie nach Rumänien mit- bzw. aus dem Urlaub zurückbringen, vorausgesetzt, es ist für den persönlichen Bedarf und nicht zum Weiterverkauf bestimmt. Neuwagen sind jedoch davon ausgenommen. Vorsicht ist bei der Mitnahme von Ikonen und Antiquitäten geboten: Ein Zertifikat und eine Einkaufsquittung müssen vorgelegt werden können, um dem

Verdacht auf Schmuggel zu entgehen. Das gilt auch für römische Fundstücke wie Scherben, Dachziegel und so fort.
Allerdings gibt es bis zum 31.12.2009 bei der Einreise nach Deutschland und Ungarn eine Beschränkung auf 200 Zigaretten pro Person (über 17 Jahre). Außerdem dürfen 10 l Branntwein und 90 l Wein zollfrei mitgebracht werden.

Auskunft

WICHTIGE ADRESSEN

RUMÄNISCHES FREMDENVERKEHRSAMT

► in Deutschland

Budapester Str. 20a
10787 Berlin
Tel. 030/241 90 41, Fax 24 72 50 20
berlin@rumaenien-tourismus.de

Dachauer Str. 32–34
80335 München
Tel. 089/51 56 76 87, Fax 51 56 76 89
muenchen@rumaenien-tourismus.de

► in Österreich

Opernring 1
Stiege R, Top 401 – 404
1010 Wien
Tel. 01/317 31 57, Fax 31 73 15 74
rumaenien@aon.at
www.rumaenien-info.at

► in Ungarn

Hercegprimas út 9
1051 Budapest
Tel. 01/269 49 61, Fax 269 49 57
www.romaniaturizmus.hu

DIPLOMATISCHE VERTRETUNGEN RUMÄNIENS

► in Deutschland

Botschaft der Republik Rumänien
Dorotheenstr. 62–66
10117 Berlin
Tel. 030/21 23 92 02, Fax 21 23 93 99
konsulat.berlin@rumaenische-botschaft.de

Generalkonsulat Bonn
Legionsweg 14
53117 Bonn
Tel. 02 28/683 81 35, Fax 68 02 47
info@konsulat-rumaenien-bonn.de

Generalkonsulat München
Richard-Strauss-Str. 149
81679 München
Tel. 089/55 33 07, Fax 55 33 48
rumaenische-muenchen@t-online.de

► in Österreich

Botschaft der Republik Rumänien
Prinz-Eugen-Str. 60
1040 Wien
Tel. 01/505 32 27

► in der Schweiz

Botschaft der Republik Rumänien
Kirchenfeldstr. 78
3005 Bern
Tel. 031/352 35 22
Fax 352 64 55

DIPLOMATISCHE VERTRETUNGEN IN RUMÄNIEN

- **Deutsche Botschaft**
  Str. Gheorghe Demetriade 6
  011849 Bucureşti
  Tel. 021/202 98 30
  Visastelle: 202 98 69
  bei Notfällen: 721 37 47 86
  info@bukarest.diplo.de
  www.bukarest.diplo.de

- **Deutsches Generalkonsulat Sibiu**
  Str. Lucian Blaga 15–17
  550169 Sibiu
  Tel. 02 69/20 62 11, Fax 20 62 99
  info@herm.diplo.de
  www.hermannstadt.diplo.de

- **Deutsches Generalkonsulat Timişoara**
  Splaiul Tudor Vladimirescu 10
  300195 Timişoara
  Mo. - Do. 8.00–11.15,
  Fr. 8.00 - 10.15 Uhr
  Tel. 02 56/30 98 00, Fax 49 04 87
  www.temeswar.diplo.de

- **Österreichische Botschaft**
  Str. Dumbrava Roşie 7
  70254 Bucureşti
  Tel. 021/210 02 71

- **Schweizer Botschaft**
  Str. Grigore Alexandrescu 16–20
  4. Etage
  010626 Bucureşti
  Tel. 021/206 16 00, Fax 206 16 20
  www.eda.admin.ch

NÜTZLICHE LINKS

- **www.rumaenien-tourismus.de**
  Reiseveranstalter, Kurzpräsentation der Regionen, Tipps

- **www.romaniatravel.com**
  Internetseite der Rumänischen Zentrale für Tourismus

- **www.antrec.ro**
  Ferienwohnungen

- **www.bikeromania.de**
  Fahrradtourismus

- **www.Bed-and-Breakfast.ro**
  Bed and Breakfast, Pensionen

- **www.restaurants.ro**
  Restaurants, Bistros etc.

- **www.rumaenien-infos.de**
  Berge, Höhlen, Wanderwege

- **www.eco-romania.ro**
  Rumänischer Ökotourismusverband (auf Englisch)

- **http://shop.transylvaniatravel.net**
  Straßen-, Wanderkarten, Stadtpläne u. v. m. zum Bestellen

- **www.siebenbuergen.de**
  Geschichte, Aktuelles, Fotos von Siebenbürgen

- **www.transilvania-schorndorf.de; www.lautarul.de**
  Rumänische Spezialitäten – online bestellen!

- **www.autogari.ro**
  Busverbindungen zwischen rumänischen Orten

- **www.alpinet.org**
  Die ideale Seite für Naturliebhaber

- **www.hostelscentral.com www.hihostels-romania.ro**
  Jugendherbergen und Hostels in Rumänien

BESCHWERDEHOTLINE

- **Telefonul verde**
  Tel. 08 00/86 82 82

Mit Behinderung unterwegs

Bislang ist Rumänien kaum auf die Anforderungen für behinderte Reisende eingerichtet. Lediglich in Großstädten und Touristenorten gibt es Rampen für Rollstuhlfahrer oder behindertengerechte Toiletten und Telefone.

Elektrizität

Das rumänische Stromnetz führt eine Wechselspannung von 220 Volt, alle mitgebrachten Geräte funktionieren ohne Adapter.

Essen und Trinken

Rumänien ist ein geselliges und gastfreundliches Land. Das bekommt man vor allem zu spüren, wenn man in kleinen, familiären Pensionen übernachtet und sich dort bekochen lässt. Die Portionen sind groß und schmackhaft, wenn auch nicht kalorienarm. Man würzt gut, aber nicht zu scharf. Knoblauch und Zwiebeln spielen dabei eine Hauptrolle. Die verwendeten Gemüse sind meistens aus dem heimischen Garten. In einigen Regionen wie dem Szeklerland wird das Brot oft noch selbst gebacken und überall wird der weiße Käse aus Schafs-, Ziegen- oder Kuhmilch selbst hergestellt. Auch das Fleisch stammt oft aus der hauseigenen Schlachtung, so wie Schnaps und Wein der Stolz der Gastgeber sind.

Typische Gerichte

◄ Speisekarte S. 106ff.

Die rumänische Küche ist im Grunde schlicht, aber durch ihre **vielfältigen Einflüsse** – russische, deutsche, türkische, bulgarische, ungarische – sowie einige Verfeinerungen aus Wien und Paris wirkt sie dennoch raffiniert. In Rumänien isst man gerne Fleisch (Schwein, Geflügel, Lamm und Rind), aber auch viele Eintöpfe mit Bohnen oder Kohl. Gerichte mit Eiern, Milch und Käse sind ebenfalls häufig. In wenigen Regionen wie dem Donaudelta liegt der Schwerpunkt auf Fischgerichten. Vegetarier finden folglich oft nur eine geringe Auswahl auf der Speisekarte. Vom ungarischen Speisezettel wurden der Gulasch als **»Tocană«**, die gefüllten Paprika und Palatschinken übernommen, als Zutaten sind die aus Russland stammende saure Sahne sowie das Sauerkraut der Siebenbürger Sachsen im Land heimisch geworden. Die Produktion von vielen verschiedenen Schafskäse-Sorten geht wahrscheinlich auf Bulgarien zurück. Und der schnittfeste Maisbrei, die **»Mămăligă«**, erinnert an italienische Polenta und ist

! Baedeker TIPP

Auberginencreme

Ausgesprochen lecker und einfach herzustellen ist Auberginencreme, »salată de vinete«. Man benötigt 4 Auberginen, 2 Knoblauchzehen (zerdrückt), 1/2 Gemüsezwiebel (fein gewürfelt), 3–4 EL Olivenöl, 1 Eigelb oder Mayonnaise, Pepperoni, 12 schwarze Oliven. Die gewaschenen Auberginen im vorgeheizten Backofen weich werden lassen oder am besten auf dem Holzkohlengrill, um das typisch rauchige Aroma zu bekommen. Von den weichen, abgekühlten Auberginen wird die Haut abgezogen und das Fruchtfleisch mit der Gabel zerdrückt oder mit dem Mixer püriert. Anschließend werden Olivenöl, Ei und Knoblauch untergerührt und mit Salz, Pfeffer und etwas Zitronensaft abgeschmeckt. Die Creme vor dem Servieren mit Pepperonischeiben und schwarzen Oliven dekorieren. Dazu reicht man frisches Fladenbrot oder Baguette. »Poftă bună« –»Guten Appetit«!

das Nationalessen der Rumänen. Entsprechend der jahrhundertelangen Fremdherrschaft hat die türkische Küche wahrscheinlich die meisten Spuren hinterlassen, so die mit Hackfleisch gefüllten Weinblätter oder Krautröllchen **»Sarmale«**, die sauren Suppen **»Ciorbă«**, die Auberginencreme **»Salată de Vinete«** (Rezept ► Tipp), die auf Honig basierende Süßspeise **»Baclava«** und die allseits beliebte Zubereitungsart des Grillens.
So kann man die Raststätten an der Nationalstraße zur Mittags- und Abendzeit oft eher riechen als sehen, wenn der Grillgeruch der typischen Hackfleischwürstchen **»Mititei«** in die Nase steigt und den Mund wässrig macht. Diese an Cevapcici erinnernden Hackfleischröllchen werden traditionell aus drei Fleischsorten hergestellt und sind sowohl für den kleinen Hunger zwischendurch als auch als Hauptgericht eine Köstlichkeit. **»Mititei«**, in der Kurzform »Mic«, stehen wie **»Mămăligă«** in den meisten Restaurants auf der Speisekarte. Der Maisbrei wird wie Reis und Kartoffeln als Beilage gegessen, beispielsweise zu Geschnetzeltem (**Tochitură**), einer landesweiten Spezialität. Aber nur mit Rahm und Schafskäse (**Mămăligă cu brânză şi smântână**) serviert, stellt er eine ebenso typische wie leckere Mahlzeit dar. Die Vorliebe der Rumänen für Suppen zeigt sich an der reichen Auswahl, so werden saure Suppen als **»Ciorbă«** angeboten und gewöhnliche als **»Supă«**. Als Hauptgerichte findet man in den meisten Restaurants Gerichte wie Wiener Schnitzel, gebackene Hühnerleber, Rinderfilet, Ragout, panierte Pilze und Fischfilet. Allein die Qualität der Zutaten und die gute Zubereitung machen sie zu einem kulinarischen Genuss. Wie in Österreich und Italien werden auch in Rumänien gerne Innereien gegessen, zu den Spezialitäten zählen Kuttelsuppe (**Ciorbă de burtă**) und gegrillter Schweinehoden (**Fudulii la grătar**).

Desserts

Als Dessert sind neben frischem Obst, Kuchen, Gebäck und Eis besonders mit Marmelade oder Quark gefüllte hauchdünne Pfannkuchen zu empfehlen, die hier **»Clătite«** heißen. Sie entsprechen in etwa den ungarischen Palatschinken (**Palacsinta**), nur dass auf Rumänisch das ähnliche Wort **»Plăcintă«** einen Strudel bezeichnet, der übrigens auch hervorragend ist. Ein weiterer traditioneller Nachtisch trägt den poetischen Namen Vogelmilch (**Lapte de pasăre**) und bezeichnet eine aus Milch, Eiern, Zucker, Vanille und Zitrone hergestellte Creme, die über Eiweißklößchen gegossen und kalt serviert wird. Lecker sind auch die im Straßenverkauf angebotenen **»Gogoaşă«**, ein Fettgebäck wie »Berliner«, das es mit süßer und salziger Füllung gibt, sowie **»Brânzoaică«**, ein Hefegebäck mit Käse.

Leckeres vom Markt

Wer ein Picknick plant, sollte zuvor einen der in größeren Städten überall abgehaltenen Wochenmärkte besuchen. Hier bekommt man in den Sommermonaten duftende Tomaten, aber auch Paprika in allen Geschmacksrichtungen von fruchtig-süß bis höllenscharf, rote Zwiebeln, Trauben, Pfirsiche, Aprikosen, Melonen, Kirschen und Honig direkt vom Imker. Eine Attraktion sind die Hallen für Milchprodukte, die **»Laptarie«**, wo Frauen hinter kleinen Theken ihre hausgemachten Käse, Schmand, Quark und frische Milch anbieten. Diese weißen, aus Rohmilch hergestellten Käse (**Brânză**) sind eine besondere rumänische Spezialität und schon das Frühstück beginnt mit ihrem Genuss. Ihre zahlreichen Varianten von cremig bis fest, salzig, geräuchert, jung und alt sowie aus Schafs-, Ziegen- oder Kuhmilch machen eine Kaufentscheidung nicht leicht, doch darf man bei den meisten Händlerinnen ein kleines Stückchen probieren. So kann der weiche und etwas wässrige **»Telemea«** aus Kuh- oder Schafsmilch sein. Der **»Cas«** ist ein aus Schafsmilch gemachter und gekneteter Käse, der auch geräuchert sein kann; seine salzige Variante heißt **»Burduf«**. **»Urda«** wird klassischerweise aus Schafsmilch gewonnen, die aber auch mit Kuhmilch gemischt sein kann, und ist typisch für eine Palatschinkenfüllung. Eine Ergänzung für jeden Picknickkorb ist **»Icre«**, eine leckere Creme aus Fischrogen, die wahrscheinlich auf das türkische **»Tarama«** zurückgeht. Man bekommt »Icre« in kleinen Tante-Emma-Läden ebenso wie im Kühlregal von Supermärkten.

Preise/ Trinkgeld

Essengehen ist in Rumänien in der Regel günstig und gut. Als Richtlinie lassen sich für ein warmes Essen die nebenstehenden Kategorien aufstellen. Als Trinkgeld sind ca. 10 % der Rechnung üblich.

i Preiskategorien

- Fein & teuer: ab 8 Euro
- Erschwinglich: 4 bis 8 Euro
- Preiswert: bis 4 Euro

Mit Brot, Salz und einem Gläschen **»Ţuică«** (Pflaumenschnaps) empfängt man in ganz Rumänien seine Gäste. »Ţuică« ist ein Nationalgetränk und wird nicht nur zur Begrüßung getrunken, sondern auch auf die Gesundheit nach einem schweren Essen, gegen die Kälte oder Magenverstimmung oder zur Beruhigung der Nerven.

Weinland Rumänien

Geschichte

Rumänien ist eines der ältesten Weinländer der Welt. Wilde Reben waren dort schon vor 6000 Jahren beheimatet. Für die Daker war

Die Auswahl rumänischer Weine ist groß.

der Wein ein Geschenk des Himmels. Aus dieser Zeit wurden u. a. Tongefäße, Friese und Münzen mit Traubenmotiven gefunden. Bereits Herodot (484–425 v. Chr.) erwähnte bedeutende Weinberge östlich der Donaumündung und den florierenden Weinhandel in der Dobrudscha. Weinkundige deutsche Siedler aus dem Rhein- und Moselgebiet trugen im 12./13. Jh., Banater Schwaben im 18. Jh. das Ihre zur Belebung des Weinbaus bei. Einen schweren Einbruch bedeutete dann der Philoxera-(Reblaus-)Befall im ausgehenden 19. Jh., dem ein Großteil der Stöcke zum Opfer fiel. In der Folge kamen Reblaus resistente Wurzelstöcke und veredelte Rebsorten ins Land wie Cabernet Sauvignon, Merlot und Pinot Noir, Riesling, Sauvignon, Muskat Ottonel und Chardonnay. Von 1947 bis 1989 wurde die Rebfläche stark erweitert, die Mehrzahl der Weingüter verstaatlicht und vor allem Massenweine erzeugt. Seit Beginn der 1990er-Jahre hat der Weinbau wieder deutlich an Qualität gewonnen. Heute gibt es neben großen Weingütern, die oft als Joint Ventures mit ausländischen Investoren betrieben werden, auch wieder zahlreiche Klein- und Kleinstbetriebe. An den sanften Hängen der Vorkarpaten, auf der transsilvanischen Hochebene und in der Dobrogea finden die Reben besonders günstige Bedingungen, weshalb hier auch die größten und bekanntesten Weingüter wie Recaş, Cotnari und Murfatlar zu finden sind.

Rebsorten Alte einheimische Sorten, die man nur in Rumänien verkosten kann, heißen zum Beispiel »fette« Grasa, die wegen ihres exotischen Geschmacks auch »Weihrauch« genannte Tamâioasa, Frâncuşa, Busuioaca de Bohotin, Zghihara de Huşi, Băbească Neagră (»schwarze Großmuttertraube« für leichte, fruchtige Rotweine), Feteasca albă und Feteasca regală (die Grundlage für Schaumweine und duftige Weißweine), Feteasca neagră (»schwarze Mädchentraube« für tiefdunkle, körperreiche Rotweine) und Burgund Mare. Die meistangebauten Rebsorten sind Feteasca albă und Feteasca regală, Riesling Italico (Welschriesling), Aligoté (urspr. Burgund) und der rote Merlot (urspr. Bordeaux).

Weingesetz

Seit 1972 gibt es in Rumänien **Appellationen** und die folgenden **Klassifikationen**: Vin de masa = Tischwein; gehobener Tischwein (Vin de călitate); Qualitätsweine aus einem bestimmten Anbaugebiet mit kontrollierter Herkunft (DOC) sowie Qualitätsweine mit Herkunftsbezeichnung und Qualitätsgrad (DOCG). DOC- und DOCG-Weine gibt es in weiteren Qualitätsstufen: Spätlese (CMD), Beerenauslese (CMD CIB) und Trockenbeerenauslese (CMD CSB).

Anbaugebiete

◄ Moldau

In den drei wichtigsten Regionen Moldau, Muntenien und Oltenien werden fast 80 % des rumänischen Weins erzeugt. Größte Weinbauregion ist die Moldau, wo zwei Drittel auf Weißweine entfallen. Berühmtestes und vermutlich auch ältestes Weinbauzentrum ist **Cotnari**, ca. 15 km nördlich von Târgu Frumos. Die Rebsorte »Grasa de Cotnari« bringt, unterstützt durch Tamâioasa, die besten süßen Weine hervor, vergleichbar mit dem ungarischen Tokajer oder einem französischen Sauternes; aber auch Muscat Ottonel, Feteasca Albă und Francuşa werden hier angebaut.

Etwa 80 km südlich von Cotnari, auf den Hängen rund um Iaşi, liegen die Weinberge von **Bucium** und **Copou**. Hier werden Weiß- und Rotweine aus Aligoté, Feteasca Albă, Muscat Ottonel und Feteasca Regală, Feteasca Neagră und Merlot sowie der beliebte Schaumwein »Bucium« aus Muscat Ottonel ausgebaut. Ein drittes bedeutendes Weinbaugebiet der Moldau umgibt das Dorf **Huşi**. »Gleich nach Cotnari ist der Wein von Huşi aus der Gegend von Fălciu der beste«, lobte der Fürst und Chronist Dimitrie Cantemir den Wein seines Geburtsorts. Spezialitäten sind Zghihara, ein Weißwein, und Busuioaca de Bohotin, ein feiner, aromareicher Rosé. **Panciu** und **Odobeşti**, zwei der ältesten Zentren des Weinbaus in Rumänien, sind für Rotweine aus Băbească Neagră (Panciu) und vor allem für Weißweine, v. a. von der lokalen Galbenă de Odobeşti, bekannt.

! *Baedeker* TIPP

No roc und nicht Prost!

Beim Anstoßen mit einem Gläschen Wein oder dem typischen hausgebrannten Pflaumenschnaps (Ţuică) unbedingt das Wort »Prost« vermeiden, denn im Rumänischen bedeutet es »dumm« und falls Ihr Gegenüber der deutschen Sprache nicht mächtig ist, könnte es zu einem peinlichen Missverständnis kommen. Die Alternative heißt »No roc!« (Viel Glück!) an.

◄ Walachei

In der Walachei werden vor allem schwere Rotweine hergestellt. Die besten Trauben wachsen in **Dealu Mare**, einem ca. 60 km langen und 3 bis 12 km breiten Weinbaugebiet zwischen Ploieşti und Focşani am Rand der Ostkarpaten. Zu den bekannten Weingütern gehört dort Tohani mit seinem kraftvollen Princiar, einer Spätlese, und dem Dolette, einer Cuvée. Die in Urlaţi gekelterten, leicht nach Brombeeren schmeckenden Rotweine aus Feteasca Neagră passen hervorragend zu Wildgerichten. An den Hängen des Weinguts Valea Călugărească, dem »kleinen Bordeaux Rumäniens«, gedeihen hervorragende Rotweine wie Cabernet Sauvignon, Feteasca Neagră und Merlot sowie Weißweine wie Feteasca Albă, Welschriesling, Sauvignon blanc und Muscat Ottonel.

Banat ▸ Im 19. Jh. war der gute Ruf der Banater Weine bis an den Kaiserlichen Hof in Wien gedrungen. Und bis heute gehört das Weingut von **Recaş** bei Timişoara mit seinem »Schwabenwein« zu den bekanntesten des Landes. Auf den Hügeln gedeihen internationale Weiß- und Rotweinrebsorten, aber auch einheimische wie Feteasca Regală, Cadarca, Mustoasa de Maderat oder Creaţa Galbenă (www.recaswine.ro). Arads Weinberge bedecken die Westausläufer der Zarander Berge (Munţii Zărandului) zwischen Păuliş und Pâncota in einer Länge von fast 50 km. Der Star unter den örtlichen Weingütern ist **Miniş**, dessen Rotwein bereits 1862 in London preisgekürt wurde. Neben bekannten Rotweinen wie Cabernet Sauvignon, Merlot und Pinot Noir wird hier auch Cadarca gekeltert, ein rubinroter, trockener Wein mit einem Aroma von Gras und Nelken.

! *Baedeker* TIPP

Rund um den Wein

In Goleşti, einem Dorf im Bezirk Argeş, rund 10 km östlich von Piteşti, informiert ein Freilichtmuseum über den Weinbau und die Obstbaumzucht. In dem Muzeul Viticulturii şi Pomiculturii wurden original eingerichtete Weingehöfte, Keller und Wirtschaftsgebäude aus allen Regionen des Landes wieder aufgebaut. Weitere Informationen findet man in der Broschüre »Weingüter und Weine«, erhältlich beim rumänischen Fremdenverkehrsamt.

Siebenbürgen ▸ In Transsilvanien liegt das bedeutendste Weinbaugebiet zwischen der Großen und Kleinen Kokel (Târnava Mare und Târnava Mică). Eines der Zentren des Weinbaus ist Alba Iulia. Rund 10 km nördlich der Stadt um den Berg **Piatra Craivii** haben schon die Daker Wein angebaut. Die bekanntesten Weinbaugebiete sind Ighiu, Cricău, Şard, Galda, Bucerdea Vinoasă, Sântimbru und Ţelna. Angebaut wird hier vor allem Feteasca Albă, die »Weiße Mädchentraube«, aber auch Feteasca Regală (»Königliche Mädchentraube«), Welschriesling, Pinot Gris und Muscat Ottonel.

Sehr bekannt und in ganz Rumänien erhältlich sind die trockenen vollmundigen Weißweine des Weinguts **Jidvei** mit Sitz im Schloss »Cetatea de Baltă« (1530–1570 erbaut; www.jidvei.ro). Eine Spezialität ist der rotgoldene Traminer. Weitere Weinbauzentren sind Blaj, Mediaş, Târnăveni und Zagăr. Auch Aiud war einst bekannt und gewinnt langsam wieder einen Namen. Weinliebhaber sollten auch den Weißwein im 10 km östlich gelegenen Lopadea Nouă kosten.

Dobrogea ▸ Die Dobrogea (Dobrudscha) ist eines der ältesten Weinbaugebiete des Landes. In den Weinbergen von **Niculiţel** in der Nähe von Tulcea

Weingut in Argeş, Walachei

wurde jüngst eine Statuette des griechischen Gottes Dionysos als fröhlich lachendes Kind mit einer Traube in der Hand entdeckt. Der hier angebaute Aligoté, ein kräftiger Wein von gelblich-grünlicher Farbe mit diskreter Blume, passt hervorragend zu allen Fischgerichten. Zu den bekanntesten Weingütern gehören **Murfatlar**, Rumäniens größter Produzent mit ausdrucksstarkem, fruchtigen, trockenen Chardonnay und Pinot Gris sowie SEC und Rai Murfatlar, und **Niculiţel** – u. a. berühmt für seinen Wermutwein (drei Viertel weiße und rote Trauben mit Wermutblüten, Quitten und Äpfel gemischt) – Medgidia, Oltina, Adamclisi und Sarica.

Feiertage · Feste · Events

Feiertage

Gesetzliche Feiertage in Rumänien sind:
1./2. Januar: Neujahr
März/April (beweglicher Feiertag): orthodoxer Ostermontag
1. Mai: Tag der Arbeit
1. Dezember: Nationalfeiertag (Anschluss Siebenbürgens an das Königreich Rumänien 1918)
25./26. Dezember: Weihnachten

FEBRUAR

► **Winteraustreibungsfeste**
werden zur Karnevalszeit in der Maramureş und Bukowina recht farbenprächtig und mit vielen volkstümlichen Masken gefeiert.

APRIL

► **Hirtenfest**
am 3. Sonntag in Răşinari bei Sibiu

► **Festival für zeitgenössisches Theater**
in Braşov, Kronstadt

► **Tanjeaua de pe Mara**
Internationales Festival der Frühlingsbräuche in Hoteni, Bezirk Maramureş

APRIL/MAI

► **Jazzfestival Napocensis**
in Cluj-Napoca, Klausenburg

► **Bookarest in Bukarest**
Buchmesse im Nationaltheater

► **Bauern-Handwerksmesse**
im Bukarester Dorfmuseum, wo man auch Souvenirs kaufen kann

► **Internationales Jazzfestival**
Ältestes rumänisches Festival dieser Art in Sibiu, Hermannstadt (www.sibiujazz.ro)

JULI

► **Alt-Bukarest-Festival**
Am 19. Jh. orientiertes Straßenfest mit kostümierten Teilnehmern, Kutschfahrten, Musik und Theater

► **Mädchenmarkt**
am Găina-Berg südlich von Oradea. Früher Heiratsmarkt, heute ein Festival mit Rockkonzerten und Folklore, zu dem vermehrt auch Rucksacktouristen anreisen

AUGUST

► **Hora de la Prislop**
Aus dem ganzen Land treffen sich Trachtengruppen und tanzen die

Weihnachten in der Maramureş

Hora (eine Art Reigen) auf dem Prislop-Pass im östlichen Teil der Maramureş.

- **Festival der mittelalterlichen Kunst**
  in Sighişoara, Schässburg, mit Straßenmusik und Gauklern
- **Mariä Himmelfahrt**
  Wallfahrtstag am 15. August
- **Schlagerfestival**
  in Mamaia am Schwarzen Meer
- **Anonimul**
  Filmfestival in Sfântu Gheorghe im Donaudelta
- **Transylvania Calling**
  Mehrtägiges mystisches Openair-Festival tief in den Karpaten (www.transylvania-calling.com)

SEPTEMBER/OKTOBER

- **Töpfermarkt**
  am 1. Sonntag in Sibiu, Hermannstadt
- **Zigeunerwallfahrt Sânt Mărie Mic**
  zum Kloster Bistriţa bei Costeşti
- **Hristovul viilor**
  In Focsani findet seit mehreren Jahren ein internationales Festival des Weins und Weinbergs statt; Mitte September wird nahezu in jedem Weinberg gefeiert.
- **Enescu-Festival**
  Internationaler Wettbewerb für klassische Musik in Bukarest alle drei Jahre (2009, 2012 etc.)
- **Der goldene Hirsch**
  Popmusikfestival in Braşov, Kronstadt
- **Tag des heiligen Dumitru**
  Prozession zu Ehren des Schutzpatrons von Bukarest am 26. Oktober

? WUSSTEN SIE SCHON …?

- … dass der 1. März in Rumänien ein besonderer Tag ist? Nach einem alten, noch auf die Zeit der Daker zurückgehenden Frühjahrsbrauch schenken die Männer am 1. März Frauen ein »Märzchen« (martişor), eine rot-weiß geflochtene Schnur mit einem Glücksbringer, beispielsweise einem Kleeblatt oder anderen Figuren. Nach einem anderen Brauch ist der 1. März der Tag der »babe« (alten Frauen). Dann kann man einen Tag zwischen dem 1. und 8. März auswählen, und so, wie das Wetter an diesem Tag, wird sich für den Betreffenden das Jahr gestalten. Versuchen Sie es selbst!

Geld

Die Landeswährung ist der LEU (Mehrzahl LEI; das Währungskürzel heißt RON). 1 LEU = 100 Bani (Einzahl Ban). Leu bedeutet im Rumänischen Löwe. Das Wort Bani wird im Sprachgebrauch ganz allgemein für Geld verwendet. Ziel ist, den Euro zwischen 2012 und 2014 einzuführen. An Münzen gibt es 1 Ban, 5 Bani, 10 Bani, 50 Ba-

Wechselkurse

- 1 Euro = 3,69 LEI
- 1 LEI = 0,27 Euro
- 1 CHF = 2,49 LEI
- 1 LEI = 0,40 CHF

Aktuelle Information: www.oanda.com/convert/classic

ni, an Scheinen 1 LEU, 5 LEI, 10 LEI, 50 LEI, 100 LEI, 200 LEI und 500 LEI. 100 Bani sind 1 LEU. Banken, Wechselstuben und Hotels wechseln Fremdwährungen. Auf Flughäfen und direkt an der Grenze gibt es die ersten Möglichkeiten, Geld in der Landeswährung zu bekommen. Von einem Tausch vor der Reise ist wegen des schlechteren Kurses abzuraten. Geldautomaten akzeptieren Kreditkarten und Bankkarten. In größeren Hotels und Restaurants sowie Boutiquen gelten Kreditkarten als Zahlungsmittel. Auf einen Geldtausch auf der Straße sollte man verzichten.

Karte verloren? Melden Sie den Verlust von Kredit- und Bankkarten, von Handys, Krankenkassenkarten oder Kundenkarten umgehend unter der **zentralen Sperrnotrufnummer 00 49/11 61 16**.

Gesundheit

Medizinische Vorsorge Für eine Reise nach Rumänien sind keine besonderen Gesundheitsvorkehrungen zu treffen. Der Gesundheitsdienst des Auswärtigen Amts empfiehlt jedoch Impfungen gegen Tetanus, Diphtherie und Hepatitis A. In einigen Landesteilen besteht die Gefahr einer Übertragung der Frühsommer-Meningoenzephalitis (FSME) durch Zeckenbisse. Über einen eventuellen Impfschutz sollte man sich beim Hausarzt informieren. Ratsam ist es, eine Zeckenzange im Gepäck zu haben. Wenn sich um einen Einstich ein roter Kreis bildet, kann dies der Hinweis auf eine Borreliose sein und man sollte nach der Heimreise einen Arzt aufsuchen.

Bürger aus Mitgliedsstaaten der EU haben mit ihrer Krankenversicherungskarte einen ausreichenden Versicherungsschutz. Für längere Aufenthalte, risikobehaftete Sport- und Abenteuerreisen ist eine Auslandskrankenversicherung mit Rückholversicherung empfehlenswert.

In Rumänien gibt es keine besonderen gesundheitlichen Risiken, nur auf den Genuss von Leitungswasser sollte v. a. in großen Städten verzichtet werden.

Mit Kindern unterwegs

Zwar gibt es nur wenige Angebote, die sich direkt an Kinder wenden; trotzdem ist das Reisen mit Kindern in Rumänien unkompliziert.

Die Rumänen sind ausgesprochen kinderfreundlich, so sind Sonderwünsche im Restaurant oder ein Extrabett im Hotel kein Problem. Beliebte Ziele für Familienferien sind Badeorte am Schwarzen Meer, Bauernhöfe in Siebenbürgen oder in der Region Moldau sowie Ausflüge in Naturparks mit Höhlenbesichtigungen.

Knigge

Tolerant und sicher

Mit seinen vielen Völkern und Religionen ist Rumänien ein bunt gemischtes, freundliches und tolerantes Land. Hinsichtlich der Kleidung gibt es keinerlei Vorschriften, außer in Kirchen und Klöstern: Hier sind Frauen mit unbedeckten Schultern oder kniefreien Röcken sowie Frauen und Männer in Shorts nicht gerne gesehen.
Auch bedarf es aller gängigen Vorurteile zum Trotz keiner erhöhten Sicherheitsvorkehrungen. Diebstähle sind eher selten und die Rechnungen in Restaurants in der Regel korrekt. In Touristenzentren sollte man sich jedoch wie überall auf der Welt vor Trickbetrügern in Acht nehmen. Beliebt ist es, sich mit falschen Papieren als Polizist auszuweisen und von Ausländern »aus Sicherheitsgründen« die Barschaft zeigen zu lassen. In diesem Fall oder bei anderen Unsicherheiten sollte man nach der Polizei rufen oder auf dem Besuch einer Polizeistation bestehen.

Vorsicht!

Die Rumänen sind stolz auf ihr Land, möchten aber in der Regel nicht mit dem Balkan in einen Topf geworfen werden. Der Balkan ist für sie ein Synonym für Korruption, Unterentwicklung und Chaos. Ein anderer Fauxpas ist es, Bukarest mit Budapest zu verwechseln.

Sprache

Kann man zumindest ein paar Höflichkeitsfloskeln auf Rumänisch, macht man den Gastgebern eine große Freude. Für Komplimente sind die Rumänen sehr empfänglich, auch wenn sie selbst gerne die Mängel ihres Landes wie schlechte Straßen, fehlenden Komfort und herrschendes Chaos betonen. Allein die atemberaubend schöne Natur, die gastfreundlichen Menschen sowie die hohe Qualität von Obst und Gemüse machen es dem Reisenden jedoch leicht, einige Loblieder zu singen.

Stellung der Roma

Man sollte sich nicht hinreißen lassen, über »Zigeuner« zu schimpfen; die Roma stellen in Rumänien eine bedeutende Minderheit und gehören als hervorragende Musiker, versierte Handwerker und ausgezeichnete Pferdekenner zur Kultur des Landes. Leider leidet ein großer Teil bis heute an einer zum Teil erschreckenden Armut, nicht zuletzt eine Folge der Missachtung dieser Volksgruppe durch das alte Regime (►Special S. 28).

Fotografieren

In Rumänien kann man überall fotografieren, außer an den mit Schildern und Zeichen gekennzeichneten Orten; ein striktes Fotografierverbot besteht bei militärischen Einrichtungen. In zahlreichen Kirchen, Klöstern und Museen wird zusätzlich zum Eintrittspreis eine Gebühr für das Fotografieren (Taxă de foto) erhoben. Beim Fotografieren von Personen sollte man um Einverständnis bitten. Die meisten Rumänen lassen sich gerne in einem Foto verewigen, manchmal verlangen sie, v. a. farbenprächtig gekleidete Roma, ein kleines Entgelt.

Literaturempfehlungen

Geschichte und Kultur

»Die Daker«. Archäologie in Rumänien. Ausstellungskatalog der Historischen Museen der Stadt Köln 1980.

»Goldhelm, Schwert und Silberschätze – Reichtümer aus 6000 Jahren rumänischer Vergangenheit«. Ausstellungskatalog der Kunsthalle Schirn 1994.

Fabini, Hermann u. a.: Kirchenburgen in Siebenbürgen, Koehler und Amelang 1991. Bildband über das Wahrzeichen Siebenbürgens.

Gerdes, Hilke: Rumänien – Mehr als Dracula und Walachei, Links 2007. Schildert das Land von innen jenseits der üblichen Klischees.

Remus, Joscha: Kulturschock Rumänien, Reise Know-How 2006.

Roth, Harald: veröffentlichte im Böhlau-Verlag die Titel »Kleine Geschichte Siebenbürgens« (2007) und »Hermannstadt« (2006).

Verseck, Keno: Rumänien (Beck'sche Reihe Länder 2007). Beschreibt die gegenwärtige Situation des Landes und stellt Prognosen.

Wein und Reisen in Rumänien, Niculescu-Verlag 2004. Geschichte, Kultivierung und Weinstraßen in Rumänien.

Für Kinder

Gündisch, Karin: Einige Geschichten der aus Rumänien stammenden Autorin spielen dort oder nehmen dort ihren Ausgang; z. B. »Weit, hinter den Wäldern« (Beltz 1992), »Cosmin – Von einem, der auszog, das Leben zu lernen« (dtv 2005), »Das Paradies liegt in Amerika« (Beltz 2000) oder »Geschichten über Astrid« (Beltz 1986).

! *Baedeker* TIPP

Rund um Siebenbürgen

Viele Literaturtipps zu Siebenbürgen-Themen gibt es auf der Webseite der Siebenbürger Sachsen: www.siebenbuerger.de/shop. Spezialist auf diesem Gebiet ist auch der Schiller-Verlag (www.schiller.ro). Zum Stöbern und gemütlichen Lesen lädt das Erasmus-Büchercafé in Sibiu ein (www.buechercafé.ro, ►Sibiu).

Prosa

Dragomán, György: Der weiße König, Suhrkamp 2008. Grandioser Roman über die Schrecken einer Kindheit unter Ceauşescu.

Florescu, Catalin Dorian: Zaira über eine Jahrhundertreise, C. H. Beck 2008. Roman einer Epoche und die Geschichte einer Frau, die trotz aller Widerstände ihrer inneren Stimme folgt.

Holzkirche in Bogdan Vodă

Müller, Herta: Die im deutschsprachigen Banat geborene Schriftstellerin thematisiert das Leben im totalitären Rumänien bzw. den Neuanfang in Deutschland (Reisende auf einem Bein, Rowohlt 1985; Der Fuchs war damals schon ein Jäger, Rowohlt 1994; Hunger und Seide, Rowohlt 1997; Der König verneigt sich und tötet, S. Fischer 2003).

Rezzori, Gregor: Mir auf der Spur, Bertelsmann 1997. Persönliche Geschichten aus dem Leben des Schriftstellers und Schauspielers.

Schlattner, Eginald: Der frühere Pfarrer erzählt in »Der geköpfte Hahn« (Zsolnay 2001) von seiner Kindheit in Siebenbürgen und in »Rote Handschuhe« (dtv 2003) von einem Studenten, der in die Fänge der Staatsmacht gerät.

Schlesak, Dieter: Rumänische Lyrik in »Gefährliche Serpentinen« (Galrev 1998) und Beschäftigung mit dem Vorbild Dracula in »Vlad, die Dracula-Korrektur« (Pop-Verlag 2007).

Sebastian, Mihail: Voller Entsetzen, aber nicht verzweifelt, List 2005. Tagebücher der Jahre 1935 bis 1944.

Stoker, Bram: Dracula, Fischer 2008. Berühmtester Vampirroman der Weltliteratur.

Tsepeneag, Dumitru: Hotel Europa, Suhrkamp 1998. Roman über die Umwälzungen nach 1989/90.

Wagner, Richard: Miss Bukarest, Aufbau 2001. Roman über rumänische Vergangenheit und deutsche Gegenwart.

Wiesel, Elie: Der in Rumänien geborene Überlebende des Holocaust versucht, gegen das Vergessen anzuschreiben – in »Nacht, Morgendämmerung und Tag« (Trilogie, Herder), »Gezeiten des Schweigens« (Herder 2002), »Gesang der Toten« (Herder 1989) und »Alle Flüsse fließen ins Meer« (Hoffmann und Campe 1994).

Fotokunstbuch **Lambert, Yvon:** Retours de Roumanie, 2004. Hervorragende Schwarzweißfotografien.

Medien

Zeitungen In der breiten Medienlandschaft Rumäniens gibt es eine lange Geschichte deutschsprachiger Zeitungen und Radiosender. Bereits 1771 zur Zeit der K.-und-k.-Monarchie erschienen die »Temeswarer Nachrichten« als erstes deutsches Wochenblatt des Banats. Nach der Wende 1989 und infolge der damit verbundenen Massenauswanderung von Lesern und Redakteuren verlor die deutsche Presse an Bedeutung. Heute erscheinen zwei deutschsprachige Zeitungen, die **Deutsche Allgemeine Zeitung** (www.adz.ro) täglich und die **Hermannstädter Zeitung** (www.hermannstaedter.ro) wöchentlich. Die wichtigsten rumänischen Tageszeitungen sind Libertatea, Jurnalul National (www.jurnalul.ro, auch englisch), Evenimentul zilei sowie die Wochenzeitungen 22, Dilema Veche und Academia Catavencu.

TV und Radio Außerdem gibt es deutschsprachige TV- und Radiosender. Neben dem Bukarester deutschen Fernsehen (ca. eine halbe Million Zuschauer) entstanden deutschsprachige Sendungen in Timişoara und Cluj-Napoca. Das Staatliche Fernsehen hat drei Sender, dazu kommen verschiedene Privatsender wie Pro TV, Antena 1 + 3 Acasa TV, Prima TV und Realitatea TV. Neben dem Staatlichen Rundfunk werden v. a. die Privaten gehört wie Europa EM, KissFM und Radio 21. Zu dem deutschsprachigen Bukarester Rundfunk gesellten sich Sender aus Timişoara und Târgu Mureş hinzu. Die bedeutendsten Auslandssender sind RFI, BBC und **Deutsche Welle**. Bei heute weniger als 100 000 deutschsprachigen Zuschauern bzw.- hörern ist das schon eine Vielfalt, allerdings ohne feste Sendezeiten. Doch für Touristen stehen in den besseren Hotels auch die über Satellit zu empfangenden Auslandssender bereit.

Natur- und Nationalparks

Apuseni-Naturpark Der Apuseni-Naturpark im östlichen Zentralteil der Westkarpaten ist beinahe 760 km² groß. Mit seinen vielfältigen Natursehenswürdigkeiten ist dieses Karstrelief auch ohne gewaltige Höhen ein touristisch interessantes Gebiet. Höchste Gipfel sind der **Curcubata Mare** (1848 m) und der **Dealul Păltinişului** (1785 m). Darüber hinaus gibt es tiefe Schluchten, hohe, bizarre Kämme aus Kalk, seltsame Höhlen und Felsformationen sowie Mineralquellen und Flüsse, die sich durch die Tiefe der Karstberge ihren Weg gebahnt haben. Eine Attraktion ist das landschaftlich geschützte **Padiş-Plateau** (Plateaul Padiş) mit einer von trichterförmigen Mulden und Senken (Dolinen) geprägten Landschaft. Wilde Blumenwiesen wechseln mit steilen Abgründen, es gibt kleine Wälder und Tropfsteinhöhlen wie die **Bärenhöhle** Peştara Urşilor und die **Gletscherhöhle** Scărişoara im Arieş-Tal. In den Wäldern wachsen überwiegend Buchen und Eichen, aber auch Nadelbäume, Eiben, Frauenschuh und Königsblume. Braunbären, Wildschweine, Schreiadler, Luchs, Auerhahn und die Alpenringdrossel haben hier einen geeigneten Lebensraum gefunden (Touristenzentrum in Alba Iulia, B-dul Ferdinand I. Nr. 14, Tel. 02 58/ 81 37 36, idan@apulum.ro).

◂ Auskunft

Bucegi-Nationalpark

Der beinahe 330 km² große Bucegi-Nationalpark (Parcul Naţional Bucegi) bietet rund 130 Vogelarten Nistplätze, darunter Mönchsgeiern, Alpenbraunellen, Kaiseradlern und Steinadlern. Unter den über 3000 Pflanzenarten findet man die Bucegia romanica sowie Edelweiß, Enzian, Männertreu, Iris daciaca und die europäische Trollblume. Berühmt sind die bizarren, durch Verwitterung entstandenen Felsformationen der **Babele** und der **Sphinx**. Der Park ist bequem mit der Seilbahn aus Buşteni (▸ Sinaia) zu erreichen. Im **Reservat Abruptul Prahovean** leben Gämse, Luchs und Rieseneule. In den Kalksteinen des geologischen Reservats **Plaiul Hotilor** wurden rund 250 Fossilienarten gefunden (Touristeninformation in Sinaia, B-dul Carol I. Nr. 47, Tel. 02 44/31 56 56, CIPT_Sinaia@yahoo.com, www.infosinaia.ro).

! *Baedeker* TIPP

Ganz aus Eis

In den Fogarascher Bergen (Munţii Făgăraş), in der Nähe der Bâlea-Schutzhütte auf einer Halbinsel im Gletschersee Bulea (Bâlea Lac), erwartet Bergwanderer und Skifahrer ein romantisches Eishotel. Da es den Sommer nicht überlebt, wird es immer wieder neu erbaut (Kontakt: Klingeis, Tel. 07 24/30 25 86, www.klingeisconsulting.com). Originell sind auch Trauungen in der von drei Religionen (orthodox, katholisch, evangelisch) geweihten benachbarten Eiskapelle.

Călimani-Nationalpark

Der Călimani-Nationalpark (Parcul Naţional Călimani) zwischen Mureş im Süden und Bistriţa und ihrem Nebenfluss Dorna im Norden ist ein vulkanisches Gebiet und für weite Mischwälder, einen Gebirgssee und eigenartige Felsgebilde bekannt. Den erloschenen Hauptkrater mit einem Durchmesser von über 10 km säumen 2000 m hohe Ränder. Höchster Berg ist der **Pietroşul** (2100 m), die markantesten Felsformationen heißen »**Zwölf Apostel**«, »Drachen« und »Hârla-Tor«. Ein guter Ausgangspunkt für Ausflüge in die zauberhafte Bergwelt ist der Bade- und Luftkurort Vatra Dornei. In seinen Wäldern leben neben Wölfen und Luchsen auch noch Bären. Zu den seltenen Pflanzen gehören das Windröschen sowie die Zirbel- und Kriechkiefer (Auskunft: Suceava, Str. Vasile Bumbac 14, Tel. 02 30/55 12 41, infoturism@suceavardsnet.ro).

Auskunft ►

Cozia-Nationalpark

Der sich oberhalb des gleichnamigen Klosters erstreckende kleine Nationalpark Cozia (Parcul Naţional Cozia; 170 km²) wird von der »Steinburg« des Cozia-Massivs beherrscht. Er ist gut zu erwandern und bekannt für steile Klammen, Wasserfälle und eigenartig geformte Felsen wie »Der Hirte« oder »Der Pharao«. Unter den geschützten Pflanzen ist das Edelweiß hervorzuheben, es verwandelt die Bergwiese Grădinile Bulzului in ein weißes Meer (Auskunft: Râmnicu Vâlcea, Str. Regina Maria 7, Tel. 02 50/73 34 49, atv@ccivl.ro, www.ccivl.ro).

Auskunft ►

Königstein-Nationalpark

Bereits seit 1938 ist das Gebiet um den Königsstein bei ►Bran Naturschutzgebiet (**Parcul Naţional Piatra Craiului**, ca. 150 km²), seit 1999 wird es auch vom WWF unterstützt. Der fast 25 km lange und bis zu 2238 m hohe Bergkamm besteht aus leuchtend weißem Jura-Kalkstein und bietet einer reichen Flora und Fauna einen geschützten Lebensraum. Hier gedeihen Wacholder und Preiselbeeren, blühen Edelweiß und Enzian, die Steinnelke und roter Männertreu. Neben dem reichen Wildbestand leben hier auch Bären, Luchse und Wölfe. Die wild zerklüftete Landschaft mit ihren dichten Wäldern, schroffen Hängen, aussichtsreichen Hochplateaus, der steilen Zărneş-

Im Retezat-Nationalpark, Rumäniens ältestem Naturschutzgebiet

ti-Klamm und der 540 m tiefen Klamm Colţi Grindului reizt Wanderer ebenso wie Kletterer. Bei Bergtouren kann man in verschiedenen Berghütten, z.B. Cabana Curmătura und Cabana Plaiul Foii, übernachten. Ein guter Ausgangspunkt ist der bereits 750 m hoch gelegene Ort Zărneşti, 28 km von ►Braşov entfernt (www.pcrai.ro). ◄ Auskunft

Domogled-Cernatal-Nationalpark

Der Nationalpark Domogled-Cernatal (Parcul Naţional Domogled-Valea Cernei, 610 km²) östlich von Băile Herculane gehört mit zu den interessantesten des Landes. Im Karstrelief des Cernabeckens verbergen sich mehr als 100 Höhlen, beeindruckende Klammen und große Dolinen. Höchster Punkt ist das **Godeanu-Massiv** mit fast 2000 m, sehenswert sind auch die Domogled-Spitze und das Mehedinţi-Plateau. Die Ţesna-Klamm liegt nur 14 km von Băile Herculane entfernt, ist also gut zu erwandern. Im südlichen Einflussgebiet der Donau wachsen Haselbaum und Banater Schwarzkiefer, durchstreifen Wolf wie Bär die Wälder und dösen die giftige Hornotter und der Banater Skorpion in der Sonne. Die Region ist auch bekannt für ihre zahlreichen Schmetterlingsarten (www.domogled-cerna.ro). ◄ Auskunft

Donaudelta

Das Donaudelta (►Special S. 388) ist eines der größten Feuchtgebiete der Welt, ein Labyrinth aus Flussarmen, Seen, Sandbänken und Auwäldern mit einer einzigartigen Flora und Fauna.

Retezat-Naturpark

Das um 2000 m hohe Retezat-Gebirge (Munţii Retezat, 540 km²) ist wegen der abwechslungsreichen Flora und Fauna, schroffer Felsen, Wasserfällen, Schluchten, Pinien und vor allem vieler Seen ein beliebtes Wandergebiet. Er wurde 1935 als erstes Naturschutzgebiet Rumäniens gegründet. Hier wachsen über 1200 Pflanzenarten, darunter die Steinpinie, die als einziger Baum auch in 1900 m Höhe gedeihen kann. Neben Wild, Wölfen und Gämsen leben hier auch noch einige Braunbären. Die während der Eiszeit entstandenen **Gletscherseen** findet man vor allem in 1900 bis 2000 m Höhe. Der größte ist der Lacul Bucura mit einer Fläche von 8,8 ha, gefolgt vom Lacul Zănoaga mit 6,5 ha. Der **Peleaga** wirft als höchster Gipfel mit 2509 m seinen Schatten auf den See. Für Kletterer bieten die **Colţii Pelegii** einen besonderen Reiz. Vor allem an der Nordseite gibt es Hütten, die Unterkunft bieten und gute Ausgangspunkte für Wanderungen sind. Die Pietrele-Hütte ist über den Ort Nucşoara sogar mit dem Auto erreichbar. Im Ort gibt es ein neues Informationszentrum (Centrul de Vizitare, Tel. 02 54/38 39 74, www.retezat.ro). ◄ Auskunft

Semenic-Cheile-Caraşului-Nationalpark

Der Nationalpark Semenic-Caraş-Klamm (36 ha) in den Westkarpaten ist ein herrliches Wandergebiet. Höchster Gipfel des Karstgebirges ist der **Piatra Goznei** (1400 m). Zu den touristischen Attraktionen zählen die Caraş-Klamm, die Buhui-Klamm und der See Ochiul Beiului. Der jahrhundertealte Buchenwald ist einer der größten in Europa (www.pnscc.ro; Auskunft auch in Timişoara, Str. Proclamatia de la Timişoara 5, Tel. 02 56/43 79 73, infocentru@ccmtm.ro). ◄ Auskunft

Notrufe

- **Notruf (landesweit: Notarzt, Feuerwehr, Polizei)**
  Tel. 112
- **Polizei**
  Tel. 955
- **Ambulanz**
  Tel. 961
- **ADAC Bukarest**
  021/223 45 25
- **Notfallstation**
  Tel. 962
- **Private Ambulanzen**
  Tel. 973, 976, 978
- **Feuerwehr**
  Tel. 981
- **Auskunft ACR (Automobil Clubul Român)**
  Tel. 9271
- **Auskunft TAROM (Fluggesellschaft)**
  Tel. 9361
- **Verbraucherschutz**
  Tel. 980
- **Andere Auskünfte (Wechselkurs, Wetter)**
  Tel. 951
- **Zentrale Notrufnummer des Auswärtigen Amtes für Deutsche im Ausland**
  Tel. 00 49 – 30/50 00 20 00
  Fax 00 49 – 30/500 05 10 00

Post und Telekommunikation

Briefmarken Briefmarken erhält man in Postämtern, an Kiosken, in Souvenir- und Schreibwarenläden. Das Porto für eine Ansichtskarte ins europäische Ausland beträgt momentan 1,60 LEI, für einen Brief 2,10 LEI. die gelben oder roten Briefkästen tragen die Aufschrift »Poştă«. Geöffnet sind die Postämer in der Regel Mo. – Fr. 7.00 – 20.00 und Sa. 9.00 – 12.00 Uhr.

i Vorwahlen

- nach Rumänien: 00 40
  (plus Ortsvorwahl ohne Null)
- von Rumänien:
  nach Deutschland: 00 49
  nach Österreich: 00 43
  in die Schweiz: 00 41
  (plus Ortsvorwahl ohne Null)

Da fast jeder ein **Mobiltelefon** hat, sind öffentliche Fernsprecher rar. Dafür besitzt jede Stadt heute mindestens ein **Internet**-Café. Internetanschlüsse bieten auch viele Hotels an.
In Rumänien konkurrieren mehrere Mobiltelefonanbieter um die Gunst der Kunden, so Vodafone (auch: Connex, www.vodafone.ro),

Orange (www.orange.ro), Cosmote (www.cosmote.ro) und Zapp (www.zapp.ro). Ein Mobiltelefon kann man sofort nach der Ankunft am Flughafen »Henri Coandă« in Otopeni leihen, wo alle Anbieter eine Vertretung haben. Günstig ist es auch, in einem der weitverbreiteten Mobilfunkgeschäfte eine rumänische Sim-Karte zu erwerben. Auch wenn man (noch) keine Bekannten oder Freunde in Rumänien hat, rentiert sich das rumänische Mobiltelefon bei der Buchung von Hotels oder dem Klären von Öffnungszeiten. Man kann die Sim-Karte gegen die eigene austauschen oder man bringt ein Zweittelefon mit. Die Karte kann man für einen festen Betrag kaufen und immer wieder aufladen lassen.

Preise · Vergünstigungen

WAS KOSTET WIE VIEL?

Bier
0,75 bis 1 €

Einfache Mahlzeit
5 €

3-Gänge-Menü
12 €

1 Tasse Kaffee
1 €

1 Übernachtung im Doppelzimmer
ab 20 €

1 Liter Benzin bleifrei
1,30 €

Reisezeit

Da Rumänien in einer gemäßigten Klimazone liegt und sowohl hohe Berge wie auch Meeresküste besitzt, kann eine Reise zu jeder Jahreszeit reizvoll sein. Bestes Badewetter bieten Juli, August und September mit den wenigsten Regentagen und Wassertemperaturen zwischen 21 und 24 °C. Kultur- und Naturliebhaber, die auch gerne (sonnen-)baden, sollten den September wählen. Neben den günstigen Nebensaison-Preisen zeichnen den Monat angenehme Luft- und Wassertemperaturen, ein geringes Regenrisiko und bis zu 240 Sonnenstunden am Schwarzen Meer aus! Wintersportlern stehen von

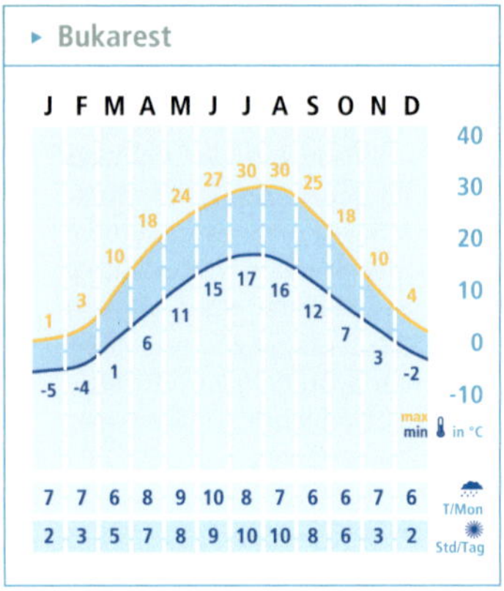

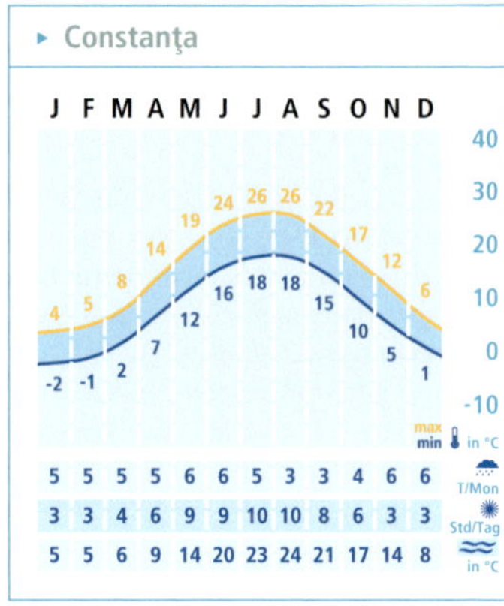

Dezember bis März zahlreiche Skipisten zur Verfügung. Ein Besuch des Naturparadieses Donaudelta empfiehlt sich v. a. im Frühjahr und Herbst; im Sommer muss man mit zahlreichen Mücken rechnen. Auch für Bergwanderer und Städtereisende sind Frühjahr und Herbst besser geeignet als die oft sehr heißen Sommer.

Shopping

Kunsthandwerk

Zwar werden dem Besucher auch Erinnerungsstücke wie Dracula-Zähne, -mützen oder -kaffeetassen angeboten, doch typische Mitbringsel aus Rumänien sind eher bestickte Tischdecken und Bauernblusen, kunstvolle Gegenstände aus Keramik, Glas und Ton, handgewebte Teppiche, Holzschnitzereien, silberne Utensilien und Ikonen. Beliebt sind auch Wandbehänge, Hinterglasmalereien sowie Flechtwaren aus Stroh, Schilf und Weiden. Einen Überblick erhält man in den Artizanat-Läden.

Gut geeignet als Mitbringsel aus Rumänien sind auch die leckeren Ziegen- und Schafskäse, ein guter Honig oder Schnaps aus eigener Herstellung sowie rumänische Weine.

Es gibt keine einheitlichen **Öffnungszeiten**. In der Regel sind Geschäfte tgl. 9.00–18.00, Banken werktags 9.00–16.00 Uhr geöffnet.

Schuhe gefällig?

Sprache

Rumänisch ist eine Sprache aus dem **romanischen Zweig der indogermanischen Sprachen**. Außer in Rumänien ist sie auch die offizielle Mehrheitssprache im angrenzenden Moldawien. Außerhalb dieser beiden Länder sprechen ca. 8 Mio. Menschen in Bulgarien, Kroatien, Mazedonien, Albanien und Griechenland Rumänisch. In Rumänien selbst gibt es bei 21,6 Mio. Einwohnern (2007) ca. 19,42 Mio. Muttersprachler (89,5 %).
Als östlichste romanische Sprache ist das Rumänische aus dem Latein hervorgegangen, das in den römischen Provinzen Dakien (Dacia) und Moesien, nördlich und südlich der Donau gesprochen wurde. Analog zur Geschichte der anderen romanischen Sprachen wird die Entstehung des Rumänischen zwischen dem 7. und 9. Jh. angesetzt.
Nur im ersten Moment meint der Fremde, Rumänisch sei einfach zu erlernen. »Alimentară« (Lebensmittelgeschäft), »prânz« (Mittagessen) und »stradă« (Straße) lassen sich leicht aus dem Italienischen ableiten, so wie »pieton« (Fußgänger), »timbre« (Briefmarke) oder »micul dejun« (Frühstück) aus dem Französischen. Doch versucht man seine Sprachkenntnisse über »Bună seara!« (Guten Abend!) oder »La revedere!« (Auf Wiedersehen!) zu erweitern, stößt man schnell an seine Grenzen. Außer sprachlichen Parallelen zu Latein, Italienisch und Französisch gibt es auch viele Anleihen aus dem Slawischen, dem Türkischen, Deutschen und anderen einst in der Region verbreiteten Sprachen. So sagt man »da« für »ja« wie im Russischen oder »cartof« (Kartoffel), »chelner« (Kellner), »rucsac« (Rucksack), »şlampăt« (schlampig) oder im Dialekt in der Maramureş auch »ţuric« (zurück). Aus dem Ungarischen stammen »oraş« (város, Stadt) und »a cheltui« (költeni, Geld ausgeben) und aus dem Türkischen so wichtige Worte wie »cafea« (kahve, Kaffee), »chiftea« (Köfté, Fleischklops) oder »ciorbă« (Corba, Suppe). Mit dem rumänischen Wort »cula« bezeichnet man die typisch oltenischen, befestigten Bojaren- oder Herrenhäuser. Das Wort ist aus dem türkischen »kutu« (Schachtel) abgeleitet. In der Moldau nennt man diesen Bautyp »conac«.
Durch Fehlübersetzungen kann es leicht zu Missverständnissen kommen, so bedeutet »autoservire« nicht »Autoservice«, sondern Selbstbedienung. Diese bunte Herkunft der Worte macht Rumänisch für Ausländer schwierig, während Rumänen andere romanische Sprachen meistens mühelos erlernen.

Alphabet und Aussprache

Ursprünglich wurde Rumänisch in kyrillischen Buchstaben geschrieben. Erst auf Betreiben der Siebenbürgischen Schule wurde es 1860 durch das lateinische Alphabet und fünf Sonderzeichen (ă, â, ç, ş, ţ) ersetzt. In der Aussprache leitet es sich vom Italienischen oder Französischen ab. Alle Vokale und die meisten Konsonanten entsprechen genau einem Laut. Nun gibt es wie in allen Sprachen jedoch einen kleinen Haken: »â« und »î« bezeichnen denselben Laut, etwa ein dunkles »i« wie im Deutschen in »in« oder »wird«. Nach einer Schriftreform von 1904 sollte ausschließlich das sich an romanische Schriftsprachen optisch anlehnende »â« verwendet werden und das »î« lediglich am Wortanfang wie in »închiria« (vermieten), aber nicht zwingend, so »inimă« (Herz). Um den slawischen Einfluss des Rumänischen zu betonen, wurden ab 1953 in der Schriftsprache alle »â« gegen »î« ausgetauscht, sodass man heute auf alten Schildern oder Karten noch die Bezeichnung »Tîmpa« statt »Tâmpa« für den Hausberg von Braşov findet. Aber 1992 wurde die Regelung von 1953 wieder aufgehoben und durch die von 1904 ersetzt.

Aussprache Die folgende Übersicht zeigt ausschließlich die Laute, die einer Erklärung bedürfen, da sie von unseren Sprech- und Lesegewohnheiten abweichen. Auf den Laut erfolgt eine Erklärung, dann das Lautschriftzeichen und zuletzt ein Beispiel. Als weitere Hilfestellung dient das Betonungszeichen »'« in der Lautschrift in Klammern.

Laute mit besonderer Aussprache		Umschrift	
ă	schwaches e wie in bitte	ə	apă (apə = Wasser)
â, î	ein dunkler Laut zwischen i und u, aber in der Wortmitte steht nur â, während man am Wortanfang oder -ende î findet	ǐ	cât (kǐt wie viel)
c	vor e und i wie tsch	tsch	ce (tsche wie in tschechisch)
	sonst wie k	k	câmp (kǐmp = Feld)
che, chi	wie k	ke, ki	cheie ('keie = Schlüssel)
e	meist wie e	e	bere ('bere = Bier)
	aber im Anlaut meist als getrenntes i und e wie in Spanier	ie	eu (ieu = ich)
g	vor e und i wie in Gin	dsch	ger (dscher' = Frost)
	sonst wie g	g	gară ('garə = Bahnhof)
ghe, ghi	wie g in geben oder gierig	ge, gi	ghişeu (gi'scheu = Schalter)
i	am Wortende nach einem Konsonanten fungiert es als Weichheitszeichen	j	pantofi (pan'tofj = Schuhe)
	sonst wie i	i	district (dis'trikt = Bezirk)
j	wie j in Journal	sch	dejun (de'schun = Frühstück)
s	scharfes s wie in Fuß	ß	sport (ßport = Sport)
ş	wie sch in Schande	sch	şampon (ßam'pon = Schampoo)
ţ	wie in Fratze	tß	ţară ('tßarə = Land)
v	wie w in Wald	w	verde ('werde = grün)
z	wie in Sommer	s	muzică ('musikə = Musik)

SPRACHFÜHRER RUMÄNISCH

Das Wichtigste auf einen Blick

Guten Morgen!	Bună dimineața!	('bunə dimi'neatßa!)
Guten Tag!	Bună ziua!	('bunə 'siua!)
Guten Abend!	Bună seara!	('bunə 'ßeara!)
Gute Nacht!	Noapte bună!	('noapte 'bunə!)
Auf Wiedersehen	La revedere!	(la rewe'dere!)
Ja	Da	(da)
Nein	Nu	(nu)
Danke!	Mulțumesc!	(multßu'meßk!)
..., bitte!	..., vă rog!	(..., wə rog!)
Sehr gut!	Foarte bine!	('foarte 'bine!)
geöffnet	deschis	(deß'kiß)
geschlossen	închis	(în'kiß)
Wo ist die Toilette?	Unde este toaleta?	('unde 'ießte toa'leta?)
Entschuldigen Sie!	Vă rog să mă scuzați!	(wə rog ßə mə ßku'satßj!)
Wo?	Unde?	('unde?)
Ich möchte ...	Aş dori ...	(asch do'ri ...)
Guten Appetit!	Poftă bună!	('poftə 'bunə!)
Zum Wohl!	No rok!	(no 'rok!)
Was kostet das?	Cât costă?	(kît 'koßtə?)
Die Rechnung bitte!	Plata, vă rog!	('plata, wə rog!)
Gern geschehen.	Cu plăcere.	(ku plə'tschere.)
Ich liebe dich.	Te iubesc.	(te iu'beßk.)

Zahlen

0	zero	('sero)
1	unu	('unu)
2	doi (două)	(doi,'douə)
3	trei	(trei)
4	patru	('patru)
5	cinci	(tschintschj)
6	şase	('schaße)
7	şapte	('schapte)
8	opt	(opt)
9	nouă	('nouə)
10	zece	('setsche)
11	unsprezece	('unßpresetsche)
12	doisprezece	('doißpresetsche)
13	treisprezece	('treißpresetsche)
14	paisprezece (!)	('paißpresetsche)
15	cincisprezece	('tschintschißpresetsche)
16	şaisprezece	('schaißpresetsche)
17	şaptesprezece	('schapteßpresetsche)
18	optsprezece	('optßpresetsche)

19	nouăsprezece	('nouəßpresetsche)
20	douăzeci	(douə'setschj)
21	douăzeci şi unu	(douə'setschj schi 'unu)
22	douăzeci şi doi	(douə'setschj schi doi)
30	treizeci	(trei'setschj)
40	patruzeci	(patru'setschj)
50	cincizeci	(tschintschi'setschj)
60	şaizeci	(schai'setschj)
70	şaptezeci	(schapte'setschj)
80	optzeci	(opt'setschj)
90	nouăzeci	(nouə'setschj)
100	o sută	(o ,'ßutə)
1000	o mie	(o 'mie)

Auto

Benzin bleifrei	benzină fără plumb (ben'sinə ,fərə plumb)
Super bleifrei	super fără plumb ('ßuper fərə plumb)
Super verbleit	premium ('premium)
Diesel	diesel ('disel)
Zweitaktmischung	amestec pentru motor în doi timpi (a'meßtek 'pentru mo'tor în doi timpj)
voll	plinul ('plinul)
abschleppen	remorcaţi (remor'katßj)
Bremse	frâna (frî'na)
Fahrer	şofer (scho'fer)
Keilriemen	curea trapezoidală (ku'rea trapesoi'dalə)
Kühler	radiator (radia'tor)
Öl	ulei (u'lei)
Panne	pană ('panə)
Reifen	cauciuc (kau'tschuk)
Tankstelle	benzinărie (bensinə'rie)
Unfall	accident (aktschi'dent)
Wagenheber	cric (krik)
Werkstatt	service-auto ('ßerwiß-,auto)

Hinweisschilder für Autofahrer

Atenţie cădere de pietre	Achtung Steinschlag
Benzinărie	Tankstelle
Ceata	Nebel
Circulaţi cu viteză redusă	Fahren Sie mit reduzierter Geschwindigkeit
Curbe deosebit de periculoase	Besonders gefährliche Kurve
Drum in lucru	Baustelle
Drum periculos	Gefährliche Straße

Nonnen bei der Hausarbeit im Kloster Sucevița

Interdicție de parcare	Parkverbot
Loc de parcare	Parkplatz
Nu depașiți	Nicht überholen
Ocolire	Umleitung
Orar de parcare	Parkscheibe
Pericol de accidente	Unfallgefahr
Popas turistic	Raststätte
Punct de taxare	Mautstelle
Toate directiile	Alle Richtungen
Vulcanizare	Reifendienst

Bahnhof

Abfahrt	plecare (ple'kare)
Ankunft	sosire (ßo'ßire)
Anschluss	legătură (legə'turə)
Bahnhof	gară ('garə)
Bahnsteig	peron (pe'ron)
Busbahnhof	autogară (auto'garə)
Fahrplan	mersul n trenurilor ('merßul 'trenurilor)

Gepäck	bagajul (ba'gaschul)
umsteigen	a schimba (a ßkim'ba)

Flugzeug

Abflug	decolare (deko'lare)
Ankunft	sosire (ßo'ßire)
Ausgang	ieşire (ie'schire)
Flug	zbor (sbor)
Flughafen	aeroport (aero'port)
Fluggesellschaft	companiei (kompa'niei)
Flugzeug	avion (awi'on)
Verspätung	întârziere (întîrsi'ere)

Schiff

Anlegestelle	debarcader / chei (debarka'der / kei)
Autofähre	bac (bak)
Schiff	vapor (wa'por)
Schiffsagentur	agenţie navală (adschen'tßie na'walə)
Überfahrt	traversare (trawer'ßare)

Orts- und Richtungsangaben

Ampel	semafor (ßema'for)
gegenüber	vizavi (wisa'wi)
geradeaus	înainte (îna'inte)
hier	aici (a'itschj)
Kreuzung	intersecţie (inter'ßektßie)
Kurve	curbă (kur'bə)
nach links	la stânga (la 'ßtînga)
nach rechts	la dreapta (la 'dreapta)
Platz	piaţa (piat'ßa)
Straße	stradă (ßtradə)
wo?	unde? ('unde?)

Essen

Meniu	*Speisekarte*
Ciorbe şi Supe	Suppen
ciorbă ('tschorbə)	gesäuerte Suppe
ciorbă de cartofi ('tschorbə de kar'tofj)	Kartoffelsuppe
ciorbă de fasole ('tschorbə de fa'ßole)	Bohnensuppe

ciorbă de perişoare ('tschorbə de peri'-schoare)	Fleischklößchensuppe
supă ('ßupə)	klare Brühe
supă cu găluşte ('ßupə ku gə'luschte)	Griesklößchensuppe
supă de pasăre ('ßupə de paßəre)	Hühnersuppe
supă de văcuţă ('ßupə de wə'kutßə)	Rindfleischsuppe
supă de zarzavat ('ßupə de sarsa'wat)	Gemüsesuppe
Gustări Reci	*Kalte Vorspeisen*
salată asortată (ßa'latə aßor'tată)	gemischter Salat
salată de castraveţi (ßa'latə de kaßtra'wetßj)	Gurkensalat
salată de roşii (ßa'latə de 'roschi)	Tomatensalat
salată de varză (ßa'latə de 'warsə)	Krautsalat
salată de vinete (ßa'latə de 'winete)	Auberginencreme
salată de verde (ßa'latə 'werde)	Kopfsalat
Minuturi	*Warme Vorspeisen*
caşcaval pané (kaschka'wal pa'ne)	panierter Käse
ciuperci pané (tschu'pertschj pa'ne)	panierte Pilze
ochiuri ('okiurj)	Spiegeleier
omletă cu şuncă (om'letə ku 'schunkə)	Schinkenomelette
Preparate din Carne	*Fleischgerichte*
antricot (antri'kot)	Entrecôte
biftec ('biftek)	Steak
cârnat prăjit (kǐr'nat prə'schit)	Bratwurst
cotlet (kot'let)	Kotelett
ficat (fi'kat)	Leber
frigărui (frigə'rui)	Fleischspieße
muşchi de vită (muschkj de 'witə)	Rinderfilet
pulpă de berbec ('pulpə de ber'bek)	Hammelkeule
pulpă de miel ('pulpə de mi'el)	Lammkeule
purcel la tavă (pur'tschel la 'tawə)	Spanferkel
Păsăre	*Geflügel*
curcă (kur'kə)	Pute
gâscă ('gǐßkə)	Gans
piept de pui (piept de pui)	Hühnerbrust
pulpă de pui (pul'pə de pui)	Hähnchenkeule
raţă ('ratßə)	Ente
Peşte	*Fisch*
crap (krap)	Karpfen

Wanderpause im Făgăraş-Gebirge

nisetru (niße'tru)	Stör
păstrăv ('pəßtrəw)	Forelle
peşte prăjit ('peschte prə'schit)	gebackener Fisch
şalău (scha'ləu)	Zander
ştiucă (schtiu'kə)	Hecht

Garnituri	*Beilagen*
ardei (ar'dei)	Paprika
pâine ('pîine)	Brot
cartofi natur (kar'tofj na'tur)	Salzkartoffeln
cartofi prăjiţi (kar'tofj prə'schitßj)	Pommes frites
fasole (fa'ßole)	Bohnen
ciuperci (tschu'pertschj)	Pilze
mămăligă (məməli'gə)	Polenta, Maisbrei
orez înăbuşit (o'res înəbu'schit)	gedünsteter Reis
varză ('warsə)	Kohl
vinete ('winete)	Auberginen

Brânză	*Käse*
brânză ('brînsə)	Käse (allgemein)
burduf (bur'duf)	salziger Schafkäse
cas (kas)	gekneteter Käse aus Schafmilch
caşcaval (kaschka'wal)	Hartkäse
telemea (tele'mea)	weißer, weicher Käse aus Schaf- oder Kuhmilch

Desert	*Nachspeise*
clătite (klə'tite)	Palatschinken, Crêpes

îngheţată (înge'tßatə)	Speiseeis
fructe (fruk'te)	Obst

Rumänische Spezialitäten

Ardei umpluţi (ar'dei um'plutßj)	gefüllte Paprika
Ciorbă de burtă (tschorbe de burtə)	Kuttelsuppe
Lapte de pasăre ('lapte de pa'sәre)	Vogelmilch
Mămăligă cu brânză şi smântână (məməli'gə cu brânsə)	Polenta mit Käse und Sahne
Mititei (mi'titei)	gegrillte Hackfleischröllchen
Salata de vinete (ßa'latə de 'winete)	Auberginencreme
Sarmale ('ßarmale)	gefüllte Krautröllchen
Tocană (to'kanə)	Gulasch
Tochitură (toki'turə)	Geschnetzeltes

Trinken

Bier	bere ('bere)
alkoholfreies Bier	bere fără alcool ('bere, 'fərə al'-kol)
Mineralwasser	apă minerală ('apə mine'ralə)
Saft	suc (ßuk)
Schnaps	aus Pflaumen: ţuică de prune (,'tßuikə de 'prune) aus Trester: ţuică de drojdie ('tßuikə de 'droschdie)

Wein

Hauswein	vin de casă (win de 'kaßə)
Landwein	vin de ţară (win de 'tßarə)
Sekt	vin spumant (win ßpu'mant)
Roséwein	vin rosé (win ro'ße)
Rotwein	vin roşu (win 'roschu)
Weißwein	vin alb (win alb)
Weinschorle	şpriţ (schpritß)
süß	dulce ('dultsche)
halbtrocken	demisec ('demi'ßek)
trocken	sec ('ßek)

Restaurant

Abendessen	cină ('tßinə)

Besteck	tacîm (ta'kîm)
Glas	pahar (pa'har)
Flasche	sticlă ('ßtiklə)
Frühstück	micul dejun ('mikul deschun)
Kellner	chelner ('kelnər)
Kellnerin	chelneriță ('kelnəritßə)
Mittagessen	prânz (prîns)
Nichtraucher	nefumători (nefumə'torj)
Rechnung	notă / de plată ('notə / de 'platə)
reservieren	a rezerva (a reser'wa)
Speisekarte	meniu (me'niu)

Nützliche Begriffe

Apotheke	farmacie (farma'tschie)
Arzt	doctor ('doktor)
Bäckerei	brutărie (brutə'rie)
Bank	bancă ('bankə)
Briefmarke	timbru poştal ('timbru posch'tal)
Buchhandlung	librărie (librə'rie)
Deutschland	Germania (dscher'mania)
Deutscher	neamț (neam'tß)
Dorf	sat (ßat)
Frisör (Damen)	coafor (koa'for)
Frisör (Herren)	frizerie (frise'rie)
Markt	piață ('piatßə)
Österreich	Austria (a'ußtria)
Österreicher	austriac (außtri'ak)
Polizei	poliție (po'litßie)
Post	poştă ('poschtə)
Rathaus	primărie (primə'rie)
Schreibwarengeschäft	papetărie (papetə'rie)
Schweiz	Elveţia (el'wetßia)
Schweizer	elveţian (elwetßi'an)
Schwimmbad	piscină (piß'tschinə)
Supermarkt	magazin mixt (maga'sin mixt) supermarket (ßuper'market)
Weinprobe	degustare de vinuri (deguß'tare de 'winurj)

Sehenswürdigkeiten

Altstadt	oraşul vechi (o'raschul wekj)
Ausgrabungen	săpături arheologice (ßəpə'turj arheo'lod-schitsche)
Basilika	bazilică (ba'silikă)
Burg	cetate (tsche'tate)

Denkmal	monument (monu'ment)
Dom	catedrală (kate'dralə)
Fresken	pictură murală (pik'turə mu'ralə)
Kloster	mănăstire (mənəß'tire)
Kirche	biserică (bi'ßerikə)
Minarett	minaret (mina'ret)
Moschee	moschee (moß'kee)
Museum	muzeul (mu'seul)
Synagoge	sinagogă (ßina'gogə)
Töpferei	olărit (olə'rit)
Wallfahrtsort	loc de pelerinaj (lok de peleri'nasch)
Weingut	fermă viticolă ('fermə wi'tikolə)
Weinkeller	cramă ('kramə)

Natur

Berg	munte ('munte)
Gebirge	munţi (muntßj)
Höhle	peşteră (peschterə)
Hügel	deal (deal)
Naturschutzgebiet	rezervaţie naturală (reser'watßie natu'ralə)
Schlucht, Klamm	cheile (kei'le)
See	lac (lak)
Tal	vale ('wale)
Wald	pădure (pə'dure)
Wasserfall	cascadă (kaß'kadə)

Übernachten

Anmeldung	recepţie (re'tscheptßie)
Badewanne	cadă ('kadə)
Bett	pat (pat)
Doppelbett	pat dublu (pat 'dublu)
Dusche	duş (dusch)
Einzelzimmer	cu un pat (ku un pat)
Etage	etaj (e'tasch)
Frühstücksbüfett	mic dejun n cu bufet (mik de'-schun ku bu'fet)
Handtuch	prosop (pro'ßop)
Hotel	hotel (ho'tel)
Kinderbett	pat n pentru copil (pat 'pentru ko'pil)

mieten	a închiria (a ĭnkiri'a)
Moskitonetz	plasă contra ţânţarilor (,'plaßə, 'kontra tßĭn'tßarilor)
Rechnung	notă/de plată ('notə/de 'platə)
reservieren	a rezerva (a reser'wa)
Safe	seif (ßeif)
Schlüssel	cheie ('keie)
Swimmingpool	piscină (piß'tschinə)
Toilette	toaletă (toa'letə)
Trinkwasser	apă potabilă ('apə po'tabilə)
Zelt	cort (kort)
Zeltplatz	camping ('kemping)
Zimmer	cameră ('kamerə)

Wochentage

Montag	luni (lunj)
Dienstag	marţi (martßj)
Mittwoch	miercuri ('mierkurj)
Donnerstag	joi (schoi)
Freitag	vineri ('winerj)
Samstag	sâmbătă ('ßĭmbətə)
Sonntag	duminică (du'minikə)

Übernachten

Als Antwort auf den zunehmenden Tourismus entstehen in Rumänien immer mehr Übernachtungsmöglichkeiten, sodass der Reisende vom **Camping bis zum Luxushotel** ein breit gefächertes Angebot vorfindet. Allgemein gilt, dass Übernachten im Vergleich zu den sonstigen Lebenshaltungskosten relativ teuer ist. Am günstigsten sind Privatzimmer oder Campingplätze.

Zu den originellen Übernachtungsmöglichkeiten gehören leerstehende evangelische Pfarrhäuser, abgelegene Berghütten, die »cabana«, Boothotels im Donaudelta und Gästezimmer in den orthodoxen Klöstern. Vor allem in touristisch interessanten Gebieten wachsen zurzeit die Privatpensionen wie Pilze aus dem Boden, da sie eine zukunftsträchtige Einnahmequelle sind.

i Preiskategorien

- Luxus: über 90 Euro
- Komfortabel: 40 bis 90 Euro
- Günstig: bis 40 Euro
  für eine Übernachtung im DZ, in der Regel mit Frühstück

Auf Hinweisschildern steht »cameră de închiriat« (Zimmer zu vermieten), »cazare« (Unterkunft) oder »pensiune«. Besonders interessant ist diese Art der Übernachtung, wenn auch Essen angeboten wird.
Beim Rumänischen Tourismusamt kann man ein **Hotelverzeichnis** anfordern, um sich vorab zu informieren. Um sicher zu gehen, dass es ein freies Zimmer gibt, sollte man auf jeden Fall anrufen und reservieren. Eine aktuelle Liste der vielen **Gästehäuser in Siebenbürgen** findet man unter: www.siebenbuerger.de.

Dorftourismus

Das Leben der Landbevölkerung lernt man gut z. B. im Rahmen vom Dorf- oder Agrotourismus kennen. Die im Dorftourismus (www.antred.ro) organisierten Privatunterkünfte **erkennt man an den Sonnenblumen** auf dem Schild. Die Anzahl der Sonnenblumen gibt einen Hinweis auf Standard und Preis. In der Umgebung von Sibiu sind die Dörfer Sălişte, Sibiel, Tilişca, Jina, Poiana Sibiului und Răşinari touristisch erschlossen; beim Dracula-Schloss Bran sind es Moieciu, Şirnea, Fundata, Peştera und Măgura. In der Maramuresch gehören Botiza, Şurdeşti, Bârsana, Ieud, Bogdan Vodă, Rozavlea, Rogoz und das für seinen »fröhlichen Friedhof« bekannte Săpânţa dazu, in der Bukowina Vama, Vatra Moldoviţei, Marginea, Solca und Putna mit seinem wunderschönen Kloster. Im sogenannten Motzenland im Tal des Arieş bieten Arieşeni, Avram Iancu, Horea und Scărişoara dorftouristische Angebote – Vidra und Gârda de Sus sind ein guter Ausgangspunkt für eine Wanderung zur »Eishöhle«.

Hotels

Vom nostalgischen Luxushotel mitten im historischen Zentrum einer transsilvanischen Stadt bis hin zu den Bettenburgen an der Schwarzmeerküste findet man in Rumänien heute alle Arten von Hotels. Internet und Fitness-Center gehören zu jedem besseren Haus. Längst sind auch internationale Hotelketten wie Hilton und Mariott etabliert. Die Anzahl der Sterne gibt meistens einen verlässlichen Hinweis auf die Preiskategorie, aber nicht zwingend auch auf den gebotenen Komfort. Vor allem in großen Städten setzen die Hotels auf Geschäftsreisende.

Jugendherbergen und Hostels

Jugendherbergen gibt es in Bran, Braşov, Bukarest, Cluj-Napoca, Danube Delta, Galati, Nasaud, Salcina, Sibiu, Sighişoara, Suceava und Vama. Ebenfalls auf ein junges Publikum sind die Hostels eingerichtet (www.hostelscentral. com, www.hihostels-romania.ro).

Camping

Die zu großen Teilen unberührte Natur lockt immer mehr Urlauber ins Land und damit auch Freunde des Zeltens oder Reisende mit Caravan. In Rumänien ist Wildcampen noch nicht strikt verboten, doch sollte man möglichst einen Campingplatz aufsuchen. Da das Netz an Campingplätzen noch nicht sehr dicht ist, empfiehlt es sich, beim Rumänischen Tourismusamt eine »Roman Camping Map« anzufordern. Hilfreich ist auch die Webadresse www.campingo.com.

Urlaub aktiv

Angeln In Rumänien gibt es kaum einen Fluss, See oder Teich, an dem man keine Angler antrifft. Neben zahlreichen Bergseen ist der Săruleşti-Stausee südlich von Bukarest bekannt für seine reichen Zandervorkommen. Sportfischern sind die vielen Bergbäche des Landes wegen ihrer Bachforellen bekannt, ebenso die Donau und das Donaudelta mit ihrem Fischbestand. Auch wenn die Natur noch so einsam erscheint, man sollte sich in einem Tourismusbüro einen Anglerschein besorgen. Informationen erhält man beim Rumänischen Tourismusamt.

Golf Im Karpatenvorland an der Nationalstraße 1 liegt der Luftkurort Breaza, das »Davos Rumäniens«. Hier wurde jüngst, rund 120 km von Bukarest entfernt, mit dem Lac de Verde der erste private Golfclub des Landes eröffnet (Lac de Verde Golf Club. Str. Caraiman 57, 105400 Breaza, Tel. 02 44/34 38 50, www.lacdeverde.ro).

Jagdreisen Falls Sie Ihre eigenen Jagdwaffen mitbringen möchten, müssen Sie einen Jagdschein, einen Europäischen Feuerwaffenpass bzw. die Waffenbesitzkarte dabeihaben und eine Einladung vom Rumänischen Jagdverband an der Grenze vorweisen. Um eventuelle Unannehmlichkeiten zu vermeiden, ist es empfehlenswert, die Jagdreise durch ein spezialisiertes Reisebüro zu buchen. Aktuelle Informationen bekommt man vom Rumänischen Tourismusamt.

Kuren Es gibt insgesamt rund 160 Kurorte. Da es in den meisten Thermalorten auch freie Zapfstellen gibt, lohnt es sich, immer eine leere Wasserflasche im Auto zu haben, um die verschiedenen heilsamen Wässer zu probieren. Die warmen Quellen waren schon bei den Römern beliebt und so lassen sich die Reste eines ihrer alten Bäder noch in Geoagiu-Băi bewundern. Im Namen von Băile Felix und Băile Herculane hat sich ein Hinweis auf die frühen römischen Badegäste erhalten. Weitere **bekannte Kurorte** sind Băile Tuşnad, Sovata und Covasna, das mit seinen Mofetten (Gasbäder) eine therapeutische Kuriosität besitzt. Berühmte Luftkurorte sind Sinaia und Vatra Dornei. Eine Besonderheit ist der Heilschlamm aus dem Techirghiol-See südlich von Constanţa. Allgemeine Informationen über rumänische Kurorte und -zentren gibt es in einer Broschüre des rumänischen Tourismusamtes sowie unter www.spas.ro.

! *Baedeker* TIPP

Jungbrunnen

Als Jungbrunnen – wenn auch nicht als ewiger – gilt die Therapie der Ärztin Prof. Ana Aslan (1897–1988) mit den von ihr entwickelten Heilmitteln Gerovital H3 und Aslavital, die beide vorzeitige Alterserscheinungen bekämpfen. Das Elixier ewiger Jugend zog seit den 1950er-Jahren mehr als 150 000 Gäste ins Land, darunter auch Charles de Gaulle, J. F. Kennedy, Konrad Adenauer, Claudia Cardinale, Marlene Dietrich und Pablo Picasso (www.aslan.de).

Radfahren

Rumäniens weite Landschaften, schroffe Klammen und steile Berge bieten Radwanderern, Tourenfahrern und Mountainbikern unterschiedlichste Möglichkeiten. Während Siebenbürgen von sanften Hügeln geprägt ist und der Donauradweg auf 1075 km nur sehr geringe Steigungen hat, besitzen die Südkarpaten, die sog. »Transsilvanischen Alpen«, steile Pass- und Serpentinenstraßen. Neben Rundtouren sind Sternfahrten sehr beliebt, z. B. von Sibiu oder Braşov.
Für individuell geplante Radtouren empfiehlt es sich, gutes Kartenmaterial, Flickzeug und für alle Fälle einen Schlafsack und ein Minizelt mitzunehmen. Da in manchen Gegenden die Orte weit auseinanderliegen, sollte man auch für genügend Reiseproviant sorgen. Für Bergtouren ist ein GPS-Gerät ideal zur Standortbestimmung.
Gute Informationen über Radfahren und Radtourismus in Rumänien bietet der Allgemeine Deutsche Fahrrad-Club (www.adfc.de) an. Private Reiseberichte und Tipps findet man auch unter www.bikeroma nia.de, Etappen- und Übernachtungstipps entlang der Donau unter www.donau-info.org sowie eine Liste von Reiseveranstaltern für Radurlaube unter www.rumaenien-tourismus.de.

Wildwasserfahrt bei Suceava

Reiten

In Rumänien gehört das Pferd noch zum Alltag der Menschen und ist wie bei uns das Auto auch ein Statussymbol. Neben Arbeitstieren gibt es natürlich auch Sport- und Reitpferde. Mit etwas Glück kann man einen der großen **Tiermärkte** besuchen, die meistens im Frühjahr und Herbst außerhalb der Dörfer abgehalten werden. Das bekannteste Gestüt in Rumänien ist zweifelsohne das **Lipizzaner-Gestüt** in Simbata de Jos bei Făgăraş. Viele Gestüte haben auch Ferienangebote für Reiter und Pferdefreunde. So entwickelt sich auch in Rumänien allmählich ein Reittourismus. Die weite Landschaft ist ideal für Ausritte in der Natur, außerdem gibt es Westernreiten, Abenteuerreiten und Winterreiten sowie Urlaub auf einem Reiterhof (Informationen beim Rumänischen Tourismusamt bzw. unter www.reiterreisen.com, www.pferdreiter.de, www.valley-ranches.de oder www.reiten.de.

Wandern

Zahlreiche National- und Naturparks sowie Biosphärenreservate (► S. 94) bieten ideale Möglichkeiten für Wanderer, Kletterer oder Familienurlaub mit Kindern. Abwechslung versprechen Dörfer, die die »gute alte Zeit« heraufbeschwören, Burgen und Burgruinen, alte

sen, allein um eventuellen Schwierigkeiten bei der Ausreise vorzubeugen, wie dem Verdacht auf Fahrerflucht. Auf jeden Fall sollte man die wichtigsten Hinweise für Autofahrer verstehen (►Sprache).

Verkehrsregeln Die Höchstgeschwindigkeit innerhalb geschlossener Ortschaften beträgt 50 km/h, außerhalb für Pkw 90 km/h und für Busse, Lkw und Motorräder 80 km/h. Auf Schnellstraßen dürfen Pkw 100 km/h, Busse sowie Lkws 80 km/h und Motorräder 100 km/h fahren. Es besteht Gurtpflicht und Kinder unter 12 Jahren dürfen nicht auf dem Vordersitz reisen. Außerdem ist das Telefonieren während der Fahrt ohne Freisprechanlage verboten. Auf der Autobahn beträgt die zulässige Höchstgeschwindigkeit 130 km/h. Wie in Österreich und Ungarn besteht auch in Rumänien die Pflicht, tagsüber mit Abblendlicht zu fahren. Eine Warnweste in Leuchtfarbe sollte im Gepäck sein, in Österreich und Ungarn ist sie bereits Pflicht. Und **Achtung**, in Rumänien gelten wie in Ungarn 0,0 Promille, das heißt ein absolutes Alkoholverbot am Steuer.

Absolutes Alkoholverbot! ►

Busse und Maxitaxis Obwohl es in den meisten Städten einen Busbahnhof für Inlandreisen gibt, ist das Netz nicht besonders dicht, und besonders kleine und abgelegene Dörfer sind nur schlecht oder gar nicht zu erreichen. Eine gute Alternative sind die Maxitaxis. Diese Kleinbusse sind günstig, schnell und halten sogar an der Strecke auf Handzeichen, falls noch ein Platz frei ist. Ein Handicap ist hier aber die Sprache, denn die Maxitaxis sind nur notdürftig beschriftet und die Fahrer sprechen selten eine andere Sprache als Rumänisch.
Aufgrund der dürftigen Verkehrsanbindung gehört **Trampen** vor allem auf dem Land zum Alltag. In größeren Städten gibt es deshalb am Ortsausgang oft Haltebuchten.

Mit dem Taxi Taxifahren ist wesentlich günstiger als in Deutschland und auch für Rumänen kein Luxus. Doch sollte man darauf achten, nur offizielle Taxis zu benutzen und den Taxameter im Auge zu haben. Nach den gesetzlichen Vorschriften muss ein Taxi mit einem Taxameter und einer Radiostation ausgestattet sein, die beleuchtete Inschrift TAXI (vorne und hinten lesbar) muss auf dem Dach angebracht und angeschaltet sein, seine Farbe muss gelb sein. Die Berechnung der Gesamtfahrtkosten setzt sich zusammen aus einem eventuellen Anfahrtstarif und der Summe aus zurückgelegten Kilometern und Wartezeiten.

Weitere Verkehrsmittel

Mit der Bahn Bahnfahren hat in Rumänien Tradition. 1872 wurde die erste Dampflok in Betrieb genommen und Nostalgiefans bieten das Lokomotivenmuseum in Sibiu oder eine Fahrt mit der Wassertalbahn bei Sighetu Marmației einen lohnenden Ausflug. Legendär ist der **Orientexpress** seit Agatha Christies verfilmtem Kriminalroman »Mord im

Orientexpress«, der eine Strecke in Rumänien mit Aufenthalt in Sinaia zurücklegt. Die **Rumänische Staatsbahn** (Caile Ferate Romane, CFR) verfügt über ein recht gut ausgebautes Streckennetz, sodass alle bedeutenden Zentren per Schnellzug bequem zu erreichen sind (**Fahrplanauskünfte** im Internet, auch auf Englisch, unter www.cfr.ro). Bahnreisen sind noch sehr günstig, dafür nicht immer besonders schnell. Für kleinere Ortschaften muss man auf jeden Fall einen größeren Zeitaufwand einplanen. Es besteht die Möglichkeit, Zwischenstationen einzulegen, sodass man seine Route nach Belieben gestalten kann. Aufgrund des niedrigen Preisniveaus empfiehlt sich ein InterRail-Ticket für Rumänien nicht, außer man möchte noch weitere Länder besuchen. Für alle Züge außer den »Persoane« (Bummelzug) werden **Platzkarten** benötigt. Diese erhält man in speziellen Reisebüros, den »Agenţie de Voiaj« (C.F.R.) oder am Bahnhof. Hier bekommt man die Tickets jedoch erst eine Stunde vor Abfahrt, weshalb man unbedingt frühzeitig da sein sollte. Es gibt vier verschiedene Kategorien von Zügen, so die an jedem Bahnhof haltenden und deshalb sehr langsamen »Persoane«, den »Accelerat« (Eilzug), den »Rapid« (Schnellzug) und den »Expres« (IC, EC). Letztere sind nicht nur relativ zügig, sondern auch modern ausgestattet. Der EN »Ister« zwischen Budapest und Bukarest wird als »Rapid« eingestuft. Alle schnelleren Züge sind aufpreispflichtig.

! *Baedeker* TIPP

Trampen

Trampen ist in Rumänien eine ganz gewöhnliche Art der Fortbewegung. Deshalb sieht man an der Straße nicht nur junge Leute den Daumen hochhalten, sondern auch Mütter mit ihren Kindern, Großeltern mit Eiern, Tomaten und Blumen unterwegs auf Verwandtenbesuch oder auch eine Nonne auf dem Weg in die Stadt. Es ist allgemein üblich, eine Spritbeteiligung zu zahlen, doch sollte man als Ausländer auf eine Annahme verzichten. Trampen lohnt sich auch für Ausländer, nicht nur, um entlegene Gegenden zu erreichen, sondern auch, um Land und Leute besser kennenzulernen. Vielleicht wird man sogar von einem Pferdewagen mitgenommen. Auf jeden Fall sollte man Sprit- oder »Hafergeld« bezahlen!

Mit dem Schiff

Von Tulcea kann man Schiffsausflüge ins Donaudelta unternehmen. Wer das Delta überqueren möchte, kann das mit der Fähre ab Brăila tun, auch mit dem Auto.

Mit der Metro

Bislang verfügt lediglich die Hauptstadt Bukarest über ein U-Bahn-Netz.

Zeit

Rumänien gehört zur osteuropäischen Zeitzone, das heißt, in Rumänien ist es eine Stunde später als bei uns. Die Uhr muss daher eine Stunde vorgestellt werden!

Touren

RUMÄNIEN IST EIN REISELAND FÜR INDIVIDUALISTEN. IM FOLGENDEN ROUTENVORSCHLÄGE FÜR BESONDERS SCHÖNE STRECKEN.

TOUREN DURCH RUMÄNIEN

Sechs Routen erschließen Rumäniens schönste Landschaften. Lassen Sie sich Zeit und genießen Sie das Unterwegssein. Es lohnt sich.

TOUR 1 **Westen und Südwesten**
Durch das Banat und die Walachei, zu bedeutenden Städten wie Sibiu, Hermannstadt, zu Kirchenburgen und zum Kloster Horezu
► **Seite 125**

TOUR 2 **Nördlich von Bukarest**
Die Landeshauptstadt, Braşov, die Kirchenburgen Hărman und Prejmer sowie Schloss Bran sind Höhepunkte dieser Rundfahrt. ► **Seite 127**

TOUR 3 **Wasser und antike Stätten**
Von Bukarest an die Schwarzmeerküste, auf antiken Spuren und im Labyrinth des Naturwunders Donaudelta ► **Seite 128**

TOUR 4 **Der Nordwesten**
Zwei lebendige Universitätsstädte, ein fröhlicher Friedhof, die waldreiche Maramureş und weitere Natursehenswürdigkeiten ► **Seite 129**

TOUR 5 **Im Herzen des Landes**
In Siebenbürgen und im Szeklerland, beeindruckende Kirchenburgen und Europas schönste bewohnte Burg ► **Seite 131**

TOUR 6 **Schmuckkästchen im Nordosten**
»Bilderbibeln der Armen« werden die Moldauklöster wegen ihrer außen bemalten Klosterkirchen genannt. ► **Seite 133**

! *Baedeker* TIPP

Auf den Spuren Draculas

Für Dracula-Fans ist der Besuch folgender Orte ein Muss: Das Geburtshaus von Vlad Ţepeş, Bram Stokers Vorbild für den blutrünstigen Grafen Dracula, steht in Sighişoara (►Tour 5). Residiert hat er u. a. in Târgovişte (►Tour 2). Jonathan Hawker übernachtete in Bistriţa, bevor er sich über den Borgó-Pass (beide ►Tour 5) zu Draculas Schloss in Bran (►Tour 2) aufmachte. Draculas bzw. Vlad Ţepeş (leere) Grabstätte befindet sich im Kloster Snagov bei Bukarest (►Tour 2).

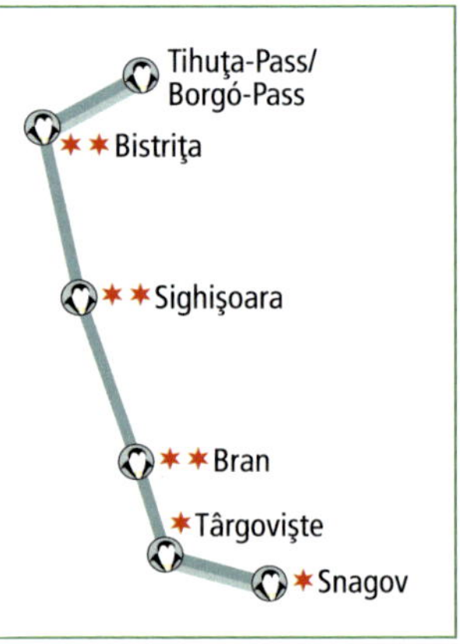

Schloss Bran
Dracula, den Ahnherrn aller Vampire, sucht man hier vergeblich.

Moldauklöster
Bunte Fresken auf den Außenwänden erzählen Geschichten aus der Bibel.

Donaudelta
Hier kommt man der Natur sehr nahe.

Unterwegs in Rumänien

Rumänien ist ein gemütliches Land und so ist auch die Reisegeschwindigkeit. Das gilt nicht nur für die Dorfbewohner, die noch mit ihren Pferdefuhrwerken unterwegs sind, sondern auch für die Autofahrer, denn die Straßenverhältnisse erzwingen oft ein langsames Tempo.

Der Weg ist das Ziel

Im Land gibt es nur 226 km Autobahn und auch auf National- oder Regionalstraßen sind keine hohen Durchschnittsgeschwindigkeiten möglich. Immer wieder zwingen Baustellen, Tempolimits in den Dörfern, unerwartete Schlaglöcher oder Viehherden Autofahrer zum Langsamfahren oder Abbremsen.

Rumänien ist ein **vielseitiges Land** mit vielen Landschaften, unterschiedlichen Architekturen, Nationalitäten und Glaubensrichtungen. Seit Jahrhunderten leben Rumänen mit Deutschen, Ungarn, Serben, Türken, Juden und Roma zusammen. Alle haben ihren Glauben und ihre Sakralbauten: orthodoxe Moldauklöster, Holzkirchen, walachische Nonnenklöster, mittelalterliche Kirchenburgen, frühchristliche Kirchenruinen, Synagogen im byzantinischen Stil und (wenige) Moscheen mit schlanken Minaretten.

Nicht nur **Wanderer** locken die sattgrünen Almen, alpinen Passstrecken, abenteuerlichen Höhlen, rauen Schluchten, traditionsreichen Täler und weiten Ebenen. Die unberührte Natur bietet Abenteurern, Mountainbikern, Kletterern und Skifahrern ebenso schöne Erlebnisse wie Anglern, Jägern und Reitern. Rumänien ist auch ein Reiseziel für **Gesundheitsbewusste**. Fast an jeder Ecke gibt es Mineral- und Heilwasser, mehr als 160 Bade- und Luftkurorte, aber kaum noch das K.-u.-k.-Flair der einstigen Heilbäder. Dennoch wird in zahlreichen Hotels heute Wellness groß geschrieben und in den meisten Orten kann man das gesunde Wasser sogar umsonst zapfen.

Rumänien ist auch ein Land für **Gourmets**, die Qualität und Frische der Lebensmittel schätzen. Obwohl die Küche meist eher einfach und nahrhaft ist, wird man den herrlichen Geschmack von Tomaten, Käse und Trauben nicht mehr vergessen. Im rumänischen Wein findet man einen idealen Essensbegleiter, egal ob im Weißwein von Jidvei oder Murfatlar oder im Rotwein von Recaş.

Auch wenn die Infrastruktur noch nicht überall auf Reisende eingestellt ist, gibt es in den größeren Orten **Hotels** und **Pensionen**, an den größeren Straßen Motels und in abgelegenen Gegenden **Privatquartiere.** Trotz flexibler Ladenschlusszeiten empfiehlt es sich, **Getränke** und etwas **Proviant** im Gepäck zu haben. Auch ist es ratsam, den Benzintank nicht auf den letzten Tropfen leerzufahren. Zwar gibt es überall Tankstellen, die sind aber nicht immer geöffnet!

Mit Auto, Bus oder Bahn?

Rumänien besitzt ein relativ dichtes Eisenbahn- und Busnetz, dennoch sind die meisten Touristen mit dem Pkw unterwegs. Wer nicht mit dem eigenen Auto anreist, mietet direkt am Bukarester Flughafen einen Leihwagen. Da die Hauptstadt mit dem internationalen Flughafen in der Südostecke des Landes liegt, empfiehlt sich für Rumänienreisende, die den Westen und Siebenbürgen bereisen wollen, nach Budapest zu fliegen und dort einen Leihwagen zu nehmen. So gehen die folgenden Tourenvorschläge von einer Anreise über Bukarest oder Ungarn aus. Aufgrund der weiten Anfahrt sind sie mindestens auf eine Woche ausgelegt, lassen sich aber gut kombinieren. DRUM BUN! – Gute Reise!

Tour 1 Westen und Südwesten

Start und Ziel: Timişoara – Arad **Länge:** ca. 1200 km
Dauer: 10 – 11 Tage

Die Tour bietet viel Abwechslung: die weiten Ebenen des Banat und der Walachei, den spektakulären Donaudurchbruch, die transsilvanische Hochebene und die Karpaten-Ausläufer. Sie berührt auch große Städte wie Timişoara, Arad und Craiova, römische Ruinen, Kirchenburgen, ein Skulpturenensemble des Bildhauers Constantin Brâncuşi sowie Sibiu, die Kulturhauptstadt 2007, und das Weltkulturerbe Kloster Horezu.

Die ungarische Tiefebene reicht über die rumänische Grenze bis ins Banat. Ausgangspunkt ist die traditionsreiche Stadt ❶ ** **Timişoara** mit ihrer stimmungsvollen Altstadt und schönen Jugendstilbauten. Nach ca. 150 km Fahrt nach Süden auf gut befahrbaren Straßen erreicht man bei Pojejena die Donau. Das gegenüber liegende Ufer gehört bereits zu Serbien. Bei Moldova Veche, nach weiteren 8 km, bildet die Donau einen See um eine Insel und fließt dann parallel zur Straße durch eine zauberhafte Landschaft. Ein besonderes Naturschauspiel ist nach rund 100 km der **Donaudurchbruch**, das ❷ ** **Eiserne Tor** (Porţile de Fier), wo sich der Strom durch 120 m hohe Kalksteinfelsen zwängt. Von **Orşova**, einer trotz ihrer schönen Lage wenig attraktiven Stadt mit guten Übernachtungsmöglichkeiten, empfiehlt sich ein Abstecher in das Kurbad ❸ * **Băile Herculane**, 17 km nördlich in den Bergen, das noch etwas vom Charme der K.-u.-k.-Monarchie bewahrt hat.
Von Orşova sind es 25 km entlang der für ein Kraftwerk gestauten Donau bis in die Bezirkshauptstadt ❹ * **Drobeta-Turnu Severin**, deren Name auf eine römische Vergangenheit hinweist. Größte Attraktion ist der Pfeiler der einst von Kaiser Trajan erbauten Donaubrücke. Nach 110 km auf der gut ausgebauten Nationalstraße 6 ist man in ❺ * **Craiova**, der einstigen Hauptstadt der Kleinen Walachei. Noch heute ist sie ein bedeutendes Zentrum der Region.

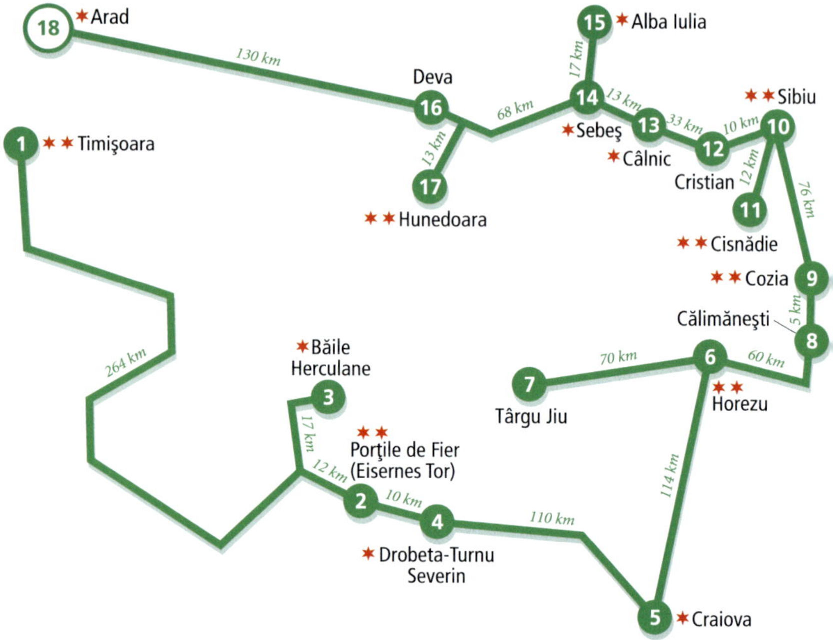

Dem Cerna-Tal folgt man 110 km in Richtung Norden und auf die Karpaten zu ins Töpferstädtchen 6 ✶✶ **Horezu** mit dem berühmten gleichnamigen Nonnenkloster. Liebhaber zeitgenössischer Kunst erwartet in der Industriestadt 7 **Târgu Jiu** (70 km westlich) eine monumentale Skulptur des Bildhauers Constantin Brâncuşi.
Im Olt-Tal erreicht man über den alten Kurort 8 **Călimăneşti** nach 65 km das im 14. Jh. gegründete und zu einer Festung ausgebaute Kloster 9 ✶✶ **Cozia**. Die parallel zum Olt durch enge Schluchten verlaufende Nationalstraße 7 ist an Wochentagen stark befahren, da sie eine der wenigen Möglichkeiten bietet, die Karpaten leicht zu überqueren. Nach 76 km hat man 10 ✶✶ **Sibiu**, Hermannstadt, erreicht, eine der Perlen Siebenbürgens. Die romantische Altstadt und die evangelische Stadtpfarrkirche gehören zu den schönsten Sehenswürdigkeiten des Landes. In der Umgebung lohnen zahlreiche Kirchenburgen einen Besuch, darunter 11 ✶✶ **Cisnădie**, 12 **Cristian** und 13 ✶ **Câlnic**. Auch die berühmte Kirche von 14 ✶ **Sebeş** (56 km westlich) gehörte einst zu einer Kirchenburg. Die gut erhaltene Garnisonsstadt 15 ✶ **Alba Iulia**, 17 km nördlich, war ein bedeutender Fürstensitz und Krönungsort des ersten rumänischen Königs Carol I. 68 km westlich liegt die Stadt 16 **Deva** unterhalb der weit sichtbaren Burgruine. Die hässliche Industriestadt Hunedoara, 13 km südlich, wartet mit dem Schloss 17 ✶✶ **Hunedoara**, einem der schönsten

Burgschlösser Rumäniens, auf. 130 km westlich lädt ⑱ ✶ **Arads** Stadtzentrum mit großzügigen Boulevards, der Altstadt und dem Park an der Mureş zum Flanieren ein, bevor man nach 35 km Rumänien über die ungarische Grenze schließlich wieder verlässt.

Tour 2 Nördlich von Bukarest

Start und Ziel: Bukarest
Länge: 550 km
Dauer: 6 – 7 Tage

Vor der Haustür der rumänischen Hauptstadt liegen einige touristische Superlative, u. a. die bedeutendste orthodoxe Bischofskirche, das schönste Königsschloss, die spektakulärste Hochgebirgsstraße, der mondänste Erholungsort sowie das »Dracula-Schloss«. Ein weiterer Höhepunkt ist die alte Stadt Braşov mit den Kirchenburgen der Siebenbürger Sachsen in ihrer Umgebung.

Von ① ✶ ✶ **Bukarest** erreicht man auf einer der beiden Autobahnen nach gut 100 km recht schnell die Industriestadt ② **Piteşti** und nach weiteren 31 km das sympathische Städtchen ③ ✶ ✶ **Curtea de Argeş** mit der alten Fürstenkirche und der reich verzierten Bischofskirche.

Folgt man in Richtung Norden dem Argeş-Tal, werden die Berge immer steiler und bald windet sich die Straße in alpine Höhen und bietet zauberhafte Ausblicke. Nach 110 km hat man, aus der Walachei kommend, über das bis zu 2000 m hohe ✶ ✶ **Făgăraş-Gebirge** die transsilvanische Hochebene erreicht. Unten im Tal sind die Ruinen der Abtei von 4 ✶ **Cârţa** sehenswert. 33 km weiter im Olt-Tal liegt an der Durchgangsstraße in 6 **Făgăraş** eine gut erhaltene mächtige Ziegelfestung, heute Museum. Unterwegs lohnt ein kurzer Abstecher zur eindrucksvollen Kirchenburg von 5 **Cincşor**.

In 7 ✶✶ **Braşov**, Kronstadt (66 km weiter), erwartet die Besucher nicht nur ein liebevoll restauriertes Zentrum mit verschachtelten roten Dächern, sondern auch das Wahrzeichen der Stadt, die Schwarze Kirche, das »größte gotische Gotteshaus zwischen Wien und Istanbul«.

Von Braşov ist es nur ein Katzensprung zu den imposanten Kirchenburgen von ✶ ✶ **Hărman** und ✶ ✶ **Prejmer**, Tartlau, sowie zu der zu einem kleinen Städtchen ausgebauten Burg 8 ✶✶ **Râşnov**. Nur 12 km südlich thront 9 ✶✶ **Schloss Bran** malerisch auf einem Felssporn, das kostbar möblierte Schloss ist auch unabhängig von der Dracula-Legende sehenswert. Von Râşnov sind es nur 20 km bis zu dem alten Kurort 10 ✶✶ **Sinaia** mit schönen Villen, dem orthodoxen Kloster und dem im Stil der deutschen Romantik von König Carol I. erbauten Königsschloss Peleş. Die verwitterten Felsen der »alten Frauen« (Babele), ein beliebtes Wanderziel, erreicht man am bequemsten mit der Seilbahn von Buşteni. Von Sinaia geht es entweder direkt nach Bukarest zurück oder über 11 ✶ **Târgovişte**. In der heute von Plattenbauten geprägten Stadt erinnern Ruinen und die Fürstenkirche im Zentrum an die einstige Glanzzeit als Fürstenresidenz.

Tour 3 Wasser und antike Stätten

Start und Ziel: Bukarest **Länge:** 870 km
Dauer: min. 7 Tage

Diese Tour berührt feine Sandstrände an der Schwarzmeerküste, verschlungene Donauarme, die Hafenmetropole Constanţa, die abgelegenen Dörfchen im Donaudelta und die antike Stadt Histria.

Von 1 ✶✶ **Bukarest** sind es 222 Autobahnkilometer bis nach 2 ✶✶ **Constanţa** am Schwarzen Meer, das antike Tomis war der Verbannungsort des römischen Dichters Ovid. Die alte Hafenstadt hat zwar einen Strand, viel interessanter ist aber die Altstadt mit ihren engen Gassen und einem reichen antiken Erbe. Nicht weit entfernt reihen sich an der Küste die Badeorte aneinander, darunter 3 **Mangalia**. Auf antike Spuren der griechischen Stadt 4 ✶✶ **Histria** stößt man rund 50 km nördlich.

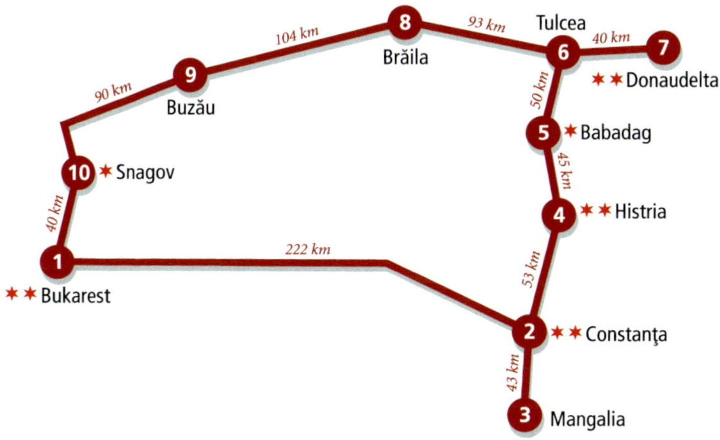

Die kleine Ortschaft ❺ ✶ **Babadag**, 45 km nördlich, erinnert mit ihrer Moschee und dem osmanischen Museum an die einstige Besiedlung der Dobrudscha durch die Türken. ❻ **Tulcea**, die Stadt 50 km weiter und bis auf ihre Hafenpromenade wenig attraktiv, ist ein guter Ausgangspunkt für Ausflüge in das Naturparadies ❼ ✶✶ **Donaudelta**, in dessen drei Haupt- und unzähligen Seitenarmen sich die Flora und Fauna in einer überschwänglichen Vielfalt zeigen. Über ❽ **Brăila** und ❾ **Buzău** führt der schnellste Weg nach **Bukarest** zurück. Wer noch etwas Zeit hat, unternimmt einen kurzen Abstecher in das Kloster ❿ ✶ **Snagov**, ca. 20 km südlich von Ploieşti, wo **Graf Dracula** beigesetzt worden sein soll!

Tour 4 Der Nordwesten

Start und Ziel: Oradea **Länge:** 760 km
Dauer: min. 7 Tage

Die zwei lebendigen Universitätsstädte Oradea und Cluj-Napoca bilden einen interessanten Kontrast zur stillen, waldreichen Maramureş mit ihren hübschen Dörfern und reich verzierten Holztoren. Im ganzen Land bekannt ist der »Lustige Friedhof« von Săpânţa; ein Salzbergwerk und eine Eishöhle runden die Tour ab.

Nur 15 km hinter der ungarischen Grenze liegt ❶ ✶ **Oradea**, hinter dessen industriell geprägten Vororten sich eine zauberhafte Altstadt verbirgt. Bevor man sich in die Hauptstadt der Region Maramureş aufmacht, empfiehlt sich ein Abstecher in den alten Kurort ❷ ✶ **Băile Felix**. Auf der parallel zur ungarischen Grenze verlaufen-

den Nationalstraße 19 erreicht man nach 130 km die Bezirkshauptstadt ❸ **Satu Mare**. Ihre eleganten Bauten am Hauptplatz zeugen noch von ihrer einstigen Bedeutung.

Über den Töpferort ❹ **Vama** (46 km) und den Huta-Pass (587 m) gelangt man in das Dorf ❺ ✶✶ **Săpânţa** mit Rumäniens berühmtem »lustigen« Friedhof. Das sympathische Landstädtchen ❻ ✶ **Sighetu Marmaţiei**, 15 km östlich, ist der Geburtsort von Elie Wiesel. Ein liebevoll angelegtes Freilichtmuseum informiert über Architektur, Volkskunst und bäuerliches Leben in der Maramureş, schöne Beispiele »in natura« findet man in den Dörfern ❼ **Vadu Izei** (6 km) und ❽ **Giuleşti** (9 km) auf dem Weg in den alten Bergbauort ❾ ✶ **Baia Mare** mit einer jüngst renovierten Altstadt. Richtung Süden passiert man das von Armeniern gegründete Städtchen ❿ **Gherla** (86 km), bevor man nach 43 km ⓫ ✶✶ **Cluj-Napoca**, Klausenburg, erreicht. Die alte Universitätsstadt und nordsiebenbürgische Metropole ist (noch) ein Geheimtipp für Kunstfreunde und Lebenskünstler. Eine »ungarische Insel« bildet das nur wenige Kilometer westlich in einer zauberhaften Landschaft gelegene hübsche Dorf Rimetea, das man am besten über den Bergbauort ⓬ ✶ **Turda** erreicht (32 km südöstlich). Sein stillgelegtes Salzbergwerk ist heute ein sehenswertes Baudenkmal. Auf dem Weg nach ⓭ ✶✶ **Rimetea**, 27 km südwestlich, bietet sich ein Abstecher zur Turda-Klamm mit ihren steilen Felswänden an. Das Örtchen ⓮ **Gârda de Sus**, 110 km westlich, ist wegen seiner Unterkünfte ein geeigneter Ausgangspunkt für Wanderungen ins schöne **Apuseni-Gebirge**, z. B. zur ✶ **Gletschereishöhle**. Auf dem Rückweg nach Oradea bietet sich noch ein kleiner Ausflug zu den alten Holzkirchen bei Pietroasa und ✶ **Brădet** sowie zur sog. ✶ ✶ **Bärenhöhle** an (ca. 25 km südöstlich von ⑮ **Beiuş**).

Tour 5 Im Herzen des Landes

Start und Ziel: Braşov
Länge: 850 km
Dauer: 8 Tage

Diese Tour führt durch Siebenbürgen zu den alten Städten und Kirchenburgen und ins Szeklerland, wo die ungarischen Szekler leben. Auch Sighişoara, die »Perle Siebenbürgens«, eine der schönsten bewohnten Burgen Europas, steht auf dem Programm.

① ✶ ✶ **Braşov**, Ausgangspunkt und Ziel dieser Tour (siehe auch Tour 2) ist nur 140 km von Bukarest entfernt. Je nach Zeit und Interesse lassen sich beide Touren oder Teile davon gut kombinieren.
Auf dem Weg nach Sighişoara lohnen die mächtige Kirchenburg von ② ✶ ✶ **Homorod**, die Burgruine von ③ **Rupea** und ④ **Saschiz** mit einer noch teilweise erhaltenen Kirchenburg einen Besuch.
⑤ ✶ ✶ **Sighişoara**, Schäßburg, ist eine der schönsten Städte des Landes mit einer von der evangelischen Kirche bekrönten Altstadt und sorgsam restaurierten Fassaden. Auf landschaftlich reizvoller, kurvenreicher Strecke erreicht man über Bălăuseri (28 km) ⑥ ✶ **Sovata**, ein bekanntes Kurbad aus der vorigen Jahrhundertwende an dem beliebten, extrem salzigen Bärensee. Von hier sind es nur 7 km nach ⑦ ✶ **Praid** mit einem besuchenswerten Salzbergwerk. Die Strecke von Sovata über Hodoşa zur Regionalstraße 15 zurück (ca. 40 km) passiert eine Hügellandschaft mit hübschen Dörfern und reich geschnitzten Szekler-Toren.
⑧ ✶ **Târgu Mureş**, Neumarkt, die alte Hauptstadt des Szeklerlands, wartet um den boulevardartig angelegten Hauptplatz mit ein paar herausragenden Sehenswürdigkeiten auf, u. a. mit der pompösen Jugendstil-Präfektur mit buntem Majolikadach und hohem Turm.
Über ⑨ ✶ **Reghin** im Mureş-Tal, einem Zentrum des Musikinstrumentenbaus mit einer hübschen kleinen Altstadt, gelangt man nach ⑩ ✶ **Bistriţa**. In der einst von Siebenbürger Sachsen als Nösen gegründeten Kleinstadt mit gut erhaltenem alten Stadtkern nahm Bram Stokers Held Jonathan Hawker Quartier, bevor er über den ✶ **Borgó-Pass** zum Schloss des Grafen Dracula weiterreiste. Auf den Spuren Hawkers folgt man der zauberhaften Bergstrecke über den 1200 m hohen Tihuţa-Pass (Borgó-Pass), jedoch nicht zum »Schauerschloss«, sondern in den kleinen, für sein Mineralwasser bekannten Kurort ⑪ ✶ **Vatra-Dornei** (84 km). – Je nach Zeit lässt sich die Tour gut um einen Besuch der berühmten Moldauklöster erweitern (►Tour 6).

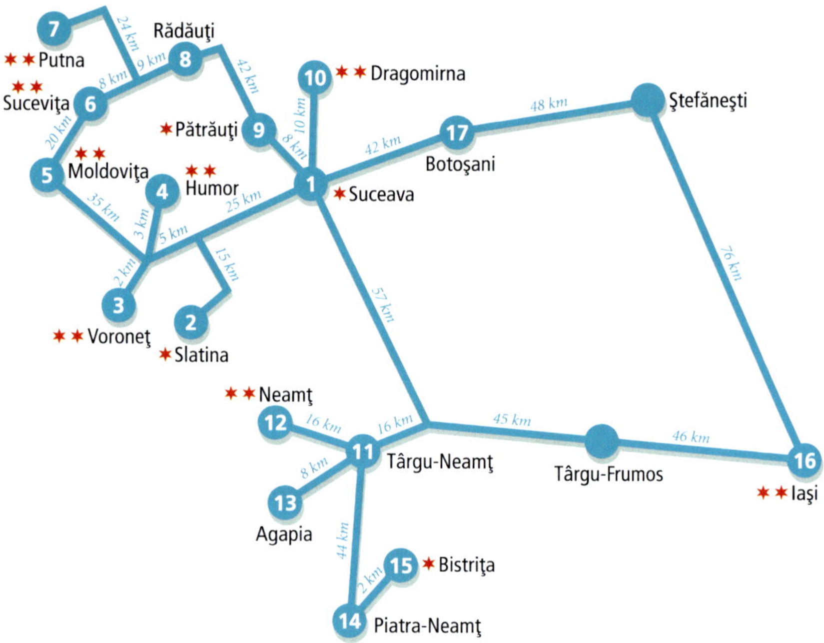

Nach 17 km auf der Nationalstraße 17 verlässt man diese in Vama und erreicht nach rund 20 km über den Paşcanu-Pass (1040 m) das Kloster 5 ★★ **Moldoviţa**. Es ist für seine Außenfresken berühmt und besitzt ein sehenswertes kleines Museum mit sakralen Gegenständen und alten Schriften. 5 km sind es von hier zurück zur Regionalstraße 17 A, die über den 1109 m hohen **Ciumârna-Pass** und durch zauberhafte einsame Berglandschaft zum Kloster 6 ★★ **Suceviţa** führt. Die bewundernswerten Fresken stammen von den moldauischen Malerbrüdern Ioan und Sofronie Zugravul. In dem reich ausgestatteten Klostermuseum für sakrale Kunst fallen vor allem die kostbaren Stickereien auf.

In dem hübschen Töpferdorf **Marginea**, 8 km weiter, gelangt man auf einer kleinen, gut befahrbaren Straße (24 km) über Vicovu de Jos nach 7 ★★ **Putna**. Die Kirche des gleichnamigen Klosters ist die Grabkirche von Stephan dem Großen und mit reichem ornamentalen Schmuck verziert. Über 8 **Rădăuţi** (28 km) und nach weiteren 16 km erreicht man die Nationalstraße 2 und nach 20 km schließlich Suceava, Ausgangspunkt dieser Tour.

Auf dem Heimweg bieten sich zwei Abstecher an: 9 ★ **Pătrăuţi** (12 km) mit der kleinen, von Stefan dem Großen gestifteten Heiligkreuzkirche, deren Außenbemalung nur in Fragmenten erhalten ist, und das Kloster 10 ★★ **Dragomirna** (10 km nördlich von Suceava). Die ungewöhnlich schmale, hohe Klosterkirche am Ende einer schönen Allee ist reich verziert mit Steinornamenten.

Südlich von Suceava
◄ (715 km)

Südlich von ① * **Suceava** liegen zwei einst bedeutende moldauische Festungsstädte, die ihre alte Bausubstanz jedoch weitgehend eingebüßt haben. Unbedingt sehenswert sind jedoch einige Klöster in der Umgebung. Bei ⑪ **Târgu-Neamţ** (60 km) in den westlichen Bergausläufern liegen zahlreiche Klöster, darunter ⑫ ** **Neamţ** (16 km), das älteste und größte Männerkloster der Moldau. Im Mittelalter befand sich hier eine bekannte Schule für Miniaturmalerei und Kalligraphie, einige Arbeiten sind im Klostermuseum zu besichtigen. Die Klosterkirche (15. Jh.) ist ein herausragendes Beispiel für die regionale Architektur. Das Kloster ⑬ **Agapia**, 8 km südlich von Târgu Neamţ und 5 km westlich des gleichnamigen Dorfs, ist wegen der Fresken in der Kirche einen Besuch wert. Der damals erst 20 Jahre alte **Nicolae Grigorescu** malte sie um 1860. In der Bezirkshauptstadt ⑭ **Piatra-Neamţ**, 40 km südlich von Târgu-Neamţ, stehen noch die Reste des Fürstenhofs und die orthodoxe Johanneskathedrale (Ende 15. Jh.). Eine Kuriosität ist die aus Holz errichtete Synagoge. Idyllisch liegt das nur 2 km entfernte Kloster ⑮ * **Bistriţa** mitten im Wald. Neben der Kirche ist auch das Fürstenhaus aus dem 16. Jh. erhalten.
Rund 100 km östlich von Târgu-Neamţ und nur wenige Kilometer vom Prut, dem Grenzfluss zu Moldawien, entfernt liegt ⑯ ** **Iaşi**, eine der größten und attraktivsten Städte des Landes. Sehenswerte Baudenkmäler, viel Grün sowie Cafés, Restaurants und Szenetreffs garantieren einen kurzweiligen Aufenthalt. Von hier geht es 76 km prutaufwärts bis nach **Ştefăneşti** und dann 48 km in westlicher Richtung bis nach ⑰ **Botoşani**. Wie eine kleine Insel liegen die alten Handelshäuser im Zentrum, umringt von Plattenbauten. Nördlich der Stadt bestimmen lang gezogene Hügel und eine dünne Besiedlung die Landschaft. In dieser Abgeschiedenheit wurden gleich zwei der bekanntesten rumänischen Künstler geboren, der Komponist **George Enescu** und der Poet **Mihai Eminescu**. Ihre Geburtshäuser sind heute Museen. Das Geburtshaus von George Enescu befindet sich in dem ihm zu Ehren umgetauften Dorf ** **George Enescu**. Nur 5 km nordwestlich von Botoşani liegt **Ipoteşti** mit dem Geburtshaus von Mihai Eminescu. Man erreicht die Dörfer über die Regionalstraße 29 (120 km bis Suceava) oder auf einer Rundfahrt über Roma und Vorniceni (123 km bis Suceava, allerdings auf kleinen Straßen, daher ist mehr Zeit einzurechnen).

Reiseziele von A bis Z

ANTIKE SPUREN, KLÖSTER, WEHRKIRCHEN, BURGEN, RUMÄNISCHE HOLZARCHITEKTUR UND HABSBURGISCH GEPRÄGTE STÄDTE IN EINER VIELFÄLTIGEN LANDSCHAFT

Altstadt

★ Alba Iulia · Weißen- oder Karlsburg · Gyulafehérvár

L 5

Region: Transilvania · Siebenbürgen **Einwohnerzahl:** 65 900
Höhe: 230 m ü. d. M.

Alba Iulia ist eine für Rumänien sehr alte Stadt mit einer 2000-jährigen Geschichte und wird oft als die »seelische Hauptstadt der rumänischen Nation« bezeichnet, auch wenn es an Größe und Geschäftigkeit nicht mit Bukarest vergleichbar ist. Seine verschiedenen Namen spiegeln die bewegte Geschichte wider. Eine Altstadt sucht man aber vergeblich. Dennoch hat die heutige Industriestadt an der Marosch (Mureş) mit ihrer Festung Interessantes zu bieten.

Alba Iulia, »Wiege Rumäniens«

Gleich zwei Ereignisse machen Alba Iulia »zur Wiege Rumäniens«: 1599 wurde die Stadt unter Mihai Viteazul Hauptstadt der erstmals vereinten Fürstentümer Walachei, Moldau und Siebenbürgen und 1918 wurde hier nach dem Vertrag von Trianon der Anschluss Siebenbürgens an Rumänien beschlossen. Doch die Geschichte des dakischen Ortes Apulon ist viel älter. Ptolemäus erwähnte ihn um 150 n. Chr.; schon ab 107 n. Chr. war das Dakerreich für 160 Jahre römische Provinz mit dem Verwaltungszentrum **Castrum Apulum**. Um 600 wurde er von den Awaren, 300 Jahre später von magyarischen Stammesfürsten erobert. Bereits 953 ließ sich Fürst Zsombor auf den Namen Gyula taufen und benannte den Ort in **Gyulafehérvár** um, »Gyulas Weißenburg«. Die Slawen gaben der Stadt, seit 1009 Erzbistum, den Namen Bălgrad, die **»Weiße Stadt«**.

Weiße Stadt ►

Einen Aufschwung erlebte die Hauptstadt Siebenbürgens (1451 bis 1690) unter dem ungarischen Fürsten **Gábor Bethlen** (1613–1629), der Alba Iulia zu seinem Herrschaftssitz machte. In dieser Zeit lehrte an der örtlichen Akademie der deutsche Dichter Martin Opitz. Am 1. Dezember 1918 proklamierte hier die Nationalversammlung den Anschluss Siebenbürgens an Rumänien – dieser Tag ist bis heute Nationalfeiertag.

Sehenswertes in Alba Iulia

Vier Tore, darunter zwei Triumphbögen, sicherten die sternförmige Festung und die darin gelegene Garnisonsstadt. Ihre nach Mihai Viteazul benannte Hauptachse wird von einigen Prachtbauten, der St.-Michaels-Kathedrale und der Orthodoxen bzw. Wiedervereinigungs-Kathedrale gesäumt. Auch verbindet sie die beiden Stadtzentren Alba Iulias: die Gegend um das Parc-Hotel mit Rathaus und Präfektur im Osten sowie die im Anschluss an den Piața Unirii gelegene, von Betonbauten des 20. Jh.s gesäumte Hauptgeschäftsstraße im Westen.

← Markt- bzw. Rathausplatz in Braşov

ALBA IULIA ERLEBEN

AUSKUNFT

B-dul Ferdinand I, 14
Tel. 02 58/81 37 36
Mo.–Fr. 8.00–16.00 Uhr
idan@apulum.ro

ÜBERNACHTEN · ESSEN

► Komfortabel

① *Hotel Parc*
Str. Primăverii 4
Tel. 02 58/81 17 23
Zentral gelegenes, renoviertes Hotel in der Architektur der kommunistischen Ära mit Restaurant. Nahe der Festung.

② *Hotel Cetate*
Str. Unirii 3, Tel. 02 58/81 17 80
Zentral gelegen mit einer Lobby im Neobarockstil. Gegenüber dem Haupttor der Festung. Mit Restaurant.

Alba Iulia • Weißenburg Orientierung

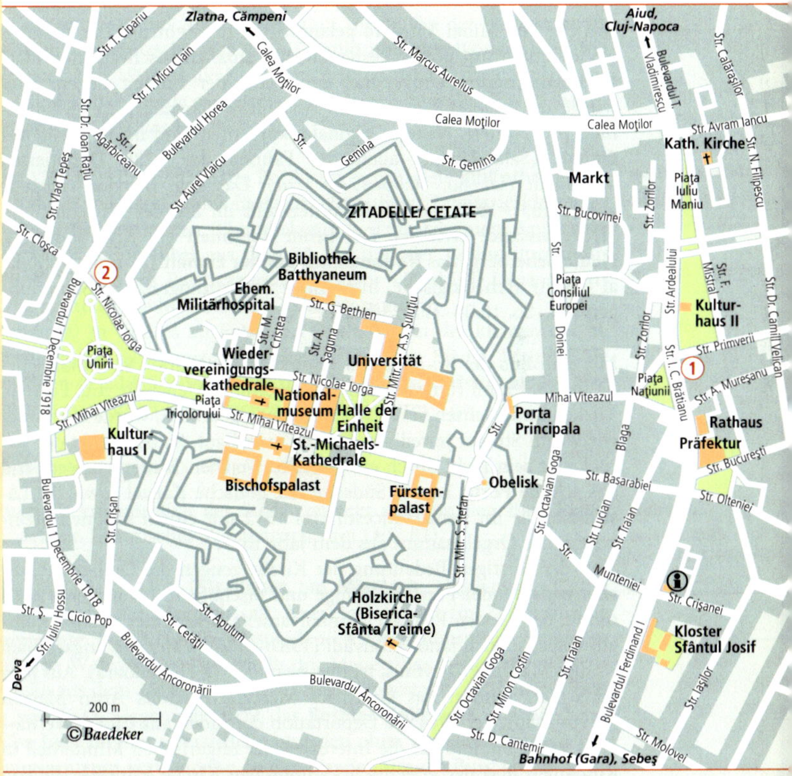

Übernachten • Essen
① Hotel Parc ② Hotel Cetate

Sammlung menschlicher Föten u. a. eine große Zahl ostindischer Schmetterlinge (Muzeul de Ştiinţe ale Naturii; Di.–Fr. 9.00–15.00, Sa., So. bis 13.00 Uhr). Aiud war einst ein bedeutendes Weinbauzentrum, das langsam wiederbelebt wird. Weinliebhaber sollten auch den Weißwein aus dem 10 km östlich gelegenen Lopadea Nouă kosten.

Rimetea Empfehlenswert ist eine Fahrt ins malerische, überwiegend ungarische Dorf Rimetea in einem hübschen Tal (►S. 218).

✶ Kloster Râmeţ 25 km westlich von Aiud, am Dorfrand von **Valea Mănăstirii** im Geoagin-Tal am Fuß des steil aufsteigenden Trascău-Gebirges, bauten einst Mönche das orthodoxe Kloster Râmeţ **(Mănăstirea Râmeţ)**. Wahrscheinlich geht die kleine Kirche auf die Zeit um 1377 zurück. Im Innern sind Freskenreste aus der Erbauungszeit von Mihu aus Crişul Alb erhalten. Angeschlossen ist ein kleines Museum über das religiöse Leben in den letzten Jahrhunderten. Die Kirche spielte für den orthodoxen Glauben eine bedeutende Rolle, denn trotz vieler Sanktionen der katholischen Herrscher überlebte er hier in der Abgeschiedenheit. Als Vergeltung für die Unterstützung eines Aufstandes wurde das Kloster 1762 teilweise zerstört und erst nach dem Zweiten Weltkrieg wiederbelebt. 1982–1992 entstand eine größere, Petrus und Paulus geweihte Kirche im traditionellen Stil. Heute leben in den neuen Arkadenhäusern rund 100 Nonnen. Als Wallfahrtsort zieht das Kloster zahlreiche Besucher an. Mit der Reparatur der schlechten Zufahrtsstraße wurde begonnen.

Geoagiu Auf dem Weg nach Deva (► Hunedoara) lohnt ein Abstecher nach Geoagiu. Es wurde erst 2001 zur Stadt erhoben, geht aber auf eine dakische Gründung am Zusammenfluss des Flüsschens Geoagiu mit dem Mureş zurück. Der dakische Name Germisara bedeutet »Heißes Wasser« (germi = Hitze, sara = Wasserfall) und weist auf die Thermalquellen in der nahen Umgebung hin. Im Ort sind die **Paleo-Kirche** aus dem 12. Jh. und die **Bozes-Kirche** aus dem 15. Jh. sehenswert. Hauptanziehungspunkt ist das Thermalbad Geoagiu-Băi mit seinem radioaktiven Wasser, 3 km nördlich mitten im Wald. Im Ortszentrum befindet sich das große öffentliche Thermalbad (Complex Termal Roman »Germisara«) mit Schwimmbecken und Liegewiesen. Eine Attraktion ist die natürliche Therme in einem Hügel aus Travertin und Kalkstein (rechts vom Schwimmbad in einem eingezäunten Gelände). Schon die Römer legten hier ein Bad mit Becken, Sauna, Wasserleitungen, Treppen etc. an. Das Römerbad kann besichtigt werden (falls abgeschlossen, beim Thermalbad fragen).

✶ Geoagiu-Băi ►

Römerbad ►

Sebeş Das kleine Städtchen Sebeş (**Mühlbach**, Szászsebes) am gleichnamigen Fluss 17 km südlich von Alba Iulia lag einst an der Kreuzung zweier wichtiger Straßen. 1243 wurde es als »Malembach« urkundlich erwähnt, bereits 1341 als Civitas Sebus zur Stadt erhoben und in der 2. Hälfte des 14. Jh.s befestigt. 1732–1736 sowie 1790 war

Die Kirchenburg von Câlnic geht auf einen Adelssitz zurück.

Mühlbach **Hauptstadt von Siebenbürgen**. Bekannt ist der Ort für seine Holzverarbeitungsindustrie. Die Strumpffabrik »Mondex«, die ihren noblen Laden direkt an der Durchgangsstraße hat, wurde 1927 gegründet. Wohnten 1975 noch 1378 »Sachsen« in der Stadt, waren es 1990 nur noch 515. Der Volkskunstladen bei der Kirche zeugt dennoch von einem regen Gemeindeleben.

★ ◄ Evangelische Kirche

Hauptattraktion ist heute die evangelische Kirche, mit deren Bau Ende des 12. Jh.s im romanischen Stil begonnen wurde. Nach dem Mongoleneinfall 1242 wurde sie im Stil der Zisterziensergotik nach dem Vorbild von Cârța weitergebaut. Schlusssteine und Konsolen zeigen Merkmale der Baukunst dieses Ordens. Der Plan einer Doppelturmfassade wurde zugunsten eines massiven Westturms aufgegeben. In dieser Zeit entstanden auch das mit Rundsäulen und Knospenkapitellen dekorierte westliche Rundbogenportal sowie das Sakristeiportal mit Kleeblattbogenabschluss. 1360–1382 wurde der alte Chor durch einen gotischen Hallenchor ersetzt, der 28,5 m lang, 13,7 m breit und 15 m hoch ist. Er wird Schülern Heinrich und Peter Parlers zugeschrieben, da er an das Heilig-Kreuz-Münster in Schwäbisch Gmünd erinnert. Die Ausgewogenheit der Raumproportionen ist einmalig in Siebenbürgen. In der 2. Hälfte des 15. Jh.s wurden die romanischen Seitenschiffe durch breitere gotische ersetzt. Zwischen Chor und Schiff entstand als ästhetische Verbindung ein Lettner.

★★ ◄ Flügelaltar

Kostbarstes Ausstattungsstück ist der 13 m hohe, 6 m breite Flügelaltar (1518–1524), der fast den ganzen Chorraum einnimmt und **Veit Stoß** d. J. zugeschrieben wird. Im Mittelschrein zeigt er eine Wurzel Jesse. Die Madonnenstatue in der Mitte ist nur eine Kopie, da mit Zustimmung des damaligen Sachsengrafen der Gouverneur Graf

Kornis die echte Statue als Geschenk erhielt (sie steht noch heute in der Familienkapelle). Die Reliefbilder auf den seitlichen Altarflügeln zeigen Szenen aus dem Leben Marias. Die spätgotische Kanzel schmücken Fabelwesen und ein Christusrelief. Der Taufstein ist mit spätgotischen Ornamenten geschmückt. Kostbar sind die orientalischen Teppiche (16. Jh.). Die heutige Orgel schufen die Gebrüder Rieger aus Schlesien 1893.

Râpa Roşie ► 4 km nordöstlich der Stadt hat ein Wildbach die tiefe **Rote Schlucht** gegraben.

✶ Câlnic

Zwischen Sebeş und dem 55 km entfernten ►Sibiu liegen an der Nationalstraße 7 einige interessante Kirchenburgen. Nur 13 km südöstlich von Sebeş stößt man auf die Kirchenburg von Câlnic (**Kelling**, Kelnek). Sie geht auf einen Adelssitz zurück, der Mitte des 13. Jh.s für den Grafen Chyl von Kelling erbaut wurde: ein massiver, rechteckiger Wohnturm (Donjon) mit einem ovalen Mauerring. Die Nachkommen des Grafen verkauften die Burg um 1430 an die Bauerngemeinde, die sie mit einem zweiten Mauerring und einem Torturm verstärkte. An den Mauerinnenseiten wurden Vorratskammern für Notzeiten angebaut und der Wohnturm um zwei Etagen auf 20 m erhöht. In der Kapelle im Hof sind noch Freskenreste (Anfang 16. Jh.) zu sehen. Die Holzempore zieren Blumenmalereien im volkstümlichen Renaissancestil. Seit 1993 ist die Burg Weltkulturerbe. Weitere Kirchenburgen gibt es in u. a. in Miercurea Sibiului (►S. 339), Apoldu de Sus (►S. 339) und Cristian (►S. 178, 338).

✶ Arad

F 5

Region: Crişana · Kreischland
Höhe: 116 m ü. d. M.
Einwohnerzahl: 191 500

Die Stadt an der Marosch (Mureş), nahe der ungarischen Grenze, ist Sitz zahlreicher Industrien sowie kultureller Mittelpunkt der Region. Viele Reisende kennen sie nur von der Umgehungsstraße, doch ihr Zentrum lohnt durchaus einen Besuch.

Stadtbild Der im 19. Jh. nach Pariser Vorbild angelegte »Boulevard der Revolution« dominiert das Stadtbild. Seine zahlreichen repräsentativen Wohn- und Geschäftshäuser verströmen noch das Flair der aufstrebenden Stadt an der Wende des 19./20. Jh.s. Aber auch in den Seitenstraßen oder im Park am Flussufer gibt es Interessantes zu entdecken.

Geschichte Streng genommen ist Arad nicht die »zweitgrößte Stadt des Banat«, da nur der neuere Stadtteil am Südufer der Marosch (Mureş) zur historischen Region Banat gehört, der nördliche Teil mit Altstadt und

Zentrum dagegen zur alten Region **Crişana** (dt. Kreischland). Erstmals erwähnt wurde Arad im 12. Jh. als bedeutendes ungarisches Lehen. Nach dem Frieden von Karlowitz 1699 fiel es an die Habsburger Krone und wurde Garnisonsstadt, 1834 »königliche Freistadt«. Während des Ungarnaufstandes verkündete Lajos Kossuth hier 1849 die Unabhängigkeit. Doch der Aufstand wurde niedergeschlagen.
In der K.-u.-k.-Monarchie (seit 1867) gehörte Arad zu Ungarn und erlebte einen enormen wirtschaftlichen und kulturellen Aufschwung. Diese stolze Vergangenheit ist bis heute in der Architektur des Stadtzentrums gegenwärtig. Mittlerweile stellen in der Bischofs- und Universitätsstadt die Rumänen den weitaus größten Bevölkerungsanteil.

Sehenswertes in Arad

Bulevardul Revoluţiei

Den ca. 5 km langen und 300 m breiten Boulevard, in dessen Mitte die Straßenbahn verläuft, kann man gar nicht verfehlen. Dicht an dicht reihen sich hier Läden, Banken und Cafés aneinander. Zahlreiche der in pompösen »Neo-Stilen« oder im Jugendstil errichteten Geschäfts- und Wohnhäuser stehen unter Denkmalschutz. Oft lohnt ein Blick in ihre Treppenhäuser und in verschwiegene Hinterhöfe.

◄ Lutheranische Kirche

Im Norden des Boulevards steht die 1906 erbaute Lutheranische Kirche (Biserica Roşie). Ihr rumänischer Name verweist auf die schönen Rosettenfenster des neogotischen Bauwerks.

ARAD ERLEBEN

AUSKUNFT

B-dul Revolutiei 84–86
Tel. 02 57/27 02 77
Mo.–Fr. 9.00–18.00
Sa. bis 16.00 Uhr
www.primariaarad.ro

GUT ZU WISSEN

Internet
Das Internet-Café Akando befindet sich im Zentrum an der Piaţa Avram Iancu 8; durchgehend geöffnet.

Wein
In dem ca. 25 km östlich gelegenen Ort Puli wird Wein angebaut. Weinverkauf und -verkostung finden in einem alten Keller im Pfarrhaus statt; Kontakt: Tel. 02 57/25 10 00, www.wineprincess.ro

ÜBERNACHTEN · ESSEN

► Luxus

Continental
B-dul Revoluţiei 98
Tel. 02 57/28 17 00, 28 10 94
Das Hotel in der Nähe des Rathauses wurde jüngst renoviert und bietet einen angenehmen Aufenthalt. Im Restaurant werden verschiedene internationale Küchen angeboten, es gibt auch einen Nachtclub.

► Komfortabel

Ardealul
B-dul Revoluţiei 98
Tel. 0257/28 08 40
Das 1841 erbaute Traditionshotel liegt im Zentrum gegenüber vom Theater. Es besitzt Charme, vielleicht auch einige kleine Mängel. Restaurant im Haus.

Arads Rathaus im Stil der Neorenaissance

Rathaus ▶ In der Mitte des Boulevards steht etwas zurückgesetzt das ganz in Weiß strahlende Rathaus (Primăria) mit einem 45 m hohen Uhrturm und einer Loggia. Es wurde 1874–1876 nach dem Entwurf von Franciscu Pekkar im Renaissancestil erbaut. Die Pläne für den ebenso prächtigen **Cenad-Palast** (Palatul Cenad, 1894) im neogotischen Stil gleich daneben stammen von dem ungarischen Architekten Miklós Ybl, der u. a. auch die Budapester Oper konzipiert hat. Auftraggeber war die Eisenbahndirektion Cenad.

Kulturpalast Der Kulturpalast (**Palatul Cultural**), ein weiteres Baudenkmal zwischen Rathaus und Mureş-Ufer, wurde 1913 im historisierenden Stil erbaut, Eingangshalle, Treppenhaus und **Philharmonie** sind im Jugendstil gestaltet. Das **Historische Museum** zeigt naturgeschichtliche Sammlungen sowie Gebrauchsgegenstände vom Anfang des 20. Jh.s (Muzeul de Istorie; Di.–So. 9.00–17.00 Uhr).

Festung ▶ Von dem sich anschließenden Park hat man einen Blick auf die andere Uferseite. Hier liegt etwas versteckt im Grünen die 1763–1783 im Auftrag von Maria Theresia errichtete sternförmigen Zitadelle (Cetate). Sie dient militärischen Zwecken und ist nicht zu besichtigen.

Kunstmuseum Im Kunstmuseum am Ostende der Str. Horea (Muzeul de Artă; Di. bis So. 9.00–17.00 Uhr) sind Möbelsammlungen, kostbare Gebrauchs- und Schmuckgegenstände aus dem Barock, Biedermeier und Empire zu sehen. Die Gemäldeabteilung zeigt rumänische, ungarische und andere europäische Meister. Die mit Pflanzenmotiven geschmückten bleiverglasten Fenster sind ein Hinweis auf die ursprüngliche Bestimmung des Gebäudes als Forstverwaltung.

Avram-Iancu-Platz

Im Süden endet der Bulevardul Revoluţiei am Avram-Iancu-Platz beim 1874 erbauten **Nationaltheater** (Teatru Naţional), zu dessen Eröffnung sogar Kaiser Franz Joseph II. angereist kam. In der Nähe erhebt sich die 1902–1909 im spätbarocken und klassizistischen Stil erbaute Minoritenkirche, an die das Minoritische Kulturhaus anschließt. Im nahen Hotel Ardealul sollen einst Franz Liszt, Johannes Brahms und Pablo Casals logiert haben. Auf der Piaţa Avram Iancu steht an der Stelle des ungarischen Freiheitsdenkmals seit 1956 die Skulptur des rumänischen Soldaten von Gavril Covalschi.

Piaţa Catedralei

Westlich der Piaţa Avram Iancu erstreckt sich das alte serbische Viertel der Stadt. Die Str. Meţianu, heute Fußgängerzone, führt direkt zu der Piaţa Catedralei mit der doppeltürmigen, spätbarocken serbisch-orthodoxen Kathedrale (1698–1702). Nachdem Arad von den Habsburgern zurückerobert worden war, siedelten sich zahlreiche serbische Familien an. Einige alte Fahnen erinnern an die serbischen Zünfte. Kostbar ist die barocke Ikonostase von Mihai Ianici.

Weitere Sehenswürdigkeiten

Vor der Kirche findet täglich ein bunter **Wochenmarkt** statt. Neben Obst, Gemüse und hausgemachtem Käse findet man auch Korbwaren. Wenige Meter nordwestlich liegt der Piaţa Pompierilor (Platz der Feuerwehrmänner), wo das ungarische Freiheitsdenkmal (1890, György Zala) und der rumänische Triumphbogen vis-à-vis stehen. Vom Platz aus sieht man den 35 m hohen ehemaligen Wasserturm.

Umgebung von Arad

Sânnicolau Mare

Sânnicolau Mare (**Groß Sankt Nikolaus**, Nagyszentmiklós), kaum 10 km von der ungarischen Grenze entfernt, dürfte nicht nur für Fans klassischer Musik einen Abstecher wert sein. Hier wurde der Komponist **Béla Bartók** (1881–1945) geboren, der u. a. für seine systematische Untersuchung der ungarischen, rumänischen und Zigeuner-Volksmusik berühmt geworden ist. 1907 reiste er zu diesem Zweck zum ersten Mal ins Szeklerland und in andere ungarische Regionen, trug an die 750 Lieder zusammen und machte auch Bekanntschaft mit rumänischen Volksliedern. Die traditionelle Musik fand Eingang in seine eigenen Kompositionen. An der Str. Victor Babes Richtung Jimbolia, Centrum, erinnert eine Büste an ihn. Nicht weit davon, in der Str. Cerbului 3, stand einst sein Geburtshaus; hier bekam er von seiner Mutter den ersten Klavierunterricht.

◄ Bodrogu Nou

Wählt man für den Rückweg nach Arad die kleinere Straße südlich der Marosch, lohnt eine Fahrtunterbrechung in dem Dorf Bodrogu Nou, 8 km vor Arad. Das im 12. Jh. von serbischen Mönchen gegründete orthodoxe **Kloster Mănăstire Hodoş-Bodroge** erhielt im 14. Jh. eine später mehrfach umgestaltete Kirche. Die heutige Ausmalung ist von 1776. Die zweite und größere Kirche entstand 1995. Das Kloster besitzt eine schöne Ikonensammlung mit Stücken aus dem 15. bis 18. Jahrhundert.

Macea Ein Besuch des **Landschlosses** von Macea, 25 km nördlich von Arad, empfiehlt sich vor allem für Liebhaber alter Baumparks. Gleichzeitig mit dem Bau seines Schlosses (ab 1724) begann Mihai Cernovici auch, den Wald in einen Park umzuwandeln. Heute wachsen in dem 20,5 ha großen Park 300 Jahre alte Eichen, Eiben, Kastanien und einige Ginkos. In dem 1820–1866 erweiterten Schloss gibt es u. a. botanische Sammlungen und eine Heimatausstellung zu sehen (Complexul Cultural Macea, B-dul Revoluţiei 81; tägl. 8.00–16.00 Uhr).

Radna Oberhalb Radnas, 28 km östlich von Arad, erhebt sich die schon von Weitem sichtbare doppeltürmige Barockkirche des **Franziskanerklosters von Maria Radna**. Allein die Ausmaße der 1767 geweihten Kirche beeindrucken. Die Türme sind 67 m hoch, das Schiff ist 63 m lang, 16 m breit und 21 m hoch. Größter Schatz ist ein wundertätiges Marienbild in einem prachtvollen Silberrahmen. Mit seinen Maßen (3,30 x 2,70 m) passt es sich dem Kirchenraum an und ist ein Werk des Wiener Goldschmieds Joseph Moser (1771). Seit 1820 schmücken zwei goldene, mit Edelsteinen verzierte Kronen das Gnadenbild, ein Geschenk des Fürstprimas Alexander de Rudnay. Den Hochaltar aus Carrara-Marmor gestaltete István Tóth 1895. Die 3 m hohen Statuen der Heiligen Anna und Joachim stammen von Ferdinand Stuefflesser aus Tirol. Das Deckenfresko schuf der Wiener Ferdinand Schiessl. 1992 erhob Papst Johannes Paul II. die Kirche zur Päpstlichen Basilika. In der Lourdeskapelle finden sich zahlreiche Täfelchen und Bilder dankbarer Besucher. Sehenswert sind auch die acht Seitenaltäre sowie die Orgel von 1905. An den Kreuzwegstationen der ungarischen Künstlerin Éva Pápai vorbei führt ein Weg auf den Kalvarienberg.

Lipova ► Im Nachbarort Lipova thront auf einem Felsen oberhalb der Straße eine beeindruckende **Burgruine**.

★ Baia Mare · Frauenbach · Nagybánya

L 2

Region: Maramureş · Maramuresch **Einwohnerzahl:** 130 000
Höhe: 280 m ü. d. M.

Die alte Bergbaustadt Baia Mare ist die Hauptstadt der von sanften Hügeln und schroffen Bergen geprägten Maramureş, einer ursprünglichen und noch sehr traditionsbewussten Region im Nordwesten Rumäniens. Sie liegt am Fuß des Gutâi-Gebirges im Tal des Săsar-Flusses und ist ein guter Ausgangspunkt für Ausflüge zu den originellen Holzkirchen in der Umgebung. Über die Landesgrenzen hinaus bekannt ist die 1896 gegründete Malerschule von Baia Mare.

In der Maramureş bei Baia Mare

Geschichte

Die älteste Erwähnung stammt von 1142, als der ungarische König Géza II. in Frauenbach, das für seine reichen Mineralvorkommen bekannt war, deutsche Bergleute ansiedelte. Der rumänische und ungarische Stadtname bedeutet »große Grube« und erinnert an die Bedeutung als Goldgräberstadt. Mit der Machtübernahme der Habsburger 1687 setzte sich in der überwiegend ungarisch-protestantisch geprägten Bevölkerung die Gegenreformation durch. Im 19. Jh. begann die Industrialisierung des Bergbauwesens, die in der Ceauşescu-Ära ihren **wirtschaftlichen und umweltzerstörenden Höhepunkt** erreichte. Im Jahr 2000 beherrschte die Stadt die Negativ-Schlagzeilen, als der Damm eines Auffangbeckens der australisch-rumänischen Aurul (Gesellschaft zur Aufbereitung von Golderz) brach und ca. 300 000 m^3 schwermetallhaltiger Natriumcyanidlauge über die Flüsse Someş und Tisa in die Donau und ins Donaudelta gelangten. Inzwischen haben strengere Umweltauflagen zu einer **spürbaren Verbesserung** geführt.

Sehenswertes in Baia Mare

Freiheitsplatz

Einen freundlichen Eindruck macht der zentrale Freiheitsplatz (**Piaţa Libertăţii**) mit historisierenden Fassaden, alten Portalen und Schatten spendenden Bäumen. Das **Haus Elisabeta** (Nr. 20), eines der ältesten Bauwerke, ließ János Hunyadi (rumänisch: Iancu de Hunedoara) 1446 für seine Frau als Wohnsitz errichten. Weithin sichtbar ist der 50 m hohe Stephansturm (Mitte des 15. Jh.s, **Turnul Sf.**

◄ Stephansturm

BAIA MARE ERLEBEN

AUSKUNFT

In vielen kleinen Dörfern der Maramureş gibt es Privatunterkünfte. Informationen über Touren zu den Holzkirchen oder Adressen von traditionellen Handwerkern erhält man in Vadu Izei neben der Post:
Fundaţia Agro-tur-Art OVR
Vadu Izei
Str. Principală 161
Tel. 02 62/33 01 71
www.vaduizei.ovr.ro
und www.mtmm.ro

Sighetu Marmaţiei
Piaţa Libertăţii 21
Tel. & Fax 02 62/31 25 52
www.mtmm.ro (hier gibt es auch eine Liste mit Unterkünften in der Umgebung)

GUT ZU WISSEN

Märkte
Ein Erlebnis sind die Bauernmärkte in der Region, auf denen auch Vieh den Besitzer wechselt:
Sighetu Marmaţiei: Jeden 1. Montag des Monats großer Landmarkt »Târg de Tare«, einer der größten Märkte der Region
Bogdan Vodă: Jeden 1. Mo. im Monat
Botiza: Jeden Samstag
Rozavlev: Jeden Dienstag

Feste
Heilkräuterfest in Borşa Anfang Juni
Maramureş-Festival Mitte Juli u. a. in den Dörfern Ieud, Vadu Izei und Botiza
Hirtenfest u. a. in Bogdan Vodă am 1. Maisonntag
Wintermaskenfest (27.12.) und Neujahrsfest in Sighetu Marmaţiei

ÜBERNACHTEN & ESSEN

► Luxus

Dacia
in Satu Mare
Piaţa Libertăţii 8
Tel. 02 61/71 57 73
www.hoteldacia.ro
Stilvoll lässt es sich in dem Jugendstilgebäude des Dacia-Hotels übernachten. Es liegt mitten im Zentrum und bietet neben einem guten Restaurant auch ein Spielkasino.

Villa Bódi
in Satu Mare
Piaţa Libertăţii 8
Tel. 02 61/71 08 61
www.villabodi.ro
Die zentral gelegene Villa mit Restaurant setzt mit Sauna und Massage auf Wellness. Etwas Besonderes sind die Buntglasfenster in den antik eingerichteten Zimmern.

► **Komfortabel**

Pensiunea Doina
in Vadu Izei
Str. Şugău 75
Tel. 02 62/33 06 02
Die Pension liegt in einem Garten mit Grill- und Sitzplätzen etwas abseits im Dorf. Das Gästehaus und seine Küche schreiben Tradition groß.

► **Günstig**

Pensiune Vadu Izei
in Vadu Izei
Str. Principală 331 B
Tel. 02 62/33 03 08
Die Pension gleich am Ortseingang des gleichnamigen Dorfes ist einfach, der Service freundlich. Spezialität des Hauses sind Mic, typisch rumänische Hackfleisch-Röllchen.

Motel Restaurant Perla Sigheţeană
in Sighetu Marmaţiei
Str. Avram Iancu 65 a
Tel. 02 62/31 06 13
Fax 31 02 68
www.motel.perla.sigheteana.tourneo.ro

Ştefan) an der südöstlich gelegenen Str. Crişan, der Rest der 1769 abgebrannten Stephanskirche (1347). Gegenüber steht das schöne Stadttheater (Teatrul Municipal). Die Dreifaltigkeitskirche (Biserica Sf. Treime) entstand nach 1763. Im nahen Kunstmuseum (**Muzeul de Artă**) sind einige Gemälde der Malerschule von Nagybánya zu sehen sowie Glas- und Holzschnitzarbeiten (Di.–So. 10.00–17.00 Uhr).

◄ Kunstmuseum

Weitere Sehenswürdigkeiten

Östlich vom Freiheitsplatz an der Str. Lucaciu befinden sich die evanglische Kirche und die neue große orthodoxe Kirche. Nicht weit entfernt in der Str. Someşului steht die ehemalige Synagoge. Derzeit wird der nur einen Katzensprung vom Freiheitsplatz entfernte dreieckige Friedensplatz (**Piaţa Păcii**) renoviert. Von hier führt die von **Kleiderläden** gesäumte Str. Carpaţi zum größten Markt der Stadt auf der Piaţa Izvorele. Der **Metzgerturm** (Turnul Măcelarilor) ist ein Überbleibsel der unter Matthias Corvinus erbauten Stadtbefestigung. Weiter östlich, um die Piaţa Revoluţiei, die Str. Culturii und den B-dul Bucureştii, erstreckt sich das **neue Geschäftsviertel**.

◄ Basar

✶ **Mineralien-Museum**

Das Mineralien-Museum (**Muzeul de Mineralogie**) informiert über die geologische Struktur des Nordwestens von Rumänien und die verschiedenen Mineralien der Region. Die bizarren und wunderschönen »Minenblumen« begeistern nicht nur Mineralienfans (B-dul Trajan 8; Di.–So. 10.00–17.00 Uhr).

✶ **Ethnografisches Museum**

Am anderen Ufer der Săsar erstrecken sich große Parks. Ein klassizistisches Gebäude mit Säulenportikus etwas nördlich vom Dealul-Florilor-Stadion beherbergt das Ethnografische Museum (**Muzeul Etnografic**). Ein Raum ist der Viehzucht, vor allem der Schafhaltung in der Maramureş gewidmet. Für heutige Besucher sind die geschnitzten Sonnenräder, Lebensbäume und Wolfszähne nur schöne Verzierungen, da sie ihren Symbolcharakter nicht mehr kennen.

Ausgestellt sind Arbeitswerkzeuge wie Spindeln, Spinnräder und Webstühle, bäuerliche Möbel wie Wiegen, Brauttruhen, Tische, Bänke und Stühle sowie antike Keramik, Ikonen und alte Masken, die bei dem sog. liturgischen »Betlehem-Spiel« oder beim Bärentanz getragen wurden (Str. Dealul Florilor 12; tägl. 9.00–18.00 Uhr).

Freilichtmuseum

Der Besuch des benachbarten Freilichtmuseums (**Muzeul Satului**) mit aus Holz errichteten Bauernhäusern, Wassermühlen, Weinpressen und einer Holzkirche von 1630 vermittelt Einblicke in die Wohn- und Arbeitswelt in der Maramureş. Naturbelassene, weiß gekalkte oder mit weißen Fugen verzierte Häuser unter Schindel- oder Strohdächern weisen auf regionale Unterschiede in der Bauweise hin (Str. Dealul Florilor 12; tägl. 9.00–18.00 Uhr).

Umgebung von Baia Mare

✶ **Surdeşti**

Nur 12 km südöstlich in Surdeşti befindet sich die bis zum Bau der Klosterkirche Bârsana (►S. 157) höchste Holzkirche der Maramureş, ja sogar Europas. Ein wahres Meisterwerk der Holzarchitektur ist der 54 m hohe Turm mit umlaufender Galerie und vier kleineren Ecktürmchen. Die den Erzengeln Michael und Gabriel geweihte Kirche entstand 1721–1724. Wandmalereien von 1810 zieren die Wände, darunter Szenen der Apokalypse, des Jüngsten Gerichts und das Abendmahl. Die barocke Ikonostase stammt von 1787. Auf der Empore dürfen übrigens nur Männer Platz nehmen. Vom Turm bietet sich ein herrliches Panorama auf die schöne Landschaft. Interessante Holzkirchen stehen auch im Nachbardorf Plopiş (1788–1805), in **Rogoz** (1663) östlich von Târgu Lăpuş und in Lăpuş.

? WUSSTEN SIE SCHON ...?

- ... dass die 1896 gegründete Malerschule Baia Mare in jedem Kunstlexikon zu finden ist und zwar unter ihrem ungarischen Namen »Schule von Nagybánya«. Bedeutender Mitbegründer war der Maler Simon Hollósy (1857–1918), der in Sighetu Marmaţiei als Sohn einer armenischen Familie geboren worden war und nach seinem Studium in Budapest an die Münchner Akademie ging. Hier gründete er 1886 eine Malerschule und wurde 1918 Mitbegründer der Künstlerkolonie in Baia Mare, damals Nagybánya. Nach dem Tod Hollósys änderte sich der Malstil: Die Mitglieder verlegten sich auf die Pleinair-Malerei. Zu den bedeutendsten Vertretern gehört Károly Ferenczy.

Gutâi-Gebirge

Nach dem Săsar-Tal windet sich die Nationalstraße 18 den 987 m hohen Gutâi-Pass hinauf und folgt anschließend dem Mara-Tal abwärts bis zur Tisa (Theiß), dem Grenzfluss zur Ukraine. Das Gutâi-Gebirge ist vulkanischen Ursprungs. Der höchste Punkt liegt auf 1443 m. An der Strecke nach Sighetu Marmaţiei gibt es in den Dörfern weitere schöne Holzkirchen und alte Bauernhäuser mit bunten Blumengärten. Typisch sind auch die **»Topfbäume«**. Nach einem alten Brauch zeigt ihr bunter Schmuck aus Eimern, Kannen, Töpfen und Krügen, dass in dem Haus ein heiratsfähiges Mädchen wohnt.

Kirchgang in Deseşti

Die Holzkirche zur hl. Paraschiva, UNESCO-Weltkulturerbe, steht auf einem Friedhofshügel hinter einem reich geschnitzten Holztor in Deseşti, jenseits des Pasul Gutâi. Man betritt sie durch ein mit Schnitzereien geschmücktes Kirchenportal. Erbaut wurde sie 1770. Ihre 1780 von Radu Munteanu und Gheorghe Zugravul gefertigten Wandmalereien gehören zu den Meisterwerken der Freskenkunst in der Maramureş. Durch den Vorraum mit der Darstellung des Jüngsten Gerichts gelangt man in das Hauptschiff mit der Ikonostase. Die Wände bedecken Szenen aus dem Alten Testament mit Adam und Eva, Kain und Abel, Sodom und Gomorrah sowie der Passionsgeschichte (Schlüssel im Priesterhaus, Tel. 02 62/37 26 14). **★★ Deseşti**

Ein kleiner lohnenswerter Abstecher führt im nächsten Dorf Hărcineşti über die Mara ins nahe Cosău-Tal mit weiteren Holzkirchen.

Die 1663 erbaute Câieni-Kirche (Biserica din Câieni) an der Straße nach Bârsana in Călineşti gehört zu den schönsten Holzkirchen der Region. Ausgemalt wurde sie 1754 von Alexandru Ponehalski. Im Dorf gibt es eine weitere Holzkirche (Biserica Susani). **★ Călineşti**

Auch das folgende Dorf Sârbi besitzt zwei sehenswerte Kirchenbauten aus Holz. Die der hl. Paraschiva geweihte Kirche auf einem malerischen Friedhof (Biserica Susani) stammt sogar noch aus dem Jahr 1532. Sie wurde aus bis zu 60 cm breiten Eichenbalken gezimmert. Im Inneren befinden sich einige Ikonen von Radu Munteanu. ◄ Sârbi

Die dem hl. Nikolaus geweihte **Untere Kirche** (Biserica Josani) mit vier kleinen Türmen unterhalb des Turmhelms in Budeşti ist ein Kleinod. Sie wurde 1760 anstelle eines Vorgängerbaus errichtet, von ★ ◄ Budeşti dem noch Türen aus dem Jahr 1628 erhalten sind. Einige der kunstvollen Wandmalereien von Alexandru Ponehalski sind erhalten. Sie zeigen u.a. Adam und Eva, wobei die Paradies-Darstellung sehr an die sanften Hügel der Umgebung erinnert. Die Abendmahlszene zeigt dagegen byzantinischen Einfluss. Die Kirche gehört ebenfalls zum UNESCO-Weltkulturerbe. Die **Obere Kirche** (Biserica Susani) ist wesentlich älter, sie stammt von 1532.

Die **Holzkirche** in Corneşti malte Toader Hodor Mitte des 18. Jh.s aus.

Sighetu Marmaţiei

Hauptstadt der historischen Maramureş

Sighetu Marmaţiei, von den Einheimischen kurz Sighet genannt, liegt ganz im Norden Rumäniens am Zusammenfluss von Tisa und Iza an der ukrainischen Grenze. In der Stadt, sie heißt auf ungarisch Máramarossziget (sziget = Insel), leben rund 44 000 Rumänen, Ungarn, Deutsche und Russinen (► S. 21). Zwischen 1272 und 1290 siedelte der ungarische König László IV. hier die ersten Rumänen an. 1353 wurde Sighet freie Königsstadt und später die **Hauptstadt der historischen Maramureş**. Heute spielt sich das städtische Leben um den lang gestreckten Freiheitsplatz (Piaţa Libertăţii) ab. Hier steht auch das Ethnografische Museum (Muzeul de Etnografic; Mo.–Fr. 9.00–15.00 Uhr) mit einer schönen Volkskunstsammlung. Das dazugehörige Freilichtmuseum liegt etwas außerhalb der Stadt (► S. 155).

Ethnografisches Museum ►

An dem Platz befinden sich außerdem das Naturgeschichtliche Museum (Muzeul de Istorie şi ştiinţele Naturuii) und das Dr.-Ioan-Mihalyi-Apşa-Museum, das mit Möbeln, Teppichen und anderen Einrichtungsgegenständen einen Einblick in großbürgerliche Wohnkultur vermittelt (beide geöffnet: Mo.–Fr. 9.00–15.00 Uhr). Vis-à-vis erheben sich die reformierte (15. Jh.), die katholische (18. Jh.) und die orthodoxe Kirche (19. Jh.). Die Apotheke Minerva ist seit 1875 in Betrieb und die erste Apotheke der Stadt (leider ist die Originaleinrichtung nicht erhalten). Über die Gasse Vasile Alexandri gelangt man zum Marktplatz, wo Händler und Bauern aus der Umgebung frisches Obst und Gemüse, Brot, Schafskäse, Haushaltswaren und Kleidung verkaufen.

Marktplatz ►

Schtetl ►

Die verlassene Synagoge im benachbarten ehemaligen jüdischen Viertel ist die einzige von ursprünglich acht Synagogen (Str. Bessarabia 10). Um 1920 machte die jüdische Gemeinde gut 40 % der Stadtbevölkerung aus. »Ich habe die grauen Häuser wiedergefunden. Noch immer liegen die Kirche und die Metzgerei einander gegenüber. An der Ecke des engen Marktes scheint die verlassene Synagoge auf jemanden zu warten«, schrieb **Elie Wiesel** 1967. 2002 besuchte er seine Heimatstadt zur Einweihung des **Museums jüdischer Kultur** in seinem Geburtshaus (► S. 73; Str. Tudor Vladimirescu 1; Di.–So. 8.00–16.00 Uhr). Von den 20 000 im Jahr 1944 deportierten Juden haben nur 100 den Holocaust überlebt. Den Schlüssel zum jüdischen Friedhof in der Str. Szilagyi Istvan erhält man im Museum.

Ein zweiter dunkler Fleck in der Stadtgeschichte ist das Gefängnis. Unter dem kommunistischen Regime waren hier Regimekritiker aus dem ganzen Land eingesperrt. Das Gefängnismuseum ist zugleich Forschungs- und Gedenkstätte (Memorialui Victimelor Communismului şi al Rezistenţei; Str. Cornelui Copusu 4, 15.4.–15.10 tägl. 9.30–18.30, sonst Di.–So. 10.00–16.00 Uhr).

◄ Gefängnismuseum

Etwas außerhalb an der Nationalstraße 18 in Richtung Baia Mare, ca. 500 m nach einer Petrom-Station, liegt auf einem Hügel das Freilichtmuseum (**Muzeul Etnografic al Maramureşului**). Hier kann man sich die typischen Bauernhäuser aus Holz mit tiefgezogenen Dächern und Wirtschaftsgebäuden, Zäunen und Holzkreuzen aus der Nähe anschauen. Beim Bau wurde kein Metall, auch keine Metallnägel verwendet, sogar die Scharniere sind aus Holz. Mittelpunkt ist die orthodoxe **Holzkirche** aus dem Dorf **Oneşti** im Izatal von 1621. Die Fresken des hl. Nikolaus und des Apostels Petrus sind von 1639, die übrigen entstanden 1802.

✶✶ **Museumsdorf**

◄ Bäuerliche Architektur

Traditionell bestand ein **Gehöft** aus dem süd- oder ostwärts gewandten Wohnhaus mit gegenüber gelegenem Stall und Scheune sowie den Schuppen seitlich. Um den Zieh- oder Schwengelbrunnen war meistens ein Blumengärtchen angelegt. Außerdem gab es »Maisdarren« und Unterstände für Ölmühlen, Drechselbänke und Dreschmaschinen. Hinter dem Haus standen die Stroh- und Heuschober. Hier wurden auch Luzerne und Klee getrocknet. Dazu kamen die Kartoffel-, Rüben- und Apfelmieten. Am weitesten entfernt war die Latrine.

Der Stolz der Bauern waren ihre prachtvollen, reich geschnitzten großen Holztore. Die beliebtesten Motive sind christliche Symbole, Stern- oder Sonnenzeichen, Tierdarstellungen (Hahn, Schlange), stilisierte Figuren und pflanzliche Ornamente. Auf den Torpfosten findet man meist einen Lebensbaum. Die Sonne steht für Erfolg und Glück, Geburt und Fruchtbarkeit. Räder symbolisieren die Stetigkeit des Lebens und die Wiederkehr der Jahreszeiten, geflochtene Bänder die Ewigkeit und ein langes Leben, aber auch das Band der Familie und Gemeinschaft. Kreuze sollen vor bösen Geistern schützen. Manchmal sind die Jahreszahlen doppelt angegeben, z. B. 7200 nach Adam (nach dem Kyrillischen Kalender) und 1790 nach Christus.

◄ Holztore

Eines der ältesten und größten Bauernhäuser ist das **Tivadar-Haus**, das ursprünglich in Călineşti stand. Die Tivadar hatten bereits 1465 den Freibauerntitel erhalten. Das Haus mit einem um die Ecke ziehenden Laubengang wurde 1611 aus bis zu 1 m breiten Eichenbohlen erbaut. Die Wohnstube wird von einem riesigen Herd bestimmt (Str. Muzeului 1, Di.–So. 10.00–16.00 Uhr).

◄ Tivadar-Haus

Das für seinen »**Fröhlichen Friedhof**« (Cimitirul Vesel) über die Landesgrenzen hinaus bekannte 5000-Einwohner-Städtchen Săpânţa, 15 km westlich von Sighetu Marmaţiei, ist ein beliebtes Ausflugsziel vor allem im Sommer, das zeigen auch die vielen Verkaufsstände mit handgefertigten Wolldecken, -mützen, -taschen und -socken, Teppi-

✶✶ **Săpânţa**

Heitere Bilder erinnern auf dem Friedhof in Săpânța an die Verstorbenen.

chen, Zierdecken und Trachtenblusen. Trotz des Rummels wird der »fröhliche Friedhof« noch genutzt. Sein Name geht auf einen französischen Reisenden zurück, den die farbenfrohen Kreuze mit den naiven Szenen begeisterten. Die bemalten Reliefbilder zeigen den **Verstorbenen in einer charakteristischen Szene aus seinem Leben**, darunter einen passenden, meist humorvollen Vers. Dargestellt sind Hirten mit ihren Tieren, Holzfäller, Pfarrer, lustige Musiker, die fleißige Frau am Herd, mit dem Spinnrad, fromm oder beim Gänsehüten. Manchmal sind auch Ehepaare zu sehen oder Darstellungen der Todesursache wie ein Autounfall. Der Charme des Friedhofs liegt vor allem darin, dass hier dem Tod etwas von seinem Schrecken genommen wird. Manche Kreuze haben eine »Kehrseite«, auf der auch kleinere Schwächen der Verstorbenen dargestellt werden: die fleißige Bäuerin zeigt ihre Verehrung schöner Männer oder der stolze Hausherr seine Vorliebe für ausgiebige Wirtshausaufenthalte ..., so wird auf den Bildern das Dorfleben wieder lebendig.

Ion Stan Pătraş ▶

Als Ion Stan Pătraş (1908–1977) vor über 70 Jahren sein erstes Kreuz schnitzte, hat er sich nicht träumen lassen, einst nicht nur seinen Lebensunterhalt damit zu verdienen, sogar in Reiseführern aus aller Welt zu stehen. Der Holzschnitzmeister stammte aus einer armen Bauernfamilie. Früh begann er mit Holz zu arbeiten, interessierte sich für die Volksdichtung und naive Malerei. Das erste Kreuz schnitzte er 1934 für einen Verwandten, wobei er seiner Fantasie freien Lauf ließ und dem Tod ein humorvolles Antlitz gab. Bei den Dorfbewohnern kam diese persönliche, sowohl ehrliche als auch lustig-spöttische Art gut an. Immer mehr Leute bestellten ihre Grab-

kreuze bei Ion Stan Pătraş. Bis zu seinem Tod hat er ca. 700 Stück geschaffen. Heute führt einer seiner Lehrlinge die Werkstatt fort, nur 300 m vom Friedhof entfernt. Eine Besichtigung ist möglich. Allerdings muss man Rumänisch können, um die Texte zu verstehen. »Ich bedaure sehr die Welt, denn ich bin zu früh gestorben ...« (tägl. 7.00–17.00 Uhr).
In der Nähe gibt es auch einen kleinen jüdischen Friedhof. An der Hauptstraße weist ein Schild den Weg zum **Peri-Kloster** (Mănăstirea Peri), das 2007 wie das 1394 geweihte orthodoxe Kloster auf dem gegenüberliegenden Tisa-Ufer in traditioneller Holzbauweise errichtet wurde. Gigantisch hoch ist sein Kirchturm.

Vadu Izei

Vadu Izei, 6 km östlich von Sighetu Marmaţiei (ca. 60 km nordöstlich von Baia Mare) am Zusammenfluss von Mara und Iza, ist für seine **geschnitzten Holztore** bekannt und ein guter **Ausgangspunkt** für eine Tagestour zu den Holzkirchen im Izatal oder über den Prislop-Pass (1416 m) in den Thermalort Vatra Dornei (► S. 362). In den Dörfern im Izatal mit Bauernhöfen, Scheunen und Schuppen hinter großen geschnitzten Holztoren scheint die Zeit stehengeblieben zu sein. Doch Betonbauten, Handys und Cola-Schriftzüge holen den Besucher in die Gegenwart zurück.

◄ Im Izatal

★ Bârsana

Nach 12 km erreicht man Bârsana. Der Ort ist nach den hier gezüchteten gleichnamigen Schafen benannt, die für ihre dichte, weiche und lange Wolle bekannt sind. Bereits 1391 gab es im Ort ein Kloster mit einer hölzernen Nikolauskirche. Nach 1711, als die Rumänen gezwungen wurden, zum griechisch-katholischen Glauben überzutreten, wurde das Kloster aufgegeben. 1720 versetzte man die kleine Kirche an die heutige Stelle nördlich der Straße auf einen Hügel. Die vornehmlich in Weiß, Blau und Rot gehaltenen Wandmalereien stammen von Toader Hodor (1806), der den Barockstil in die Kirchen der Maramureş brachte. Kunstvoll ist auch die Ikonostase. Das Kirchlein, es gehört zum UNESCO-Weltkulturerbe, steht heute im Schatten eines 1993 geweihten griechisch-katholischen Klosters oberhalb der Straße. Die Pläne des im Stil und Material der örtlichen Holzbauweise folgenden Komplexes stammen von Dorel Cordoş. Man betritt das Kloster durch ein eindrucksvolles Holztor. In einem prächtigen Garten liegen die den 12 Aposteln geweihte Kirche, der 57 m hohe Glockenturm, das Wohnhaus der Nonnen, ein Sommeraltar und ein kleines Museum.

Rozavlea

Hinter dem Dorfzentrum von Rozavlea erhebt sich die 1717–1720 erbaute, den Erzengeln Michael und Gabriel geweihte Holzkirche. Beeindruckend sind die naiv anmutenden, von Ion Plohod, einem Schüler von Toader Hodor, 1823–1825 mit bunten Heiligenszenen bemalten Wände. Wie einige Farbreste vermuten lassen, war ursprünglich auch der Außenvorraum bemalt. Beim Ortseingang entsteht derzeit eine neue Holzkirche.

Die Holzkirche in Bârsana

Şieu und Umgebung

Şieu, nur 4 km weiter, wartet mit einer von Ion Plohod ausgemalten Holzkirche (1760) in einem Friedhof auf. Die 1604 der hl. Paraschiva geweihte Holzkirche im idyllischen Poienile Izei (15 km westlich) gehört ebenfalls zum UNESCO-Weltkulturerbe. Ihre Malereien sind von 1794; eindrucksvoll ist die Vorstellung des Künstlers vom Jüngsten Gericht. Sehenswert ist auch die ebenfalls der hl. Paraschiva geweihte Holzkirche von 1694 in Botiza, wo ein Großteil der Bevölkerung von der Schafzucht lebt.

★ Poienile Izei ▶

Botiza ▶

Ieud

★ Bergkirche ▶

Die Bergkirche (Biserica din Deal) auf einem Hügel in Ieud geht auf eine Holzkirche von 1364 zurück und ist eine der ältesten Kirchen der Maramureş. Ihre Wandmalereien stammen von **Alexander Ponehalski** (1782). Besonders ragen die Szenen der Passion Christi und das Jüngste Gericht heraus. In der Kirche wurde der »Codex von Ieud« (1391) gefunden, eines der ältesten rumänischen Sprachzeugnisse. Auf dem Friedhof erinnert ein mit einer Violine geschmücktes Grabkreuz an einen hier begrabenen Roma-Geiger. Ieud war immer für seine Volksmusik bekannt, was auch Bela Bartók in diesen verschlafenen Winkel lockte (Schlüssel für die Kirche im Haus 598). Die zweite Kirche im Ort, die 1718 erbaute Talkirche (Biserica din Vale), wird wegen ihrer Größe auch Kathedrale genannt.

Bogdan Vodă

In Bogdan Vodă wird die 1718 erbaute hölzerne Nikolauskirche (Abb. S. 93) von der neuen Kathedrale aus den 1990er-Jahren fast erdrückt. Der Ort wurde 1960 zu Ehren des Fürsten Bogdan I., der hier geboren worden sein soll, umbenannt. In **Săliştea de Sus** gibt es gleich zwei Holzkirchen (1680 und 1722).

◄ Săliştea de Sus

Satu Mare

Im Nordwesten Rumäniens

Satu Mare, im äußersten Nordwesten Rumäniens am Rand der Maramureş und am Fluss Someş gelegen, gehörte wie das 60 km entfernte Baia Mare zur **historischen Region Sathmar**, die sich heute jenseits der 11 km entfernten Grenze in Ungarn fortsetzt.

Die Stadt (130 000 Einw.; deutsch Sathmar, ungarisch Szatmárnémeti) ist Rumäniens nordwestlichste Metropole. Im ungarischen Namen steckt ein Hinweis auf die Besiedlung der Region im 18. Jh. mit Deutschen (német = deutsch). Noch heute lebt hier eine große ungarischstämmige Gemeinde.

Den begrünten Freiheitsplatz (Piața Libertății) säumt eine Reihe klassizistischer Bauten. Die schönste Fassade gehört zu dem Traditionshotel Dacia, seine üppig verzierte Jugendstilfront bietet zahlreiche hübsche Details (► S. 150). Durch die Dacia-Passage gelangt man zu dem 45 m hohen **Feuerwehrturm** (Turnul Pompierilor mit Aussichtsplattform; 1903/04). Dominiert wird der Platz von der 1837 nach Plänen des Wiener Architekten Joseph Hild vollendeten **römisch-katholischen Kathedrale** mit zwei Kuppeln und einem Säulenportikus. An die einstige große jüdische Gemeinde erinnern nur noch die um 1920 im maurischen Stil errichtete Synagoge (südlich des Freiheitsplatzes in der Str. Häm Jánós) und ein Mahnmal.

! *Baedeker* TIPP

Unterwegs mit der Mocănița

Ein besonderes Erlebnis ist die Fahrt mit der Dampflok Mocănița von Vişeu de Sus durch das schöne Wassertal (Valea Vaserului). Ursprünglich transportierte die Schmalspurbahn Holz. Da die Bahn je nach Saison schon kurz nach 7.00 Uhr morgens abfährt, sollte man rechtzeitig am Schalter von Ecotours in Vişeu de Sus sein. Die 50 km lange Fahrt bis zur Mündung der Vişeu in die Tisa dauert rund 2 Stunden (Auskunft über Fahrzeiten, Übernachtungen: Ecotours, Viseu de Sus, Bahnhof/Gara, Cerbului 5, Tel. 02 62/ 35 35 35, Fax 35 33 63, www.wassertalbahn.ch).

★ Bistrița · Bistritz · Beszterce

M/N 3

Region: Transilvania · Siebenbürgen
Höhe: 361 m ü. d. M.
Einwohnerzahl: 81 500

»Die Dämmerung war hereingebrochen, als wir in Bistritz, einer alten, interessanten Stadt, ankamen. Sie liegt hart an der Grenze – von hier aus führt der Borgopass in die Bukowina – und hatte demgemäß eine sehr stürmische Vergangenheit ... Graf Dracula hatte mir geraten, im Hotel Goldene Krone zu übernachten.«

In der Evangelischen Stadtpfarrkirche

Soweit Bram Stoker in seinem Roman »Dracula«. Er war zwar nie in Bistrița, hat aber von London aus gut recherchiert. Die **Hauptstadt des nördlichsten Bezirks Siebenbürgens** besitzt ein hübsches altes Zentrum mit dem erwähnten Hotel.

Geschichte

Bistritz, inmitten einer Hügel- und Berglandschaft im Tal des gleichnamigen Flusses gelegen, ist eine Gründung Siebenbürger Sachsen aus dem 12. Jh. und eine der großen alten Sachsenstädte in diesem Gebiet. Dank ihrer Lage an einer alten Handelsroute zwischen Transsilvanien und Moldau – die Straße führt über den 1200 m hohen Pasul Tihuța (ung. Borgó-Pass) – sowie nahe gelegener Silber- und Goldbergwerke entwickelte sie sich recht schnell. 1264 erhielt Bistritz die Stadtrechte, 1308 Münzrecht und 1353 Markt- und Siegelrecht. Von dem mittelalterlichen Wohlstand zeugen noch einige alte Handelshäuser im Zentrum. Gegen äußere Gefahren befestigten die Sachsen ihre Stadt mit einer mächtigen Mauer und 18 Türmen. Die deutsch besiedelten Dörfer im Umland wurden zu Kirchenburgen ausgebaut. Bis 1711 lebten in Bistritz auch zahlreiche armenische Händler, die, nachdem sie von den sächsischen Bewohnern aus der Stadt gedrängt worden waren, geschlossen nach Gherla (► Cluj-Napoca) übersiedelten. In der Umgebung wird seit dem Mittelalter Wein angebaut, u. a. der für sein feines Bukett bekannte Fetească regală.

Pasul Tihuța ►

Sehenswertes in Bistrița

Rundgang

Der alte Stadtkern aus den drei Plätzen **Piaţa Centrală, Piaţa Unirii und Piaţa Mică** ist von einem Ring Betonarchitektur umgeben. Ein modernes Zentrum erstreckt sich um die **Piaţa Petru Rareş**.

Einheitsplatz

Ein guter Ausgangspunkt zur Erkundung der Altstadt ist die dreieckige **Piaţa Unirii** mit dem ältesten Kirchenbau der Stadt. Ganz in Weiß erstrahlt die **orthodoxe Kirche**. Sie entstand in der 2. Hälfte des 13. Jh.s als gotische Franziskanerkirche, wurde um 1520 als evangelische Kirche vergrößert und zuletzt orthodox umgestaltet.
Von hier führt die von Bäumen beschattete **Str. Dornei** zum ehemaligen Marktplatz (**Piaţa Centrală**). Sie wird von schönen alten Hausfassaden gesäumt, u. a. von dem mit Stuckaturen verzierten Haus der Gold- und Silberschmiede aus dem 15. Jh. (**Casa Argintarului**, Nr. 5), das heute eine kleine Kunstakademie beherbergt.

Marktplatz

Etwas weiter beginnt der intakt gebliebene Laubengang der sog. **Kornmarktzeile** vor kleinen Geschäften, insgesamt 13 mittelalterliche Häuser mit 20 Gewölben. Freigelegt wurden Fragmente von Bögen, Fensterrahmungen und Rippengewölben. Malerisch ist der Blick in die von Schwibbögen überspannte Gasse Str. Spiru Haret.

BISTRIȚA ERLEBEN

ESSEN

► Erschwinglich

Restaurant Ana
Str. L. Rebreanu 39
Das Restaurant Ana in der Altstadt bietet einfache, aber gute siebenbürgische Hausmannskost bei Live-Musik.

ÜBERNACHTEN

► Luxus

Castel Dracula
Pasul Tihuța, Piatra Fântânele
Tel. 02 63/26 68 41 und 26 51 92
Fax 26 61 19
http://hotelcasteldracula.bn.ro
Das Hotel liegt am Borgó-Pass, wohin Bram Stoker sein fiktives »Dracula-Schloss« verlegte. Erbaut wurde es 1976–1983 mitten in der Natur in 1116 m Höhe und verbindet Burgcharakter mit moderner Architektur.

► Komfortabel

Coroana de Aur (Zur Goldenen Krone)
Piața Petru Rareş 4
Tel. 02 63/23 26 67
www.hotel-coroana-de-aur.ro
Das Drei-Sterne-Hotel ist ein moderner Bau. Angeblich liegt er neben dem von Bram Stoker weltbekannt gemachten Vorgängerbau. Zum umfangreichen Frühstücksbüfett gibt es etwas Dracula-Atmosphäre.

Codrişor
Str. Codriş os 28
Tel. 02 63/23 38 14, Fax 23 64 76
www.draculatransylvania.ro
Ruhig gelegenes, ordentliches Hotel mit Restaurant.

★ Evangelische Stadtpfarrkirche ►

Dominiert wird der Platz (**Piaţa Centrală**) von der Evangelischen Stadtpfarrkirche (**Biserica Evanghelică**) aus der 1. Hälfte des 15. Jh.s. Von der geplanten Doppelturmfassade steht nur der 1519 fertiggestellte, 75 m hohe Südturm. An einem der Stützpfeiler ist eine Sonnenuhr zu erkennen. Der gotische Bau wurde 1560–1563 von dem aus Lugano stammenden Baumeister Petrus Italus im Renaissance-Stil umgestaltet. Aus dieser Zeit stammen u. a. das prächtige Westportal und die Sakristeitür. Die durch Säulen untergliederte dreischiffige Halle überspannt ein kunstvolles Netzgewölbe. Im Chor befindet sich die Grabplatte des Reformators Albertus Cerasius Kirschner († 1564). Der Barockaltar stammt von 1701. Beachtenswert sind auch die zum Teil noch aus dem 16. Jh. erhaltene Kirchenbestuhlung sowie die orientalischen Teppiche aus dem 16. und 17. Jahrhundert. Die bunten Fahnen gehörten einst den verschiedenen Zünften. Nach einem Brand im Juni 2008 wird die Kirche zur Zeit renoviert.

Weitere Sehenswürdigkeiten

Auf der gegenüberliegenden Seite weist das **Hans-Maurer-Haus** (Casa lui Ion Zidaru, Nr. 29) noch gotische Fassadendetails auf. 1538 gelangte es in den Besitz von Hans Maurer, einem örtlichen Steinmetzmeister. Es zählt zu den repräsentativen Profanbauten der Spätgotik in Siebenbürgen. Empfehlenswert ist auch ein Spaziergang durch die Passagen in den umliegenden Seitenstraßen. Reste der Stadtmauer findet man noch in der Str. Kogălniceanu (in Richtung Fluss). In dem einzigen erhaltenen Turm, dem **Fassbinder-Turm** (Turnul Dogarilor) im angrenzenden Park, ist heute eine Ausstellung mittelalterlicher Waffen zu sehen. Archäologische Funde und Volkskunst, u. a. Möbel, Textilien, Stickereien und historische Dokumente, sind im **Stadtmuseum** ausgestellt (Muzeul Bistriţa; Str. L. Rebreanu, Di.–So. 10.00–16.00 Uhr). Ganz in der Nähe liegt die Synagoge von 1893.

Umgebung von Bistriţa

Crainimăt

In dem sächsischen Dorf mit den die Straße säumenden großen Toreinfahrten (**Baierdorf**, Kiráynémeti) hat von der ehemaligen Kirchenburg das alte Kirchenschiff mit einem Glockenturm die Zeit überdauert.

Herina

★ Kirchenburg ►

Oberhalb des 17 km südlich gelegenen Dorfes (**Mönchsdorf**, Harina) ragt die romanische Kirche (Biserica Evanghelică) der einstigen Kirchenburg wie ein weißer Zahn in den Himmel. Sie hat die Jahrhunderte nahezu unbeschadet überstanden. Von ihrer einstigen Befestigung ist nichts mehr zu sehen. Die dem hl. Petrus geweihte Kirche wurde um 1215 als dreischiffige Basilika mit zwei Westtürmen, hoher Giebelfassade und reich profiliertem Portal erbaut. Bemerkenswert sind die gotische Sakramentsnische in der nördlichen Chorwand, das Fresko aus dem 15. Jh. sowie das hölzerne Taufbecken. Die Empore war der Adelsfamilie vorbehalten, die durch einen Geheimgang in der Krypta ihren Wohnsitz nicht nur in Kriegszeiten ungese-

Die Kirche von Herina hat die Jahrhunderte fast unbeschadet überstanden.

hen erreichen konnte. Die Holzdecke wurde 1748 originalgetreu erneuert (Schlüssel der Kirche bei Brigitte Budakan, Tel. 02 63/27 30).

★ **Pasul Tihuţa**

◄ Borgó-Pass

»Den ganzen Tag über sind wir gefahren. **Das Land wird wilder, je weiter wir kommen**; die mächtigen Ausläufer der Karpathen, die uns in Vereşti so weit entfernt und niedrig am Horizont erschienen, türmen sich nun ringsum vor uns auf ... und sahen Schloss Dracula liegen, das in klaren Linien vom Himmel sich abhob ... dass es hoch über die oberen Konturen der schroffen Felsgebilde der Karpathen emporragte. Wir sahen es in seiner ganzen imponierenden Größe ... Der Ort hatte etwas Wildes und Unheimliches an sich.« So beschreibt Bram Stoker den Pass und das Schloss des »Blut-Fürsten«, ohne je dort gewesen zu sein. Das entfernt an ein Schloss erinnernde **Hotel** gibt es in dieser einsamen Höhe allerdings erst seit 1983. Der vor dem Hotel angelegte Friedhof soll gleich am Eingang für etwas Grusel-Stimmung sorgen. Die Nationalstraße 17 mit ihren alten Klöstern rund um ►Suceava führt in die Bukowina. Bevor die kurvenreiche Strecke beginnt, liegt südlich des Örtchens Mureşenii Bârgăului der Stausee Colibiţa, ein beliebter Ausgangspunkt für Wanderungen in die zauberhafte Bergwelt der Munţii Călimani. Auf der anderen Seite des Passes folgt der Bade- und Luftkurort **Vatra Dornei** (► S. 362), bekannt für den gleichnamigen Käse und Mineralwasser.

Die Törzburg hat gar nichts Schauerliches an sich.

✶✶ Bran · Törzburg · Törcsvár

06

Region: Transilvania · Siebenbürgen
Höhe: 770 m ü. d. M. (Schloss)
Einwohnerzahl: 5570

Der Ort etwa 30 km südwestlich von Braşov ist ein Touristenmagnet. Das liegt an der malerisch auf einem Felsen thronenden Törzburg, die in der Nachkriegszeit von Tourismusstrategen zum Dracula-Domizil gekürt wurde. Dabei ist gar nicht gesichert, ob der berüchtigte »Pfähler« jemals in ihren Mauern weilte.

»In der Dunkelheit schien der Schlosshof von beträchtlicher Größe; dass mehrere Wege von ihm aus unter mächtige runde Torwege führten, ließ ihn vielleicht noch größer erscheinen, als er wirklich war.« So beschrieb **Bram Stokers** Held Jonathan Harker seinen ersten Eindruck in seinem Tagebuch. Für die heutigen Besucher gestaltet sich der Empfang dagegen freundlich, nicht nur, wenn die weißen Burgmauern im Sonnenlicht erstrahlen. Buden mit Dracula-T-Shirts, -Tassen und -Handtüchern, Vampirwein, Fledermäuse, Gebisse und Miniaturschlösser flankieren den Weg zur Kasse. Hinter dem Eingang zum Park sucht man dann aber vergebens nach Insignien des legendären Vampirs.

Geschichte

Die auf einem 60 m hohen Felsen der Südkarpaten in der Nähe des Bran-Passes errichtete Burg beherrschte viele Jahrhunderte das enge Tal zu ihren Füßen, einen wichtigen Handelsweg zwischen Siebenbürgen und der Walachei. Ursprünglich handelte es sich um einen Pfahlbau, benannt nach seinem Erbauer **Dietrich**, Ritter des Deutschherrenordens. Im 14. Jh. übergab der ungarische König Ludwig I. von Anjou die Burg der Stadt Braşov/Kronstadt, deren Bewohner 1377 den heutigen Bau aus Steinen und Ziegeln errichteten. Sigismund von Luxemburg schenkte die Törzburg 1395 dem walachischen Fürsten Mircea cel Bătrân (Mircea den Alten). Er war es auch, der den Vater des berüchtigten Vlad Ţepeş als Dank für dessen Unterstützung gegen die Osmanen zum Fürsten (Woiwoden) der Walachei erhoben hatte. So ist es durchaus möglich, dass »Dracula« das Schloss einst besuchte. Im Besitz der Woiwoden, zuletzt unter János Hunyadi, wurde die Burg erweitert, u. a. um einen Wachturm sowie den Ostturm mit Pechnasen. 1498 gelangte die Burg wieder an Braşov. Die Stadt schenkte die Burg 1920 der Königin Maria. In deren Auftrag baute der Hofarchitekt Karel Liman die Festung in eine Sommerresidenz um, ohne ihr den Wehrcharakter zu nehmen. So wurde der Geschützsaal in eine Kapelle verwandelt, Schießscharten zu Fenstern und ein Turm für die Hofdamen und den Privatsekretär der Königin ausgebaut. Eine ebenso kuriose wie praktische Neuerung war der Lift, der in den 60 m tiefen Brunnen eingebaut wurde.

◄ Törzburg

◄ Die Festung wird Sommerresidenz

Auch die **Einrichtung** ist vom Geschmack der Königin geprägt, die sich für heimische Volkskunst sowie für deutschen und italienischen Barock begeisterte. Nach ihrem Tod erbte ihre jüngste Tochter Ileana das Burgschloss, die während des Zweiten Weltkrieges hier ein Feldlazarett einrichten ließ, dessen Kapelle noch erhalten ist. 1947 wurde die Törzburg Staatseigentum. 1956 erfolgten erste Restaurierungen und eine Öffnung des Schlosses als Museum. 2006 wurde es an Dominik von Habsburg, Sohn und Erbe von Prinzessin Ileana, zurückgegeben. Im Gegenzug verpflichteten sich die Erben, das Schlossmuseum vorläufig weiterzubetreiben und dem Staat ein Vorkaufsrecht einzuräumen. Doch der Burgfriede währte nicht lange. Im Frühjahr 2007 konnten sich die Erben und der Staat nicht über die Verkaufssumme einigen. Bis heute ist das weitere Schicksal von Bran ungewiss.

BRAN

AUSKUNFT

Str. Principală 509
Tel. 02 68/23 63 55
Mo.–Fr. 9.00–17.00, Sa. bis 13.00 Uhr

ÜBERNACHTEN

► **Komfortabel**

Casa Heidi
Dinu oder Heidi:
Tel. 00 9 72 35 25 62 28
Fax 00 97 25 77 97 40 43
www.casa-heidi.com
Mit 4 Schlafzimmern ideal für bis zu acht Personen: liebevoll und modern eingerichtetes Ferienhaus von Privat in wunderschöner Lage in Bran. Auf Wunsch werden Mieter vom Flughafen abgeholt oder Tagesausflüge in die interessante Umgebung organisiert.

Schlossmuseum in Bran

Besichtigung

Insgesamt 57 Räume, von denen rund 30 zu besichtigen sind, verteilen sich über vier Stockwerke. Erinnerungsstücke an den Grafen Dracula oder Folterkammern sucht man allerdings vergeblich. Für Grusel-Fans ist vielleicht der enge Geheimgang zwischen Rats- und Musiksaal ein kleiner Trost.

Öffnungszeiten: Di.–So. 9.00–17.00

Hinter einer Eisentür aus dem 17. Jh. liegt die Eingangshalle im ersten Stock, eingerichtet mit Mobiliar aus der Renaissance. Bemerkenswert ist eine reich verzierte deutsche Kommode (Ende 17. Jh.). Von hier führen eine Treppe ins **Schlafgemach der Königin Maria** hinauf (► Beschreibung S. 166) und ein Durchgang in den gotischen Ratssaal. Die Figurengruppe mit der hl. Anna, der Jungfrau Maria und dem Kind (Anfang 16. Jh.) sowie die Statue der Madonna mit Kind (15. Jh.) stammen wahrscheinlich aus einem Kloster. An der Wand neben dem Kamin ist ein Freskenfragment erhalten (um 1600). Das **Schlafgemach des Königs Ferdinand** befindet sich im zweiten Stock hinter einem Biedermeier-Zimmer (► S. 166). Das **Speisezimmer** ist mit rustikalen Möbeln des 18./19. Jh.s und einem schönen Kachelofen ausgestattet.

Auf einer engen Treppe geht es in den dritten Stock. In dem ehemaligen Dachboden befinden sich die **Bibliothek der Königin und der Musiksaal**; das hier ausgestellte Instrument, ein »Trayser«-Harmonium, stammt aus einer Stuttgarter Werkstatt. Im vierten Stock sind außerdem eine Waffensammlung, Jagdtrophäen und traditionelle siebenbürgische Keramikkrüge zu sehen. Von hier oben bietet sich ein schöner Ausblick auf die malerische Landschaft.

Bran • Törzburg *Orientierung*

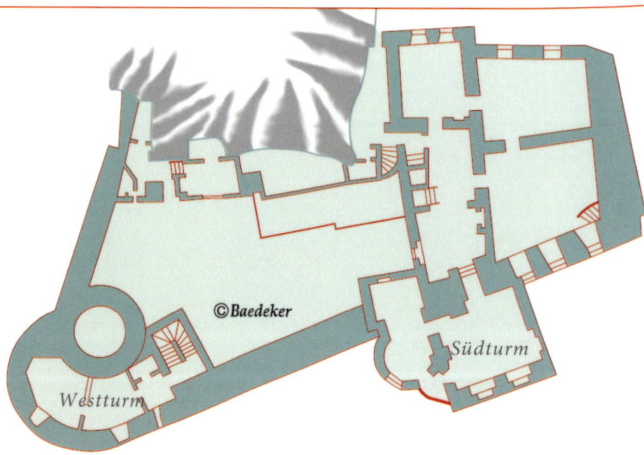

Winterliche Atmosphäre bei Bran

Park und Freilichtmuseum

Auch der Park unterhalb des Burgschlosses wurde von Karel Liman angelegt. Im Sommer sollen hier unzählige Rosen und Dahlien geblüht haben, die Lieblingsblumen der Königin Maria. Heute veranschaulicht ein Dorfmuseum die Arbeits- und Wohnkultur der einfachen Leute. Hier können typische Holzhäuser, Ställe, Schuppen sowie Werkstätten für die Hanf-, Woll- und Leinenverarbeitung besichtigt werden. Die Wohnhäuser sind mit Bauernmöbeln, Küchengeräten und Geschirr ausgestattet; bemerkenswert ist die Ikonensammlung.

Umgebung von Bran

Fundata

Nach dem Rummel in Bran findet man im 12 km südwestlich gelegenen Erholungsort Ruhe und gute Luft. Fundata liegt am Giuvala-Pass (1290 m) und ist eines der höchstgelegenen Dörfer Rumäniens. Am letzten Sonntag im August findet hier das traditionelle **Bergfest Nedeia Muntelui** mit Handwerker- und Bauernmarkt statt.

Parcul Naţional Piatra Craiului

Ein beliebtes Wander- und Kletterrevier ist der **Königstein-Nationalpark**, ein fast 25 km langer und bis zu 2238 m hoher Bergkamm, mit dichten Wäldern, schroffen Hängen, Aussicht bietenden Hochplateaus, der steilen Zărneşti-Klamm und der 540 m tiefen Klamm Colţi Grindului. Verschiedene Berghütten bieten Unterkunft. Ein guter Ausgangspunkt ist der 750 m hoch gelegene Ort Zărneşti, 28 km von Braşov entfernt.

★★ Braşov · Kronstadt · Brassó

P 6

Region: Transilvania · Siebenbürgen **Einwohnerzahl:** 320 000
Höhe: 550 m ü. d. M.

Das malerisch am Fuß der fast 1000 m hohen Tâmpa gelegene Braşov, das »rumänische Salzburg«, ist eines der kulturellen und wirtschaftlichen Zentren Transsilvaniens. Bereits im Mittelalter war es eine bedeutende Handwerks- und Handelsmetropole der Siebenbürger Sachsen. Die »Schwarze Kirche« ist der größte gotische Sakralbau zwischen Wien und Konstantinopel. Der malerische Rathausplatz und die umliegenden Gassen haben noch viel vom alten Flair bewahrt. Die Stadt ist außerdem ein guter Ausgangspunkt für Ausflüge zur Dracula-Burg in Bran, zu den Kirchenburgen in der Umgebung oder ins Wander- und Skigebiet Poiana Braşov.

Geschichte

Burzenland ►

Siebenbürger Sachsen ►

Zur Sicherung der Karpatengrenze hatte Andreas II., ungarischer König und Vater der hl. Elisabeth von Thüringen, 1211 dem Deutschen Ritterorden das Burzenland (Ţara Bîrsei) überlassen. Der Orden gründete die befestigte Siedlung Corona und holte Siedler aus dem Rhein- und dem Moseltal ins Land, die sog. Siebenbürger Sachsen (►S. 278). Aus dem königlichen Burgflecken entwickelte sich eine königliche Freistadt, seit 1251 **Kronstadt** genannt, ausgestattet mit Privilegien wie Gerichtsbarkeit und freiem Marktrecht. Im 16. Jh. war sie religiöses und kulturelles Zentrum der Region. Der Reformator und Humanist **Johannes Honterus** (1498–1549) hielt in der »Schwarzen Kirche« 1542 den ersten lutheranischen Gottesdienst in deutscher Sprache. 1689 wurde Kronstadt von habsburgischen Truppen in Brand gesteckt. Aufgrund ihres protestantischen Glaubens waren die Bewohner den Verfolgungen der neuen Machthaber ausgesetzt, dennoch behielt die Stadt wie ganz Siebenbürgen bis zur Gründung der österreichisch-ungarischen Doppelmonarchie 1867 eine gewisse Autonomie. Seit 1920 gehört Braşov zu Rumänien und wurde unter kommunistischer Herrschaft 1951–1961 **Oraşul Stalin** (Stalinstadt) genannt.

Kronstadt war über Jahrhunderte das **kulturelle, wirtschaftliche und religiöse Zentrum der Siebenbürger Sachsen**. Sie stellten vom 12. bis ins 19. Jh. die Bevölkerungsmehrheit, gefolgt von den Ungarn und den im Viertel Schei lebenden Rumänen. Doch haben Flucht und Vertreibung 1944/45 und die große Auswanderungswelle seit den 1970er-Jahren die Bevölkerungszusammensetzung umgekehrt. Heute leben nur noch gut 1000 Deutsche in Braşov. Rumänisch hat sich als Hauptsprache durchgesetzt, doch ist auch Ungarisch zu hören.

Braşov heute ►

Wie ein Gürtel liegt das moderne Braşov um die Altstadt, deren schmucke Bauwerke noch vom alten Glanz erzählen, obwohl die Stadt zu Ostern 1944 von der amerikanischen Luftwaffe bombardiert

Das ehemalige Kronstädter Rathaus, heute Herz der Altstadt von Brașov

wurde und Ceaușescus Regime sie verfallen und einige historische Gebäude abreißen ließ, wie den Bahnhof von 1873. Die Stadt unterhält heute ein Opern- und ein Schauspielhaus sowie ein philharmonisches Orchester, dessen wechselvolle Geschichte bis zum Collegium musicum von 1756 zurückreicht.

Berühmte Söhne Brașovs

Für das Zusammenleben der verschiedenen Kulturen stehen auch die bekannt gewordenen Söhne der Stadt, beispielsweise der Lautinist **Valentin Bakfark** (1507 oder 1527–1576), ungarischer Abstammung, einer der bedeutendsten Komponisten der Renaissance. **Adolf Meschendörfer** (1877–1963) gilt als einer der wichtigsten Vertreter der rumäniendeutschen Literatur. **Gusto Gräser** (1879–1958) wurde durch die Erzählung »Demian« als »Muse« von Hermann Hesse bekannt. Als Pariser Fotograf ungarischer Abstammung ist **Brassaï** (1899–1984) berühmt geworden, wie der ehemalige Eishockeyspieler **Ion Ţiriac** und **Peter Maffay** erblickte er das Licht der Welt in Brașov. Der Kosmonaut **Dumitru Dorin Prunarin** war 1981 der erste Rumäne im Weltraum.

Sehenswertes in Brașov

★ Tâmpa

Die Altstadt schmiegt sich innerhalb der Reste der alten Stadtmauer an die Tâmpa, die **Zinne**. Der bewaldete **Hausberg Brașovs** ist ein Ausläufer der Südkarpaten und mit 967 m die höchste Erhebung der Stadt. Dort, wo heute hoch oben der Namenszug Brașov prangt, war einst »Oraşul Stalin« (Stalinstadt) in das Grün des dichten Baumbewuchses gefräst. 1896 hatte die K.-u.-k.-Monarchie zum 1000-jährigen Bestehen Ungarns eine Gedenksäule errichtet, die 1916 zerstört wurde. Heute erhebt sich hier der Fernsehturm.

Telecabina Tâmpa ►

Gegenüber der Seilerbastion (Bastionul Frânghierilor, auch Funarilor) liegt die **Talstation der Seilbahn**, mit der man nach einer kurzen Fahrt den Gipfel erreicht (tägl., im Sommer 9.00–17.00, sonst 9.30–16.45 Uhr). Nicht weit von der Bergstation mit Restaurant liegt eine Aussichtsplattform, von der man einen **herrlichen Blick** auf die Stadt mit dem Rathausplatz und der Kathedrale im roten Dächermeer hat. Bei klarer Sicht kann man sogar die Gipfel der Südkarpaten in der Ferne erkennen. Auf dem gegenüberliegenden **Schlossberg** (Dealul Cetăţii) sind die Reste der alten Festung erhalten.

★★ Piaţa Sfatului

Der trapezförmige **Markt- bzw. Rathausplatz** mit dem gelben **Alten Rathaus** (Casa Primăriei) ist das Herz der Altstadt und ein beliebter Treffpunkt mit vielen Restaurants und Cafés. Hauptanziehungspunkt

BRAŞOV ERLEBEN

AUSKUNFT

Piaţa Sfatului 30, im Alten Rathaus
Tel. 02 68/41 90 78
www.brasovcity.ro
www.brasov-hotels.ro
(Hotel-Vermittlung)

GUT ZU WISSEN

Internetcafés im Zentrum:
Str. George Bariţiu 8 und Str. Michael Weiss 26
Wochenmarkt in der Str. Băilor, tägl. 8.00–19.00 Uhr.
Das alljährliche Internationale Festival der leichten Musik, Cerbul de Aur (Goldener Hirsch), zieht viele Besucher an (die Termine erfährt man bei der Touristeninformation).

ÜBERNACHTEN

► Luxus

① *Residence Hirscher*
Str. Apollonia Hirscher 14
Tel. 02 68/40 12 12
www.residence-hirscher.com
Das Aparthotel am alten Rathausplatz ist ideal für einen mehrtägigen Aufenthalt und bietet schick und freundlich ausgestattete, geräumige Wohnungen mit Küche.

► Komfortabel

② *Coroana*
Str. Republicii 62
Tel. 02 68/47 74 48
www.aro-palace.ro
Traditionshotel in einem stilvollen Gebäude von 1910 mit Sommergarten. Zentrale Lage in der Fußgängerzone.

③ *Oliver*
Calea Bucureşti 99
Tel. 02 68/40 10 55
Ein freundliches, neues Hotel mit bewachtem Parkplatz, etwas außerhalb. Gute Bus- und Taxiverbindung.

④ *Bella Musica*
Piaţa Sfatului 19
Tel. 02 68/47 79 56
www.bellamuzica.ro
Stilvolles Hotel in frisch renovierten, 400 Jahre alten Räumen am zentralen Platz. Mit Restaurant.

ESSEN

► Fein & teuer

① *Cetata*
Str. Dealul Cetățuia
Tel. 02 68/47 76 64 (Aro Palace)
Das schicke Restaurant auf der Festung lockt nicht nur Wanderer an.

② *Cerbul Carpatin*
Piața Sfatului 12
Tel. 02 68/41 05 81
Im Traditionslokal »Zum Karpatenhirsch« gibt es rumänische Küche und Wein – ab und zu begleitet von Live-Volksmusik.

► Erschwinglich

③ *Casa Românească*
Piața Unirii 15, Tel. 02 68/51 38 77
In rustikalem Ambiente im Viertel Schei wird eine schmackhafte, traditionelle rumänische Küche angeboten.

Brașov • Kronstadt *Orientierung*

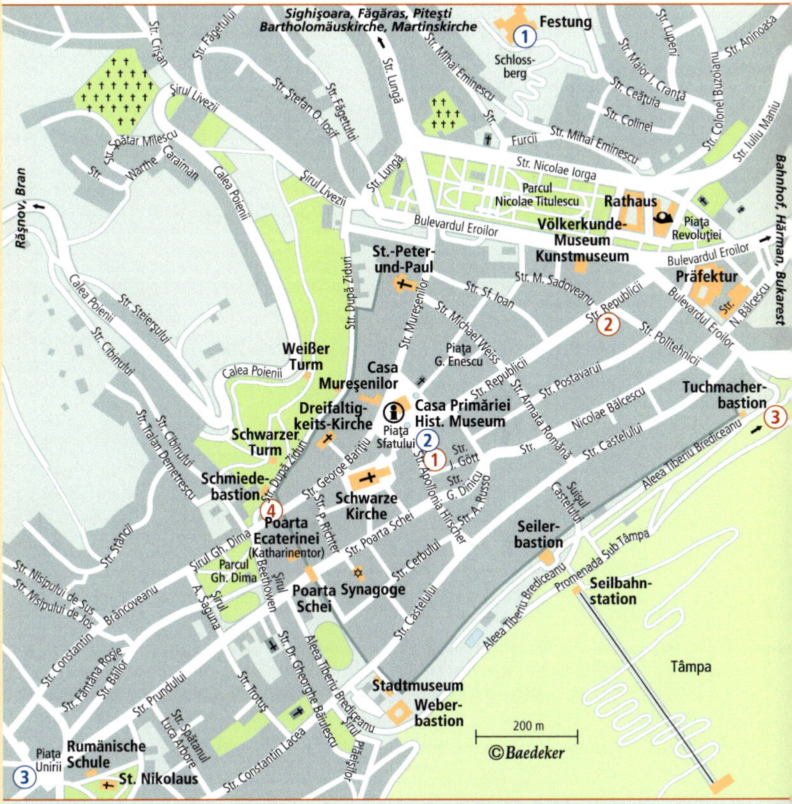

Essen
① Cetate
② Cerbul Carpatin
③ Casa Româneasc

Übernachten
① Residence Hirscher
② Coroana
③ Oliver
④ Bella Musica

für Kinder ist der Brunnen. Die malerischen Häuserzeilen trugen einst Namen der hier ansässigen Handwerker und Kaufleute wie Flachs-, Korn-, Blumen- und Böttcherzeile.

Casa Primăriei ► In der Platzmitte strahlt in Gelb und Weiß das Alte Rathaus mit Loggia und 60 m hohem Turm (1515–1518). In dem erstmals 1420 beurkundeten Gebäude findet man Gotik-, Renaissance- und Barockelemente vereint. Heute beherbergt es neben der Touristeninformation das **Historische Museum** (Muzeul de Istorie). Ausgestellt sind archäologische Funde, antike Möbel und und andere kostbare Gegenstände, die an den Wohlstand der einstigen sächsischen Zünfte erinnern (Di.–So. 10.00–17.00 Uhr).

Casa Mureşenilor ► Das Haus Nr. 67 in der ehemalige Flachszeile gehörte einst der angesehenen Familie Mureşenilor, die im 19. Jh. zahlreiche Politiker und Hochschullehrer hervorbrachte. Heute residiert hier das **Museum Mureşianu** (Mo.–Sa. 9.00–15.00 Uhr) mit Mobiliar, Gemälden, Skulpturen und Dokumenten. Das benachbarte **Czell-Palais** (Nr. 26) entstand 1904. Davor wurde 1892 die erste dampfbetriebene Straßenbahn in Betrieb genommen.

Casa Negoţului ► Das nach seiner Bauherrin und Witwe des Stadtrichters Apollonia Hirscher auch **Hirscher-Haus** genannte Kaufhaus an der Ostseite des Platzes, Ecke Hirscher Gasse, entstand 1539–1545 nach dem Vorbild westeuropäischer Zunfthäuser um einen Innenhof herum, als Warenlager, Geschäftsraum und Herberge für Kaufleute. Heute befindet sich hier das **Traditionslokal** »Cerbul Carpatin« (Karpatenhirsch).

Biserică Ortodoxă Română

An der Nordostseite des Marktplatzes ist die helle Fassade der orthodoxen Kirche Sfânta Adormire unauffällig in die ehemalige Kornzeile integriert. Ihr kleiner Turm schmückt ein silbern schimmerndes Dach. Sie entstand 1896 aus dem Umbau eines älteren Profanbaus. Hinter dem prächtigen Eingang im byzantinischen Stil ist die Ikonostase zu sehen.

★ Stradă Republicii

Die Straße der Republik, die Hauptgeschäftsstraße, Fußgängerzone und Flaniermeile, wird von alten, liebevoll restaurierten Fassaden gesäumt. An einigen finden sich noch Hinweise auf die einstigen sächsischen Handwerker, so am »Schuh-Haus«. An ihrem Ende erinnert das 1989er-**Revolutionskreuz** (Crucea Revoluţiei) mit den Namen aller im Widerstand Ermordeten an den Sturz des Ceauşescu-Regimes.

★★ Biserica Neagră

Im Süden des Platzes gelangt man durch eine schmale Gasse zur **Schwarzen Kirche** (tägl. 10.00–17.00 Uhr, So. Gottesdienst). Das Wahrzeichen der Stadt beherrscht den kleinen Honterus-Hof (Curtea Honterus). »... Aus mächtigen Sandsteinquadern erbaut, blickt sie wie ein Riese der Vorzeit auf all die Häuser und Häuschen herab, die sich um sie, als den Mittelpunkt, geschart haben. Der Turm, wahrscheinlich in einer geldarmen Zeit erbaut, ist viel zu klein, und so macht das Ganze den Eindruck eines ungeheueren, verwitterten Steinsarges, der ein reiches Stück Geschichte begraben hält ...« Diese

Das Wahrzeichen der Stadt heißt seit dem Stadtbrand 1689 »Schwarze Kirche«.

Beschreibung Adolf Meschendörfers in seinem Roman »Leonore« (1908) trifft auch heute noch zu. Mit 89 m Länge, 21 m Höhe (42 m bis zum Dachfirst) und 38 m Breite ist sie der größte Dom Südosteuropas, nur der später angebaute, 65 m hohe Turm wirkt etwas gedrungen. Dafür beherbergt er die mit 7 Tonnen schwerste Glocke des Landes. Die **Maria geweihte Kirche** entstand 1385–1477 im spätgotischen Stil mit einem dreischiffigen Hallenchor nach dem Vorbild von Sebeş. Aus dieser Zeit stammen auch die kunstvollen Steinmetzarbeiten, u. a. das mit Weinlaub umrankte Westportal. Die Skulpturen an den Strebepfeilern (Kopien; die Originale befinden sich größtenteils im Lapidarium) zeigen den Einfluss der Parler-Schule. In der südlichen Vorhalle ist ein Wandgemälde der Muttergottes mit dem Jesuskind zwischen den Heiligen Katharina und Barbara aus dem 15. Jh. erhalten. Die ursprüngliche Ausstattung wurde bis auf ein bronzenes Taufbecken (1472) beim Stadtbrand 1689 zerstört. Im Anschluss daran erhielt das Gotteshaus sein barockes Tonnengewölbe. Rund 120 kostbare Orientteppiche, Geschenke von Kaufleuten aus dem 15. bis 18. Jh., schmücken die Wände. Der neogotische Flügelaltar stammt von dem Wiener Fr. Schonthaler (1866). Die Orgel mit vier Manualen, 76 Registern und 4000 Pfeifen zählt zu den größten des Landes (1839). Im **Vestibül** ist noch ein Fresko mit der Darstellung von König Matthias Corvinus und Königin Beatrix zu sehen, die sich nach den Zerstörungen der Türken als Stifter des Wiederaufbaus hervorgetan hatten. Im Oktober 1542 hielt Johannes Honterus in der Kirche den ersten lutheranischen Gottesdienst ab.

Statuia lui J. Honterus

Das **Honterus-Denkmal** vor der Schwarzen Kirche erinnert an den siebenbürgischen Humanisten und Reformator **Johannes Honterus** (1498–1549), der in der Schwarzgasse (heute Bălcescu, Nicolae) 40 zur Welt kam. Nach längeren Studien in Wien, Regensburg, Krakau und Basel setzte er sich ab 1533 in seiner Heimatstadt vor allem für die Verbreitung der Reformation ein. Bereits 1539 gründete er in der Stadt eine Druckerei, die drittälteste im heutigen Rumänien. Hier entstanden die ersten Schulbücher in griechischer und lateinischer Sprache, der älteste erhaltene Druck in deutscher Sprache (1543) sowie wichtige Schriften zur Reformation. Daneben schuf Honterus auch bedeutende weltliche Druckwerke wie den Atlas minor von 1542. Auf seine Anregung wurde 1546 die erste Papiermühle des Landes errichtet. 1536 wurde er in den Stadtrat und 1544 zum evangelischen Stadtpfarrer berufen. Mit großem Einsatz widmete er sich der Bildung und Erziehung, führte den allgemeinen und kostenlosen Schulbesuch ein und veranlasste um 1541 die Umgestaltung der alten Stadtschule in die erste humanistische Lehranstalt Siebenbürgens; ab 1544 ist die erste Mädchenschule belegt. Seit 1898 blickt sein von dem Berliner Bildhauer Harro Magnussen anlässlich seines 400. Geburtstags geschaffenes Standbild vor der Kirche in Richtung des von ihm gegründeten J.-Honterus-Gymnasiums (Liceul J. Honterus).

Cartierul Schei

Über die **Poarta Schei** und durch das gleichnamige triumphbogenartige Stadttor (1827) gelangt man in das Vorstadtviertel Schei. Unterwegs lohnt ein Blick auf die **Synagoge**. Sie entstand 1898–1901 nach den Plänen von Leopold Baumhorn (Mo.–Fr. 9.00–13.00 Uhr). Das koschere Restaurant daneben ist nur über Mittag geöffnet.

Wie in anderen Städten Siebenbürgens war es der rumänischsprachigen Bevölkerung nicht erlaubt, innerhalb der befestigten Städte zu wohnen. So entstand das malerische **Schei-Viertel** um den heutigen Platz der Einheit (Piața Unirii) und die nahe Nikolauskirche. Hier eröffnete 1557 der orthodoxe Geistliche **Coresi** (1510–1581) eine Druckerei. Er brachte die ersten Bücher in rumänischer Sprache heraus und bereitete damit der rumänischen Schriftsprache den Weg.

✶ Biserica Sfântu Nicolae

Baubeginn der orthodoxen Nikolauskirche, der »Kathedrale der Rumänen« im Burzenland, war 1495. 1512–1521 wurden Altar und Turm errichtet, 1538 folgte das mit Heiligenbildern geschmückte Atrium und 1598 das Vestibül. 1750–1752 entstand die nördliche Kapelle mit Ikonostase und Motiven aus der Zeit Constantin Brâncoveanus, dessen Tochter Ancuta hier beigesetzt wurde. Die Turmuhr ist ein Geschenk von Elisabeta Petrovna, Tochter des Zaren Peter der Große. Zur gleichen Zeit entstand die **älteste rumänische Schule**.

Şcoala românescă din Schei ►

1595 wurde der »Coresi-Katechismus« eingeführt, das erste rumänischsprachige Schulbuch. Die Schule ist heute **Museum** und zeigt neben einem alten Klassenzimmer wertvolle Dokumente, u. a. ein »Tetra-Evangeliar« (um 1560) mit Miniaturen des moldauischen Künstlers Mathias Logafatul.

Weitere Kirchen

Die um 1233 errichtete **Bartholomäuskirche** (Biserica evanghelică Sf. Bartolomeu, Str. Lungă) ist eines der ältesten Gebäude der Stadt. Ihre Rosettenfenster sind typisch für die Zisterzienser-Gotik. Im Innern bewahrt sie antike türkische Teppiche. Da sie außerhalb des Stadtzentrums stand, wurde sie mit starken Mauern umgeben.

Außerhalb der Altstadt erhebt sich auf einem Hügel oberhalb der Straße Dealul de Jos die Anfang des 13. Jh.s erbaute **Martinskirche** (Biserica evanghelică Sf. Martin). Der Altar ist von Stefan Schuller (1730), die Holzmalereien stammen aus dem 15./16. Jahrhundert. Die 1782 im Barockstil erbaute römisch-katholische **Peter-und-Paul-Kirche** (Biserica romano catolică Sf. Petru şi Pavel) in der Str. Mureşenilor steht auf den Grundmauern eines Dominikanerklosters, daran erinnert der frühere deutsche Straßenname Klostergasse.

Stadtbefestigung

Das historische Stadtzentrum wurde im 15./16. Jh. mit starken Mauern, 28 Türmen, 8 Handwerkerbastionen und 4 Toren gesichert. Teilstücke der Befestigungsanlage sind erhalten, darunter die jüngst renovierte Stadtmauer zwischen Tâmpa und Altstadt mit Weber- (Bastionul Tesătorilor), Seiler- (Bastionul Frânghierilor) und Tuchmacher-Bastion (Bastionul Postăvarilor). Die 1438 errichtete **Weberbastion** ist heute Stadtmuseum (Di.–So. 10.00–16.00 Uhr). Von den alten Toren ist nur das 1559 erbaute **Katharinentor** (Poarta Ecaterinei) erhalten, dessen Turmdach vier kleinere Türmchen zieren, Symbol für die Hochgerichtsbarkeit der Stadt.

◄ Stadtmuseum

Auch auf der gegenüberliegenden Seite gibt es noch ein Stück Stadtmauer. Die **Schmiedebastion** (Bastionul Fierarilor, 1529) beherbergt das **Staatsarchiv** mit wertvollen historischen Urkunden. Die nach dem Bach Graft benannte **Graftbastion** (Bastionul Graft) ist seit ihrer Renovierung 2004 wieder durch eine Steintreppe mit dem **Weißen Turm** von 1494 verbunden, der oberhalb am Hang des Raupenberges (Dealul Romurilor) thront. Das fünfstöckige Bauwerk stand unter der Obhut der Zinngießerzunft. Zur gleichen Zeit errichtete man etwas tiefer den **Schwarzen Turm**, der 1599, vom Blitz getroffen, ausbrannte und so zu seinem Namen kam. Die Belvedere-Terrasse von 1884 und ein Teil der sog. Königspromenade (1885) zwischen den Türmen wurden jüngst erneuert. Anstelle der **Riemenmacherbastion** steht heute das **Baiulescu-Haus**.

★ ◄ Tumul Alb

◄ Tumul Negru

Zur Wehranlage gehörte auch die 1524 errichtete und 1625 ausgebaute **Festung** auf dem **Schlossberg** (Dealul Cetăţii). Sie beherbergt heute das feine **Schlossrestaurant Cetate**.

◄ Cetatuia

Weitere Museen

Das **Ethnografische Museum** (Muzeul de Etnografie) demonstriert mit rund 10 000 Exponaten die Geschichte des Burzenlands (Ţara Bîrsei; B-dul Eroilor 21a, Di.–So. 9.00–17.00 Uhr).

In dem 1970 eröffneten **Kunstmuseum** (Muzeul de Artă) sind u. a. die Künstler Ştefan Luchian, Nicolae Grigorescu und Nicolae Tonitza vertreten. Im Erdgeschoss finden Wechselausstellungen und Konzerte statt (B-dul Eroilor 21; Di.–So. 9.00–17.00 Uhr).

Râşnov: Die Bauernburg wurde Anfang des 13. Jh.s vom Deutschen Ritterorden erbaut.

Umgebung von Braşov (Karte ►S. 277)

Ghimbav Ghimbav (**Weidenbach**, Vidombák), 4 km westlich von Braşov an der Str. 1, lohnt wegen seiner Kirchenburg einen Besuch. Die frühgotische Basilika aus dem 13. Jh. erhebt sich in der Mitte einer mit Türmen gesicherten Ringmauer. Den klassizistischen Altar schuf Heinrich Pop aus Braşov. Einst betrat man die Kirchenburg durch einen Torturm, heute steht hier das im 19. Jh. erbaute Bürgermeisteramt.

Cristian Den Mittelpunkt des Dorfes 7 km westlich von Braşov (**Neustadt**, Keresztényfalu) bildet die gut erhaltene Kirchenburg. Die 1270 erbaute Pfeilerbasilika wurde 1839 abgerissen und bis 1848 durch die heutige klassizistische Hallenkirche ersetzt. Erhalten sind ein romanisches Rosenfenster und das Eingangsgewölbe. Die farbigen Glasfenster im Altarraum zeigen den rumänischen Reformator Honterus, Luther sowie Petrus und Paulus. Die Kirche erhielt im 15./16. Jh. die doppelte Ringmauer mit neun Wehrtürmen und einen Wassergraben, der Ende des 18. Jh.s zugeschüttet wurde, um Platz für einen Friedhof zu schaffen. Bis heute hat die Kirchenburg dennoch ihren wehrhaften Charakter bewahrt.

★ Vulcan ► Nur 2 km westlich liegt Vulcan (**Wolkendorf**, Szászvolkány) mit einer Kirchenburg. Bei einem Überfall des Fürsten Gabriel Bathori 1611 wurden das Dorf und die Kirche zerstört, die Kirche erst 1664 wieder aufgebaut. Von dem romanischen Vorgängerbau sind nur der Triumphbogen und die Grundmauern erhalten. Wertvollstes Stück ist der kelchförmige Taufstein von 1741. Martin Thies, ein bedeutender Komponist von Blasmusik, kam 1881 hier zur Welt († 1940).

Făgăraş

Die 45 000 Einwohner zählende Stadt (**Fogarasch**, Fogaras) im Norden des Făgăraş-Gebirges (► Curtea de Argeş, S. 102) zwischen Braşov und Sibiu ist Schauplatz in Eginald Schlattners Roman »Der geköpfte Hahn«. Die gut erhaltene und von einem Wassergraben umgebene Festung (Cetate) war 1368–1464 Lehen im Besitz der walachischen Woiwoden. Im 15. Jh. erhielt sie ihren trapezförmigen Grundriss und polygonale Ecktürme. Die siebenbürgischen Fürsten Gábor Bethlen (1613–1629) und György Rákóczi I. (1631–1648) bauten sie zu einem Renaissanceschloss mit Loggia um und versahen sie mit einer starken Ziegelmauer. Zur Zeit des siebenbürgischen Prinzen Mihály Apafi (1661–1690) erlebte das Schloss seine größte Blütezeit. 1948–1960 diente es als Gefängnis für politische Gefangene. Heute beherbergt es ein historisches Museum (Di.–Fr. 8.00–18.00, Sa., So. 9.00–17.00 Uhr) und ein Restaurant.

Cincu

Von Făgăraş geht es rund 10 km Richtung Westen am Fluss Olt entlang nach **Cincşor** (**Kleinschenk**) mit einer noch gut erkennbaren **Kirchburg**, deren Wehrtürme versetzt angeordnet sind. Nach 9 km in nördlicher Richtung folgt Cincu (**Großschenk**, Nagysink). Von dem ursprünglich doppelten Mauerring sind nur noch Bruchstücke erhalten. Die romanische Basilika mit sieben Jochen und einem massiven Westturm entstand in der ersten Hälfte des 13. Jh.s. Das romanische Westportal flankieren zwei Säulen mit palmettengeschmückten Kapitellen. Aus der Romanik stammt auch noch ein Zwillingsfenster im südlichen Seitenschiff. Der Renaissancealtar des hl. Thomas wurde von Vincentius aus Sibiu geschaffen (Schlüssel im Haus 354, Tel. 02 68/24 41 66). Von Cincu ist es nicht weit nach Dealu Frumos (►S. 349).

Poiana Braşov – Schulerau

Die Gemeinde in den Karpaten südwestlich von Braşov auf dem Weg nach Râşnov und ►Bran war schon im ausgehenden 19. Jh. ein beliebtes Wander- und Wintersportziel. Zwischen Dezember und März erwarten hier rund 4,5 km Pisten, zahlreiche Lifte, einige Hotels und viele Restaurants die Winterurlauber.

★★ Râşnov

Im 650 m hoch gelegenen Râşnov (20 000 Einw.; **Rosenau**, Barcarozsnyó) lohnt die auf einem 150 m hohen Kreidefelsen thronende **Bauernburg** mit ihren 10 Türmen unbedingt einen Besuch (Cetatea, Di.–So. 9.00–17.00 Uhr). Schon 1532 war Rosenau die zweitgrößte Ortschaft des Burzenlandes nach Kronstadt. Die umfassend restaurierte Burg ist die **größte Festungsanlage Südtranssilvaniens**. Ihre Anfänge reichen zurück bis zum Deutschen Ritterorden, der 1211 bis 1225 den ältesten Teil errichten ließ. Hinter ihren Mauern verbirgt sich ein malerisches Burgviertel mit engen, verwinkelten Gassen und hübschen Häuschen. In der Burg sind historische Waffen und Gegenstände des bäuerlichen Alltags zu sehen. Die Trinkwasserversorgung erfolgte über einen 159 m tiefen Brunnen. Eine Legende besagt, dass er von zwei gefangenen Türken in 17 Jahren mühevoller

Hărman, eine der größten Kirchenburgen Siebenbürgens

Arbeit ausgehoben wurde. Man hatte ihnen die Freilassung versprochen, wenn sie auf Wasser stießen. Von der Wehranlage bietet sich eine fantastische Aussicht auf die Gebirgskette der Piatra Craiului (Königstein).

Sânpetru Das Dorf Sânpetru (**Petersberg**, Barcaszentpéter, 6 km nordöstlich von Braşov) besitzt mit seiner hufeisenförmig angelegten Kirchburg ein kurioses Baudenkmal: Der Glockenturm steht im Osten der Kirche, der Chor im Westen. Bemerkenswert ist die Kapelle (15. Jh.) mit Freskenfragmenten in der Nordostecke der inneren Ringmauer (Schlüssel, Tel. 02 68/36 07 30).

**** Hărman** Eine der bedeutendsten Kirchburgen Siebenbürgens steht 13 km nordöstlich von Braşov in dem Dorf Hărman (**Honigberg**, Szászhermány). Die erste Erwähnung ist von 1240. Damals verlieh König Béla IV. dem Zisterzienserorden u. a. das Patronat über die Kirchen von Mons Mellis (= Honigberg). »Honigberg« leitet sich vermutlich von einem nahen Berg ab, an dem es viele Bienenschwärme gegeben haben soll. Möglich ist aber auch, dass er aus der alten Heimat importiert wurde: Bei Bingen am Rhein gibt es ein Dorf Honigberg und bei Koblenz wird ein »Honigberger« gekeltert. Der rumänische und der ungarische Name leiten sich von Hermann ab, dem Anführer der ersten Siedler. 1377 gehörte Honigberg zu den 13 freien Gemeinden des Burzenlandes, die mit Braşov eine eigene Gerichts- und Verwaltungseinheit bildeten.

◄ Kirche

Die dreischiffige Basilika mit quadratischem Chor wurde um 1280 im romanischen Stil begonnen, gotisch vollendet und mit einer ovalen Mauer umgeben. Aus romanischer Zeit stammen drei Rundbogenfenster, Kapitelle und in der im 15. Jh. zur Sakristei umgestalteten Nordkapelle einige groteske Konsolenköpfe. Im Kircheninnern sind Fragmente vorreformatorischer Fresken erhalten, die übrigen Wandmalereien wurden weiß übertüncht. Die Bänke (16. Jh.) für die Frauen in ihren üppigen Trachten sind lehnenlos. Sie saßen immer in der Mitte, geschützt von ihren Männern. Eine Kuriosität sind die wie Schwalbennester an die Kirche angebauten Vorratskammern. Der massive, 56 m hohe **Westturm** (14. Jh.) ist der höchste Glockenturm im Burzenland. Sein Erdgeschoss öffnet sich in Spitzbogenarkaden zum Kirchenschiff.

◄ Mauerring

Den 12 m hohen und 4 m starken Mauergürtel erhielt die Kirche zwischen 1500–1520. Von sieben Türmen sind sechs erhalten. In den Ostturm wurde im 13. Jh. eine **Kapelle** eingebaut. Die Wandmalereien zeigen u. a. Szenen des Jüngsten Gerichts. Die ehemaligen Wohnkammern der Dorfbewohner gibt es nur noch an der Südseite. Den tonnengewölbten Eingang sicherten verschiedene Tore. Anstelle der Zugbrücke wurde 1791 ein überdachter Gang mit Säulenarkaden errichtet (Kontakt: Petru Diners, Pieţi Nr. 2, Tel. 02 68/36 74 38. Das Pfarrhaus dient als Gästehaus, Tel. 02 68/36 71 20).

★★ Prejmer

Tartlau (Prejmer, Prázsmár), die östlichste der siebenbürgisch-sächsischen Siedlungen, 18 km nordöstlich von Braşov, besitzt eine der schönsten Kirchenburgen Siebenbürgens. Und obwohl der Ort über Jahrhunderte Überfälle, Plünderungen und Zerstörungen erlebte, wurde die Kirchenburg nie erobert.

Mittelpunkt der Kirchenburg ist die **Heilig-Kreuz-Kirche**. Mit ihrem Bau wurde schon um 1218 vermutlich im Auftrag des Deutschen Ritterordens begonnen. Ihr Grundriss entspricht einem griechischen Kreuz, bei dem jeder Kreuzarm polygonal abschließt. Die Idee eines Zentralbaus im byzantinischen Stil könnte der Deutsche Ritterorden aus dem Orient mitgebracht haben.

Nach der Vertreibung des Ritterordens wurde der Ort den Zisterziensern unterstellt, die den Bau im Stil der burgundischen Frühgotik weiterführten. Charakteristisch sind das sechsteilige Netzgewölbe der

i Gut zu Wissen

- Kirchenburg Öffnungszeiten: im Sommer Di.–Sa. 9.00–17.00, So. 9.00–15.00, im Winter Di.–So. 9.00–15.00 Uhr
- Weitere Informationen und Vermittlung von Übernachtungsmöglichkeiten in einem Gästehaus neben dem Pfarrhaus: Pfarrer András Pál, Tel. 02 68/ 36 20 42, 07 23 05 54 04 (mobil) Palandras.tarlau@gmail.com

Kreuzarme, Gewölbekonsolen, Bogenfriese, Schildbögen, Radfenster, die durch Arkadenbögen verbundenen Seitenkapellen des Chores und elf Spitzbogenfenster mit Maßwerk. Strebepfeiler an den polygonalen Apsiden stützen die Außenmauern. Über der Vierung erhebt sich ein massiver Glockenturm aus dem 15./16. Jh., zur gleichen Zeit wurde die Empore eingezogen. Vier Schlusssteine im Westteil zeigen das Tartlauer Wappen und die Jahreszahl 1512. Um 1520 wurde die nördliche Seitenkapelle zur Sakristei umgebaut.

Im Innern dominiert der gotische Flügelaltar (um 1450), der **älteste erhaltene Altar Transsilvaniens** (►S. 182, 183). Das Chorgestühl von 1525/26 besitzt bereits Renaissancemotive. 1929 setzte die Orgelbaufirma Wegenstein/Temesburg eine neue Orgel in das barocke Orgelgehäuse.

Ringmauer ►

Die Kirche ist von der stärksten ovalen Ringmauer Siebenbürgens umgeben. Sie entstand in zwei Bauphasen. Die erste, vor 1300 erbaute Mauer war 3 m dick. Im 15./16. Jh. wurde der Ring ummantelt und mit vier Türmen verstärkt. Unter den Kammern an der Innenseite der Burgmauer (► S. 182) gab es angeblich auch ein »Ehezimmer«, in das scheidungswillige Paare so lange eingesperrt wurden, bis sie sich wieder vertrugen. Heute beherbergen zehn Kammern und die »Alte Schule« ein Heimatmuseum mit rekonstruierten Werkstätten.

Im oberen Bereich der heute noch begehbaren Ringmauer verläuft ein 2 m breiter, überdachter **Wehrgang** mit Schießscharten und Gussöffnungen. Wie in Saschiz (► S. 350) ließen sich die Schießscharten mit einem drehbaren Holzbalken schließen. In der hufeisenförmigen Vorburg im Süden der Kirchenburg lagen die Wirtschaftsgebäude wie die Bäckerei und sogar eine mit Pferden betriebene Mühle.

Die zum UNESCO-Weltkulturerbe gehörende Kirchenburg diente auch schon als Kulisse verschiedener Filmproduktionen. 1972 filmte Michael Anderson mit Liv Ullman in der Hauptrolle »Die Päpstin« und 1994 wurden einige Szenen für »Nostradamus« gedreht.

Weitere Kirchenburgen

An der Straße 13 von Braşov nach ►Sighişoara erheben sich nach rund 20 km die Ruinen einer Burg aus dem 13. Jh. über **Feldioara** (Marienburg, Földvár). Auch die Kirche im Ort ist umfriedet. Die Kirchenburg des weiter nördlich liegenden Dorfes **Rotbav** (Rothbach, Szászveresmart) besitzt als einzige des Burzenlandes einen mit einem Kranz von Gussscharten versehenen, heute etwas schief stehenden Glockenturm. Im Dorf gibt es noch einige schöne Häuser. In **Măieruş** (Nussbach, Szászmagyaros), nach 7 km, folgt die nächste Kirchenburg. Von der gotischen Hallenkirche (14./15. Jh.) sind noch die Türrahmungen sowie die Vorhalle unter dem Glockenturm erhalten. Um 1745 wurde der Turm ummantelt. Von hier sind es noch etwa 35 km nach ►Sfântu Gheorghe, das besuchenswerte Städtchen im südlichen Zipfel des Szeklerlandes.

★★ Bucureşti · Bukarest

Q 9

Landeshauptstadt
Einwohnerzahl: knapp 2 Mill.
Region: Muntenia · Große Walachei
Höhe: 81 m ü. d. M.

Bukarest, die Hauptstadt Rumäniens, gehört zu den Städten, die sich dem Reisenden nicht auf den ersten Blick erschließen. Man muss sich schon ein bisschen Zeit nehmen, um den etwas versteckten Charme des einstigen »Klein-Paris« zu entdecken.

Viele Gegensätze

Die Metropole beindruckt durch ihre Gegensätze: Schöne Bojarenhäuser konkurrieren mit nüchternen Betonwänden oder spiegelnden Glasfassaden, schnurgerade Alleen verlieren sich in winkligen Gassen. Landhäuschen mit Gärten und neoklassizistische Fassaden, deren Putz bröckelt, trotzen Wohnburgen im Stil der 1930er-Jahre, sozialistischen Plattenbauten und stalinistischem Zuckerbäckerstil. Exklusive Boutiquen und Leuchtreklamen verdrängen alteingesessene Hutgeschäfte und Lebensmittelläden. »Die Art und Weise, wie Bukarest im letzten Jahrhundert verändert wurde, gibt Aufschluss über das Verhältnis von Architektur und Macht, aber auch über die Bewohner der Stadt und ihre Mentalität, denn die Architektur war ein

Der 1896–1900 nach Plänen von Paul Gottereau erbaute Sparkassenpalast CEC; im Hintergrund das moderne Finanzviertel

bevorzugtes Handlungsinstrument der rumänischen Innenpolitik«, schrieb der Philosoph Augustin Ioan 1996. »Der Eklektizismus des vorigen Jahrhunderts brachte Bukarest die Monumentalisierung der Stadt. ... Der Stalinismus war die Symmetrieachse der Architektur.« Seit 1989 wird endlich auch die alte Bausubstanz liebevoll gepflegt. Doch nirgendwo im Land ist der krasse Gegensatz von arm und reich augenscheinlicher als in der Hauptstadt.

Geschichte Bukarest ist eine recht junge Stadt. Ihre erste urkundliche Erwähnung stammt von 1459. Allerdings war das leicht zugängliche Gebiet zuvor von Dakern, Geten, Römern, Slawen und Bulgaren besiedelt.
Gegründet wurde die Stadt laut einer Legende von einem Schafhirten namens **Bucur**, der hier eine Kirche errichtet haben soll. Doch war es der berüchtigte walachische Fürst Vlad Ţepeş (►Special S. 343), der in einer Urkunde von 1459 die »Stadt an der Dâmboviţa« gründete und zum Fürstenhof machte. In seinem Schatten entwickelte sich eine blühende Handelsniederlassung trotz der Tributzahlungen an den

Bucureşti • Bukarest *Umgebung*

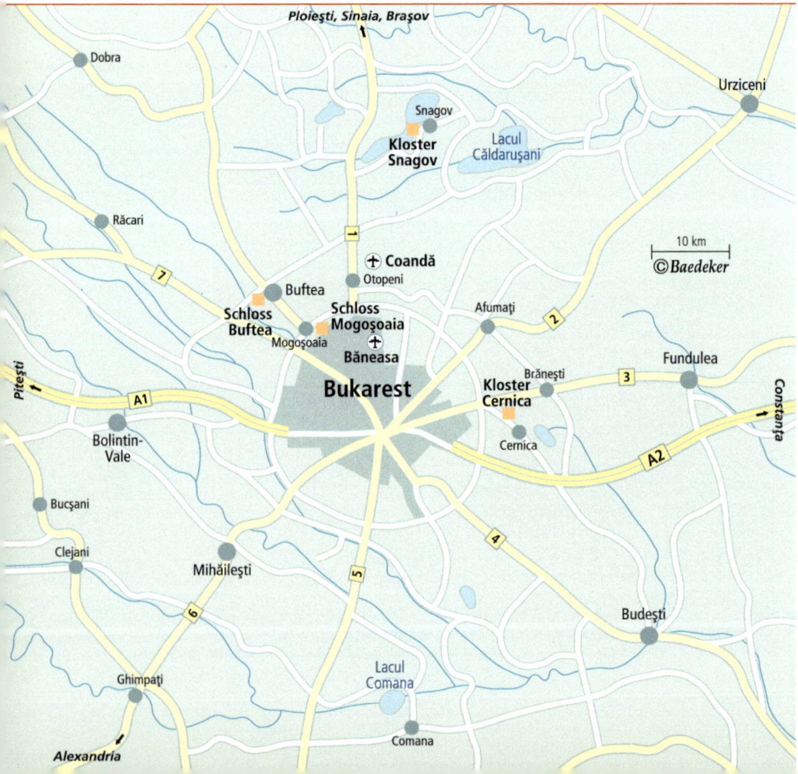

BUKAREST ERLEBEN

AUSKUNFT

Ein offizielles Touristenbüro gibt es in Bukarest leider noch nicht, dafür verschiedene private Reiseagenturen. Informationen über die Stadt und Umgebung bekommt man u. a. im Reisebüro Travel House
Calea Victoriei 4/8
Tel. 0 21/316 79 34, 35 und 36
Mo.–Fr. 9.00–19.00, Sa. 10.00–14.00 Uhr; www.travelhouse.ro

Goethe-Institut
Str. Henri Coandă 22
Tel. 0 21/2 19 41 18
www.goethe.de/bukarest

GUT ZU WISSEN

Verkehr
Wichtigster internationaler Flughafen ist der Aeroportul Henri Coandă in Otopeni, 18 km nördlich der Stadt, an der Autobahn nach Ploieşti.
Tel. 0 21/2 30 00 22
Regelmäßige Busverbindung in die Innenstadt.
Vom Flughafen Băneasa, 10 km nördlich der Innenstadt, werden vor allem Inlandsflüge abgefertigt. Regelmäßige Busverbindung in die Innenstadt.

Wichtigster Bahnhof ist die Gara de Nord (Nordbahnhof); von hier verkehren Metro, Bus oder Straßenbahnen in die anderen Stadtteile.

Das Stadtzentrum kann man erlaufen. Gut ausgebaut ist das Metro-Netz (www.metrorex.ro). Fahrkarten sind billig. Am günstigsten sind Mehrfahrtenkarten, erhältlich an den Metrostationen.

Das Taxifahren ist recht preiswert. Seriöse Unternehmen machen die Tarife und den Namen des Unternehmens außen am Fahrzeug sichtbar, außerdem ist bei Fahrtantritt das Taxameter eingeschaltet.

Internet-Cafés
24 Stunden geöffnet haben u. a. das Café GDS Library, Calea Victoriei 120 und das Café D&D, Calea Victoriei 136.

Einkaufen
Hauptpost, Poşta Romȃna, Str. Matei Millo 10, Tel. 0 21/3 15 90 30
Wochenmarkt: im Zentrum auf der Piaţa Amzei
Antiquitäten: Hanul cu Tei, Lipscani 63–65
Buchhandlung: Humanitas Kretzulescu, Calea Victoriei 45, auch ausländische Literatur.

Nachtleben
Die historische Altstadt mit ihren Restaurants, Bars, Kneipen und Cafés ist ideal für Nachtschwärmer.
Das **Green Hours 22 Club Jazz Café** ist eine gute Adresse für Jazzfreunde und besitzt einen traumhaften Hinterhof für laue Sommernächte (Calea Victoriei 120).

ÜBERNACHTEN · ESSEN

► Luxus

⑤ *Athénée Palace Hilton*
Str. Episcopiei 1–3
Tel. 0 21/3 03 37 77
www.hilton.de/bucharest
Das Fünfsternehotel gilt als das beste Hotel im Stadtzentrum. Luxuriös ausgestattete Zimmer mit großräumigen Bädern. Zum Service gehört die freie Nutzung des Fitnesscenters.

⑥ *Casa Capşa*
Calea Victoriei 36

Bucureşti • Bukarest *Orientierung*

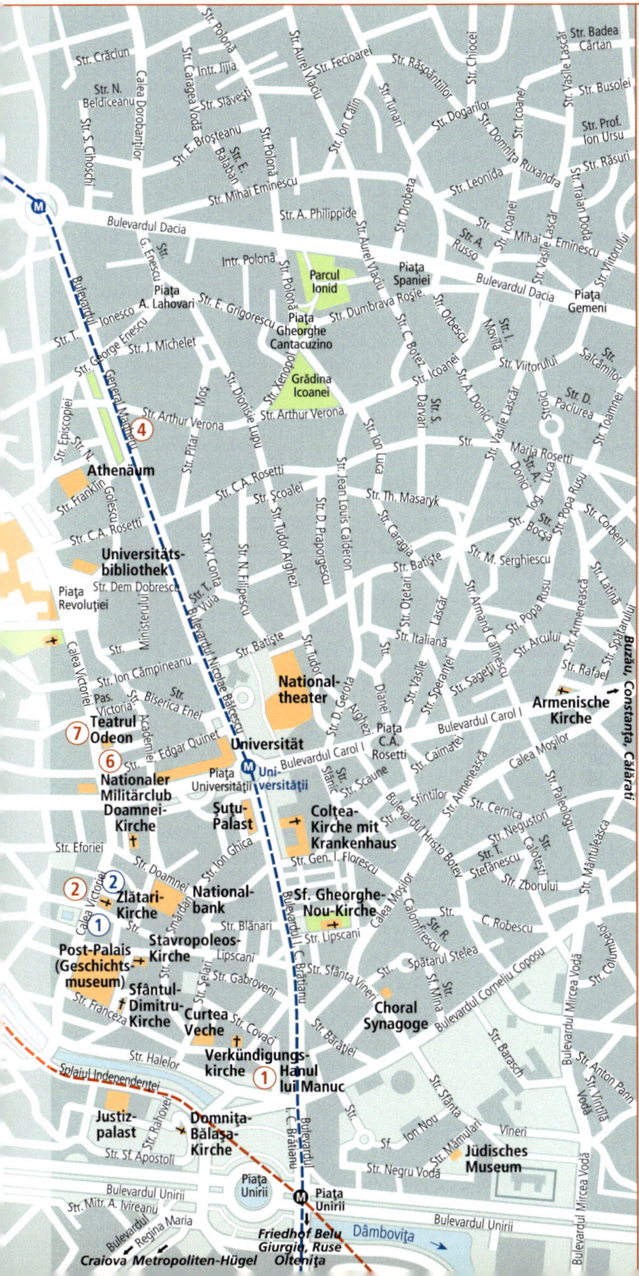

Übernachten • Essen

1. Hanul lui Manuc
2. Mioriţa
3. Helvetia
4. Ambassador
5. Athénée Palace Hilton
6. Casa Capşa
7. Capitol

Übernachten

8. Butterfly Villa

Essen

1. Carul cu Bere
2. Macca-Vilacrosse-Passage
3. La Mama

Metro 2
Metro 3
Umsteigestation

Tel. 0 21/3 13 40 38
www.capsa.ro
Das Fünfsternehotel liegt an der Hauptflaniermeile in einem frisch renovierten historischen Gebäude mit Restaurant.

⑦ *Capitol*
Calea Victoriei 29
Tel. 0 21/3 15 80 30
Das zentral gelegene Dreisternehaus war Ende 19., Anfang 20. Jh. ein Treffpunkt der Bukarester Bohème und auch heute ist das Restaurant nicht nur von Hotelgästen besucht.

► Komfortabel

③ *Helvetia*
Piața Charles de Gaulle 13
Tel. 0 21/2 23 05 66
Das Hotel liegt ruhig im Norden der Stadt beim Herăstrău-Park. Die 29 Zimmer sind geschmackvoll eingerichtet, die Atmosphäre noch recht privat.

④ *Ambassador*
B-dul G. Magheru 8–10
Tel. 0 21/3 15 90 89
www.ambassador.ro
Das vom Art déco beeinflusste Hotel liegt zentral und bietet neben einem lange geöffneten Restaurant einen bewachten Parkplatz.

► Komfortabel/günstig

⑧ *Butterfly Villa*
Str. Dumitru Zosima 82
Tel. 07 47/03 26 44 oder 02 12/24 19 18
www.butterfly-villa.com
Rumänisch-deutsche Gastfreundschaft in der Nähe vom Nordbahnhof (ohne Restaurant; genaue Anfahrtsbeschreibung auf der Website).

► Günstig

① *Hanul lui Manuc*
Srt. Franceză 62–64
Tel. 0 21/73 13 14 11
Das Hanul lui Manuc blickt auf eine lange Tradition als Karawanserei zurück. Die malerische Anlage mit Innenhof und Holzarkaden liegt mitten in der Altstadt und wird zur Zeit umfassend renoviert (►S. 198).

② *Miorița*
Str. Lipscani 12
Tel. 0 21/3 12 03 61
Das kleine Hotel im Herzen der Altstadt ist etwas für Individualisten (nur mit Frühstück; in der Nähe gibt es viele Restaurants).

ESSEN IN DER ALTSTADT

In den Altstadtgassen eröffnen immer mehr kleine Restaurants, die von arabischer bis zu rumänischer Küche die verschiedensten Geschmäcker bedienen. Im Folgenden eine kleine Auswahl:

► Erschwinglich

① *Carul cu Bere*
Str. Stavropoleos 3
Tel. 02 64/59 74 97, Mo.–Sa. 12.00–2.00 Uhr
Das Traditionslokal »Bierwagen« bietet gute rumänische Küche mit Flair.

② *Macca-Vilacrosse-Passage*
In der von der Calea Victoriei abgehenden Macca-Vilacrosse-Passage (Pasajul Macca-Vilacrosse) gibt es viele kleine, hübsche Restaurants, die am Wochenende oft überfüllt sind.

③ *La Mama*
Str. Barbu Văcărescu 3
Tel. 0 21/2 12 40 86
Das für seine gleichbleibende Qualität bekannte rumänische Restaurant ist eine Institution.

Sultan. Den Status einer Hauptstadt musste sich Bukarest jedoch noch mit ►Târgovişte teilen. Erst 1659 wurde es alleinige Hauptstadt der Walachei. 1668 folgte der weltlichen Macht auch die orthodoxe Führung. In der Folge war Bukarest wiederholt innenpolitisch von Bojarenkämpfen bedroht und außenpolitisch zwischen osmanischem Reich, Russland und Österreich umkämpft. Mit der Ernennung zur Hauptstadt des 1862 von Alexandru Ioan Cuza proklamierten Staates România setzte der Ausbau der Stadt ein, u. a. wurde 1869 die Bukarester Universität gegründet und prächtige öffentliche Bauten entstanden, z. B das Athenaeum 1888. Die Bautätigkeit dieser Epoche führte zum Beinamen **»Klein-Paris«**. Seit 1883 war die Stadt auch orthodoxes Erzbistum. »Bukarest bildet in der Tat so ziemlich die Scheide zwischen dem Osten und Westen. Es vereinigt in sich charakteristische Merkmale des einen und des anderen«, beschrieb der Schriftsteller Paul Lindau schon 1890 die Gegensätze in der Stadt; der Dichter Caragiale nannte sie das »Tor zum Orient«.

◄ Hauptstadt der Walachei

◄ Hauptstadt Rumäniens

Der nach 1920 einsetzende erneute Aufschwung fand sein jähes Ende im Zweiten Weltkrieg. Die einst große jüdische Gemeinde von Bukarest wurde zerschlagen. Bevor 1941 die Deportationen begannen, kam es zu einem Pogrom, bei dem 127 Menschen ermordet wurden. Der Rest des einstigen jüdischen Viertels liegt heute etwas verwahrlost hinter der großen Synagoge (►Special S. 200).

Unter der kommunistischen Regierung setzte eine Stadtentwicklung nach sowjetischem Muster ein, indem die alte Stadt mit einem **Gürtel von Plattenbauten** umgeben wurde. Eine Katastrophe war das

◄ Stadtentwicklung nach sowjetischem Muster

Highlights Bukarest

Calea Victoriei
Die 2,8 km langen »Champs-Elysées« von Bukarest
► Seite 194

Cantacuzino-Palast
Der Adelspalast ist ein schönes Beispiel für den rumänischen Eklektizismus.
► Seite 194

Athenaeum
Sitz der Staatsphilharmonie und ein herausragendes Architekturdenkmal
► Seite 195

Nationale Kunstgalerie
Das wichtigste Kunstmuseum Rumäniens in den Räumen des ehemaligen Königspalastes
► Seite 195

Geschichtsmuseum
Zu den Schätzen gehören die Kopie der berühmten Trajanssäule und der »Schatz von Pietroasa« aus der Völkerwanderungszeit.
► Seite 198

Altes Handelsviertel
Ein Spaziergang zur »Alten Karawanserei« und zur Stavropoleos-Kirche, einem der schönsten Sakralbauten von Bukarest
► Seite 198

Parlamentspalast
Der Stein gewordene Größenwahn Ceauşescus
► Seite 203

Freilichtmuseum
Bäuerliche Architektur und Volkskunst aus ganz Rumänien
► Seite 205

schwere Erdbeben von 1977, bei dem 1500 Menschen starben. Anschließend fielen 20 % der Innenstadt **Ceauşescus berüchtigter Modernisierungsparanoia** zum Opfer: Über 20 Kirchen und Dutzende historischer Straßenzüge mussten Monumentalbauten weichen. Mit einer neuen funktionalen und majestätischen Stadt wollte Ceauşescu sich selbst ein Denkmal setzen. So sollte durch die Anordnung der Gebäude aus der Luft sein Name lesbar sein ... Fertiggestellt wurden der **Parlamentspalast**, ein gigantischer Koloss, der an Größe nur noch vom Pentagon übertroffen wird, und der **»Boulevard des Sieges des Sozialismus«**. Doch bevor der Diktator in seinen Palast richtig einziehen konnte, wurde er gestürzt. Die Revolution von 1989 forderte in Bukarest rund 500 Opfer, an die ein weißer Obelisk auf dem Revolutionsplatz erinnert.
In puncto Kultur- und Nachtleben hat Bukarest viel zu bieten, so ist das Altstadtviertel Hauptanziehungspunkt für Nachtschwärmer. Darüber hinaus gibt es mehrere Universitäten und Hochschulen sowie Theater, eine Oper, Philharmonie und zahlreiche Museen.

Sehenswertes in Bukarest

Übersicht

Das eigentliche Zentrum zieht sich wie ein langes Band von Norden nach Süden durch die Stadt. Es beginnt im Norden mit dem baumbeschatteten **Boulevard Kiseleff**, der sich nach dem großen **Siegesplatz** in der **Calea Victoriei** (Siegesstraße) fortsetzt, an der noch einige Palais und der einstige Königspalast liegen. Parallel dazu verläuft der **Boulevard General Magheru** mit vielen Geschäften und Hotels. Er endet nach einigen Namenswechseln schließlich auf dem **Unirii-Platz** (Einheits-Platz) jenseits des Flüsschens Dâmboviţa. Reste der Altstadt sind am Nordufer erhalten, das Südufer dominieren die Monumentalbauten der Ceauşescu-Ära.
Eine einheitliche Bebauung oder eine typische Fußgängerzone sucht man in Bukarest vergeblich, doch gibt es in dem Mix von Stilen und Bauten Schönes wie Kurioses zu entdecken. Daher lohnt es sich auch, die Seitenstraßen zu durchstreifen. Ein hübsches Restaurant in einer Villa zwischen Wohnblocks, ein bunter Markt, ein nettes Gartenstadt-Viertel hinter maroden Fassaden der Gründerzeit oder ein nachts geöffneter Laden – Bukarest steckt voller Überraschungen, die man am besten zu Fuß erkundet. Für größere Strecken empfehlen sich Metro oder Taxi. Allerdings sollte man den Taxipreis zuvor aushandeln oder auf einem Taxameter bestehen.

Zwischen Şos. Kiseleff und Piaţa Victoriei

Boulevard Kiseleff

Der breite Boulevard Kiseleff im Norden des Zentrums führt vom einstigen Fürstensitz in der Altstadt zur Sommerresidenz Mogoşoaia des Fürsten Brâncoveanu (►S. 205). »Ein wirklich großartiger Korso, wie ihn kaum eine andere Hauptstadt besitzt. Alles fährt nach der hübschen Chaussee Kisseleff hinaus. Auf der ›Chaussee‹ treffen sich

Bukarest Norden

alle, die zur vornehmen Gesellschaft gehören oder gehören möchten, tauschen Grüße, treffen Verabredungen, kokettieren, bändeln an, schmollen und klatschen; und der Fremde sieht da in einer halben Stunde alle bemerkenswerten und interessanten Persönlichkeiten der ersten Kreise von Bukarest«, schrieb 1890 der Dramatiker Paul Lindau in seinen Reiseerinnerungen. Ob man mit dem Auto oder vom Flughafen Henri Coandă anreist, man kommt unweigerlich über diesen breiten Boulevard ins Stadtzentrum, und so ist es nicht verwunderlich, dass gerade hier **Bukarests Triumphbogen** (Arcul de Triumf) errichtet wurde. Im Norden bildet das von H. Maicu 1956 nach dem Vorbild der Moskauer Lomonosov-Universität im stalinistischen Zuckerbäckerstil errichtete **Pressezentrum** (Casa Scântei) den monumentalen Abschluss der Achse.

◄ Triumphbogen

Nachdem Rumänien die Selbstständigkeit erlangt hatte, errichtete man auf der Piaţa Arcul de Triumf 1878 einen ersten hölzernen Triumphbogen, der 1922 durch einen größeren, ebenfalls nur provisorischen ersetzt wurde. In einem Brief an den damaligen Bürgermeister fragte der Komponist George Enescu spöttisch, wann die Hauptstadt denn »einen echten Triumphbogen erhalten wird«. Der jetzige, nach Pariser Vorbild mit Flachreliefs geschmückte Triumphbogen entstand erst 1935/36 nach den Plänen von Petre Antonescu (►Abb. S. 14). Als Bildhauer waren u. a. Frédéric Storck und Ion Jalea beteiligt.

Drei Museen
★
◄ Bauernmuseum
🕑

Vor der tristen riesigen Piaţa Victoriei (Siegesplatz) folgen noch drei sehenswerte Museen. Im Bauernmuseum (**Muzeul Tăranului Român**; Şos. Kiseleff 3, Di.–So. 10.00–18.00 Uhr) wird in Volkskunst-Ausstellungen das bäuerliche Leben der letzten Jahrhunderte lebendig. Im Hof ist eine kleine Holzkirche aufgebaut. Ein Raum zeigt kommunistische Embleme.

★
◄ Museum für Naturgeschichte
🕑

In dem eklektischen Gebäude südlich befindet sich das Museum für Naturgeschichte »Grigore Antipa« (Şos. Kiseleff 1, Di.–So. 10.00–18.00 Uhr) mit einer der weltweit bedeutendsten Schmetterlingssammlungen. Das **Geologische Museum** informiert über die Erdgeschichte Rumäniens, seine Erdbebengefährdung, seine Mineralien und Edelmetallvorkommen sowie über das Donaudelta (Şos. Kiseleff 2, Di.–So. 10.00–18.00 Uhr).

🕑

Das markanteste Gebäude der Piaţa Victoriei ist der 1937 nach Plänen von D. Marcu erbaute **Siegespalast**, heute Sitz der rumänischen Regierung.

In der Empfangshalle des Athenaeums

✶ Entlang der Calea Victoriei – zwischen Piața Victoriei und Piața Revoluției

✶ **Palais Cantacuzino**

Entlang der Calea Victoriei, zwischen Piața Victoriei und Piața Revoluției, befinden sich eine Reihe stilvoller Palais sowie das Schloss (heute Nationalgalerie). Hinter einem hohen, gusseisernen Zaun liegt das hübscheste der einstigen Adelspalais, das Palais Cantacuzino, dessen markantes gläsernes Vordach einem Pfauenrad nachempfunden ist. Erbaut wurde es 1898–1900 nach den Plänen von Ion Berindei in einer eigenwilligen Stilmischung von Historismus und Jugendstil. Es beherbergt das **George-Enescu-Museum** und zeigt neben Noten, Schriftstücken und Fotografien auch die Geige, die der Künstler als Vierjähriger geschenkt bekam (Muzeul, Calea Victoriei 141, Di. bis So. 10.00–17.00 Uhr). In dem kleinen Haus hinter dem Palais hat der Komponist einst gewohnt (►S. 67).

Casino Palace ►

Das 1820 errichtete **Palais Casa Lenş-Vernescu** (Nr. 133) dient heute dem Casino Palace mit seinem Restaurant als stilvolles Ambiente. Sein schönes Interieur bewahrt hat das Restaurant in der **Casa Monteoru** (Nr. 115), heute auch Sitz des Schriftstellerverbands.

Kunsthandwerks-Museum ►

Im einstigen **Palais Casa Romani** (um 1840) befindet sich heute ein Museum mit orientalischem und westlichem Kunsthandwerk (Muzeul Colecțiilor de Artă; Nr. 111, Di.–So. 10.00–17.00 Uhr).

Keramik- und Glasmuseum ►

Im neoklassizistischen **Ştirbei-Palais** (1833–1835) ist ein Keramik- und Glasmuseum untergebracht (Nr. 107).

Abwechslungsreich ist ein Abstecher über die Str. Biserica Amzei zu dem bunten **Wochenmarkt** auf der Piaţa Amzei (wochentags 7.00–16.00 Uhr). Weiter nördlich, auf der Piaţa Romană, am Ende des geschäftigen B-dul Gh. Magheru, säugt die **römische Wölfin** Romulus und Remus. Der große, betriebsame Boulevard mit den vielen Geschäften und Banken lohnt einen Bummel.

◄ Piaţa Romană

★ **Rumänisches Athenaeum**

An der Ecke Calea Victoriei/Str. Franklin erhebt sich in einem kleinen Park das Rumänische Athenaeum (**Ateneul Român**, 1885–1888), leicht zu erkennen an der von ionischen Säulen mit einem Dreiecksgiebel gebildeten Vorhalle. Dahinter schließt der von einer Kuppel bekrönte Rundbau des **Konzerthauses** an. Die Pläne für den antikisierenden Monumentalbau stammen von dem französischen Architekten Albert Galleron. Durch den Rückgriff auf die Antike sollte die Abstammung der Rumänen von Römern betont werden. Ausdruck des erstarkten Nationalbewusstseins sind auch die später ergänzten goldenen Rundporträts bedeutender rumänischer Fürsten. Der Konzertsaal verfügt über 1000 Sitzplätze. Das Athenaeum ist heute **Sitz der Staatsphilharmonie**, hier debütierten bereits Maurice Ravel, Richard Strauss und Yehudi Menuhin. Vor dem Gebäude steht die **Bronzeskulptur des rumänischen Nationaldichters Mihai Eminescu** (►S. 67) von Gheorghe Anghel.

Königspalast

Die Dominante am heutigen **Revolutionsplatz** (Piaţa Revoluţiei) bildet die U-förmige Anlage des Königspalastes (**Palatul Regal**), der um 1935 als Residenz von König Carol II. nach den Plänen von Nicolae Nenciulescu im neoklassizistischen Stil errichtet wurde. Noch bis 1947 residierte in dem Palast König Mihai. Nach der Abschaffung der Monarchie wurde in seinen Räumen 1950 u. a. die Nationale Kunstgalerie (**Muzeul Naţional de Artă al României**) eröffnet, das **wichtigste Kunstmuseum** des Landes.

★★ ◄ Nationale Kunstgalerie

In der mittelalterlichen Abteilung sind kostbare Ikonen, illustrierte Handschriften sowie Silber- und Goldschmiedearbeiten aus ganz Rumänien ausgestellt. Zu den Kostbarkeiten zählen Dobromirs Fresken aus der Klosterkirche von Curtea de Argeş. In der Abteilung moderner rumänischer Kunst findet man bedeutende Werke der Malerei und Bildhauerei vom Anfang des 19. Jh.s bis zur Gegenwart. Vertreten sind u. a. die Maler Nicolae Grigorescu, Theodor Aman, Theodor Pallady, Ştefan Luchian und die Bildhauer Ion Jalea, Frédéric Storck und Constantin Brâncuşi.

In der Galerie europäischer Kunst sind die Größen der Kunstgeschichte vertreten, u. a. Rembrandt, Tizian, Tintoretto, El Greco, Renoir, Monet, Picasso, Rubens, Breughel und Sisley. Außerdem gibt es eine Abteilung mit Bildern und Kunstgegenständen aus China und Japan sowie eine große Sammlung von Stichen, u. a. Arbeiten von Rembrandt, Dürer, Goya und Delacroix.

Den freien Teil des monumentalen Schlosses bezogen nach 1947 die kommunistischen Herrscher Rumäniens. Bis 2004 tagte hier der Se-

Die Nationale Kunstgalerie ist das wichtigste Kunstmuseum des Landes.

nat und heute dient er als **Präsidentensitz**. In die Geschichte eingegangen ist der 21. Dezember 1989. Damals versuchte das Ehepaar Ceauşescu vom Balkon aus mit einer »von oben« angeordneten regierungsfreundlichen Demonstration dem in Timişoara ausgebrochenen Aufstand in den Rücken zu fallen. Die Kundgebung schlug ins Gegenteil um, bei einem Blutbad der Securitate kamen 500 Menschen um. Der 2005 auf dem Platz errichtete weiße Obelisk erinnert an die Opfer (**Memorialul Renaşterii**).

Denkmal der Wiedergeburt ►

Gegenüber vom Palast befinden sich die **Universitätsbibliothek** (1910) und das 1912 als Athénée-Palace entstandene **Hilton-Hotel**. Der elegante Backsteinbau der orthodoxen **Creţulescu-Kirche** stammt von 1720–1722.

★ Cişmigiu-Park

Der Cişmigiu-Park etwas weiter westlich ist die älteste Gartenanlage der Stadt. Auftraggeber war Fürst Bibescu, der 1854 rund 17 ha von dem Wiener Gartenbauarchitekten Carl R. Mayer in einen öffentlichen Park verwandeln ließ. Kleine, schattige Wege zwischen Hecken und Blumenrabatten, ein Rondell mit den Büsten von 16 rumänischen Schriftstellern, ein von Enten bevölkerter See, Eisverkäufer und Parkbänke bilden eine Oase in der Großstadthektik. Diese Ruhe schätzen auch die über ihre Brettspiele, zumeist das beliebte Backgammon oder Schach, gebeugten Männer.

Palais Creţulescu ►

Nördlich des Parks, in der Str. Ştirbei Vodă 39, steht das im Stil der französischen Renaissance gestaltete Palais Creţulescu, heute **Sitz der UNESCO**. Es entstand 1902 nach den Plänen von Petre Antonescu aus dem Umbau älterer Häuser von 1718.

Zurück auf der Calea Victoriei, verdienen weiter südlich noch einige Bauten aus der Zeit der vorigen Jahrhundertwende Aufmerksamkeit, so die beiden Luxushotels **Continental** und **Capitol** sowie der angrenzende Prachtbau des **einstigen Nationalen Militärclubs** (Cercul Militar Național) von 1912. Heute ist das Restaurant mit Terrasse im Erdgeschoss für jeden zugänglich. Das 1874 von der mazedonischen Händlerfamilie Capşa gegründete Café Casa Capşa, ab 1881 auch Hotel und Restaurant, war vor dem Krieg Treffpunkt der **Kunst- und Kulturszene** der Stadt. Bekannt für seinen eleganten Theatersaal, den Majestic-Saal, ist das **Teatrul Odeon**, ein stilvolles Gebäude aus der Zeit zwischen den beiden Weltkriegen (Nr. 40–42).

Zurück auf der Calea Victoriei

◄ Casa Capşa

◄ Odeon-Theater

Historisches Zentrum

Das historische Zentrum der Stadt, bzw. was von ihm übrig geblieben ist, liegt zwischen Piața Universității (Universitätsplatz) und Piața Unirii (Einheitsplatz) beidseitig des **B-dul I. C. Bratiănu**. Westlich liegt das alte Handelsviertel um den Fürstenhof und östlich das jüdische Viertel mit der Synagoge. Die wichtigsten Straßen sind die sich bis zur Dâmbovița fortsetzende Calea Victoriei und die Str. Lipscani (Leipzigerstraße), die beide Viertel verbindet.

Zwischen Piaţa Universităţii und Piaţa Unirii

Unmittelbar am Universitätsplatz stößt man auf das monumentale Șuțu-Palais, ein prächtiges Bojarenhaus. Es wurde 1833–1835 im Auftrag des Hofmarschalls Costache Șuțu erbaut und von seinem Sohn im neoromantisch-neogotischen Stil umgestaltet. Das majestätische Treppenhaus entwarf Karl Storck. In Adelskreisen war das Șuțu-Palais für seine rauschenden Feste berühmt. Einmal soll sogar Leo Tolstoi als junger Offizier zu Gast gewesen sein. Heute präsentiert hier das 1959 eröffnete Bukarester Stadtmuseum (**Muzeul Municipiului Bucureşti**) seine Sammlungen zur Stadtgeschichte (B-dul I. C. Bratiănu 2; Mi.–So. 10.00–16.00 Uhr).
An diesem Platz liegen außerdem die **Universität**, die 1668 erbaute **Colţea-Kirche** mit dem Krankenhaus sowie das **Landwirtschaftsministerium**. Nördlich des Platzes befindet sich das 1973 neu errichtete Nationaltheater (B-dul N. Bălcescu 2).

Şuţu-Palais

◄ Stadtmuseum

◄ Nationaltheater

Die schmucke orthodoxe Kirche Biserica Doamnei westlich des Stadtmuseums wurde 1683 von Maria Doamna, der Gattin des Fürsten Șerban Cantacuzino, gestiftet. Heute steht sie im Schatten von Hochhäusern und bildet durch ihre ausgewogenen Proportionen einen starken Kontrast zu ihrer Umgebung (Str. Biserica Doamnei, Mo.–Fr. 8.00–17.00, Sa., So. 9.00–15.00 Uhr).
Die 1891 erbaute Macca-Vilacrosse-Passage (**Pasajul Macca-Vilacrosse**) zwischen der Str. E. Carada und der Calea Victoriei war eine von zahlreichen Ladenpassagen des Viertels. Einst reihten sich hier die edelsten Schmuckgeschäfte der Stadt. Mit zahlreichen kleinen Cafés und Restaurants zieht sie heute vor allem ein jüngeres Publikum an.

* **Doamnei-Kirche**

* ◄ Macca-Vilacrosse-Passage

An der Calea Victoriei

An der Calea Victoriei erhebt sich das beeindruckende Gebäude der Sparkasse, kurz CEC, die **Casa de Economii şi Consemnaţiuni** (Nr. 13), um 1900 nach Plänen Paul Gotteraus erbaut, mit großer Kuppel und einem von hohen Säulen flankierten Eingangsbereich. Gegenüber steht die 1715 errichtete **Zlătari-Kirche**, in der eine Reliquie des hl. Ciprian aufbewahrt wird. Der Heilige war Bischof von Karthago und starb 258 den Märtyrertod. Lohnend ist ein Blick auf den Chor.

Geschichtsmuseum

Das Ufer der längst kanalisierten Dâmboviţa dominiert der ehemalige **Post-Palast**, um 1900 nach den Plänen von Alexandru Savulescu im klassizistischen Stil erbaut. Er beherbergt das Nationalmuseum für Geschichte (**Muzeul Naţional de Istorie a României**; Mi.–So. 9.00–17.00 Uhr). Zu den Exponaten gehören archäologische Funde, Dokumente, Werkzeuge und Waffen. Interessant ist die Kopie der berühmten **Trajanssäule** aus Rom. Auf ihren fein gearbeiteten Reliefs wird der Krieg zwischen dem römischen Kaiser Trajan und dem Daker-König Decebal dargestellt. In der Schatzkammer sind kostbare Silber- und Goldschmiedearbeiten ausgestellt, darunter der aus Gefäßen, Fibeln und Ketten bestehende »Schatz von Pietroasa«. Der 19 kg schwere Goldschatz wird im Volksmund »Huhn mit goldenen Küken« genannt. Im Erdgeschoss widmet sich eine Ausstellung den berüchtigten Praktiken der Geheimpolizei Securitate.

✶ Schatz von Pietroasa ▸

✶✶ Stavropoleos-Kirche

Schönstes Beispiel für den Brâncoveanu-Stil ist die Stavropoleos-Kirche (**Biserica Stavropoleos**) in der gleichnamigen Straße. Einst war sie das **Gotteshaus der griechischen Kaufleute** im Viertel. Ihr Gründer, der griechische Mönch Ioanichie, wurde später Metropolit von Stavropolis. Er ließ die kleine Kirche um 1724 als Dreikonchenbau errichten und die Fassade reich mit Friesen, Blendarkaden, geometrischen Mustern und Medaillons verzieren. Besonders die Säulen und die Balustrade der offenen Vorhalle sind fantasievoll mit ornamentalen, floralen und figürlichen Motiven gestaltet. Im mit Wandmalereien bedeckten Innern ist die als Wurzel Jesse gearbeitete Ikonostase sehenswert. Im Hinterhof dienen die freigelegten und überdachten Grundmauern der ehemaligen Karawanserei als Lapdarium.

✶ Carul cu Bere

Gleich in der Nähe zur Kirche eröffnete in einem neogotischen Gebäude 1879 das Restaurant Carul cu Bere (Bierwagen). Stilvoll ist die im großen Saal von Säulen getragene Galerie und die Bleiverglasung der Fenster. Um 1900 war es ein beliebter Literatentreff; auch der Theaterautor Ion Luca Caragiale gehörte häufig zu den Gästen.

✶✶ Altes Handelsviertel

Nun befindet man sich mitten im alten Handelsviertel, das sich um den von Vlad Ţepeş gegründeten Fürstenhof entwickelt hat. Die Straßennamen erzählen einiges über die einstigen Bewohner. So geht die Str. Lipscani auf Händler aus Leipzig zurück und die Str. Gabroveni auf Händler aus Bulgarien. Die Hutmacher lebten in der Şepcari-, Schmiede in der Covaci-, Sattler in der Şelari- und Kürschner in

Kleine Galerien und Antiquitätenläden im Hanul lui Manuc

der Blănari-Straße. Übernachtungsmöglichkeiten für die Händler boten »Karawansereien«. Ein anschauliches Beispiel ist das originalgetreu rekonstruierte **Hanul lui Manuc**, die »Alte Karawanserei« in der Str. Franceza 62–64. Die befestigte Herberge bot Unterkunft sowie Lager- und Verkaufsräume. Zwischen 1804 und 1808 von dem armenischen **Händler Emanuel Mirzaian** mit dem Beinamen Manuc Bey errichtet, avancierte die Herberge bald zur besten Adresse der Stadt. Auch ihr Besitzer machte von sich reden. Er war ein sprachliches und geschäftliches Multitalent, in amouröse oder politische Intrigen verwickelt, charmant und gebildet. Seine Einmischung in die Friedensverhandlungen zwischen Rumänien und Russland zog ihm den Hass der Türken zu. Er floh ins Exil nach Paris und da er auch dort seines Lebens nicht mehr sicher war, nach Russland, wo er schließlich vergiftet worden sein soll.

◄ Alte Karawanserei

Die »Alte Karawanserei« bestand aus 15 Lagerräumen und Kellern, 23 Geschäften, mehr als 100 Gästezimmern, einer Gaststätte und einem großen Hof. Heute tragen die auf geschnitzten Holzsäulen ruhenden umlaufenden Balkone viel zur altertümlichen Atmosphäre bei, auch wenn nur noch die Pflasterung im Eingang original ist. Als Herberge ist das Hanul lui Manuc nach wie vor gefragt. Überreste einer anderen Karawanserei, **Hanul cu Tei**, sind in der Str. Lipscani 63 erhalten; durch das Eingangstor gelangt man in einen langen Hof mit einigen interessanten Antiquitätengeschäften.

Auf dem jüdischen Friedhof in Humor

Vor dem Zweiten Weltkrieg lebten etwa 850 000 Juden in Rumänien, davon über 100 000 in Bukarest, wo es ein großes jüdisches Viertel und 80 Synagogen gab.

JÜDISCHES LEBEN IN RUMÄNIEN

Rumänien war schon immer ein Vielvölkerstaat und die Juden eine der größten und vor allem für die Kultur einflussreichsten Minderheiten.

Große jüdische Gemeinden gab es in Bukarest, Iaşi, Braşov, Constanţa, Oradea, Arad, Timişoara, Cluj-Napoca und Craiova. In Sighetu Marmaţiei und in Czernowitz (rumänisch Cernăuţi), der einstigen Hauptstadt der Bukowina (gehört heute zur Ukraine) bekannten sich sogar mehr als die Hälfte der Einwohner zum mosaischen Glauben.

... Gestern

Die ersten Juden waren als **römische Legionäre** aus Judäa in das Gebiet des heutigen Rumänien eingewandert. Später kamen sie vor allem als Händler, Juristen, Ärzte, Professoren, aber auch als Handwerker. Beeindruckend ist außerdem die Reihe bekannter jüdischer Kulturschaffender, darunter die Schriftsteller Paul Celan, Rose Ausländer und Alfred Margu-Sperber, der Mitbegründer des Dadaismus Tristan Tzara, der in Amerika lebende Nobelpreisträger Elie Wiesel (► Berühmte Persönlichkeiten), der Dirigent Laurence Foster (geb. 1941), der Schweizer Künstler Daniel Spoerri, die Pianisten Clara Haskil und Radu Lupu, der Jazzer Peter Herbolzheimer und die zur 1930er-Avantgarde gehörenden Architekten Marcel Iancu, Horia Creanga und Henriette Delavrancea.

Bis 1940 lebten rund 850 000 Juden im Land, davon über 100 000 in Bukarest, wo es ein großes jüdisches Viertel und 80 Synagogen gab. Wie in ganz Rumänien nahmen auch in Bukarest die Repressionen gegen Juden zu, sie wurden Opfer gewalttätiger Ausschreitungen, Verfolgung und Deportation. Treibende Kraft war die 1930 aus der »Legion des Erzengels Michael« hervorgegangene **»Eiserne Garde«**. Nur die Hälfte der jüdischen Bevölkerung überlebte den Holocaust und von ihnen wanderte der größte Teil nach Israel und in die USA aus.

... Heute

Heute leben **noch ca. 10 000 Juden in Rumänien**, davon rund die Hälfte in Bukarest, zumeist alte Menschen. Bis 1989 und darüber hinaus wurde die Geschichte der Juden in Rumänien tabuisiert. »Ein einzigartiges und ergreifendes Dokument des moralischen Verfalls einer Gesellschaft im Faschismus« (Malte-Herwig in einer Rezension) sind jedoch die 1935–1944 in Bukarest geschriebenen **Tagebücher des Schriftstellers Mihail Sebastian**.

Zur Zukunft des jüdischen Lebens in Rumänien sagte der Oberrabbiner Dr. Moses Rosen 1990: »Unsere Gemeinde ist wie eine Kerze, die langsam erlischt ...« Dazu passt eine Anekdote aus den 1970er-Jahren: Das Jüdische Bukarester Theater sollte eine Vorstellung in der Moldau geben. Am Abend saß nur ein einziger alter Mann im Saal. Der Regisseur fragte den Gast, wann wohl die anderen kämen. »Welche anderen? Ich bin der Letzte«, antwortete der Jude. Daraufhin spielte das Ensemble das Stück nur für ihn. Und sie spielten es so, als ob der Saal wie einst voll besetzt wäre. Tatsächlich ging die Zahl der jüdischen Gemeinden – 1990 noch 67 – auf 38 zurück, die der Gemeinschaften von 28 auf 22 (2005; 10 Männer mit Bar Mizwa können eine Gemeinschaft, Obsti, bilden). Doch gibt es vielerlei kulturelle Aktivitäten: Theateraufführungen z. B. im **Jüdischen Theater in Bukarest**, Klezmer-Konzerte, synagogale Chöre und Lesungen. »Das Interesse am Judentum, an jüdischer Kunst und Kultur hat besonders in den letzten Jahren stark zugenommen«, sagt Dr. José Blum, Kulturrat der Föderation Jüdischer Gemeinden Rumäniens. Er erklärt das Phänomen u. a. mit wachsendem Interesse auch von Nichtjuden. So gibt es in Bukarest z. B. einen Jiddischen Literaturkreis, Talmud-Tora-Schulungen, ein **Jüdisches Historisches Museum** und an den Universitäten von Bukarest, Iaşi, Cluj-Napoca, Craiova und Arad Institute für judaische und hebräische Studien. Dies alles sind, trotz nach wie vor bestehender Ressentiments, Zeichen für ein **fruchtbares Miteinander** zwischen Juden und Nicht-Juden: »Nur durch Wissen kann auch das Verständnis verbessert werden« (José Blum).

Die Choral-Synagoge, das religiöse Zentrum der Bukarester Juden

Curtea Veche

★ Biserica Curtea Veche ▶

Vom einstigen **Fürstenhof**, gleich beim Hanul lui Manuc, zeugen noch Mauerreste, Grabsteine, Säulen und Gewölbe. Von Vlad Țepeș nach 1459 errichtet, wurde er zuletzt unter dem Fürsten Constantin Brâncoveanu ausgebaut, der 1714 vom Sultan entmachtet wurde. Daneben steht die **ehemalige Hofkapelle** (Biserica Curtea Veche). Die 1559 errichtete kleine Verkündigungskirche ist der älteste erhaltene Sakralbau in Bukarest. Zwei Jahrhunderte lang wurden hier die Woiwoden der Walachei gekrönt. Im Laufe der Zeit wurde die Kirche mehrfach umgestaltet, lediglich im Chor sind noch Originalfresken erhalten. Das reich verzierte Steinportal wurde 1715 im traditionellen Stil gefertigt, der markante gestreifte Turm folgte 1930.

St. Georgskirche des Neuen

Jenseits des B-dul I. C. Brătianu, ungefähr auf Höhe der Str. Lipscani, steht in einer kleinen Grünanlage die St.-Georgskirche des Neuen (Biserica Sf. Gheorghe Nou). In der 1699 erbauten orthodoxen Kirche fand Fürst Constantin Brâncoveanu seine letzte Ruhestätte. Das Standbild des Fürsten schuf Oscar Han 1939.

★★ **Choral-Synagoge**

Etwas südlich, in der Str. Sf. Vineri 9, steht etwas zurückgesetzt die Choral-Synagoge (**Templul Coral**). Die 1866 erbaute größte Synagoge Rumäniens bietet Platz für 300 Männer und 300 Frauen. Ihre Wände schmücken florale Malereien. Sie ist das Zentrum der heute nur noch rund 5000 in Bukarest lebenden Juden und Hauptsitz der Landesgemeinde. Das einstige jüdische Viertel um die Piața Unirii fiel zum größten Teil Ceaușescus Modernisierungspolitik zum Opfer.

Die nahe gelegene ehem. Schneidersynagoge (um 1850) beherbergt das Jüdische Museum (**Muzeul Comunităţii evreiesti**). Bemerkenswert ist die umlaufende doppelstöckige Galerie im Innern. Die Ausstellung zeigt das einst rege kulturelle jüdische Leben in der Hauptstadt und in ganz Rumänien. Eine weitere Ausstellung informiert über die Verbrechen des Holocaust und erinnert an die Opfer (Str. Mămulari 3; Mo.–Do. 9.00–14.00, Fr. 9.00–13.00 Uhr).

◄ Jüdisches Museum

Um die Ecke gibt es noch das **Jüdische Staatstheater** (Teatrul Evreiesc de Stat), das 1948 als zweite große jüdische Bühne Rumäniens eröffnet wurde (nach dem Jiddischen Theater von 1876 in ►Iaşi).

Der **Jüdische Friedhof** (Cimitirul evreiesc de rit sefard) erstreckt sich neben dem alten Belu-Friedhof an der Metrostation Eroii Revoluţiei. Außerdem ist noch die kleine **Yeshoah Tova Synagoge** in der Tache Ionescu 9 erhalten geblieben.

Um den Piaţa Unirii (Einheitsplatz)

Um den Einheitsplatz am südlichen Dâmboviţa-Ufer erstreckte sich ursprünglich auch ein Teil der Altstadt mit kulturhistorisch bedeutenden Bauten. Ein großer Teil davon gehörte zum jüdischen Viertel. Bevor Ceauşescus Zerstörungsplan Realität wurde, lebten in dem **Stadtteil Dealul Spirii** 70 000 Menschen, die umgesiedelt wurden. Lediglich die Kirche Mihai Vodă und das Antim-Kloster wurden durch Versetzung gerettet. Glücklicherweise gelang es dem Diktator nicht, alle Pläne zu verwirklichen, doch gehört die Zerstörung dieses Teils der Altstadt zu seinen größten architektonischen Verbrechen.

Der **Einheitsplatz** bildet mit seiner überdimensionierten Springbrunnenanlage den prunkvollen Beginn des auf den Parlamentspalast zulaufenden Boulevard der Einheit, einst »Boulevard des Sieges des Sozialismus«. Er ist 3,2 km lang und damit länger als die Champs-Elysées. In der Mitte des B-dul Unirii verläuft ein mit Skulpturen und kleinen Brunnen gestalteter Grünstreifen. Doch anstelle von Spaziergängern umtosen Fahrzeuge in mehreren Spuren den Einheitsplatz. Mächtige einheitliche Fassaden säumen auf beiden Seiten den Boulevard. Sie erinnern an den stalinistischen Zuckerbäckerstil, besitzen aber rumänischen Einschlag. Cafés und Restaurants wie in Paris sucht man hier vergeblich.

◄ Boulevard der Einheit

✶ Parlamentspalast

◄ (Abb. S. 31)

Bereits vom Kanal sieht man den auf dem Arsenalhügel thronenden Parlamentspalast (**Palatul Parlamentului**). Er ist das über die Landesgrenzen hinaus berühmteste und umstrittenste Gebäude in ganz Bukarest, ein Palast der Superlative und ein Symbol des Größenwahns. Der bis 1989 »Haus des Volkes« (Casa Poporului) genannte Bau nimmt eine Fläche von 65 000 m^2 ein, seine Wohnfläche beträgt 265 000 m^2. Auf 12 Etagen verteilt sich ein Labyrinth von 900 Räumen, darunter zahlreiche pompöse Säle für Empfänge, Konferenzen und Bankette. Der größte Saal misst 2040 m^2 und ist 18 m hoch. Allein das Vestibül ist so groß wie ein Hubschrauberlandeplatz. Damit ist der monströse Palast nach dem Pentagon das zweitgrößte Gebäude der Welt. Zwischen 1983 und 1989 arbeiteten an der »ewigen

Baustelle« 400 Architekten und 20 000 Arbeiter. Die Pläne stammen von Ceauşescus Hausarchitektin Anca Petrescu, die auch nach dem Tod ihres Mentors die Bauleitung inne hat, denn bisher sind die Bauarbeiten noch nicht abgeschlossen. Als Parlamentsabgeordnete residiert Petrescu nun sogar in dem Gebäude.
An Material wurde nicht gespart; Säulen sind mit weißem Marmor aus Ruşchiţa verkleidet, die Wände mit kunstvollen Intarsien aus Mahagoni und Kirschholz verziert, die Vorhänge kostbar bestickt und von den Decken hängen üppige Lüster. Bis heute ist nicht geklärt, was mit all der Pracht geschehen soll, allein ihr Unterhalt kostet die Stadt ein Vermögen. Heute sind hier ein Konferenzcenter, das Parlament und der Senat sowie zwei Museen untergebracht. Im April 2008 tagte hier beispielsweise die Nato. Außerdem finden regelmäßig Führungen statt (Eingang im Süden, Ecke Calea 13 Septembrie/B-dul Libertăţii; tägl. 10.00–16.00 Uhr).

Metropoliten-Hügel

Auf dem Metropoliten-Hügel (**Dealul Mitropoliei**) südlich des Boulevards der Einheit befindet sich der Sitz des Patriarchen, eine grüne Oase. Zu dem Komplex gehören der **Metropolitenpalast** mit einer Kapelle, die kleine nach dem legendären Stadtgründer benannte **Bucur-Kirche** sowie das Gebäude der **Nationalversammlung**, wo am 9. Mai 1859 die Vereinigung der Fürstentümer Moldau und Walachei beschlossen wurde. Das Herz der Anlage bildet die Patriarchenkirche (**Biserica Patriarhiei**). Sie wurde 1655 von dem walachischen Fürsten Şerban Basarab gestiftet und unter Constantin Brâncoveanu 1698 vollendet. Am 21. Mai, dem Tag der Kirchenpatrone Constantin und Elena, des römischen Kaisers und Heiligen Konstantin und seiner Mutter Helena, füllen sich Kirche und Hof mit zahlreichen Gläubigen. 1688 wurde hier die erste Übersetzung der Bibel ins Rumänische verfasst, die auch einen bedeutenden Einfluss auf die Sprachentwicklung hatte (Aleea Dealul Mitropoliei 21; tägl. 8.00–18.00 Uhr).

★ Patriarchenkirche ►

Kloster Antim ►

Am Fuß des Hügels steht heute das Kloster Antim (**Mănăstirea Antim Ivreanul**; Str. Mitropolit Antim Ivreanul 29, tägl. 10.00 bis 17.00 Uhr). Durch die Versetzung in diese wenig passende Umgebung entging die 1713–1715 errichtete Kirche mit einer als wundertätig verehrten Marienikone Ceauşescus Zerstörungswut.

Fürst-Michael-Kirche ►

1985 wurde die Fürst-Michael-Kirche (**Biserica Mihai Vodă**) aus der Altstadt in die Str. Sapenţei (jenseits der Einheitsstraße, bei der Metrostation Izvor) versetzt. Das 1591 von Mihai Viteazul gestiftete Gotteshaus mit seiner weiß-rot gestreiften Fassade ist ein Kleinod.

Weitere Sehenswürdigkeiten in Bukarest

Herăstrău-Park

Bukarest ist trotz seines Rufes als Plattenbauwüste auch eine **grüne Stadt** mit zahlreichen Parks. Die größte zusammenhängende Grünanlage erstreckt sich im Norden um die sich wie Flussarme von Ost nach West schlängelnden Seen. Der größte, der **Lacul Herăstrău** mit dem gleichnamigen Park, befindet sich vis-à-vis des Triumphbogens.

Empfehlenswert ist der Besuch des Freilichtmuseums (**Muzeul Satului**) im Park mit ca. 300 originalgetreu aufgebauten traditionellen Gebäuden aus allen Landesteilen. Die Höfe sind mit geflochtenen Zäunen, geschnitzten Maramureş-Toren oder Staketenzäunen umgeben, die Häuser mit Werkzeugen und Gegenständen des alltäglichen Lebens ausgestattet (Şos. Kiseleff 28–30, tägl. 10.00–18.00 Uhr).

★ ◄ Freilichtmuseum

Südlich der Piaţa Unirii, hinter dem schönen Park Carol I., grenzt westlich an den Park Tineterului der 1858 gegründete Friedhof Belu (**Cimitirul Şerban Vodă**). Hier sind die wohlhabenden und bekanntesten Bukarester bestattet. Die Gräber von Mihai Eminescu und Maria Tanase, der rumänischen Edith Piaf, ziehen auch heute noch Besucher an. Bedeutende Architekten und Bildhauer wirkten an der Gestaltung von Grabsteinen und Mausoleen mit, z. B. der Architekt Ion Mincu. Er entwarf das Krematorium und zahlreiche Familiengräber, wie die der Familien Gheorghieff und Stătescu. Auch er fand auf dem Areal seine letzte Ruhestätte (Eingang bei der Metrostation Eroii Revolu- ţiei; tägl. 8.00–18.00 Uhr).
Benachbart liegt etwas versteckt der **jüdische Friedhof** (Cimitirul evreiesc de rit sefard).

★ Friedhof Belu

Westlich des Parlaments liegt in einem Park das von dem französischen Architekten Paul Gotterau im ausgehenden 19. Jh. konzipierte **Cotroceni-Palais**, seit 1990 Nationalmuseum (**Muzeul Naţional**). Auftraggeber des eleganten Bauwerks war Ferdinand, der Neffe und Thronfolger Carols I., des ersten Königs von Rumänien. 1893 hatte er die 17-jährige Maria von Edinburg, die Enkelin der Königin Viktoria von England, geheiratet. Für sie ließ er dieses lichte Palais errichten. In einer Abteilung sind Reste des einstigen Klosters und der Residenz des Prinzen Şerban Cantacuzino (1678–1688) zu sehen. Die anderen mit Stilmöbeln und Kunstobjekten reich ausgestatteten Fürstengemächer spiegeln feudale Wohnkultur wider (mit Führung, 1.4.–30.9. Di.–So. 10.00–18.00, sonst 9.00–17.00 Uhr, B-dul Geniului 1, mit Voranmeldung, Tel. 3 17 31 06; Ausweis mitnehmen).

Nationalmuseum

Der Botanische Garten (**Grădina Botanică**) etwas nördlich wurde 1860–1866 als Schlosspark mit Seen und exotischen Bäumen angelegt. Seit 1884 ist er allgemein zugänglich.

Botanischer Garten

Die Rumänische Oper (**Opera Naţională Română**, B-dul M. Kogălniceanu; 1953), der Arkadenbau jenseits des Kanals Dâmboviţa, blickt auf eine lange Tradition zurück: 1772 ist die erste Operngesellschaft in Bukarest beurkundet, die Rumänische Oper wurde 1919 gegründet.

Rumänische Oper

Umgebung von Bukarest

Vor den Toren der Stadt, rund 15 km nordwestlich, liegt in einem Park mit See die einstige Sommerresidenz des walachischen Fürsten

★ Mogoşoaia-Palast

Constantin Brâncoveanu. Das Palais ist ein herausragendes Beispiel für den nach dem Erbauer benannten Brâncoveanu-Stil (►Berühmte Persönlichkeiten). Um 1680 erwarb der Fürst das Gelände und begann 1688 mit dem Bau der **Georgskirche**. Das Votivbild im Innern zeigt ihn mit dem Kirchenmodell neben seiner Frau. Ihm folgen seine 4 Söhne und seiner Frau die 7 Töchter. Laut einer Inschrift baute er »diesen schönen Palast für meinen Sohn Ştefan«. Doch 1714 wurde Brâncoveanu mit seinen Söhnen von den Türken gefangen genommen, nach Istanbul verschleppt und geköpft.
Schmuckstücke des ansonsten eher schlichten Ziegelbaus sind die beiden reich verzierten Loggien, die eine zwischen zwei seitlichen Risaliten an der Rückfront zum See, die andere als Vorbau zum Garten hin. Die weißen Säulen, Balustraden und Bögen sind reich mit Ornamenten, Tier- und Pflanzenmotiven verziert. Blickfang ist auch das Fries unter dem Dach. Sein heutiges Erscheinungsbild ist das Ergebnis einer umfassenden Renovierung nach 1860 unter dem neuen Besitzer Prinz Nicolae Bibescu, der u. a. vier Säulen von dem Kloster Polovragi (►S. 252) integrierte. Im Innern sind noch einige Fresken sowie im Hof die einstigen Wirtschaftsgebäude erhalten (Mogoşoaia, Str. Valea Parcului 1, tägl. 10.00–18.00 Uhr).

✶ **Snagov-Kloster**

Das Snagov-Kloster (Mănăstirea Snagov) liegt malerisch auf einer Insel in einem beliebten Naherholungsgebiet, 40 km nördlich von Bukarest. Es wurde 1364 von dem walachischen Fürsten Mircea cel Bătrân (Mircea der Alte) gegründet. Die heutige Kirche entstand 1517–1521 im Auftrag von Neagoe Basarab, der im Innern als Stifter mit seinem Sohn Teodosie zu sehen ist. Ein Teil der **Fresken** von 1563 ist trotz Restaurierung und teilweiser Übermalung bewahrt geblieben. Sie werden dem Maler Dobromir cel Tânăr zugeschrieben. Hauptanziehungspunkt ist die leere Grabstätte, angeblich die des Woiwoden Vlad Ţepeş, besser bekannt als Graf Dracula. Um 1840 wurde das Kloster zum Gefängnis umgestaltet und nach 1863 im Rahmen der Säkularisierung bis auf die Kirche und den massiven Glockenturm abgerissen. Auf die Insel kommt man mit Ruderbooten.

Kloster Căldăruşani

Nur wenige Kilometer weiter südöstlich liegt ebenfalls malerisch am Wasser die befestigte Klosteranlage Căldăruşani (**Mănăstirea Căldăruşani**). Die Gebäude des von Fürst Matei Basarab um 1638 gegründeten Klosters bilden einen rechteckig umschlossenen Hof. Die Mitte nimmt die nach dem Vorbild von ►Curtea de Argeş errichtete **Demeterkirche** (Biserica Sfântu Dumitru) ein. Die Fresken im Innern wurden leider in der 1930er-Jahren übermalt statt restauriert. 1778 wurde hier eine Malschule gegründet, die bis ins 19. Jh. Bestand hatte. Der berühmteste Schüler war von 1854–1856 Nicolae Grigorescu. Ab 1825 gab es auch eine Druckerei.

Kleinod vor den Toren Bukarests: → Mogoşoaia-Palast

Kloster Cernica Unmittelbar am östlichen Stadtrand von Bukarest steht in einem waldreichen Seengebiet das Kloster Cernica (**Mănăstirea Cernica**) bei dem gleichnamigen Dorf. Das von Radu Vodă Şerban (1602–1611) gegründete Kloster wurde durch zwei Erdbeben und einen Brand schwer beschädigt. Die heutige Georgskirche wurde unter der Leitung des später heilig gesprochenen Abtes Calinic 1832 erbaut. In der Amtszeit des Abtes (1818–1850) entstanden auch die Schutzmauern, der Glockenturm und die Mönchszellen. Älter ist lediglich die Lazaruskirche auf dem Friedhof (1804). Im Klostermuseum sind wertvolle Ikonen und Kultgeräte zu sehen.

✶ Cluj-Napoca · Klausenburg · Kolozsvár

L 4

Region: Transilvania · Siebenbürgen **Einwohnerzahl:** 320 000
Höhe: 410 m ü. d. M.

Cluj-Napoca, das wirtschaftliche und kulturelle Zentrum im Norden Transsilvaniens, ist eine alte, lebhafte Universitätsstadt und Verkehrsknotenpunkt und konkurriert mit ► Timişoara und ► Iaşi um den Rang der zweitgrößten Stadt Rumäniens nach Bukarest.

Die Stadt in einer von Bergen und Wäldern geprägten Landschaft im Tal der Kleinen Somesch (Someşul Mic) lädt mit ihren von **Neoklassizismus und Spätbarock** geprägten Bauten und der gotischen Michaelskirche, Cafés, Restaurants und kleinen Läden zum Flanieren ein. Auffällig sind die vielen kleinen Kioske. Einen schönen Blick hat man vom Burghügel Cetăţuia oder von dem Ort Feleacu (►S. 217).

Geschichte Cluj-Napoca ist eine sehr alte Stadt. Daran erinnert der 1974 »von oben« verordnete Doppelname, der auf die einstige dakische Siedlung **Napoca** verweist. Deutsche Einwanderer tauften die Siedlung 1272 nach einem nahe gelegenen Pass (Klause) Klausenburg. Im Mittelalter stieg die Stadt zur Handels- und Handwerksmetropole auf; berühmt waren die Goldschmiedekunst und die Bildhauerbrüder Georg und Martin, die das Reiterstandbild des hl. Georg schufen (1373). Unter dem ungarischen König Sigismund wurde Cluj Königliche Freistadt. Im 16. Jh. lebten bereits mehr Ungarn als »Sachsen« in der Stadt. Cluj war zweimal Hauptstadt des Großfürstentums Siebenbürgen, das zu dieser Zeit zur Habsburger Monarchie gehörte (1790–1848 und 1861–1867). Heute ist die Stadt das **kulturelle Zentrum der ungarischen Minderheit** Rumäniens. Mit 19 % stellen die Ungarn die größte Minderheit der zu 79 % von Rumänen bewohnten Stadt (bis 1974 hatten sie sogar die Mehrheit). Der Anteil der Siebenbürger Sachsen macht nur noch 0,23 % aus.

Hauptstadt Siebenbürgens ►

König Matthias Corvinus stolz zu Ross vor der St.-Michaelskirche

Sehenswertes in Cluj-Napoca

Einheitsplatz

Ein guter Ausgangspunkt für einen Stadtrundgang ist der zentral gelegene Einheitsplatz (**Piaţa Unirii**, Fő tér), der von stilvollen Fassaden, einigen Cafés und dem Bánffy-Palais gesäumt wird.

★★ St.-Michaelskirche

Dominierendes Bauwerk ist die St.-Michaelskirche (**Biserica Sfântu Mihai**), eine Stiftung des ungarischen Königs Sigismund und nach der Schwarzen Kirche in Braşov die größte gotische Kirche Transsilvaniens (tägl. 6.00–20.00 Uhr; Messen auf Rumänisch und Ungarisch). Sie wurde 1396 als Basilika begonnen und um 1490 als gotische dreischiffige Hallenkirche beendet. Die knapp hundertjährige Bauzeit zeigt sich an verschiedenen Stilelementen aus Hoch- und Spätgotik: Über dem Westportal (1444) prangen das Stifterwappen und ein Relief des Erzengels Michael. Kunstvolle Sterngewölbe überspannen die gleich hohen, durch Bündelpfeiler getrennten Schiffe. An den figurativ gestalteten Kapitellen sind u. a. ein Steinmetz sowie eine Frau mit Buch zu erkennen. Bemerkenswert sind auch die fein gearbeiteten Renaissancereliefs über der **Sakristeitür** (1528) links vom Altar und einige Freskenreste aus dem 15. Jh. Ein Schmuckstück ist die reich verzierte Barockkanzel (1750). Der 80 m hohe Glockenturm im Stil der Neogotik stammt aus dem 19. Jh.

Reiterstandbild

Das Bronzedenkmal auf der Südseite der Kirche zeigt König Matthias Corvinus stolz zu Ross, umgeben von seinen Heerführern. Die

CLUJ-NAPOCA ERLEBEN

GUT ZU WISSEN

Internet-Cafés: Café an der Ecke Str. Memorandumului und Str. Bartha, 24 Stunden geöffnet
Narghila Caffe (Wasserpfeifen-Café) an der Ecke Piața Unirii und Str. Iuliu Maniu, bis 24.00 Uhr
Nonstop-Internet-Café in der Fußgängerzone Str. N. Bălcescu 27, in der ersten Etage eines alten Hauses

Einkaufen: Wochenmarkt am Kanal Canalul Morii in der Markthalle (Hală agroalimentară), Str. Argeș, täglich

VERANSTALTUNGEN

Seit 2002 findet jedes Jahr das Filmfestival TIFF (Transsilvania International Film Festival) statt.

ESSEN

► Erschwinglich

① *Matei Corvin*
Str. Matei Corvin 3
Tel. 02 64/59 74 97
Mo.–Sa. 12.00–2.00 Uhr
Das Restaurant in einem über 400 Jahre alten Haus ganz in der Nähe des Geburtshauses von Matthias Corvinus ist sehr gut und entsprechend beliebt. Hier gibt es traditionell ungarische Speisen, empfehlenswert ist z. B. »Pörkelt«, echtes ungarisches Gulasch.

② *Hubertus*
B-dul 21 Decembrie 22
Tel. 02 64/59 67 43
Gute rumänische Küche in rustikalem Dekor

ÜBERNACHTEN

► Luxus

① *Transilvania*
Str. Călărașilor 1–3
Tel. 02 64/43 20 71, Fax 43 20 76
Das auf dem Burghügel gelegene Hotel ist zwar äußerlich wenig reizvoll, die Zimmer sind jedoch frisch renoviert und bieten einen schönen Ausblick auf die Stadt.

► Komfortabel

② *Capitolina*
Str. Victor Babeș 35
Tel. 02 64/45 04 90
www.hotelcapitolina.ro
Recht zentral gelegenes, neues Hotel mit 24 Zimmern, darunter 3 VIP-Suiten

③ *Transilvania Cluj*
Str. Regele Ferdinand 20
Tel. 02 64/59 44 29
Zentral gelegenes, hübsches Traditionshotel

Pension Conacul Secuiesc (Székelykő kúriát)
in Colțești
Tel. 02 58/76 82 77
www.ConaculSecuiecs.ro
Das kleine Dorf Colțești liegt ca. 60 km südlich von Cluj bei Rimetea. Die schicke Pension befindet sich in einem stilvoll renovierten Herrenhaus mit großem Garten. Vom herrschaftlichen Restaurant blickt man in die freie Natur.

► Günstig

Muskátli Panzió
in Rimetea (Torockó)
In dem südlich in einem malerischen Tal gelegenen ungarischen Dorf Rimetea (Torockó) gibt es zahlreiche Privatunterkünfte, darunter auch Muskátli Panzió, Haus 299, Tel. 02 58/76 80 75, mit guter Hausmannskost und Blick auf den Hausberg.
www.muskatlipanzio.home.ro

Skulptur von János Fadrusz wurde 1902 hier aufgestellt, nachdem sie zwei Jahre zuvor auf der Pariser Weltausstellung ausgezeichnet worden war. Um das Denkmal streiten sich die **nationalistischen Geister** von Cluj und zwar um die Zugehörigkeit des einstigen Herrschers. Die ungarische Sockelinschrift »Mátyás Corvin« wurde nach dem Anschluss Siebenbürgens an Rumänien durch »Matei Corvin« ersetzt. Während der kommunistischen Ära erhielt das Denkmal die neutrale Bezeichnung »Mathias Rex«. Nach der Revolution 1989 ging der Streit weiter. Treibende Kraft war Gheorghe Funar, heute ein führendes Mitglied der rechtsextremen Großrumänien-Partei, 1992 Bürgermeister von Cluj. Um aus der multiethnischen Vergangenheit

◄ Statuenkrieg

Cluj-Napoca • Klausenburg Orientierung

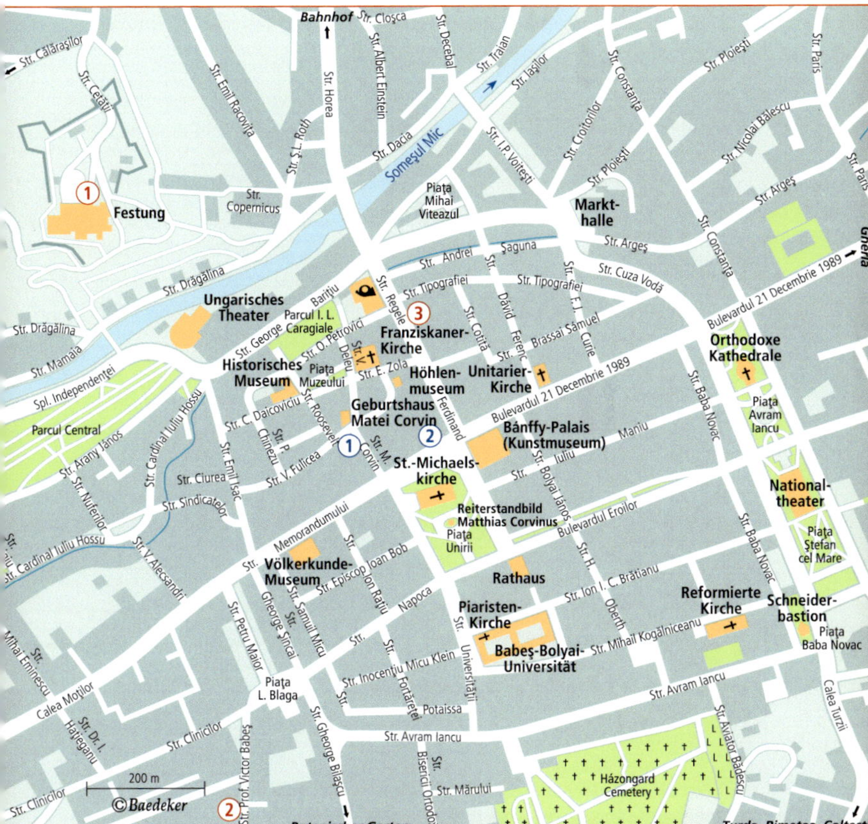

Essen
① Matei Corvin ② Hubertus

Übernachten
① Transilvania ② Capitolina ③ Transilvania Cluj

der Stadt eine rumänische zu machen, verbot er zweisprachige Aufschriften, ersetzte nichtrumänische Straßennamen und ließ von Parkbänken bis zu Mülltonnen alles in den rumänischen Farben blau-gelb-rot streichen. 1994 wurde die Tafel mit der lateinischen Inschrift wieder durch die rumänische ersetzt. Und um sich des lästigen Denkmals völlig zu entledigen, kamen Pläne, unter dem Platz nach Resten der antiken Stadt zu graben, gerade recht. Der Spuk endete 2004 mit der Abwahl Funars. Heute trägt der kühne Reiter übrigens wieder den Namen »Mathias Rex«.

Kunstmuseum Die imposante Barockfassade an der Ostseite der Platzes (Nr. 30) gehört zu dem 1774/75 erbauten Bánffy-Palais (Palatul Bánffy), einem der bedeutendsten Barockgebäude Siebenbürgens. Die Entwürfe stammen von Johann Eberhardt Blaumann, der sich später mit dem Brukenthal-Palais in Sibiu ein weiteres Denkmal setzte. Die Balustrade schmücken antike Gottheiten. Das Gebäude beherbergt heute das Kunstmuseum (**Muzeul Naţional de Artă**; Mi.–So. 12.00–19.00, im Winter 11.00–18.00 Uhr) mit einer großen Sammlung von Werken des 16. Jh.s bis heute. Zu den wertvollsten Stücken zählt ein Renaissancealtar (16. Jh.), die mittelalterliche Ikonen-Sammlung sowie die Pinakothek von Virgil Cioflec. Hinzu kommen Werke der bekanntesten rumänischen Maler des 19. und 20. Jh.s, darunter der Impressionist Nicolae Grigorescu sowie Ştefan Luchian, Theodor Pallady und Mitglieder der Malerschule von Baia Mare.

Im Norden des Einheitsplatzes In den kleinen Gassen zwischen Einheitsplatz und Fluss herrscht **noch etwas Altstadtflair**. Im Hintz-Haus an der Ecke Einheitsplatz/Str. Regele Ferdinand eröffnete 1573 die erste Apotheke der Stadt (Muzeul de Istorie a Farmacie; Piaţa Unirii 28, Mo.–Sa. 10.00–16.00 Uhr). Sehenswert ist die heutige Barockeinrichtung mit pharmazeutischen Gerätschaften, Tiegeln und Fläschchen aus dem 18. und 19. Jahrhundert. Die Decke ziert ein barockes Fresko, während auf den Wänden die Namen der früheren Besitzer zu lesen sind.

Apothekenmuseum ►

Casa lui Matei Corvin Von hier sind es nur wenige Meter zu dem weiß gekalkten gotischen Haus im Herzen des alten Viertels, dem Geburtshaus des Königs **Matthias Corvinus** (1443–1490). Er war der zweite Sohn von János Hunyadi und Erzsébet Szilágyi. Als Nachkomme einer Kleinadelsfamilie erlebte er eine beispiellose Karriere. Der brillante Feldherr und Diplomat brachte es nicht nur zum König von Ungarn und damit auch von Siebenbürgen, sondern auch zum Herrscher von Mähren, Schlesien und Niederösterreich. Sein Beiname Corvinus leitet sich von Corvus (lat. = Rabe) ab, dem Wappentier der Familie. Eine Legende erzählt, dass er sich öfter inkognito unter das Volk gemischt habe, um dessen Sorgen und Probleme zu erfahren. In Ungarn trägt er deshalb den Beinamen »Der Gerechte«. An der Hausfassade sind verschiedensprachige Gedenktafeln angebracht: Die ungarische Tafel (mit falschem Geburtsdatum, Matthias wurde nicht am 27. März,

Ein Geheimtipp für Kunstfreunde und Lebenskünstler: Cluj-Napoca

sondern am 23. Februar geboren) stammt noch aus der Regierungszeit Kaiser Franz Josephs I.
Ganz in der Nähe steht das Anfang des 15. Jh.s erbaute **Dominikanerkloster** (Mănăstirea şi Biserica Dominicanilor; heute Musikschule).

Casa în care s-a năăcut principele Bocskai

In dem Haus schräg gegenüber dem Geburtshaus von M. Corvinus kam 1557 der siebenbürgische Fürst **István Bocskai** zur Welt († 1606). Anfänglich war er mit den Habsburgern verbündet, später führte er als Anhänger der Reformation gegen sie einen ungarischen Aufstand. 1605 wurde er mit Unterstützung der Sultans zum Fürsten von Siebenbürgen gewählt und ein Jahr darauf vermutlich vergiftet. In dem Haus hatte 1550 der reformatorische Theologe und Verleger Caspar Helth (1520–1574) die **erste Druckpresse** Transsilvaniens in Betrieb genommen. Nach seinem Studium in Wittemberg wirkte er als Pfarrer in Cluj. Er schrieb vorrangig auf Ungarisch und wird vor allem in Ungarn als Förderer der ungarischen Kunstprosa verehrt. Dieser Tradition treu, beherbergt das Gebäude heute die Wissenschaftliche Abteilung der Ungarischen Universität.

Höhlenmuseum

In der östlich abgehenden Straße befindet sich das einzige Höhlenmuseum (Muzeul de Speologie) des Landes. Die Ausstellung basiert auf den Expeditionen des in Iaşi geborenen Naturforschers **Emil Racoviţă** (1868–1947). Zu sehen sind Fossilien sowie seine alte Kamera. Er gründete 1920 an der Babeş-Bolyai-Universität das weltweit erste Institut für Speläologie. Das Haus aus dem 13. Jh. diente einst als Gefängnis (Str. Sextil Puşcariu 8, Mo.–Fr. 12.00–16.00 Uhr).

Museumsplatz

Der Museumsplatz (**Piaţa Muzeului**), eine Ruheoase fern der Hektik der Boulevards, war früher Mittelpunkt der Altstadt. Seit 1831 erhebt sich in seiner Mitte die **Karolina-Säule** (Coloana Carolina). Ihre Reliefs erinnern an den Besuch des Habsburger Königspaars Franz I. und Karolina Augusta 1817.

Franziskanerkirche ►

An der Ostseite des Platzes steht die schön dekorierte Franziskanerkirche (**Biserica Franciscanilor**). Sie entstand im 15. Jh. und wurde während der Gegenreformation barock umgestaltet. In dem ehemaligen Klostergebäude, heute Musikkonservatorium, blieben Elemente im Stil der englischen Gotik erhalten.

Historisches Museum ►

Die Westseite des Platzes nimmt das Historische Museum (**Muzeul Naţional de Istorie a Transilvanieri**) ein. Im Erdgeschoss ist neben gotischen und Renaissance-Portalrahmungen und Skulpturen auch eine Schatzkammer zu sehen (Tezaur; Di.–Fr. 10.00–14.00 Uhr) mit kostbaren Schmuckstücken, Münzen und Medaillen.

Die darüber liegenden Räume sind prähistorischen Sammlungen und der dakisch-römischen Periode gewidmet. Ausgestellt sind das Skelett eines Mammuts, neolithische Jagdwaffen sowie antike Funde. Beachtenswert ist auch das Jugendstilfresko von 1913 im Treppenhaus (Str. Daicoviciu 2; Di.–So. 10.00–16.00 Uhr).

? WUSSTEN SIE SCHON ...?

- Was verbindet den 1510 in Cluj-Napoca geborenen Franz Davidis mit Helmut Newton und Charles Darwin? Alle drei gehörten der gleichen Glaubensgemeinschaft an, dem Unitarismus. Die pantheistiche humanistische Glaubensrichtung erkennt keinerlei religiöse Dogmen an, auch nicht die Dreifaltigkeitslehre.

Im Osten des Einheitsplatzes

Keine 500 m östlich der Piaţa Unirii bilden die zwei ineinander übergehenden Plätze Piaţa Avram Iancu und Piaţa Ştefan cel Mare ein **zweites, rumänisch betontes Stadtzentrum** mit der orthodoxen Kathedrale, dem Nationaltheater und weiteren Repräsentationsbauten. Entlang des B-dul 21. Decembrie 1989 führt der Weg an der **Kirche der Unitarier** (1796) vorbei. Der runde Stein im Eingang soll 1568 **Franz Davidis**, dem in Cluj 1510 geborenen »geistigen Vater« des Unitarismus, als Rednerpult gedient haben.

Piaţa Avram Iancu ►

Schon von Weitem sieht man die große Kuppel der **orthodoxen Kathedrale** (Catedrăla Ortodoxă), seit 2006 orthodoxe Metropolitan-Kathedrale, die die Piaţa Avram Iancu beherrscht. Sie entstand 1923–1933 nach den Plänen von Constantin Pomponiu und Gheorghe Cristinel im neobyzantinischen Stil auf kleeblattförmigem Grundriss. Der große Kronleuchter ist ein Geschenk von König Carol II. Nach 2001 wurden die Wände mit venezianischen Murano-Mosaiken geschmückt, deren Darstellungen der orthodoxen Ikonografie folgen. Vor der versilberten, von Moise Schiopu geschnitzten Ikonostase herrscht ein ständiges Kommen und Gehen.

Die Skulptur des **rumänischen Volkshelden Avram Iancu** (1824 bis 1872) auf dem Platz vor der Doppelturmfassade bildet einen »rumänischen Kontrapunkt« zum Reiterstandbild von Matthias Corvinus auf dem Einheitsplatz. Iancu kämpfte in der rumänischen Bewegung 1848/49 in Siebenbürgen und ernannte sich selbst zum »König der Schneeberge«. Er starb 23 Jahre nach dem gescheiterten Aufstand in geistiger Umnachtung. Ihm zu Ehren heißt sein Geburtsort Felső Vidra heute Avram Iancu. Auf dem östlich anschließenden **Platz Stephans des Großens** steht das **Nationaltheater** (Teatrul Național) mit angeschlossener **Oper**. Der Jugendstilbau entstand 1906 nach den Plänen der Wiener Architekten Fellner und Helmer, wird von den Statuen des Dichters Mihai Eminescu und des Philosophen Lucian Blaga eingerahmt und von Musen im Triumphwagen gekrönt.

◄ Piața Ştefan cel Mare

Universitätsviertel

Das Universitätsviertel südlich des Einheitsplatzes erreicht man über die Str. Universității und vorbei an der 1718–1724 im Barockstil erbauten **Piaristenkirche** (Biserica Piariştilor), der heutigen **Universitätskirche**. Im Anschluss folgen um die Str. Kogălniceanu die Babeş-Bolyai-Universität (► unten), weitere Lehrgebäude sowie das klassizistische **Teleki-Palais** (Nr. 7, 1795), heute Bibliothek (Biblioteca Judeteana). Krönender Abschluss ist die spätgotische reformierte Kirche (**Biserica Reformata**, 1486–1516). Auf dem kleinen Platz vor der Kirche steht eine Kopie des **berühmten St.-Georg-Reiterstandbilds** der Klausenburger Brüder Martin und Georg von 1373 (Original im Prager St.-Georgskloster). Die Schneiderbastion (**Bastionul Croitorilor**) ganz in der Nähe an der Piața Baba Novac ist ein Überrest der Stadtbefestigung aus dem 15. Jahrhundert.

◄ Reformierte Kirche

◄ Schneiderbastion

Babeş-Bolyai-Universität

Die nach dem rumänischen Mediziner Victor Babeş (1854–1926) und dem ungarischen Mathematiker János Bolyai (1802–1860) benannte Hochschule (Universitatea Babeş-Bolyai) ist **dreisprachig** (Rumänisch, Ungarisch und Deutsch). Informationen über ein Studium an der dem europäischen Universitätsnetzwerk GEANT angeschlossenen und angesehenen Universität gibt es unter www.ubbcluj.ro. Direkt neben der Universität hat das Deutsche Sprach- und Kulturzentrum seinen Sitz (Str. Universității 7, Tel. 02 64/59 44 92).

Im Westen des Einheitsplatzes

◄ Ethnografisches Museum

Das Etnografische Museum (**Muzeul Etnografic al Transilvaniei**) in der Str. Memorandumului zeigt traditionelle Trachten und Kostüme der verschiedenen Bevölkerungsgruppen in Siebenbürgen, darunter den farbenprächtigen, mit Pfauenfedern verzierten Kopfputz der Männer aus der Gegend um Nasăut, und eine reiche Teppich-Sammlung (Di.–So. 9.00–17.00 Uhr). Zum Museum gehört auch das **Freilichtmuseum am Hojaberg**. Hier wurden rund 200 traditionelle rumänische, ungarische und sächsische Gebäude aus Siebenbürgen wieder aufgebaut, darunter Bauernhäuser, Mühlen, Schäfereien und drei typische Holzkirchen (Etnografic Park Romulus Vuia, Pădurea Hoia; 5 km nordwestlich des Stadt-

! *Baedeker* TIPP

Am Originalschauplatz

Eine Holzkirche am Originalstandort gibt es 20 km nordöstlich in dem Dorf Sânpaul.

Rimetea, ungarisch Torockó, eines der schönsten Dörfer Transsilvaniens

★ Turda-Schlucht

Die beeindruckende Turda-Schlucht (**Cheile Turzii**) mit bis zu 300 m hohen Felswänden liegt in den **Apuseni-Bergen**, nur 15 km westlich von Turda. Laut einer Legende spaltete Gott den Berg in zwei Teile, um dem hl. König László auf der Flucht vor den Kumanen zu helfen. Hinter dem Dorf Cheia bietet sich ein schöner Blick in die Schlucht. Reizvoll ist die Wanderung ins Dorf **Petreştii de Jos** und zurück: In einer Richtung führt sie durchs Tal, in der anderen über die Berge.

★★ Rimetea

Das besser unter seinem ungarischen Namen **Torockó** bekannte Dorf 25 km südwestlich von Turda ist eines der schönsten Dörfer Transsilvaniens. 1999 erhielt es den Europa-Nostra-Preis für Weltkulturerbe. **Schneeweiße, neoklassizistisch verzierte Hausfassaden** mit roten Dächern und grünen Fensterläden liegen eingebettet in ein zauberhaftes Tal im Schutz des 1129 m hohen, kargen Hausbergs Piatra Secuiului (dt. Szekler Stein, ungar. Székelykő). Benannt ist das Dorf nach der Adelsfamilie Toroczkay, die hier deutsche Schmiede ansiedelte. Diese machten den Ort zu einem wohlhabenden Zentrum der Eisenverarbeitung. Heute ist das Dorf zusammen mit der Nachbargemeinde Colţeşti eine ungarische Enklave in dem überwiegend von Rumänen bewohnten Landstrich. Mitten auf dem Hauptplatz erhebt sich die umfriedete unitarische Kirche (vor allem 18. Jh.). Die orthodoxe Kirche ist von 1938. Das **Ethnografische Museum** (Muzeul Etnografic, Néprjzi Múzeum; Di.–So. 9.00–17.00 Uhr) widmet sich der Geschichte der Eisenerzverarbeitung, zeigt die typischen bemalten

Bauernmöbel, Keramiken, Ofenkacheln und kunstvolle Trachten des Ortes. Sehenswert sind auch die Wassermühle (Vízimalom) und der Friedhof (Temető) mit seinen kleinen Krypten am südlichen Dorfausgang. Im Februar, Mai, August und Oktober findet auf einer Wiese außerhalb des Dorfes ein traditioneller **Tiermarkt** statt.

◄ Tiermarkt

Über dem Nachbardorf **Colţeşti** (Szent György) thront die imposante Ruine einer Festung (Cetatea). Von hier führt die Straße weiter durch unberührte Natur zur **malerischen Schlucht von Vălişoarei** (Cheile Vălişoarei).

◄ Colţeşti

★★ Constanța · Konstanza

V 9

Region: Dobrogea · Dobrudscha
Höhe: 28 m ü. d. M.
Einwohnerzahl: 370 000

Wie alle großen Hafenstädte besitzt auch Constanţa ein Flair von Freiheit, Abenteuer und Weltoffenheit. Von der antiken Hafenstadt Tomis bis zum »Rotterdam des Ostens« hat jede Epoche Spuren hinterlassen. Heute hat die Stadt zwei Zentren: die orientalisch geprägte Altstadt mit ihren engen Gassen, Kirchen und Moscheen und dem prächtigen Jugendstilcasino und das Geschäftszentrum mit Fußgängerzone und großen Kaufhäusern.

Rumäniens wichtigster Hafen

In Constanța lebt eine große türkische und arabische Minderheit, was sich auch in der Restaurantlandschaft widerspiegelt. Außerdem besitzt die Industrie- und Universitätsstadt den größten Containerhafen der Schwarzmeerküste.

Geschichte

Im 6. Jh. v. Chr. gründeten **griechische Kolonisten** aus Milet auf der wie eine Nase ins Schwarze Meer ragenden Landzunge die Stadt **Tomis**. Sie war bald der bedeutendste Ort am Pontus Euxinus (griech. = gastfreundliches Meer), wie das Schwarze Meer in der Antike genannt wurde. Die Römer kamen um 29 v. Chr. in die Region, eroberten Tomis und bauten es zum nordöstlichsten Stützpunkt ihres Imperiums aus. Hierher, ans »Ende der Welt«, verbannte Kaiser Augustus den in Ungnade gefallenen Dichter Ovid (►S. 71). Zu Ehren von Kaiser Konstantins Schwester wurde die Stadt im 6. Jh. in **Constantiana** umbenannt. Im 13. Jh. kam Constanța unter die Herrschaft Genoveser Kaufleute und ab dem 15. Jh. als Küstendje unter die des türkischen Sultans. 1878, nach dem türkisch-russischen Krieg, fiel die Stadt mit der Norddobrudscha an Rumänien. Sie wurde an das Eisenbahnnetz angeschlossen und der Seehafen erweitert. An diese prosperierende Zeit erinnern noch einige Prachtbauten im Zentrum. Heute ist Constanța der wichtigste EU-Hafen am Schwarzen Meer und durch den Main-Donau-Kanal mit Rotterdam verbunden.

CONSTANȚA ERLEBEN

AUSKUNFT

Info Litoral
Str. Traian 36
Die Touristeninformation liegt versteckt im Block C1, Aufgang C, Zimmer 31; sie hilft bei der Zimmervermittlung in der Stadt und an der Schwarzmeerküste.
Mo.–Fr. 8.30–16.30 Uhr
Tel. 02 41/55 50 00
www.infolitoral.ro

»Alte« Kunst im Archäologischen Museum

GUT ZU WISSEN

Verkehr
Der internationale Flughafen Mihail Kolgăniceanu liegt 28 km nordwestlich der Stadt und ist mit jedem Bus Richtung Hârşova oder den Bussen der Fluggesellschaft TAROM erreichbar, Tel. 02 41/66 30 93.
Über den Hochseehafen bestehen Verbindungen nach Odessa, Sewastopol, Varna und Istanbul.

Unterhaltung
Das Delfinarium in Constanța bietet Spaß für Jung und Alt (täglich Vorstellungen im Freien oder in der Halle; B-dul Mamaia 265, Tel. 02 41/ 64 70 55).

Einkaufen
Die Fußgängerzone mit vielen Einkaufsmöglichkeiten liegt zwei Parallelstraßen nördlich des Archäologischen Parks in der Str. Ştefan cel Mare. Auf der Piața Grivița gibt es täglich einen bunten Obst- und Gemüsemarkt.

Veranstaltungen
Opernfestival in Constanța: Mai bis Juni im Opernhaus am B-dul Tomis. Festival Callatis in Mangalia: Anfang August treffen sich hier Folklore-, Rock- und Popgruppen aus dem ganzen Land.

ÜBERNACHTEN · ESSEN

► Luxus

① *Capri*
Str. Mircea cel Batrăn 109
Tel. 02 14/55 30 90, Fax 55 09 93
Das Vier-Sterne-Haus liegt zentral in der Nähe zur Oper; es verfügt auch über ein Restaurant mit Terrasse.

► Komfortabel

② *Guci*
Str. Răsccoalei din 1907 Nr. 23
Tel. 02 41/69 55 00
Das Hotel liegt recht zentral und nicht weit vom Strand; mit Restaurant.

③ *Ferdinand*
B-dul Ferdinand 12
Tel. 02 41/48 82 06
Das kleine Hotel liegt vor der Altstadt und bietet Parkplatz, Restaurant und zuletzt 2005 renovierte Zimmer.

④ *Sport*
Str. Cuza Vodă 2
Tel. 02 41/61 75 58
Das Zwei-Sterne-Hotel mit einfachen Zimmern profitiert vor allem von seiner Lage nahe der Altstadt.

Sehenswertes in Constanța

Den Stadtrundgang beginnt man am besten auf der zentralen **Piaţa Ovidiu** im Herzen der Altstadt, denn hier befand sich einst die griechische Agora und später das römische Forum. In der Platzmitte blickt seit 1887 der römische Dichter Ovid (43 v. Chr.–17 n. Chr.) in Denkerpose zu Boden. Die **Skulptur** schuf der Italiener Ettore Ferrari, eine Kopie steht in Ovids Geburtsstadt Sulmona (Abruzzen).

Ovid-Platz

◄ Statuia lui Ovidiu

Einziges Prunkstück am Platz nach Ceauşescus Abrisspolitik ist das nach Plänen von Ion Mincu errichtete eklektische Gebäude des Archäologischen Museums (**Muzeul Naţional de Istorie şi Arheologie**; Piața Ovidiu 12, Mi.–So. 9.00–17.00, im Sommer bis 18.00 Uhr). In

✶ **Archäologisches Museum**

🕑

Constanţa Orientierung

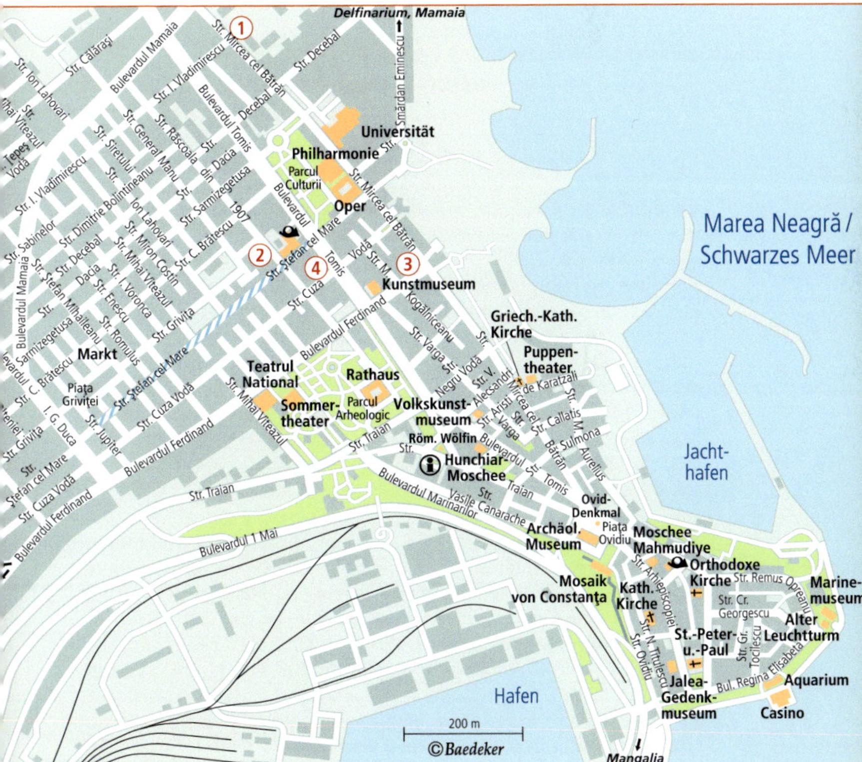

Übernachten • Essen

① Capri ② Guci ③ Ferdinand ④ Sport

Fußgängerzone

Prunkbau der vorigen Jahrhundertwende: das Casino

19 Sälen präsentiert es die **Geschichte der Dobrogea** (Dobrudscha) vom Neolithikum bis heute. Zu den eindrucksvollsten Stücken gehören die Tonstatuetten des »**Denkers und seiner Frau**«, die regelrecht modern wirken. Sie werden auf die Zeit der Hamangia-Kultur zwischen 4000 und 3200 v. Chr. datiert. Aus hellenistischer Zeit sind vor allem Amphoren, Steinmetzarbeiten und Goldschmuck zu sehen. Eine Kostbarkeit ist die aus einem Marmorblock gearbeitete menschenköpfige Glykon-Schlange, die auf den Neos-Asklepios-Kult zurückgeht. Sie wurde 1962 unter dem Bahnhof entdeckt, zusammen mit 23 weiteren Statuetten, darunter die Göttin Tyche/Fortuna mit Diadem, Füllhorn und Zepter, zu ihren Füßen Pontos, der Gott des Schwarzen Meeres, beide sind Beschützer der antiken Hafenstadt Tomis. Im Museumshof sind reich verzierte Steinfragmente mit Inschriften, vor allem Grabsteine, zu sehen.

★★ Museum des römischen Mosaiks

Das unscheinbare Museum des römischen Mosaiks (**Edifiziul roman cu mozaic**) neben dem Museum birgt die noch 850 m² großen Reste eines vorwiegend aus geometrischen Linien und Pflanzenmotiven bestehenden Mosaiks. Einst schmückte es den Boden eines 2000 m² großen römischen Bauwerks, wahrscheinlich eines basarähnlichen Warenhauses. Vom 4. bis 6. Jh. n. Chr. befand sich hier das Forum von Tomis. Die 20 m hohe und den antiken Hafen einschließende Küste war damals in vier Terrassen gestaltet, wo sich die öffentlichen Gebäude wie Basilika, Warenhäuser und Bäder befanden. Steigt man die nahe gelegenen Treppen hinab, gelangt man zu den Resten eines Thermalbads und von elf Warenlagern, die im 6. Jh. bei einem Erd-

Am Strand von Vama Veche

wird. Im 9./10. Jh. wurde die Anlage, sechs kleine Kirchen und Kapellen und einige Klausen, in die Kalksteinfelsen gebaut. Von großem kunsthistorischen Wert sind die Inschriften und Wandmalereien aus der Erbauungszeit.

★★ **Trajan-Monument**

Rund 40 km weiter westlich erhebt sich auf einer Anhöhe vor dem Ort **Adamclisi** das Siegesdenkmal für den römischen Kaiser Trajan. Das **Tropaeum Traiani** (Trofeul lui Traian) ist neben dem Tropaeum Alpinum Augusti im französischen La Turbie das einzige erhaltene Triumphdenkmal der römischen Welt. Ausgegraben wurde es von dem Archäologen Grigore Tocilescu 1880–1890 mithilfe der Wiener Spezialisten G. Niemann und Otto Benndorf. Sie hatten unter einem Erdhügel zahlreiche mit Basreliefs verzierte Steinplatten und einen riesigen zylindrischen Sockel entdeckt. In mühsamer Detailarbeit wurde das Monument rekonstruiert und 1977 zum 100. Jahrestag der rumänischen Staatsgründung eingeweiht.
»Für Mars, den Rachsüchtigen, der Imperator, Caesar, Nerva Traian Augustus, der Besieger der Germanen und Dazier, der Sohn des göttlichen Nerva ...«, so lautet eine Inschrift des 109 n. Chr. eingeweihten Denkmals zu Ehren Trajans, der ganz in der Nähe 101 und 102 n. Chr. den dakischen König Decebal vernichtend geschlagen hatte. Auf einer 9-stufigen Treppenbasis erhebt sich ein zylinderförmiger Sockel mit rund 30 m Durchmesser. Er ist mit **54 Metopen** (Bildtafeln) geschmückt. Bekrönt wird der 42 m hohe Bau von einer 11,53 m hohen Figur mit 4 Schilden und zwei zu Füßen liegenden Dakerfrauen

Das Denkmal in Adamclisi erinnert an den Sieg der Römer über die Daker.

und einem gefesselten Mann. Auf den Basreliefs sind Darstellungen von Kämpfen, aber auch aus dem Leben der dakischen Bauern und Hirten zu sehen. Diese **steinerne Chronik ist im Original im Museum** (Muzeul) in der Ortsmitte von Adamclisi ausgestellt. Es bewahrt außerdem ein Modell des Tropaeums sowie Keramiken, Skulpturen und Schmuck (Di.–So. 8.00–17.00, im Sommer bis 18.00 Uhr).
Der Ort Adamclisi hat sich wahrscheinlich aus dem römischen Legionslager Civitas Tropaensium entwickelt, wo Veteranen der Dakerkriege angesiedelt wurden. Um 200 erhielt die Siedlung römisches Stadtrecht. Unter Kaiser Konstantin wurde sie neu befestigt und 587 durch die Awaren zerstört. Erst nach der Eroberung durch die Türken im 15. Jh. erholte sich der Ort wieder. Die neuen Machthaber nannten ihn Adam Kilise = Kirche des Mannes, denn sie hielten die Ruine des Siegesmonuments für eine Kirche. Die **Ruinen der antiken Stadt** wurden am Ortsausgang in Richtung Ostrov freigelegt. Zu sehen sind Reste der Verteidigungsanlage mit 22 Türmen und vier Toren, der Kanalisation, der gepflasterten Straßen und von vier frühchristlichen Kirchen.

Andreaskloster

Auf einer landschaftlich schönen Strecke erreicht man nach 12 km in der Nähe des Dorfs Ion Corvin das Andreaskloster (**Mănăstirea Sf. Andrei**). Die Anlage liegt malerisch vor einem bewaldeten Hügel. An dieser Stelle soll bereits der **Apostel Andreas** um 60 n. Chr. den christlichen Glauben verbreitet und Anhänger getauft haben. Als Kirche soll ihm die Höhle gedient haben, die heute noch als Kapelle genutzt wird und mit vielen Ikonen des Heiligen geschmückt ist. Auf

Initiative des Erzbischofs Lucian wurde hier nach 1990 das orthodoxe Kloster gegründet. Bemerkenswert sind die sehr realistisch wirkenden Fresken der Patriarchen im Inneren der Kirche.

◄ Kloster Dervent

Am nahen Bugeac-See (Lacul Bugeac) liegt zwischen Feldern und Weinstöcken das Kloster Dervent (**Mănăstirea Dervent**). Auch hier soll der Apostel Andreas schon gepredigt haben. Das Kloster ist recht neu und besitzt eine als wundertätig verehrte Marienikone und eine Quelle, deren Wasser heilende Wirkung haben soll.

✶ Craiova · Kragau oder Krajowa

L 9

Region: Oltenia · Kleine Walachei
Höhe: 135 m ü. d. M.
Einwohnerzahl: 310 000

Die Großstadt im Süden Rumäniens verdient weit mehr Beachtung, als ihr zuteil wird. Tatsächlich liegt sie fernab der touristischen Routen und die seit den 1960er-Jahren fortschreitende Industrialisierung hat Spuren hinterlassen. Doch ist die Atmosphäre lebendig und vor allem in der historischen Altstadt leicht orientalisch.

Das Straßenbild prägen Studenten mit ihren obligatorischen Mappen unter dem Arm. Sehenswerte Zeugnisse der schon zur Wende vom 19. ins 20. Jh. prosperierenden Stadt sind das in einem Adelspalais eingerichtete Kunstmuseum sowie das kaleidoskopartige Casino.

Geschichte

Bereits der aus dem Slawischen stammende Name Craiova (= Königsstadt) weist darauf hin, dass die Stadt einst **Herrschersitz** war. Die Lage an der Kreuzung uralter Hirtenwege vom Gebirge ins Donautal begünstigte die Entwicklung eines Handelsplatzes, 1seit 582 Stadt. Die Universität wurde erst 1966 gegründet. Bedeutendster Sohn der Stadt ist der **Fürst Mihai Viteazul** (Michael der Tapfere, 1593–1601). Auch der Erfinder des Füllfederhalters, Petrache Poenaru (1799–1875), wurde hier geboren.

Sehenswertes in Craiova

Das Stadtzentrum liegt südlich der Calea Bucureşti, der Nationalstraße 6, auf beiden Seiten der alten Hauptachse Str. Alexandru Ioan Cuza. Im Westen wird es von einem Park mit dem Fürstenpalais und im Osten von der Str. Arieş begrenzt. Der Reiz der Innenstadt liegt in dem Gegensatz von Alt und Neu und dem Aufeinandertreffen von Okzident und Orient.

Str. Alexandru Joan Cuza

An der nach Alexandru Joan Cuza (1820–1873) benannten Straße liegen einige der wichtigsten Repräsentationsbauten der Stadt, so das 1890 als Justizpalast im neoklassizistischen Stil erbaute **Universitäts-**

Kunstschaffen des 19./20. Jahrhunderts. Grundstock des 1954 eröffneten Museums ist die Kunstsammlung von Alexandru und Aristia Aman, deren Sammlungsschwerpunkt Werke der niederländischen, flämischen, italienischen und französischen Schulen sowie Bilder des in Craiova geborenen Malers Theodor Aman (1831–1891) waren. Sein Denkmal steht vor dem Museum (1962, Ion Jalea).

Joan-Mihail-Palais ► Das prächtige Neobarockpalais entstand 1900–1907 nach den Plänen des französischen Architekten Paul Gottéreau als Residenz von Constantin Mihai. Er war einer der reichsten Männer Rumäniens und soll sogar einmal für einen Staatskredit gebürgt haben. Dementsprechend wurde bei der Ausstattung an nichts gespart. Die reichen Stuckaturen und Deckenmalereien, venezianischen Spiegel, Kandelaber aus Muranoglas, mit Seide bespannten Wände und das prächtige Treppenhaus aus Carraramarmor zeugen von seinem edlen Geschmack. Constantin Mihai starb schon 1908 und sein Sohn Joan schenkte den Palast dem rumänischen Staat, unter der Auflage, dass die Stiftung seinen Namen tragen sollte.

Sammlung ► Einen besonderen Platz nehmen Werke des Bildhauers **Constantin Brâncuşi** (►Special S. 254) ein, u. a. die berühmten Frühwerke »Fräulein Pogany« und »Der Kuss«. Vielleicht ließ sich Brâncuşi bei seinem »Kuss« von Rodin anregen. Doch im Gegensatz zu seinem Vorbild vermied er eine realistische Interpretation und reduzierte die beiden Körper in der Umarmung auf eine blockhafte Darstellung, Mann und Frau werden nur durch Einkerbungen angedeutet.

Constantin Brâncuşi: »Der Kuss«

In den folgenden Räumen werden die **bedeutendsten Maler der rumänischen Moderne** vorgestellt. Ein Raum ist den Porträts und Genreszenen von **Theodor Aman** gewidmet. Es folgen Werke von Carol Popp de Szathmary (1812–1888), Gheorghe Tattarescu (1820 bis 1894), Sava Henția (1848 bis 1904), Alexandru Elliescu (1850–1889), Costache Petrescu (1828–1910) und Henry Trek (1818–1892). Besonders stolz ist das Museum auf die große Gemäldesammlung von **Nicolae Grigorescu** (1838–1907), dem international wohl bedeutendsten rumänischen Maler. Weitere bekannte Maler wie Ion Andreescu (1850 bis 1882), Ştefan Luchian (1868–1916), Vasile Popescu (1891–1944) und Theodor Pallady (1871–1956) sind ebenfalls mit zahlreichen Arbeiten vertreten. Bemerkenswert ist das Gemälde von **Eustaţin Stoenescu** (1884–1957), es zeigt einen Platz im Zentrum von Craiova 1911 als belebten Markt. Das von Sonnenlicht durchflutete Bild mit grellen Farben und weißen Häusern versetzt den Betrachter unmittelbar in den Orient (Calea Unirii; Di.–Sa. 10.00–17.00, So. 9.00 bis 17.00 Uhr).

Botanischer Garten

Der Botanische Garten Romanescu-Parcul, angelegt nach Plänen des Pariser Architekten E. Redont, liegt etwas nördlich vom Zentrum. Auf der Weltausstellung 1900 in Paris erhielt er die Goldmedaille.

★ Curtea de Argeş · Argisch

N 7

Region: Muntenia · Große Walachei
Höhe: 450 m ü. d. M.
Einwohnerzahl: 32 500

Curtea de Argeş, die sympathische Kleinstadt am Fuß der Karpaten, war vom 14. bis zum 16. Jh. Hauptstadt der Walachei. Daran erinnern die Fürsten- und die Bischofskirche. Die sie verbindende Lindenallee lädt mit Geschäften, Cafés und Hotels zum Flanieren ein. Auch ist die Stadt ein guter Ausgangspunkt für Ausflüge zu den orthodoxen Klöstern bei Râmnicu Vâlcea, ins schöne Olt-Tal oder in die atemberaubende Bergwelt des Făgăraş-Gebirges.

Geschichte

Im 13. Jh. war Curtea de Argeş (= Hof am Argeş) der Sitz einer kleinen Woiwodenschaft, im 14. Jh. entstand unter Basarab I. ein mit Mauern geschützter Fürstenhof. Bis ins 16. Jh. war der Ort im Wechsel mit Târgovişte Hauptstadt der Walachai. Einen Aufschwung erlebte der Ort unter dem später heilig gesprochenen Bischof Calinic (1787–1868), der Argeş 1793 zum Bistum erhob. Sein Feiertag ist der 11. April.

CURTEA DE ARGEŞ ERLEBEN

ÜBERNACHTEN · ESSEN

► Komfortabel

Hotel Posada
B-dul Basarabilor 27–29
Tel. 02 48/72 14 51, www.posada.ro
Das bekannteste Haus in der Stadt liegt auf halbem Weg zwischen Fürstenkirche und Kloster. Mit eigenem Restaurant. Es gibt eine nette Terrasse auf der Rückseite.

Pensiune Montana
B-dul Basarabilor 72
Tel. 02 48/72 23 64
Die Drei-Sterne-Pension liegt ebenfalls sehr zentral; mit Restaurant und Pizzeria. Von der Terrasse kann man das rege Treiben auf der Straße beobachten.

Sehenswertes in Curtea de Argeş

★★ Kloster- oder Bischofskirche

Die Bischofs- oder Klosterkirche (**Biserica Mănăstirii**) ist eines der kunsthistorisch bedeutendsten Baudenkmäler des Landes (tägl. 8.00 bis 16.00 Uhr). Sie liegt mitten im Grünen am Nordrand der Stadt, rund 2 km vom Fürstenhof entfernt, am Ende der Lindenallee B-dul Basarabilor. Sie wurde über einem kleeblattförmigen Grundriss mit vorgesetztem Pronaos erbaut und erinnert an ein prächtiges Mausoleum. Orientalisch anmutende ornamentale Zierbänder, Arabesken, Lisenen sowie reich dekorierte Portal- und Fensterrahmungen schmücken die Außenwände, was ein feines Licht- und Schattenspiel hervorruft. Charakteristisch sind die vier verschieden großen Türmchen, von denen die vorderen zwei gedreht erscheinen. Dreifache Kreuze, sie stehen für die hl. Dreifaltigkeit, bekrönen die Kuppeln. Erbaut wurde sie 1514 als Klosterkirche im Auftrag des walachischen Fürsten Neagoe Basarab von **Meister Manole**, der edle Materialien wie Alabaster, Marmor und Mosaike aus Konstantinopel verwendete. Schon 1517 wurde das unvollendete Kloster in Anwesenheit des Patriarchen Theolipt von Konstantinopel eingeweiht. Schutzpatronin der Kirche wurde auf Wunsch des Fürsten die Muttergottes.

? WUSSTEN SIE SCHON ...?

- ... die traurige Geschichte des Baumeisters Manole? Die Klosterkirche stürzte immer wieder kurz vor ihrer Fertigstellung ein. Manole gelobte, die erste Person, die vorbeikäme, lebendig einzumauern, damit die Kirche fertig würde. Die erste Person, die vorbeikam, war seine Frau, die ihm das Essen brachte. Der grausige Handel gelang: Bald erstrahlte die Kirche in vollem Glanz. Doch nun sorgte sich der Fürst und Bauherr, dass Manole seine Kunstfertigkeit auch anderen Fürsten andienen könnte. Und als Manole hoch oben auf der Kuppel arbeitete, ließ er alle Gerüste abreißen. In seiner Verzweiflung baute sich Manole zwei hölzerne Flügel und sprang in die Tiefe. An der Stelle, wo er starb, soll eine Quelle entsprungen sein. Die Geschichte hat Vasile Alecsandri in einer beliebten Ballade verewigt.

Die Bauarbeiten wurden erst unter Radu de la Afumaţi (1522–1529), dem Schwiegersohn von Neagoe Basarab, abgeschlossen. Die Ausmalung übernahm 1526 der bedeutende **Maler Dobromir aus Târgovişte**. In der Folgezeit wurde das Kloster mehrfach erobert und wieder aufgebaut, zuletzt nach einem verherenden Erdbeben 1875 nach Plänen des französischen Architekten André Lecomte de Nouy. Damals galten Dobromirs Fresken als zu archaisch und wurden von F. Nicolle, Ch. Renouard und N. Constantinescu in Öl übermalt. Von diesen stammt auch die Stifterszene, die Neagoe Basarab, seine Frau Despina, die drei Töchter und die drei Söhne zeigt. Nur 12 der alten Darstellungen wurden gerettet, zu sehen im Nationalen Kunstmuseum in ►Bukarest. Zur Zeit wird die Kirche umfassend renoviert. Eine kurze Treppe führt hinauf ins Innere, dessen unvergleichliche Pracht in Gold-, Grün- und Blautönen jeden Besucher gefangen nimmt. Die große Kuppel ruht auf 12 Säulen. Sie teilen den Raum in Naos und Pronaos und sind ab-

Zwölf eindrucksvoll verzierte Säulen tragen die Kuppel der Kloster- oder Bischofskirche.

wechselnd gedreht und glatt, doch alle mit einem fein gearbeiteten und bemalten Ornamentschmuck versehen. Im Vorschiff befinden sich die Grabstätten der walachischen Fürsten Neagoe Basarab und Radu de la Afumaţi sowie die der rumänischen Königsfamilie: Carol I. (1839–1914), seine Frau Elisabeth (1843–1916), Ferdinand I. (1865–1927), seine Frau Maria (1875 bis 1938) und Carol II. (1893–1953), dessen sterbliche Überreste 2003 aus Lissabon hierher überführt wurden. In der Kirche werden auch die Reliquien der hl. Filofteia aufbewahrt. Die übrigen Klostergebäude in neogotischem und byzantinischem Stil sind aus dem 19. Jh.

★ Kirche des hl. Nikolaus

Vom Fürstenhof sind nur die 1920 freigelegten Ruinen zu sehen. Die dem hl. Nikolaus geweihte orthodoxe Fürstenkirche (**Biserica Domnească Sfântu Nicolae**) blieb dagegen erhalten. Ihr Äußeres ist schlicht. Einziger Schmuck ist der Kontrast zwischen dem hellen Bruchstein und den rötlichen Ziegeln. Sie entstand in der 1. Hälfte des 14. Jh.s im Auftrag von Basarab I. anstelle einer Holzkirche und ist das einzige vollkommen erhaltene Beispiel einer Kreuzkuppelkirche byzantinischen Stils im heutigen Rumänien. Ein mittlerer gedrungener Rundturm krönt den rechteckigen Naos, lediglich die Fensterrahmungen wurden im 18. Jh. ergänzt.

So dezent die Kirche von außen gestaltet ist, so reich ist ihr Freskenschmuck im Innern. Die Darstellungen sind eine **ikonografische Umsetzung der Liturgie**. An die Stelle von rein dekorativen Szenen von Gebet, Versenkung und Anbetung treten thematische Zyklen wie

Heiligenlegenden oder die Speisung der Fünftausend. So stellen die Wände im Vorraum Szenen aus dem Leben des hl. Nikolaus und der Muttergottes dar. Gegenüber der Ikonostase sieht man die obligatorische Stifterszene. Stilistisch und thematisch hatten die Wandmalereien großen Einfluss auf die Freskenkunst späterer Kirchenbauten in der Walachei. Bei späteren Restaurierungen im 18., 19. und 20. Jh. wurden einige der Fresken ausgebessert, leider auch verändert oder übermalt. Das Gotteshaus war auch Grabkirche der walachischen Fürsten. »Hier ruhen die ersten Fürsten der Walachei, Basarab I., der Gründer, Tihomir, Nicolae Alexandru, Vlaicu Vodă ... Sie waren große Gelehrte und Stifter von Kirchen, die wir heute noch mit großem Respekt betreten« (Calinic). Eine mit Sonnenrad und Lebensbaum besonders schön geschmückte Grabplatte deckt die letzte Ruhestätte des Fürsten Vlaicu Vodă (auch Vladislav I.; er regierte von 1367 bis ca. 1377).

Weitere Sehenswürdigkeiten

Über die Stadtgeschichte informiert ein Museum gegenüber dem Fürstenhof. Curtea de Argeş war einst eine Handwerkerstadt, daran erinnert die **Töpferkirche** (Biserica Olarlior). Die orthodoxe **Drujeşti-Kirche** (18. Jh.) ist im Innern und an der Westfront mit Malereien im Neo-Brâncoveanu-Stil geschmückt. Die Casa Goangă in der Str. Viorelelor, vor der kleinen Parkanlage Parcul Nevers, ist ein typisches Handelshaus aus dem 19. Jh. (heute ein guter Weinladen). In und um die Markthalle »Bazar« herum findet täglich ein großer Markt mit Obst, Gemüse, Honig und Haushaltswaren aller Art statt.

Umgebung von Curtea de Argeş

Im Norden von Curtea de Argeş
★★

Munţii Făgăraş ►

Das Făgăraş-Gebirge, rumänisch Munţii Făgăraş, deutsch Fogarascher Berge oder Transsilvanische Alpen, erstreckt sich als 70 km lange und 40 km breite Gebirgskette zwischen Transsilvanien und Muntenien. Schroffe Felsformationen, steile Gipfel und weite Ausblicke locken zahlreiche Wanderer, Bergsteiger und Kletterer in die zauberhafte, eiszeitlich geprägte Bergwelt. Hinter Curtea de Argeş führt eine langsam ansteigende, gut ausgebaute Straße durch das enge, wildromantische Tal des Argeş (Achtung: die Pass-Straße ist nur im Sommer geöffnet).

Festung Poienari ►

Nach ca. 27 km thront oberhalb auf einer Kuppe die Festung Poienari. Wegen des dortigen Wasserkraftwerks mit einem großen Stausee ist der Fluss im Sommer nur noch ein Rinnsal. Hinter dem See liegen die **Hütten Piscul Cabana und Cabana Capra** schon in einer Hochgebirgslandschaft. Der Laubwald wechselt über in Tannenbewuchs und bald ist die Baumgrenze überschritten. Hier trifft man auf grasende Schaf- und Pferdeherden. An der sich die Berge hinaufwindenden Straße gibt es immer wieder aussichtsreiche Parkplätze. Ungefähr von der Passhöhe aus sieht man östlich den höchsten Gipfel der Fogarascher Berge, die höchste Erhebung Rumäniens, den 2544 m hohen **Moldoveanu**. Fünf weitere Gipfel erreichen eine Höhe

Rumäniens höchster Gipfel ►

Unterwegs auf der Făgăraş-Pass-Straße

von über 2500 m, außerdem gibt es zahlreiche Bergseen. Hinter dem Pass-Tunnel steht eine weitere Hütte mit Restaurant und zahlreiche Verkaufsstände mit rumänischen Spezialitäten und Souvenirs. Von hier oben hat man einen weiten Blick über die transsilvanische Ebene. Im Gegensatz zum Süden fallen die Berge im Norden steil ab. Im Tal lohnen die Ruine der Abtei in Cârța (►S. 338) sowie die Festung der Stadt Făgăraş (►S. 179) einen Besuch.

Im Süden von Curtea de Argeş

Die ebenfalls am Argeş gelegene Universitäts- und Industriestadt **Piteşti** (Pitesk; 170 000 Einw.) ist Sitz der Automobilfirma Dacia/Logan, seit 2004 eine vollständige Renault-Tochter. Heute wird hier der Logan hergestellt. Das Bild der im Zweiten Weltkrieg schwer zerstörten Stadt prägen aber viel mehr die reichen Ölvorkommen und die Erdölraffinerie Bradu. In die jüngere Geschichte ging Piteşti auch wegen des kommunistischen Umerziehungslagers ein (►Geschichte).

Im Osten von Curtea de Argeş

◄ Câmpulung Muscel

Câmpulung Muscel, rund 50 km entfernt, ist heute wenig attraktiv, aber älter als Curtea de Argeş. Im 13. Jh. gründete hier der erste walachische Fürst Radu Negru Vodă (1215–1230) die **erste Hauptstadt der Walachei**.

Schitul Nămăeşti

Ein kleiner Ort der Stille ist die **Einsiedelei Nămăeşti** oberhalb des gleichnamigen Dorfes, nur 2 km nordöstlich der Stadt (Schitul Nămăeşti, ausgeschildert). Sehenswert ist die alte Felsenkirche, deren tatsächliches Alter ungewiss ist, in der Klostergeschichte jedoch auf das Jahr 1225 datiert wird. Die Marienikone hat der Überlieferung nach der Apostel Lukas gemalt, in den Felsen versteckt hat sie der Apostel Andreas. Das Marienbild wird als wundertätig verehrt und gilt als Beschützer der Kinder.

Heldendenkmal ► Von dem gigantischen Heldendenkmal (1935; Ansamblul monumental de la Valea Mare – Mateiaş), ca. 8 km weiter an der in die Berge ansteigenden Nationalstraße 74, für die Gefallenen im Ersten Weltkrieg genießt man eine weite Aussicht.

Im Westen von Curtea de Argeş

Râmnicu Vâlcea ► Nur die Hügel des Karpatenvorlandes trennen auf einer Strecke von 25 km das Argeş-Tal vom Olt-Tal, in dem die **Industriestadt** Râmnicu Vâlcea (100 000 Einw.) liegt. Sie ist eine der ältesten Siedlungen Rumäniens. Doch eine Altstadt gibt es leider nicht mehr. Im **Stadtmuseum** sind u. a. Werke von Nicolae Grigorescu und Theodor Pallady zu sehen. Eine Kostprobe wert ist auch das heimische, nach dem Fluss Olt benannte **Bier Altus**.

Einen großen Kontrast zu der von Betonbauten beherrschten Stadt bilden rund 55 alte Bauernhäuser, eine kleine Holzkirche und die original eingerichtete Dorfschule von 1865 im oltenischen **Freilichtmuseum** Bujoreni im Norden Râmnicu Vâlceas (Muzeul Satului Vâlcean, Ortsteil Bujoreni, Di.–So. 9.00–18.00 Uhr).

Kurorte

Westlich von Râmnicu Vâlcea befinden sich einige kleine Kurorte, darunter **Ocnele Mari** (10 km) im Sărat-Tal, dessen Salzvorkommen seit dem Altertum genutzt wird (heute vor allem bei Atemwegserkrankungen). Der Flussname (sărat = salzig) weist schon auf das »Weiße Gold« hin.

Băile Olăneşti ► 18 km nordwestlich von Râmnicu Vâlcea liegt auf 475 m Höhe am Fuß der Căpătânii-Berge der seit dem 17. Jh. bekannte Kurort Băile Olăneşti. Die bereits 1873 in Wien ausgezeichneten örtlichen Mineralwässer sprudeln aus über 15 Quellen.

Schitul Ezer, Schitul Pahonie ► Im **Cheia-Tal**, ganz in der Nähe, liegen die um 1694 aus dem Felsen gehauenen Einsiedeleien Schitul Ezer und Schitul Pahonie, die am besten zu Fuß zu erreichen sind. Ausgangspunkt ist das Dorf Cheia.

Călimăneşti-Căciulata ► Die mittlerweile zusammengewachsenen Kurorte Călimăneşti und Căciulata erreicht man 15 km Olt-aufwärts. Große Hotelanlagen prägen das Ortsbild, lediglich das Zentrum hat sich ein wenig vom Flair der vorigen Jahrhundertwende bewahrt. Vereinzelt säumen alte Villen die Straße. Besonders schön ist das im Neo-Brâncoveanu-Stil erbaute **Hotel Central**. Im Kurpark gibt es verschiedene, bereits von den Römern genutzte Mineralwasserquellen (Izvorul) zum Zapfen.

Schitul Ostrov ► Gegenüber vom Hotel Central gelangt man auf einer Brücke auf die Olt-Insel bzw. zur **Einsiedelei Ostrov** (ostrov = Insel). Zur Andachtszeit empfängt die Besucher der Gesang von Frauenstimmen – der allerdings wie heute bei orthodoxen Klöstern üblich vom Band stammt. Die kleine Kirche umgeben Wohn- und Wirtschaftsgebäude. Sehenswert sind die thematisch reichen Fresken (1752–1760) sowie die vergoldete Lindenholz-Ikonostase im Innern der Kirche. Gegrün-

Mircea der Ältere, Stifter des Kloster Cozia, auf dem Stifterbild

det wurde das Kloster um 1520 von Fürst Neagoe Basarab und seiner Gattin Despina. Jüngst musste die ganze Insel wegen dem Bau des Wasserkraftwerks 6 m aufgeschüttet und damit auch die Kirche gehoben werden. Der zwischen Călimănești-Căciulata und Râmnicu Vâlcea gestaute Olt ist ein Wassersport- und Erholungsziel.

★★ **Kloster Cozia**

Nach weiteren 4 km erreicht man das Kloster Cozia (**Mănăstirea Cozia**), **kulturhistorischer und architektonischer Höhepunkt** des Olt-Tals (tägl. 8.00–18.00 Uhr). Gegründet wurde es 1386 von Fürst Mircea dem Älteren (Mircea cel Bătrân), sein Name Cozia leitet sich entweder von Walnussbäumen (coz = Walnuss im Kumanischen) oder von Ziegen (= koz im Slawischen) ab. Doch nicht nur die malerische, damals schwer zugängliche Landschaft bewog den Fürsten, gerade hier das Kloster zu bauen. Es diente auch zur Sicherung des Karpatenübergangs und wurde daher wie eine Burg befestigt. Vom gegenüberliegenden Olt-Ufer bekommt man einen guten Eindruck von der Stärke der Festungsmauern. Religiöser Berater Mirceas war der vom Berg Athos stammende Mönch Nicodim (1310–1406), der unermüdlich gegen den von Westungarn eindringenden Katholizismus kämpfte. Auf seine Initiative geht auch der Bau des Klosters Tismana (►S. 253) zurück. Nach wiederholten Zerstörungen wurde das Kloster von Neagoe Basarab 1517 und von Constantin Brâncoveanu um 1707 erneuert.

◄ Kirche der Dreifaltigkeit

Die 1388 der Dreifaltigkeit geweihte Klosterkirche steht als **kleines Schmuckstück** in der Mitte eines von Wohn- und Wirtschaftsgebäuden im Brâncoveanu-Stil eingefassten Innenhofes. Als typische Dreikonchenanlage mit erhöhtem Chor (Bema), Naos und Pronaos, einer 1707 ergänzten offenen Säulenvorhalle und zentralem Turm wurde sie zum Vorbild der walachischen Kirchenbaukunst. In ihrem Äußeren verbinden sich serbische Architektur, byzantinische Einflüsse und lokale folkloristische Elemente zu einem harmonischen Ganzen. Typisch byzantinisch ist die Fassadengestaltung. Wie bei der Fürstenkirche in Curtea de Argeş entsteht aus rötlichen Ziegeln und hellem Bruchstein ein Streifenmuster. Die kunstvoll ausgearbeiteten Rosetten und die verzierten Fensterrahmungen stammen noch aus der Erbauungszeit. Ein feines Detail sind die bunten Keramikfriese.

Wandmalereien ► Das Kircheninnere ist bis in die Kuppeln ausgemalt. Allerdings stammen nur die Fresken in der Vorhalle (Pronaos) aus der Gründungszeit. Die Malereien in der Loggia und im Naos entstanden 1704–1707 im Brâncoveanu-Stil. Man betritt die Kirche durch die obligatorische großflächige Darstellung des Jüngsten Gerichts. Die Türrahmung schmücken reiche Pflanzenornamente. Die Stifterszene an der Westwand des Pronaos zeigt Mircea den Älteren im mittelalterlichen Gewand mit dem Kirchenmodell und dem Zitat: »Es war mein Wille im Namen der hl. Dreifaltigkeit, und ich allein habe das Kloster an dem Nucet genannten Platz gebaut ...« Neben ihm steht sein Sohn Mihail I. Auch Nicodim ist als Fresko verewigt. Eine weitere Szene zeigt die Vision des Petrus. Auffällig ist die Gruppe der überlangen Eremiten mit langen Bärten und die reich geschnitzte Ikonostase als Wurzel Jesse. Mircea wurde auf seinen Wunsch hier beigesetzt. Neben ihm ruht Teofana, die nach dem Tod ihres Sohnes Michael des Tapferen (Mihai Viteazul) 1601 ins Kloster ging und 1605 hier starb. Zum Kloster gehören zwei Brunnen (1657, 1517) und ein **Museum** mit einer umfangreichen Sammlung **religiöser Kultgegenstände**, u. a. wertvolle Originalmanuskripte in kyrillischer Schrift, Fragmente von Grabplatten sowie Ikonen.

! *Baedeker* TIPP

Vorzüglicher Käse

Eine rumänische Käsespezialität, den in Tannenrinde gewickelten Schafskäse (Brânză Burduf în Coajă), findet man häufig im Olt-Tal. Auf Parkplätzen oder an der Straße verkaufen ihn Bauern an kleinen Ständen, außerdem Honig und Säfte.

Siechenkirche Bolniţa ► Auf dem Hügel gegenüber steht die 1542/43 von Radu Paisie für die Kranken und Alten gestiftete Siechenkirche Bolniţa. Ihre architektonische Ausgewogenheit, die ornamentale Fassadengestaltung sowie die außergewöhnlich schönen, aus der Erbauungszeit stammenden Fresken machen sie zu einem Kleinod sakraler Baukunst des 16. Jh.s (Schlüssel im Kloster erfragen).

Kloster Turnu Das am Ostufer des Olt versteckt gelegene Kloster (**Mănăstirea**) Turnu erreicht man von Cozia, indem man die Staumauer des Olt überquert und sogleich dem Weg links durch einen Felsentunnel in die Berge folgt, auch als längerer Spaziergang möglich. Die Anlage besitzt noch Bauten aus drei Epochen: Ursprünglich lebten auf diesem Gelände Einsiedler in ihren mühsam in den Fels getriebenen Behausungen – heute sind noch zwei Einsiedeleien zugänglich. Nach dem Tod der Mönche Daniil und Misail errichteten die übrigen über den Gebeinen eine kleine Holzkirche. An deren Stelle entstand 1676 die **Kleine Kirche aus Stein**. Außen sind noch Malereifragmente zu erkennen. Im Innern ist sie vollständig ausgemalt. Bemerkenswert ist, dass in der Stifterszene weder Stifter noch Patriarch einen Heiligenschein tragen. Bei der Kirche befindet sich ein kleiner Friedhof. Die Große Kirche entstand 1897–1901 mit prächtiger Ikonostase. Die traditionelle Raumaufteilung wird durch bemalte Säulen angedeutet. Zum Kloster gehört auch ein neuer Wohnkomplex. Es gibt eine eigene **Honigproduktion**.

◄ Große Kirche

Kloster Stânişoara

In der Nähe gründeten die vom Berg Athos stammenden Mönche Sava und Teodosie 1801 in der imposanten Felsenkulisse des Cozias-Gebirges das Kloster Stânişoara. Die heutige Klosterkirche mit ihren klassizistischen Architekturelementen entstand nach einem Brand 1850 im Auftrag von Bischof Gheracim Timus nach Plänen des italienischen Architekten Debona Apolino.

Weiteres Sehenswürdigkeiten im Olt-Tal

Unmittelbar nach der Olt-Enge in Richtung ►Sibiu befindet sich an der Straße noch die kleine **Einsiedelei Schitul Cozia Veche**. Einige Kilometer weiter, auf der anderen Uferseite, auf der Höhe von Racoviţa, duckt sich hinter einer Mauer und zwischen alten Bäumen die **Einsiedelei Schitul Cornetul** (1666 gegründet).

Das Olt-Tal ist nun teilweise so eng, dass die Straße auf einem Viadukt verläuft. Beidseitig ragen steile Felsen auf. Hier wird deutlich, dass das Tal als leicht passierbarer Karpatendurchbruch strategisch wichtig war. Und so wie das Kloster Cozia den südlichen Ausgang bewachte, sicherten verschiedene Burgen den nördlichen Eingang. An die Burg bei Lotrioara erinnern nur noch Ruinen, auch die Burg bei Boiţa, wo der Olt in die Berge eintritt, ist verfallen.

Drobeta-Turnu Severin · Nördlicher Turm · Szörényvár

J 8

Region: Oltenia · Kleine Walachei
Höhe: 70 m ü. d. M.
Einwohnerzahl: 103 000

Die Donauhafenstadt ist den meisten Reisenden wegen des spektakulären Donaudurchbruchs »Eisernes Tor« bekannt. Ihr Zentrum ist recht lebendig, mit südländischem, ein wenig orientalischem Flair.

Eindrucksvolle Uferlandschaft des Eisernen Tors

tisch auf knapp 160 m Breite. Auf beiden Seiten ragen schroffe Felsen 500 m in die Höhe. Hier hat sich vor Tausenden Jahren, im Tertiär, der mächtige Strom einen Weg durch die rumänischen Südkarpaten und die serbischen Karpaten gegraben (**Porţile de Fier**). Den besten Eindruck hat man vom Schiff. Bei gutem Wetter lohnt sich auch der Aufstieg auf das Bergplateau.

Orşova Bald darauf taucht in einem Seitental das riesige, 2001 in den Fels gemeißelte Gesicht des **Daker-Königs Decebal** auf. Dann öffnet sich das Tal plötzlich und die Donau ergießt sich in einen ca. 2 km breiten See (Cazan), der als Folge des Staudamms hinter Orşova entstand.
Der alte Ort Orşova verschwand in den Fluten des Stausees. 15 km westlich oberhalb der malerischen Cerna-Bucht entstand Orşova Noua 1966–1971 im Plattenbau-Stil neu. Hinter dem Ort gibt es in einer Kurve einen erhöhten Aussichtspunkt. Hier streckt sich eine überlebensgroße Frauenskulptur der Donau entgegen. In den Händen hält sie einen Kranz zur Erinnerung an das alte Orşova.
Bis zum Bau des **Wasserkraftwerks** (1964–1972 als rumänisch-jugoslawisches Gemeinschaftsprojekt) war dieser Flussabschnitt wegen seinen Stromschnellen sehr gefährlich und nur mithilfe von Lotsenschiffen passierbar. Der 58 m hohe, 941 m breite Damm staut das Wasser 150 km lang zurück. Heute ermöglichen doppelstufige Schleusen mit über 300 m langen und 30 m breiten Kammern auch großen Container- und Passagierschiffen die problemlose Durchfahrt. Der Wasserspiegel stieg um 35 m, rund 17 000 Menschen

mussten umgesiedelt werden. Kurios ist die Geschichte der kleinen Insel Ada-Kaleh: Die Türken hatte sie 1440 erobert und mit einer Festung und einer Moschee bebaut. Auf dem Berliner Kongress 1878 wurde die Insel »vergessen«, eine türkische Exklave zwischen Rumänien und dem zur K.-u.-k.-Monarchie gehörenden Serbien. Erst 1918 wurde sie Rumänien zugesprochen. Vor ihrer Überflutung wurden Festung und Moschee abgetragen und auf der stadtnahen **Insel Şimian** wieder aufgebaut.

◂ Insel Ada-Kaleh

★ **Băile Herculane**

Der alte Kurort **Herkulesbad** (Herkulesfürdő) liegt 40 km nordwestlich von Drobeta-Turnu Severin sehr schön im Cerna-Tal, geschützt von majestätischen Kalksteinwänden. Er ist für seine Thermalquellen – sie lindern rheumatische, Stoffwechsel- und gynäkologische Beschwerden – sowie für ein außergewöhnlich mildes Klima bekannt. Schon Herkules soll hier nach dem Kampf mit der 9-köpfigen Hydra seine Wunden geheilt haben und auch die Römer erholten sich in Thermae Herculi nach den Kämpfen gegen die Daker. Eine Herkules-Skulptur steht seit 1847 im Ortszentrum. Seine Glanzzeit erlebte der Ort zur Zeit der Habsburger Doppelmonarchie, sogar Kaiser Franz Joseph und »Sissi« weilten hier. Nach Plänen von Wilhelm Doderer entstanden 1883 –1886 die »Kaiserbäder«. Auch heute spürt man im alten Ortskern mit seinen eklektischen Badehäusern und Pavillons noch den Charme von einst – leider ist einiges stark renovierungsbedürftig. Am Ortsrand entstanden neue Kurhotels.
Ca. 4 km talaufwärts entspringen mitten in der Landschaft weitere Thermalquellen, die **Şapte Izvoare** (7 Quellen). Hier gibt es Naturbecken mit Bademöglichkeit, eine kuriose Grotte (**La Gropan**) und ein **Freibad** (Strandului termal). Das **Naturschutzgebiet Domoglet** und die **Schlucht Cheile Tesnei** laden zu Wanderungen ein.

Mănăstirea Topolniţa

Das orthodoxe **Kloster Topolniţa**, 17 km nördlich von Drobeta-Turnu Severin in den Bergen (Abzweigung im Dorf Halânga), wird wieder von Gläubigen bewohnt. Originell ist die 1646 auf einem Steinsockel errichtete Holzkirche St. Johannes.

★ Gheorgheni · Niklasmarkt · Gyergyószentmiklós

P 4

Region: Transilvania · Siebenbürgen, Szeklerland

Einwohnerzahl: 20 000
Höhe: 810 m ü. d. M.

Das Städtchen liegt landschaftlich malerisch zwischen den Gurghiu-Bergen und den Ostkarpaten, nicht weit von der Quelle des Olt. Aufgrund der Höhe gehört es zu den kältesten Orten Rumäniens.

Der sagenumwobene Rote See

Borsec

Von dem alten Kurbad **Toplița** (Maroshévíz, Bad Toplitz), 30 km weiter nördlich, geht es rund 25 km auf landschaftlich reizvoller Strecke über den 1105 m hohen **Karpatenpass Creanga** in den Bade- und Luftkurort Borsec (Borszék, Bad Borseck). Dem Namen des Mineralwassers begegnet man im ganzen Land, doch kaum jemand kennt den kleinen Kurort. Dabei war er an der Wende des 19. ins 20. Jh. ein recht mondänes Bad. Heute sind viele der Villen im Schweizer Stil vom Verfall bedroht.

Der Überlieferung nach badete Fürst Zsigmond Báthori bereits im 16. Jh. seine wunden Füße im Borsecker Heilwasser. Seit 1806 wird es in Flaschen abgefüllt und 1873 zeichnete Kaiser Franz Joseph I. die »Königin der Mineralwasser« mit einer Goldmedaille aus. Eine zweite Goldmedaille bekam es 2004 in Berkeley Springs. Für die ungarisch sprechenden Szekler heißt »borvíz« heute noch Mineralwasser. Die einzelnen Quellen werden von kleinen Holzpavillons geschützt.

★ **Tour in die östliche Bergwelt**

Roter See ▶

Die Nationalstraße 12 C windet sich durch ein zauberhaftes Tal und dichten Tannenwald den 1256 m hohen **Pasul Pângarați** hinauf. Auf Parkplätzen verkaufen Imker ihre Produkte. Nach weiteren 10 km erreicht man den Roten See (oder Mördersee; rumänisch **Lacul Roșu**; ungarisch **Gyilkos-tó**), aus dem viele tote Baumstümpfe ragen; einige dienen Enten als Nistplätze. Der See ist ein beliebtes Ausflugsziel mit Cafes und Pensionen. Dennoch lässt er sich in Ruhe und mit herrlichen Ausblicken umwandern und ist auch ein guter Ausgangspunkt für Wanderungen in den benachbarten Nationalpark Bicaz-Klamm-

Haşmaş. Über die Entstehung des Roten bzw. Mördersees gibt es verschiedene Legenden. So soll nach einem heftigen Regen ein riesiger Felsbrocken herabgestürzt sein und Hirten und Schafe erschlagen haben. Nur das »schwarze Schaf«, das sich unerlaubt von der Herde entfernt hatte, überlebte die Katastrophe. Seine Tränen über das Unglück sammelten sich zu dem See. Das vor Trauer versteinerte Tier erkennt man am Nordufer des Sees. Die Baumstümpfe erinnern wie Grabstelen an die Toten. Tatsächlich rutschte 1837 ein Felsmassiv in das Flüsschen Bicaz und staute es zu einem See. Die Nadelbäume ertranken, die eisenhaltige Tonerde gab dem See seine eigentümliche Farbe und konservierte die Baumstämme.

Eine Tour durch die wilde Bicaz-Klamm (**Cheile Bicazului**) mit ihren 200 bis 300 m hohen Felswänden ist empfehlenswert. Ca. 3 Stunden dauert die Wanderung vom Roten See zur Klamm und zurück (Informationen und Karten gibt es am Roten See).

◄ Bicaz-Klamm

Horezu

L 7

Region: Oltenia · Kleine Walachei **Höhe:** 540 m ü. d. M.

Das Landstädtchen am Fuß der Căpăţânei-Berge in den Südkarpaten lohnt wegen seines orthodoxen Klosters einen Besuch: ein Glanzstück klösterlicher Architektur und UNESCO-Weltkulturerbe. Bekannt ist der Ort auch für seine nach traditionellen Mustern gefertigte Töpfer- und Keramikkunst.

★★ Kloster Horezu · Mănăstirea Horezu

Stifter des vor zauberhaftem Panorama mit Blick auf die Karpaten gelegenen Nonnenklosters war der walachische Fürst Constantin Brâncoveanu (1654–1714). Er hatte es für sich als Grabstätte vorgesehen und besonderen Wert auf eine prächtige Gestaltung gelegt. Es entwickelte sich bald zu einem bedeutenden geistlichen und kulturellen Zentrum der Region. Heute zählt Horezu allein wegen seiner Einheitlichkeit zu den schönsten Klosteranlagen im Süden von Rumänien. Gott soll dem Fürsten im Traum die Lage des Klosters gezeigt haben; der Name Horezu leitet sich vermutlich vom rumänischen Wort für Eule (huhurezi) ab, die in den umliegenden Wäldern wohl sehr zahlreich war. Der 1691–1697 erbaute Komplex ist rundum von einer hohen Festungsmauer mit gedrungenen Türmchen umgeben. Die drei Trakte im Innern der Mauer sind mit mediterran anmutenden Säulengängen versehen. Die berühmte **Dionysos-Loggia**, eine Art Altan mit verzierten Säulen, wurde 1753 angebaut. Nach Constantin Brâncoveanu wird dieser **venezianische und orientalische Elemente vereinigende Stil** als rumänischer Brâncoveanu-Stil bezeichnet.

Öffnungszeiten:
tägl. 8.00–18.00

◄ Brâncoveanu-Stil

HOREZU ERLEBEN

VERANSTALTUNGEN

Cocoşul de Horezu
Jedes Jahr am 1. Juni-Wochenende erfüllen der Töpfermarkt und ein Folklorefestival die Dorfstraßen mit munterem Treiben.

ÜBERNACHTEN · ESSEN

► **Günstig**

Pensiunea Dana
Str. Olan 15
Tel. 07 23/97 82 55 (mobil)
Hier übernachtet man in malerischer Landschaft; es gibt eine Terrasse und im Garten einen Grillplatz.

Kloster Horezu
Im Kloster Horezu gibt es in einem neuen Gästehaus einfache Übernachtungsmöglichkeiten. Die Nonnen bieten auch Essen an (Tel. 02 50/ 86 00 71).

Hauptkirche ► Schmuckstück ist die in der Hofmitte über kreuzförmigem Grundriss erbaute Hauptkirche. Ihre offene Arkadenvorhalle ruht auf 10 Säulen mit reich verzierten Kapitellen. Sie ist wie die übrige Kirche und das Refektorium vollständig ausgemalt. Die hier tätige Malergruppe unter Leitung des **griechischen Meisters Konstantinos** entwickelte sich zur **Malschule von Horezu** mit großem Einfluss auf die orthodoxe Kirchenmalerei des 17./18. Jh.s in ganz Rumänien. Die Ostwand der Vorhalle überzieht eine traditionelle Darstellung des Jüngsten Gerichts und wie zur Ermahnung betritt man das Kircheninnere zwischen Darstellungen von Himmel und Hölle. Den Türrahmen schmücken kunstvolle Steinmetzarbeiten sowie eine Tafel mit dem Gelübde des Fürsten: »Ich werde keinen Fuß in mein Haus setzen, ich werde mich nicht auf meiner Ruhestätte ausstrecken und mir vom Schlaf die Augen schließen lassen, bis ich jenen Ort gefunden habe, an dem ich meinem Gott ein Haus erbauen werde.« Im Vorraum (Pronaos) sieht man in der »Stifterszene« Constantin Brâncoveanu als erfolgreichen Herrscher mit Familie und seinen mit feinen Steinmetzarbeiten verzierter Marmorsarkophag. Er ist leer, da Constantin Brâncoveanu mit seinen Söhnen 1714 am Hof des Sultans hingerichtet wurde.

Ikonostase ► Die Ikonostase im Naos ist eine vergoldete Lindenholzwand. Von oben nach unten sieht man die Propheten, darunter die zwölf Apostel zu beiden Seiten der Deesis (Fürbitte) und die zwölf wichtigsten Feste der orthodoxen Kirche. Im vierten Rang sind die »königlichen Ikonen« mit Christus, Gottesmutter und Schutzheiligen dargestellt.

Weitere Sehenswürdigkeiten

Zu sehen sind außerdem die ehemaligen Wohnräume der Fürstenfamilie, Klosterkapelle, Küche und Backhaus. Ein großer, hufeisenförmiger Esstisch nimmt das ganze **Refektorium** ein. Sein Gewölbe und die Wände bedecken kunstvolle Fresken aus der Erbauungszeit. In einer Ausstellung werden Silberobjekte, Kelche, Ikonen und mit Ornamenten verzierte Möbel gezeigt.

Das Gästehaus vor dem Kloster bietet auch Verpflegung aus der Klosterküche. Die Nonnen betreiben ihre eigene Landwirtschaft und leben noch weitgehend autark. Das Kloster hat keinen Mangel an Novizinnen, so sieht man viele junge Gesichter unter den schwarzen Kopfbedeckungen.

Gästehaus

Auf der Ostseite liegt das von Maria Brâncoveanu gestiftete Krankenhaus (Hospiz, 1697–1699), die 1703 von ihrem Sohn Stephan gestiftete kleine Stephanskirche jenseits des Flüsschens Romani und im Nordosten die Apostelkapelle, eine Stiftung des ersten Klostervorstehers und Erzabtes Iohann. Die doppeltürmige, kleine **Michaelskirche** in der Ortsmitte von Horezu stiftete Constantin Brâncoveanu 1708. Wie bei der großen Klosterkirche umrahmt das mit floralem Schmuck versehene Steinportal eine Wandmalerei des Jüngsten Gerichts. Bemerkenswert sind auch die feinen Holzschnitzereien der Tür. Darstellungen von Männern und Frauen ziehen sich an der Außenwand entlang. Auch innen ist die Kirche mit Fresken bedeckt.

Außerhalb der Klostermauern

Einen schönen Kontrast zur klösterlichen Kunst bildet die **Töpferstraße** im Viertel Olari (Satul Olari), oberhalb der kleinen Fußgängerzone. Hier werden Teller, Krüge, Schüsseln und Tassen mit ihren typischen Motiven hergestellt. Verkaufsstände gibt es auch an der

★ **Keramikstadt**

Kloster Horezu, ein Paradebeispiel des Brâncoveanu-Stils

Straße in Richtung Râmnicu Vâlcea. Charakteristisch sind die mehrfarbigen Schlierenmuster sowie Tierdarstellungen in geometrischen oder floralen Mustern auf elfenbeinfarbigem Grund. Neben Hirschen sind auch Hähne, das Wahrzeichen von Horezu, sehr beliebt. Obwohl der Ort und das Kloster ihren Namen vermutlich den Eulen verdanken, sind sie nie abgebildet.

Umgebung von Horezu

★★ Măldăreşti

In dem kleinen Dorf knapp 10 km südlich von Horezu gibt es ein kleines Freilichtmuseum mit zwei typisch oltenischen Bojaren- bzw. Adelshäusern, **Cula Duca** und **Cula Greceanu**. Das rumänische Wort Cula leitet sich ab vom türkischen Kule = Turm, Burg. In der Moldau nennt man diesen Bautyp Conac. Auch das ungarische Curia soll daher stammen, meint jedoch Herrenhaus im westeuropäischen Stil. Innerhalb des Mauerrings stehen zwei weiß getünchte Herrenhäuser: Das **Greceanu-Haus** geht auf einen Wohnturm aus dem 16. Jh. zurück und wurde im 18. Jh. ausgebaut, das **Duca-Haus** entstand 1818. Auffällig ist ihre massive Bauweise und die an Schießscharten erinnernden Fenster. Die liebevolle Einrichtung mit prächtigen Originalmöbeln lässt das herrschaftliche Leben von einst lebendig werden (**Complexul Muzeal Măldăreşti**; Di.–So. 10.00 – 18.00 Uhr).

★ Kloster Polovragi

Das Nonnenkloster Polovragi (**Mănăstirea Polovragi**), 23 km westlich von Horezu, liegt vor einer malerischen Bergkulisse des Piatră Polovragilor, umgeben von Apfelbäumen. Nach dem Passieren eines holzgeschnitzten Tors führt eine kleine Tannenallee zum Torturm der kleinen, umfriedeten Klosteranlage (tägl. 8.00–18.00 Uhr). Erst 1984 wurde sie ans Stromnetz angeschlossen. Erstmals erwähnt wurde sie 1648, als Fürst Matei Basarab dem Kloster die Besitzung des gleichnamigen Dorfes bestätigte. Unter Constantin Brâncoveanu wurde es erneuert und die Kirche mit gut erhaltenen Fresken ausgemalt. Die Muttergottes-Kirche im byzantinischen Stil mit nur einem Turm hat eine offene Säulenvorhalle. Auch die Terrassen und Balkone der Klosterbauten sind im Brâncoveanu-Stil gestaltet. Bemerkenswert sind die schönen Blumenmotive sowie der offene Turm über der Quelle im nördlichen Teil der Umfriedungsmauer. Das Kloster hat Gästezimmer (Tel. 02 50/47 61 96). Lohnend ist ein Ausflug zu der hinter dem Kloster schon sichtbaren **Schlucht Cheile Olteţului**.

Târgu Jiu

Die **Industriestadt** (Tergoschwyl; 97 000 Einw.) in einem Talkessel des Jiu (Schil) westlich von Horezu (56 km) liegt im Schnittpunkt einer wichtigen Ost-West-Verbindung sowie einer dem Jiu folgenden Karpatenüberquerung. Die einzigen touristischen Anziehungspunkte sind mit dem bedeutenden **Bildhauer Constantin Brâncuşi** (►Special S. 254) verknüpft. Von ihm stammt eine **begehbare Skulptur** im Stadtzentrum. An der parallel zum Jiu verlaufenden Heldenstraße (Calea Eroilor, Ausgangspunkt: Aleea-Park) entstand 1937/38 im

Auftrag der Frauenliga von Gorj ein Denkmal für die Gefallenen des Ersten Weltkriegs. Das Ensemble aus drei Einzelmonumenten verteilte der Künster auf der 1,653 km langen Strecke nach den Regeln des Goldenen Schnitts. Leider wurde die Achse durch jüngere Bauten unterbrochen, u. a. durch die massive Apostelkirche. Das Skulpturenensemble beginnt mit dem **»Tisch des Schweigens«** (Masa Tăcerii), es folgen das **»Tor des Kusses«** (Poarta Sărutului) und 1 km weiter die **»Unendliche Säule«** (Coloana Infinitului), die 29 m in den Himmel ragt. Brâncuşi sah in ihr eine mythische Weltachse, »die nirgendwo endet«. Vorbilder für die rhomboiden Elemente waren wahrscheinlich die ornamentalen Holzschnitzereien seiner Heimat Oltenien. In der 1950er-Jahren versuchte der damalige Bürgermeister das Kunstwerk niederreißen zu lassen. Da der Bulldozer zu schwach war, bekam die Säule lediglich einen Knick. Die »Rettung« kam 1996 mit der Aufnahme des Ensembles auf die Liste der weltweit 100 am meisten gefährdeten Monumente des World Monument Fund (WMF). Wer sich für weitere Arbeiten von Brâncuşi interessiert, sollte auch die **Moderne Kunstgalerie** (Galeria de Artă contemporana) im Norden der Calea Eroilor besuchen und Hobiţa (►unten).

✱✱ ◄ Skulpturenensemble

Hobiţa (Peştişani)

26 km westlich liegt Hobiţa (Ortsteil von Peştişani), der Geburtsort von Constantin Brâncuşi. Das Geburtshaus (1862) ist heute ein kleines **Museum** mit Erinnerungsstücken an den weltberühmten Bildhauer. Die geschnitzten Säulen der Veranda oder das große Holztor lassen erahnen, wie sehr die bäuerliche Schnitzkunst den jungen Brâncuşi beeinflusst hat (**Muzeul Constantin Brâncuşi**; tägl. 9.00–17.00 Uhr).
Nur 8 km sind es auf der 67 D in die **Sohodolului-Klamm** (CheileSohodolului). Eine 2 km lange Straße verläuft den Bach entlang zwischen immer höher werdenden Felswänden.

✱✱ **Kloster Tismana**

Fährt man noch 10 km weiter auf der 67 D, erreicht man die Abzweigung zum Kloster Tismana (Mănăstirea Tismana; 87 km westlich von Horezu), das vermutlich älteste erhaltene Kloster in der Walachei (tägl. 9.00–18.00 Uhr). Der Komplex liegt wunderschön etwas versteckt in einem Wald aus Kastanien. Zwei polygonale Ecktürme flankieren die Eingangsfront. Durch den hohen mittleren Torturm gelangt man in einen auf drei Seiten von Gebäuden umgebenen Innenhof mit der orthodoxen Kirche im Zentrum. Ein erstes Kloster aus Holz soll bereits der Mönch Nicodim vom Berg Athos (1310–1406) gestiftet haben. Als Bollwerk gegen den vom westlichen Ungarn eindringenden Katholizismus wurde es unter Fürst Radu II. (1377–1383) aus Stein erneuert und reich beschenkt. Bald gehörten dem Kloster 10 Dörfer in der Umgebung und weitere 10 in Serbien, 10 Zigeunersiedlungen, Zollämter, Ackerland und ein Zehnt der Kupfererzgruben. Der heutige Bau entstand unter Radu cel Mare (Radu der Große, 1495–1508). Die Kirche ist eine typische Dreikonchenanlage im serbischen Stil mit rechteckigem Pronaos (Vorraum).

◄ weiter auf S. 256

DIE REDUKTION DER FORM

Constantin Brâncuşi, einer der berühmtesten Bildhauer des 20. Jh.s, kam 1876 als Sohn eines Bauern in Hobiţa, keine 80 km von Horezu entfernt, zur Welt.

Schon als Kind interessierte er sich für die **Schnitzkunst der Bauern** seiner oltenischen Heimat. Und sein erstes Geld investierte der Neunjährige angeblich in Werkzeug. Diese Leidenschaft wurde bald belohnt. Die ersten selbst gefertigten Holzfiguren brachten dem Kind aus mittellosen Verhältnissen ein Stipendium ein. 1894 – 1898 besuchte er die Kunstgewerbeschule im nahen Craiova, anschließend bis 1902 die Kunstakademie in Bukarest. Schon zwei Jahre später kehrte er seiner Heimat den Rücken. Er hatte Skulpturen des Bildhauers August Rodin in einem Katalog gesehen und den jungen Künstler zog es zu seinem großen Vorbild.

In Paris

Brâncuşi ging nach Paris, wo er ab 1904 ein Studium an der École des Beaux-Arts absolvierte und im Bildhaueratelier von A. Merccié arbeitete. Er schloss Freundschaft mit Rousseau, Matisse und Léger, lernte Picasso, Le Corbusier, Braque und auch Rodin kennen. Eine enge Freundschaft verband ihn mit **Amedeo Modigliani**. Bereits 1914 hatte er eine große Einzelausstellung in New York. Sein **Ruf als Bildhauer** war bis nach Rumänien gedrungen, so beauftragte ihn seine **Heimatstadt Târgu Jiu** 1936 mit einem Denkmal für die Opfer des Ersten Weltkriegs. Sein Entwurf vereint drei große Arbeiten: »Tisch des Schweigens«, »Tor des Kusses« und die »Unendliche Säule«. Zur Einweihung 1938 reiste der Bildhauer nach Rumänien, das er nach 1945 nicht wieder besuchen wollte.

Die Kriegsjahre verbrachte Brâncuşi, von Freunden unterstützt, unter großen Schwierigkeiten in Paris. 1952 folgte die französische Einbürgerung. 1957 starb Brâncuşi im Alter von 81 Jahren. Seine letzte Ruhestätte fand er auf dem Friedhof Montparnasse. Sein Nachlass und sein Atelier befinden sich im Centre Pompidou in Paris. In Rumänien begegnet man Werken von ihm außer in Târgu Jiu in Craiova, Bukarest und in seinem Geburtshaus in Hobiţa (S. 253).

Nach seinem Tod waren Werke von ihm u. a. auf der documenta 2 (1959) und der documenta 3 (1964) in Kassel ausgestellt, 2005 wurde für eine seiner Skulpturen bei Christie's die Rekordsumme von 27 Mill. US-Dollar erzielt. Und im Kinostreifen »Star Wars I«

Constantin Brâncuşis »Tor des Kusses« (links) und seine berühmte »Unendliche Säule«, die fast 30 m in Richtung Himmel ragt.

stand eine seiner »Bird in Space«-Skulpturen im Quartier der Königin Amidala auf dem Planeten Coruscant.

Wegweiser moderner Kunst

1907 stellte Brâncuşi erste Arbeiten in der Société Nationale des Beaux-Arts aus, die von Rodin lobend erwähnt wurden. Der **»Kuss«**, Brâncuşis zweite Steinskulptur von 1908, bezieht sich thematisch auch auf Rodin. In der Ausführung orientierte er sich aber nicht an den dramatisch-subjektiven Skulpturen seines Vorbilds, sondern an der Archaik, in der er die Überwindung des Abbildes suchte. Durch **stetes Abstrahieren seines Ausgangsthemas** näherte er sich dem **Wesentlichen der menschlichen Essenz**. Anregungen fand er in der »primitiven Kunst«, in afrikanischen Skulpturen, und in der bäuerlichen Holzschnitzkunst Rumäniens.
Charakteristisch in seinem Werk sind die immer wiederkehrenden Elemente wie z. B. das **Ovoid** (Ei = Ursprung des Lebens) oder die **Wiederholung** einer Form, etwa die des Rhombus in der »Unendlichen Säule«. Auch bearbeitete er die gleichen Themen immer wieder. Vom »Kuss« existieren 14, von seinen Vogelskulpturen 27 Varianten. »Aus seinen Werken spricht eine Begeisterung am einfachen meditativen Detail und Arbeiten« (Andreas Helmling).

Prunkstück des Klosters Bistriţa-Vâlcea ist die Ikonostase.

Die Ausmalung im byzantinischen Stil übernahm **Dobromir aus Târgovişte** 1564. Leider sind nur Reste davon erhalten, u. a. die Darstellung des hl. Johannes von Rila. Diese und Ikonen sowie andere sakrale Gegenstände sind heute in einem kleinen Museum zu sehen. Seit 1949 leben hier Nonnen. Am 15. August, Mariä Himmelfahrt (Adormirea Maicii Domnului), findet eine feierliche Prozession statt.

★ **Mănăstirea Bistriţa-Vâlcea**

Im Dorf **Tomşani**, 6 km östlich von Horezu, führt eine Abzweigung in die Berge. Ungefähr nach weiteren 6 km Fahrt, am Eingang zur gleichnamigen Schlucht, erreicht man das **Kloster**, eine klassizistisch geprägte Anlage. Durch einen separaten Glockenturm gelangt man in den Klostergarten. Eine erste Kirche stifteten die wohlhabenden Brüder Craiovescu 1494. Nach Zerstörungen ließen die Stifter das Kloster 1515–1519 restaurieren und die Kirche von **Dobromir aus Târgovişte** ausmalen. Aus dieser Zeit ist die kleine »Bolniţa« (Siechenkirche; 1520) außerhalb der Klostermauern erhalten. Fürst Gheorghe Bibescu ließ 1846 die Gebäude abreißen und die heutige Anlage errichten. Prunkstück der zentralen Kirche ist die vergoldete Ikonostase. Die neugotischen Fresken malte Gheorghe Tattarescu 1850. Viele Gläubige berühren den Sarkophag des **hl. Grigoriu Decapolitul** (780–842 v. Chr.) in der Hoffnung, von Krankheiten geheilt zu werden. Barbu Craiovescu brachte 1497 die Reliquien des Heiligen aus Konstantinopel ins Kloster. Dieser ist auch der Schutzheilige der Roma (tägl. 8.00–18.00 Uhr).

Fledermaus- bzw. Klosterhöhle

Die Fledermaushöhle (**Peştera Liliecilor de la Mănăstirea Bistriţa**) in der Schlucht Cheile Bistriţei (direkt hinter dem Kloster führt links ein schmaler Pfad den Wald hinauf zum Höhleneingang) besitzt Fresken aus dem 17. Jh. Sie ist nur in Begleitung einer Nonne zu besichtigen (Taschenlampe mitnehmen; Auskunft im Kloster). Etwas tiefer liegt die **Einsiedelei** der Mönche Macarie und Daniel von 1635.

★ Kloster Arnota

Rechts vom Kloster Bistriţa führt eine Schotterstraße durch einen Steinbruch den Berg hinauf bis zum **Mănăstirea Arnota**. Von dem Plateau hat man einen herrlichen Blick ins Tal und auf das Kloster Bistriţa. In einem umfriedeten Innenhof steht die doppeltürmige orthodoxe Kirche auf einem mit Ziegelornamenten verzierten Steinsockel. Weitere Ornamente schmücken die Fassade. Nach einer Legende floh Fürst Matei Basarab vor den Türken an diesen abgelegenen Ort. Nachdem er unversehrt auf den Thron zurückkehren konnte, stiftete er hier 1634 ein Kloster. Um 1705/06 wurde es von Fürst Constantin Brâncoveanu erneuert und um eine Vorhalle mit Turm ergänzt. In der Kirche sind gut erhaltene Fresken von 1644 zu sehen. Im 18. Jh. wurde das Kloster erneut umgestaltet und im 19. und 20. Jh. nicht immer originalgetreu renoviert. Fürst Matei Basarab ruht unter einer marmornen Grabplatte neben seinem Vater. Sein Grabstein gilt als eine der kunstvollsten Steinmetzarbeiten seiner Zeit (tägl. 8.00–18.00 Uhr).

Băile Govora

Der Luft- und Badekurort 20 km östlich von Horezu wurde 1879 eröffnet. Von seiner einstigen Bedeutung zeugen das Kasino und der alte Baumbestand im Kurpark. Die Luft in 360 m Höhe ist gut für Allergiker, die **Mineralquellen** sind brom- und jodhaltig. Das **Kloster** im Ort besteht seit dem 14. Jh. (Mănăstirea Govora). Im 17. Jh. entstand hier eine der ersten orthodoxen Druckereien in der Walachei, die Druckpresse stammte aus Kiew. Das Gesetzbuch von Govora ist eine der ersten Schriften in rumänischer Sprache. Die heutige Eleganz der Klosteranlage beruht auf Umgestaltungen zur Zeit von Constantin Brâncoveanu um 1711 (tägl. 8.00–18.00 Uhr; mit Gästezimmern, Tel. 02 50/77 09 42, 77 03 42).

Frânceşti

◄ Kloster

Ein legendenumwobenes Kuriosum ist die kleine **Holzkirche Aus-einem-Baum** im Kloster des südlich gelegenen Dorfes Frânceşti. Das nach dem Kirchlein benannte Kloster **Mănăstirea Dintr-un Lemn** liegt herrlich umgeben von Bäumen, Hecken und Gärten. Die Anlage umschließt zwei Innenhöfe mit einer großen Stein- und der erwähnten Holzkirche. Der Legende nach fand ein Eremit ein Muttergottesbild in einem hohlen Eichenstamm. Eine Stimme befahl ihm, für das Gnadenbild aus dieser Eiche eine Kirche zu bauen, und so entstand Mitte des 16. Jh.s an seiner Stelle die Kirche aus dem Holz dieses einen Baumes. Sehenswert ist der schöne Innenraum mit der Ikonostase. Der Baum muss eine beachtliche Größe gehabt haben, da das Gnadenbild schon 150 x 110 cm misst! Es wird nun in der 1640 von Matei Basarab gestifteten Steinkirche aufbewahrt.

Hunedoara · Eisenmarkt · Vajdahunyad

J 6

Region: Transilvania · Siebenbürgen **Einwohnerzahl:** 70 000
Höhe: 240 m ü. d. M.

Die Industriestadt am Fuß des Poiana-Ruscăi-Massivs besitzt zwei Bauten, die gegensätzlicher nicht sein könnten: das an ein Märchen erinnernde mittelalterliche Schloss Corvineştilor und das fast stillgelegte, einst größte Eisenhüttenwerk Rumäniens.

Geschichte Die Ausbeutung der reichen Eisenerzvorkommen in der Umgebung reicht rund 3000 Jahre zurück. Bereits Daker und später Römer nutzten die Rohstoffe für ihre Waffenschmieden. Dichte Wälder lieferten das Holz für die Meilerkohle, Flüsse die notwendige Wasserkraft. Im 14./15. Jh. waren die Waffen aus den Werkstätten Hunedoaras weit über die Landesgrenzen bekannt. Seit dem 17. Jh. entwickelte sich Eisenmarkt zu einem Eisenhüttenzentrum, um 1882 entstanden die ersten Hochöfen und vor allem nach 1944 eine gewaltige Eisenindustrie, deren jetziger Exodus viele Probleme mit sich bringt. Die Fahrt zum Schloss führt an zahlreichen dem Verfall preisgegebenen industriellen Ungetümen vorbei.

✶✶ Schloss Hunedoara · Schloss Corvineştilor

Schloss Corvineştilor (Corvo = Rabe), Castelui Hunedoreştilor oder ungarisch Vajdahunyad, ist einer der **bedeutendsten Profanbauten Siebenbürgens**. Respekt einflößend thront es, inmitten der wenig einladenden Industriestadt, strategisch günstig auf einem Kalksteinfelsen oberhalb der Cerna. Im Westen ragt das Massiv der Munţii Poiana Ruscăi auf, Richtung Osten erstreckt sich die Niederung der

HUNEDOARA ERLEBEN

ÜBERNACHTEN

► **Komfortabel**

Hotel Orlea
Haţeg, im Stadtteil Sântămăria Orlea
Tel. 02 54/77 77 68
In dem 1782 erbauten Kendeffy-Schloss übernachtete schon Rudolf von Habsburg auf seinen Jagdtouren ins Retezat-Gebirge. Es steht 100 m von der Straße nach Petroşani entfernt, gegenüber der Kirche.

► **Günstig**

Pensiunea Venus
Sarmizegetusa
Tel. 07 42/55 85 10 (mobil)
Das hübsche Holzhaus mit Garten und einem Grillplatz steht an der Durchgangsstraße und ist ausgeschildert. Übernachtet wird in nett eingerichteten Zimmern.
Im Dorf gibt es ein gutes Restaurant.

Das Bilderbuchschloss Hunedoara im Zentrum einer Industrielandschaft

Flüsse Cerna und Streiu. Von Rauch geschwärzte Mauern unterstreichen seine etwas düstere Wirkung, die auch mit Legenden um Vlad Țepeș verbunden sind. »Graf Dracula« war mehrfach freiwillig und unfreiwillig auf der Burg (► Special S. 343). Das Schloss tauchte in Jules Vernes Roman »In 80 Tagen um die Welt« auf und die Pro-7-Fernsehserie »48 Stunden Angst« wurde auf Hunedoara gedreht.
Im 14. Jh. entstand vermutlich auf dem Gelände eines römischen Castrums eine erste Burg. Diese schenkte Sigismund von Luxemburg 1409 dem siebenbürgischen Fürsten Vojk für seine Kriegsdienste. Dessen Sohn Johann Hunyadi ließ im 15. Jh. die Burg in eine Residenz im gotischen Stil ausbauen und befestigen. Zwischen 1441 und 1446 entstand ein Mauerring mit 7 Türmen und bis 1453 eine Kapelle, ein Ritter- und ein Ratssaal sowie ein Turm mit Wendeltreppe. Sein Sohn **Matthias Corvinus**, seit 1458 König von Ungarn, führte den Umbau im Stil der Renaissance fort. Aus dieser Zeit stammt u. a. die Loggia im Innenhof. Schließlich gelangte das Burg-Schloss an Gábor Bethlen (1580–1629), der den Weißen Turm, den Torturm, die Terrasse und den Bethlen-Flügel errichten ließ. Unter den Habsburgern verkam die Anlage ab 1724 als Lager für Eisenerze. 1854 brannten große Teile der Holzkonstruktionen ab. Nach umfangreicher Restaurierung ist das Schloss nun Museum: Mo. 9.00–15.00, Di. – So. 9.00–18.00, Sept. – Apr. Mo. 9.00–15.00, Di. – So. 9.00–17.00 Uhr (www.castelulcorvinilor.ro).

Rundgang

Eine lange Brücke führt über einen breiten Burggraben zum Eingangstor und in den Burghof. Die Originaleinrichtung ist größtenteils vernichtet worden. In einigen der rund 50 Räumen der Anlage sind Freskenreste erhalten geblieben, u. a. im ehemaligen Tanzsaal und im Ratssaal, wo die Porträts der Fürsten Matei Basarab und Vasile Lupu hängen. Die gotische Kapelle wurde im 17. Jh. umgestaltet, bewahrt aber auch einige Freskenreste. Im eindrucksvollen Rittersaal ist heute eine Waffensammlung zu sehen.

Umgebung von Hunedoara

Deva Die 70 000 Einwohner zählende Stadt (Diemrich – Déva) an der Marosch (Mureş), 20 km nördlich von Hunedoara, liegt auf uraltem Siedlungsgebiet. Dava ist das dakische Wort für Festung. Im Westen

Burg Deva ► der Stadt erhebt sich auf einem 187 m hohen Felsen die Ruine einer Burg (**Cetatea Devei**) aus dem 13. Jh., ehemals eine der stärksten Festungen Siebenbürgens. Einer Legende zufolge wurde im Mittelalter hier die Frau des Steinmetzen lebendig eingemauert, damit ihre Seele die Burg beschütze. In der Tat wurde die Festung nie bezwungen. Ihr Untergang war selbst verschuldet: Pulvervorräte gingen in die Luft. Seit 2003 fährt eine Kabelbahn auf den Berg hinauf (zu Fuß ca. 20 Minuten), wo eine Statue an den Dakerkönig Decebal erinnert. Der Trachytberg selber steht unter Naturschutz: Rund 1300 Pflanzenarten wurden hier gezählt!

Im ehemaligen Schloss Magna Curia zu Füßen der Festung ist das **Museum der dakischen und römischen Zivilisation** (Muzeul Civilizaţiei Dacice şi Romane) eingerichtet. Das Gebäude wurde 1621 von Gábor Bethlen zu seinem Herrschaftssitz umgebaut und im 18. Jh. barockisiert (B-dul 1. Decembrie 1918 Nr. 39, Di.–So. 9.00–17.00 Uhr).

An der Straße 7 nach ► Arad ist die Friedhofskapelle von Gurasada (13. Jh.) bemerkenswert.

✶ Ştrei Das Dorf Ştrei (Zeykfalva; 10 km östlich) lohnt wegen seiner kleinen steinernen Kirche vom Ende des 13. Jh.s einen Besuch (Biserică; Schlüssel in Haus 20). Der Turm besitzt Zwillingsfenster und ist bis zur Dachspitze gemauert. Freskenreste im Innern zeigen byzantinischen und norditalienischen Einfluss. Erbaut wurde das Gotteshaus als römisch-katholische Kirche, später wurde es von Calvinisten und heute von Orthodoxen genutzt. Auf dem Kirchengelände entdeckte man die Überreste einer römischen Villa.

Călan ► Das **Thermalwasser** von Călan nutzten bereits die Römer; erhalten sind Reste eines in den Felsen geschlagenen Bassins (Aquae).

Haţeg Die kleine, in einer sanften Hügellandschaft gelegene Stadt Haţeg (**Hatzeg**, Hátszeg) ist ein guter Ausgangspunkt für Ausflüge in die Umgebung. Im südlichen Stadtteil **Sântămăria Orlea** lohnt die reformierte Kirche etwas oberhalb der Straße einen Besuch. Sie wurde im 13. Jh. im romanischen Stil erbaut und später gotisch umgestaltet. Erhalten sind Teile der Fresken aus dem 14. und 15. Jh. (Schlüssel in Haus 67a nahe der Kirche). Das 1363 erstmals erwähnte Schloss auf

Unterwegs im Retezat-Gebirge

der anderen Straßenseite wurde 1782 barockisiert. Heute kann man hier übernachten (►S. 258).

Ein Abstecher führt nach Densuş (**Densdorf**; 13 km von Haţeg). Auf einem Hügel zwischen Grabsteinen und Obstbäumen, umgeben von einer Mauer aus Flusskieseln, steht die dem hl. Nikolaus geweihte orthodoxe Kirche. Wegen ihrer ungewöhnlichen Architektur ist sie sehr bekannt, außerdem gehört sie zu den ältesten orthodoxen Baudenkmälern Rumäniens. Sie entstand im 13. Jh. auf quadratischem Grundriss mit zentralem Turm, der bis zur Spitze gemauert ist. Den Osten schließt eine halbkreisförmige Apsis ab. An die Südseite wurden im 14./15. Jh. ein Diakonat und eine Vorhalle angebaut. Besonders ist auch das Baumaterial. Zum Teil wurden Spolien (Kapitelle, Grabsteine, Säulen, Quader) aus der alten **Römerstadt Ulpia Traiana** aus dem nahen Sarmizegetusa verwendet. So wachen römische Löwenskulpturen über dem Chor. Der Turm ruht auf vier mächtigen Säulen, die von Grabsteinen ummantelt sind. Auf einigen sind Inschriften in verschiedenen Sprachen zu erkennen. Erhalten sind Fresken von 1443, die in ihrer byzantinischen Ikonografie walachischen Einfluss zeigen. Die Signatur des Künstlers steht in kyrillischen Buchstaben unter dem südöstlichen Fenster: »Stephan hat gemalt«. Die Ikonostase wurde 1789 von Popa Simeon aus Piteşti bemalt.

✶✶ **Densuş**

Die Straße von Haţeg nach Sarmizegetusa führt 20 km durch ein malerisches Tal. Linkerhand ragen die hohen Berge des **Retezat-Ge-**

✶✶ **Sarmizegetusa**

birges auf, rechts erstreckt sich flaches Weideland mit hübschen Dörfern mit bunten Häusern und Lattenzäunen. Im Ort sind die eindrucksvollen Ruinen von Ulpia Traiana Dacia Sarmizegetusa zu sehen, der um 110 n. Chr. von Kaiser Trajan gegründeten **Hauptstadt der römischen Provinz Dakien** (Dacia). Der Standort war günstig: Im Norden und Süden war sie von Bergen geschützt und der nur 699 m hohe Pass Poarta de Fier (Eisernes Tor) über die Karpaten, eine wichtige Verbindung zwischen Siebenbürgen und dem Banat, war lediglich 8 km entfernt. Der Name erinnert an die ca. 30 km östlich gelegene Hauptstadt Sarmizegetusa Regia (► unten) des von Trajan besiegten Dakerkönigs Decebal.

Ulpia Traiana ►

Ulpia Traiana Dacia Sarmizegetusa ►

Einst erstreckte sich die von Mauern geschützte Stadt (Di.–So. 9.00 bis 17.00 Uhr) mit Forum, Sanktuarien und Tempeln über 32 Hektar. In ihrer Blütezeit lebten rund 30 000 Menschen hier. Außerhalb der Mauern befanden sich Werkstätten, Tempel und andere öffentliche und private Gebäude. Größtes Bauwerk war das 5000 Zuschauer fassende Amphitheater. Die in der malerischen Umgebung verstreuten Reste des Forums, der Werkstätten und des Theaters vermitteln eine Vorstellung von der Größe und Bedeutung der einstigen Römerstadt. Im angeschlossenen **Museum** sind Fundstücke zu sehen. Jahrhundertelang diente die Stadt als Steinbruch, u. a. für die Kirche in Densuş (►S. 261).

✶✶ Retezat-Gebirge

Das Retezat-Gebirge (**Munţii Retezat**) südlich von Haţeg ist wegen seiner abwechslungsreichen Flora und Fauna, schroffen Felsen, Wasserfälle, Schluchten und über 80 Bergseen ein beliebtes Wandergebiet. Im Ort **Nucşoara** gibt es ein großes Besucherzentrum (Centrul de Vizitare; ►Natur- und Nationalparks, S. 94).

Sarmizegetusa Regia

Grădiştea de Munte ►

Auf dem Weg von Hunedoara nach ►Alba Julia sind die ab 1200 erbaute Kirchenburg von Orăştie und das Römerbad von Geoagiu (► S. 142) sehenswert. 30 km südlich von Orăştie liegen in 1000 m Höhe oberhalb des Ortes Grădiştea de Munte die Ruinen der **Daker-Hauptstadt** Sarmizegetusa Regia. Sie wurde um 82 v. Chr. von Burebista gegründet, dem ersten Herrscher eines vereinten Dakerstaates. Der Bauplatz lag gut versteckt im Wald. Die mithilfe griechischer Bauarbeiter errichteten Gebäude standen auf künstlich angelegten Terrassen, die zum Teil von bis zu 15 m hohen Mauern gestützt wurden. Ursprünglich bestand die antike Stadt aus zwei zivilen und einem heiligen Viertel. Eine 3,5 ha große Burg schützte die beiden zivilen Bereiche. Heute erkennt man noch die Ringmauer der Festung, die Grundmauern zweier kreisförmiger Heiligtümer sowie die Sockel des aus 60 Säulen bestehenden Sanktuariums. Bemerkenswert ist die riesige **Andesitplatte**, ein vulkanisches Gestein – vermutlich war sie einst eine Sonnenuhr oder eine Opferstätte. Die Daker mussten jeden Stein erst einmal den Berg hinauftransportieren. Eine kleinere Anstrengung wird den Besuchern abverlangt, die zu der historischen Stätte zu Fuß gehen müssen.

In einem gewissen Umkreis schützten **Festungen** alle wichtigen Zugangswege zur Hauptstadt der Daker; Reste davon passiert man kurz vor Grădiştea de Munte, so die Reste der UNESCO-geschützten Festung (Cetatea) **Costeşti Blidaru** auf dem Berg Blidaru (703 m).

★★ Iaşi · Jassy/Jasch · Jászvásár

T 3

Region: Moldova · Moldau
Höhe: 150 m ü. d. M.
Einwohnerzahl: 310 000

Die Stadt im Nordosten Rumäniens, nahe der moldawischen Grenze, wird gerne die »Wiege der rumänischen Kultur« genannt. Reisende nannten sie wegen ihres südländischen Flairs auch »Rom des Ostens« oder »zweites Byzanz« und für Mihai Eminescu war sie sogar die »Stadt der Liebe«. Noch heute spürt man in Iaşis Altstadt etwas von dem Glanz der einstigen Hauptstadt der Moldau. Das historische, kulturelle und wirtschaftliche Zentrum der Region ist Iaşi geblieben. Alt und Neu mischen sich hier auf angenehm lebendige Weise, was sicher auch an den vielen Studenten liegt.

Geschichte

◄ Hauptstadt der Moldau

1387 wurde die nur 20 km vom Prut, dem Grenzfluss zu Moldawien entfernt gelegene Stadt als Jasski Tork (Markt von Jassi) erstmals erwähnt. Vermutlich erinnert der Name an das asiatische **Reitervolk der Jazygen**, das im 11. Jh. hier durchzog und in Ungarn die Region Jazygien (Jászság) prägte. Alexandru Lăpuşneanu (1552–1561), der auf Befehl des türkischen Sultans seinen Sitz von ►Suceava nach Iaşi verlegte, machte es zur Hauptstadt der Moldau. Während der Regierungszeit von **Vasile Lupu** (Basil der Wolf, 1634–1653) erlebte die Stadt eine Blütezeit. Im 19. Jh. erstarkte in den gebildeten Kreisen eine nationale Bewegung. Es entstanden die **Academia Mihăileană**, die erste rumänische Hochschule, ein Musikkonservatorium, das Nationaltheater, die Staatsoper und Zeitschriften wie Gheorghe Asachis »Albina Românească« und »Curierul de Iaşi« sowie die literarische Gesellschaft »Junimea« (1863, Die Jugend, ►S. 60). Nach der Vereinigung von Moldau und Walachei bestimmte Alexandru Ioan I. Cuza allerdings das unbedeutendere Bukarest zur Hauptstadt Rumäniens. Ein dunkles Kapitel der jüngeren Stadtgeschichte ist das »**Pogrom von Iaşi**«, dem am 29. Juni 1941 wohl 13 000 Juden zum Opfer fielen. Nach dem Krieg wurde rund

? WUSSTEN SIE SCHON ...?

- ... dass der bedeutende Violinist Arnold Rosé (1863–1946) als Arnold Josef Rosenblum in Iaşi geboren wurde? 1881–1938 war er Konzertmeister der Wiener Philharmoniker und gründete 1882 das Rosé-Quartett. 1939 emigrierte er mit seiner Familie nach London. Seine Frau Justine Mahler war die Lieblingsschwester von Gustav Mahler. Die gemeinsame Tochter, die bekannte Violinistin Alma Rosé, starb 1944 in Auschwitz.

um die Stadt viel Industrie angesiedelt. Die Universität entwickelte sich zu einer der bedeutendsten Lehranstalten des Landes. Außerdem lockt Iaşi mit kunsthistorisch wertvollen Baudenkmälern, interessanten Museen und einem vielfältigen Angebot an Restaurants, Cafés und Bars.

Einheitsplatz

Das **Herz der Stadt** schlägt am Einheitsplatz (**Piaţa Unirii**). Hier kreuzen sich die wichtigsten Straßen. Die Skulptur (1912) in der Mitte erinnert an **Alexandru Ioan Cuza**, der 1820 im nahen Weindorf Huşi zur Welt kam. Zwei Hotels säumen u. a. den Platz: das elegante »**Traian**« aus der Zeit der vorigen Jahrhundertwende sowie das im Stil der 1970er-Jahre erbaute »**Unirea**«, Zeugnis der kommunistischen Ära. Der Platz ist auch Ausgangspunkt zu den wichtigsten Sehenswürdigkeiten, die vor allem entlang der zentralen Achse liegen.

Sehenswertes im Süden des Einheitsplatzes

*** St.-Stefan-Boulevard**

Nationaltheater ►

Vom Einheitsplatz folgt man dem schnurgeraden, sonntags sogar autofreien Prachtboulevard Ştefan cel Mare durch die Stadt. Hinter dem **Rathaus** erstreckt sich ein im Sommer recht belebter Park mit dem Nationaltheater (**Teatrului Naţional din Iaşi**). Mit seinem neoklassizistischen Portikus erinnert es an einen Tempel, errichtet wurde es 1896 nach Plänen der Wiener Architekten Fellner und Helmer. Besonders schön ist der prächtige Theatersaal. Das Theater ist benannt nach dem rumänischen Dichter, Erzähler und Dramatiker Vasile Alecsandri (1821–1890), dessen Skulptur vor dem Gebäude steht. Die andere Statue zeigt den Barden von Mirceşti. Hinter dem Theater, jenseits der Str. Cuza Vodă befindet sich die **Philharmonie**. Im Park gibt es weitere Skulpturen, darunter die Bronzebüste von Abraham Goldfaden (1840–1908), dem Gründer des jiddischen Theaters (1976, von Iftimie Bârleanu).

Gegenüber vom Rathaus erhebt sich die mächtige **Metropoliten-Kathedrale** (Mitropolia Moldovei) mit vier Ecktürmen. Der offizielle Prachteingang liegt an der Parallelstraße Crişan. Sein schmiedeeisernes Tor schmücken goldene Wappen. Die zwei klassizistischen Palais links und rechts sind der Sitz des Metropoliten. Die klassizistische Kirchenfront mit halbrundem Giebelmosaik wird von zwei Türmen flankiert. Baubeginn war 1833 unter Gustav Freywald. Erst 1886 wurde das Gotteshaus nach Plänen

? WUSSTEN SIE SCHON ...?

- ... dass in Iaşi das jiddische Theater gegründet wurde? Der Schriftsteller Abraham Goldfaden verarbeitete seine jiddischen Lieder und Gedichte zum ersten jiddischen Theaterstück, das 1876 in Iaşi uraufgeführt wurde und die Gründung weiterer jiddischer Theater nach sich zog. So gründete der aus Rumänien stammende Joseph Lateiner 1883 das erste ständige jiddische Theater in New York. 1883 wurde Goldfadens Theater in Iaşi verboten und er ging mit seiner Truppe »Broder Zinger« über Paris und London nach New York, wo er eine Theaterschule gründete.
Weitere bekannte Schriftsteller jiddischer Literatur sind Scholem Alejchem, Isaak Leib Perez und Jakob Gordin.

Außergewöhnlich reicher Fassadendekor: Kirche der Drei Hierarchen

von Alexandru Orăscu vollendet. Die Innenmalereien stammen von Gheorghe Tattarescu. Geweiht ist die Kirche der **hl. Paraschiva**, deren Reliquien 1888 von der Drei-Hierarchen-Kirche hierher gebracht wurden. Am 14. Oktober, dem Namenstag der Schutzpatronin der Moldau, ist die Metropoliten-Kathedrale, die größte orthodoxe Kirche Rumäniens, das Ziel vieler Gläubiger aus ganz Rumänien.

Die benachbarte turmlose alte Metropolitenkirche **St. Georg** (Biserica Sf. Gheorghe) ist von 1761. Die nur einen Steinwurf entfernte Kirche mit dem stolzen Turm (1829) gehört mit den umliegenden Bauten zum katholischen Bischofssitz.

◄ Katholische Kirche

✶✶ **Kirche der Drei Hierarchen**

Die Drei-Hierarchen-Kirche (**Biserica Trei Ierarhi**) ist das Juwel der Stadt (tägl. 9.00–12.00, 15.00–19.00 Uhr). Ihre Fassade ist über und über mit Arabesken und Mustern geschmückt. Über 30 verschiedene in Stein gemeißelte Motive wurden gezählt, darunter türkische, arabische, georgische, armenische, persische und auch spezifisch rumänische. Einst soll sogar eine feine Goldschicht die Fassade überzogen haben. Die Kirche entstand als Dreikonchenbau mit zwei hintereinandergesetzten schlanken Türmen und dazugehörendem Kloster 1635–1639 im Auftrag des kunstsinnigen Fürsten Vasile Lupu. Ihr prachtvolles Inneres ist nach mehreren Restaurierungen nicht mehr original erhalten. Zuletzt wurde die Kirche 1882–1890 von Lecomte de Noüy umfassend erneuert.

Lupu gründete hier 1640 die **Academia Vasiliana**, eine bedeutende Lehranstalt und Druckerei, in der bereits 1642 ein Lehrbuch in grie-

war bis 1941 eine zum großen Teil jüdische Stadt. Sie ist auch die **Geburtsstadt der israelischen Nationalhymne**. Naftali Herz Imber schrieb das hebräische Gedicht Hatikvah (Hoffnung), das Samuel Cohen mit moldauischer Volksmusik vertonte. Ein Mahnmal vor der Synagoge erinnert an die Opfer des Pogroms.

Jüdischer Friedhof ►

Der Jüdische Friedhof (**Cimitirul Evreiesc**) mit über 100 000 Grabsteinen liegt am Stadtrand (Str. Şos. Păcurari, Richtung Bukarest; Besichtigung von Synagoge und Friedhof nach vorheriger Anmeldung bei Pincu Kaisermann, Jüdische Gemeinde, Tel. 02 33/25 97 87).

Kirche der hl. Sava

Die 1625 von Meister Enache aus Konstantinopel errichtete orthodoxe Kirche des heiligen Sava (**Biserica Sfântul Sava**), ein massiger Bau mit zwei ottomanischen Domen, steht nicht weit südwestlich von der Synagoge an der Str. Armeană. Ebenfalls aus dem 17. Jh. stammt die von Fürst Miron Barnovschi gestiftete und nach ihm benannte Kirche (**Biserica Barnovschi**, 1633).

Barnovschi-Kirche ►

Vom Einheitsplatz in den Norden der Stadt

Piaţa Eminescu

Vom Einheitsplatz (Piaţa Unirii) führt die verkehrsberuhigte Str. Alexandru Lăpuşneanu Richtung Norden. An ihr liegt die ehemalige Residenz von A. Ioan Cuza. In der frisch renovierten klassizistischen **Casa Cuza** ist das **Museum der Einheit** untergebracht. Oberhalb der Piaţa Eminescu stehen die **Skulpturen der acht bedeutendsten Herrscher der Moldau**: Dragoş (1352/53), Alexandru cel Buns (Alexander der Gute, 1400–1432; kulturelle und wirtschaftliche Blütezeit), Ştefan cel Mare (Stephan der Große, 1457–1504), Mihai Viteazul (Michael der Tapfere, 1600; erster Fürst der Walachei, der Moldau und Transsilvaniens, wenn auch nur von Mai bis September), Ion Vodă cel Viteaz (1572–1574), Petru Rareş (1527–1538, 1541–1546; er setzte mit weiteren Klostergründungen die Politik seines Vaters Stephan des Großen fort), Vasile Lupu (1634–1653; seine Kirchenbauten prägten Iaşi) und der Philosoph Dimitrie Cantemir (1710/1711).

Fürstendenkmal ►

Universität

Auf dem von Grünanlagen, Prachtbauten des 19. Jh.s, Cafés und Restaurants gesäumten B-dul Carol I. gelangt man zur 1860 gegründeten Alexandru-Ioan-Cuza-Universität (Universitatea). Das Hauptgebäude entstand 1897 nach Plänen von Louis Le Blanc im historisierenden Stil. Prächtig sind auch das mit Säulenportikus gestaltete Gebäude der Anatomie oder die medizinische Fakultät mit der Ewigen Flamme davor. Heute studieren an 15 Fakultäten 40 000 Studenten. Das **Goethe-Institut** ist im Gebäude der Technischen Universität in der Str. Lascăr Catargiu 38 untergebracht (www.goethezentrum.ro).

Copou-Park

Vor allem im Sommer ist der 1834 von Fürst Mihai Sturdza angelegte Copou-Park (Parcul Copou) ein beliebter Treffpunkt. In der Grünanlage findet man die Büsten rumänischer Schriftsteller, darunter **Ion Creangă**. Bei einer Linde steht die Büste des Dichter-

Das Fürstendenkmal mit zwei Großen der moldauischen Geschichte

fürsten **Mihai Eminescu**, der um 1875 Schulinspektor in Iaşi war. Zum 100. Todestag wurde ihm zu Ehren ein Museum (1989, Virgiliu Onofrei) eröffnet. Den größten **Botanischen Garten** des Landes (Grădina Botanică) erreicht man von hier zu Fuß in 15 Minuten. ◄ Eminescu-Museum

Ţicău

In Ţicău, dem volkstümlichen Stadtviertel auf einem Hügel gegenüber der Universität, ziehen sich verschlungene schmale Gassen mit kleinen Häuschen in bunten Gärten den Hang hinauf. Im **Bojdeucă** (= kleines Haus; Museum) verbrachte der berühmte Schriftsteller Ion Creangă die letzten 15 Lebensjahre (Str. Simion Bărnuţiu; Di.–So. 10.00–17.00 Uhr). ◄ Creangă-Museum

Weitere Sehenswürdigkeiten in Iaşi

Kloster Galata

Das Kloster Galata (**Mănăstirea Galata**) südlich des Zentrums heißt nach einem Stadtteil in Konstantinopel und wurde um 1583 von Fürst Petru Şchiopul (Peter der Lahme) auf einem Hügel errichtet. Als Dreikonchenanlage mit zwei mittigen Türmen ist die Kirche ein typisches Beispiel für die moldauische Architektur. So zeugt der ornamentale Gürtel um das Gebäude von einem walachisch-byzantinischen Einfluss. Außerdem werden Naos und Grabkammer hier erstmals in der Moldau durch Arkaden statt durch eine Wand getrennt, wodurch der Raum größer wirkt. Diesen Effekt unterstreicht die durch zusätzliche Fenster in den Apsiden erzeugte Helligkeit. Dekorativ sind das doppelreihige Band von Blendarkaden um die gesamte Kirche sowie der Wechsel von Ziegel- und Naturstein (Anfahrt: von der Str. Nicolina rechts in die Şos. Tudor Neculai und nach dem Friedhof rechts in die kleine Straße Mănăstirii; tägl. bis Sonnenuntergang).

Kloster Frumoasa

Das Kloster Frumoasa (**Mănăstirea Frumoasa**), das »Schöne Kloster«, thront inmitten von stillgelegten Fabriken über einem Schienenknoten. Einst diente es als Sommerresidenz der Moldau-Fürsten und ihrer Gäste. Erhalten sind nur noch die hohe Mauer mit Schießscharten und die monumentale Kirche mit Säulenportikus. Das erste Mal erwähnt wird das Kloster 1587 als Stiftung von Meletie Balica und seiner Gemahlin Ana. 1836–1839 wurde es im klassizistischen Stil umgestaltet. Das Dach bekrönen vier Türme. Der ausgemalte Innenraum ist ein schlichtes, von Kuppeln überwölbtes, saalartiges Rechteck mit einer Rundapsis im Osten und einer Vorhalle mit Empore im Westen (von der Şos. Nicolina nach dem Bach Nicolina links in die B-dul Poitiers und nach der Bahnlinie links hoch; tägl. bis Sonnenuntergang).

★ **Kloster Cetăţuia**

Auf dem südlichen Hügel gegenüber liegt malerisch und geschützt hinter hohen Mauern mit Schießscharten das Kloster Cetăţuia (Mănăstirea), das Festungskloster. Ursprünglich soll sich auf dem Areal eine Festung befunden haben. Die 1668–1672 erbaute Anlage betritt man durch einen mit dem Auerochsen-Wappen der Moldau geschmückten Torturm. Von den Wohngebäuden sind das Fürstenhaus mit Resten eines Bades und das Abtsgebäude mit jüngeren Anbauten erhalten. Die alte, den Aposteln Peter und Paul geweihte Kirche wie auch die renovierten Klostergebäude erstrahlen in neuem Glanz. Die Außenfassade der Dreikonchenanlage wird strukturiert von einem von floralen Bändern gerahmten Zopfband sowie einer doppelten Reihe von Blendarkaden. Bemerkenswert ist das **reich verzierte Südportal**. Die Fresken im Innern sind leider nicht mehr original. Trotz der Einschwärzung sind im Pronaos noch die Wurzel Jesse sowie im Naos die Stifterfamilie Duca gut zu erkennen. Gheorghe Duca (auch Duca Vodă) und seine Gemahlin Maria Fiica wurden in der Kirche beigesetzt. Ungewöhnlich sind die plastisch gearbeiteten Heiligenscheine, zumal sie dunkel statt golden sind. Selbst bei Sonnenschein fällt vor der barocken Ikonostase nur spärliches Licht ein (Str. Cetăţuia 1; tägl. bis Sonnenuntergang).

Umgebung von Iaşi

Ruginoasa

In Ruginoasa, ca. 60 km westlich von Iaşi steht ein 1811 im Tudorstil erbautes neogotisches Schloss, das Fürst Alexandru Ioan Cuza 1862 kaufte und nach dem Geschmack seiner Frau Elena umgestalten ließ. 1937 schrieb der rumänische Schriftsteller Costache Negruzzi über das ganz in Weiß strahlende Gebäude, dass sich der Reisende »wie durch Magie hierher versetzt fühlt, wie in einem von Walter Scott beschriebenen Schloss, wo er neben dem Glanz des Feudalismus ... die französische Eleganz entdeckt«. Seit 1982 ist in den stilvollen

Räumen ein Museum über den »Vereinigungsfürsten« (► Berühmte Persönlichkeiten) eingerichtet (Muzeul Memorial Al. I. Cuza; Di.–So. 10.00–17.00 Uhr).

Cotnari

Das Dorf Cotnari, 15 km nördlich von Târgu Frumos, liegt in einem der bekanntesten **Weinanbaugebiete** Rumäniens. Die Weingüter blicken auf eine über 700-jährige Geschichte zurück, doch erst Fürst Ştefan cel Mare (Stephan der Große, 1457–1504) verhalf dem Dessertwein »Grasa de Cotnari« zu seinem Ruhm (► S. 83).

Cucuteni

Etwas südlich von Cotnari liegen die Ruinen von Cucuteni. Die hier gemachten Funde gaben der Kultur aus der Zeit um 4000 v. Chr. ihren Namen. Einige Stücke, vor allem Keramik, sind im Historischen Museum im Kulturpalast von Iaşi zu bewundern.

Huşi

Im Dorf Huşi, 94 km südlich von Iaşi im Prut-Tal, kam am 20. März 1820 Alexandru Ioan Cuza zur Welt. Der zweite bedeutende Sohn des Ortes ist der Fürst und gelehrte Chronist **Dimitrie Cantemir**, der 1673 als Sohn eines Militärs geboren wurde. Weinliebhaber schätzen die in der Gegend produzierten Weine, von denen Cantemir schrieb: »Gleich nach Cotnari ist der Wein von Huşi aus der Gegend von Fălciu der beste.« Traditionelle Trauben sind die weiße **Zghihara** und die einen aromatischen Rosé hervorbringende Busuioaca; beide überlebten die verheerende Reblauskatastrophe. Im Handel sind auch gute Rotweine aus Huşi. Folgt man dem Prut-Tal in Richtung Süden erreicht man das Donaudelta (►Tulcea).

Csángó-Region

Westlich von Huşi liegt um die Stadt Bacău die Csángó-Region. Die Csángós (dt. Tschangos) sind eine ungarischsprachige, überwiegend katholische Volksgruppe, die sich aus den Szeklern herausgelöst und im **Ghimeş-Tal** niedergelassen hat. Trotz aller Versuche, ihre ethnische Eigenständigkeit zu brechen, haben sie ihren Dialekt weitgehend bewahrt. Seit 2005/06 wird hier auch wieder Ungarisch unterrichtet. Die Gegend galt schon immer als arm und rückständig, woran auch die Industrialisierung von Bacău nichts geändert hat.

★★ Mediaş · Mediasch · Medgyes

M 5

Region: Transilvania · Siebenbürgen **Einwohnerzahl:** 55 400
Höhe: 305 m ü. d. M.

Die zwischen Sighişoara und Sibiu an der Târnava Mare (Großen Kokel) gelegene Stadt verbirgt hinter einem wenig einladenden Ring von Wohn- und Industriebauten eine zauberhafte Altstadt mit bunt gestrichenen Fassaden, kleinen Gassen und einer ehemaligen Kirchenburg. Wahrzeichen ist der schiefe Trompeterturm mit seinem bunten Majolikadach.

Geschichte Die kleine Stadt im Karpatenvorland geht auf die Siedlung Mediesy der ungarisch sprechenden **Szekler** zurück (► Special S. 370). Vermutlich wuchsen damals viele Sauerkirschbäume in der Gegend, denn auf Ungarisch heißt **Sauerkirsche** Meggy.

Im 13. Jh. ließen sich hier die ersten deutschen Siedler nieder, jedoch nicht wie sonst üblich auf »freiem« Königsboden, sondern auf Adelsboden, d. h. sie waren Untertanen des ungarischen Adels und genossen nicht die gleichen Privilegien wie die Bewohner von Hermannstadt (► Sibiu) oder Kronstadt (► Braşov). Über die Zeit erkämpften sie sich jedoch eine weitestgehende Selbstverwaltung. Die sog. Synode von Mediasch beschloss 1545 den geschlossenen Übertritt der Siebenbürger Sachsen zur lutherischen Konfession. 1550 erhielt Mediaş Stadtrechte. Seit dem 16. Jh. wurde auch der Weinbau gepflegt, entsprechend ziert ein Weinstock seit 1549 das Stadtwappen. In der Stadt wurden zahlreiche Landtage abgehalten, zuletzt 1919, als die Union mit dem neuen Staat Rumänien erklärt wurde.

Sehenswertes in der Altstadt von Mediaş

Die von einer fast intakten Stadtmauer umgebene **Altstadt** von Mediaş liegt nördlich der Straße 14. Idealer Ausgangspunkt für einen Spaziergang ist die Piaţa Şaguna am Forkeschgässer Torturm. Mittelpunkt der Altstadt sind die Kirchenburg und der großzügige König-Ferdinand-Platz (Piaţa Regele Ferdinand I.).

Kirchenburg Die Kirchenburg mit ihren Umfassungsmauern und Befestigungstürmen ist der älteste Teil von Mediaş. Das heutige Gotteshaus wurde im 14./15. Jh. von Siebenbürger Sachsen errichtet.

MEDIAŞ ERLEBEN

AUSKUNFT

Offizielle Website von Mediaş
www.primariamedias.ro

ÜBERNACHTEN · ESSEN

► Luxus

Traube
Piaţa Regele Ferdinand I. 16
Tel. 02 69/83 20 00
Die beste Adresse am Platz. Gutes Restaurant mit großer Terrasse.

► Komfortabel

Select I
Str. Petőfi Sandor 3
Tel. 02 69/83 48 74
Kleines 2-Sterne-Hotel mit gutem Restaurant in der Fußgängerzone.

Schuller-Haus
Casa Schuller
Piaţa Regele Ferdinand I. 25
Tel. 02 69/83 13 47
Einfache, aber romantische Übernachtungsmöglichkeit, unbedingt telefonisch anfragen, oft belegt.

Central
Piata Corneliu Coposu 2
Tel. 02 69/84 17 87, Fax 84 18 85
Älteres Hotel nicht weit vom Zentrum mit Restaurant.

In der Altstadt von Mediaş

Archäologische Funde belegen drei gotische Vorgängerkirchen an der Stelle der heutigen **Biserica Sfânta Margareta** (Mo.–Sa. 10.00 bis 18.00 Uhr, So. nur vormittags). Das Nordschiff der dreischiffigen Hallenkirche stammt noch von einem Vorgängerbau. Um 1440 entstand der spätgotische Chor, die beiden anderen Schiffe folgten etwas später. Erhalten sind auch u. a. Konsolen, Maßwerkfenster, Portale und besonders schöne Schlusssteine in den Gewölberippen. An der Nordwand des Mittelschiffs wurden **Wandmalereien** aus dem 15. Jh. freigelegt, z. B. eine Dornenkrönung, die Pfählung der 10 000, Franz von Assisi und eine seltene Wurzel-Jesse-Darstellung. In den Bogengängen erkennt man Szenen des Jüngsten Gerichts. Bemerkenswert sind auch das Mitte des 15. Jh.s von Leonhardus von Hermannstadt aus Glockenbronze gegossene kelchförmige **Taufbecken**, die alten orientalischen **Teppiche** und die Flügelaltäre. Der Wertvollste ist ein Triptychon von 1485 in der Mitte des Chors. Unter der Woche, wenn die Altarflügel geschlossen sind, zeigen acht Bildtafeln Szenen aus der Passionsgeschichte. Auf der Kreuzigungstafel ist im Hintergrund Wien (anstelle Jerusalem) dargestellt. Seit der Reformation ist die Kirche evangelisch.

* ◄ Kirche der hl. Magarethe

* ◄ Wurzel Jesse

* ◄ Flügelaltar

Trompeterturm

Der in die Westfront der Kirche integrierte Trompeterturm (**Turnul Trompeţilor**) ragt 68,5 m in die Höhe, und das schief! Als er Mitte des 16. Jh.s um 3 Stockwerke aufgestockt wurde, wich man gut 2 m von der Senkrechten ab. Trotzdem wurde er nicht abgerissen, sondern erhielt 1927 ein mit Eisen verstärktes Korsett. Seit 1551 zieren sein mit bunten Keramikziegeln gedecktes Spitzdach vier kleinere Ecktürmchen. Sie symbolisieren die Eigengerichtsbarkeit der Stadt.

Seinen Namen erhielt er nach dem Turmwächter, der bei Feuer oder einem Angriff seine Trompete blies. In dem Turm soll Vlad Ţepeş, Bram Stokers Vorlage für den legendären Fürsten Dracula, eine Zeit lang eingesessen haben. Vom Turm hat man einen wunderschönen **Blick über die Stadt**.

Befestigung Nach dem verheerenden Türkeneinfall 1438 wurde die Stadtbefestigung durch einen doppelten Mauerring um die Kirche und mit starken Türmen verstärkt. Eine weitere, fast vollständig erhaltene Mauer begrenzte die Altstadt. Wie für die Städte der Siebenbürger Sachsen üblich, standen die meisten Wehrtürme unter der Obhut der Zünfte, die auch die Namensgeber waren. Daher gibt es u. a. den Trompeter- und den Schmiedeturm, der nun das Art Café beherbergt, den Wagner-, Steingässer- und Forkeschgässerturm.

König-Ferdinand-Platz Der großzügige ehemalige Marktplatz (**Piaţa Regele Ferdinand**) wurde jüngst parkähnlich neu gestaltet und ist gesäumt von bunt gestrichenen Häuserfassaden verschiedener Stilepochen. Die Nordwestecke des Platzes nimmt das in frischem Weiß erstrahlende Schuller-Haus (Casa Schuller, Nr. 25, 15. Jh.) ein, benannt nach dem Bürgermeister Johannes Schuller (um 1588). Später war es Wirtshaus und Herberge. Im malerischen Innenhof führen Holztreppen zu den Zimmern. Heute beherbergen seine Räume auch ein Kulturzentrum.

Schuller-Haus ►

Stadtmuseum Das Museum (Muzeul Municipal) befindet sich im ehemaligen Franziskanerkloster nahe der nördlichen Stadtmauer. Das im 15. Jh. im gotischen Stil erbaute Kloster wurde später mehrfach umgestaltet. Die Sammlung umfasst Geschichte, Volkskunst und Naturkunde (Str. Mihai Viteazul 46, Di.–So. 9.00–17.00 Uhr).

Kirchenburgen in der Umgebung

Ighişu Nou Die Kirchenburg mit einem bemerkenswerten Westportal in Ighişu Nou (**Eibesdorf**, Szászivánfalva), 5 km südlich von Mediaş, wird von einem wuchtigen Turm dominier und ist umgeben von einem Befestigungsring (16. Jh.).

★★ Valea Viilor Über Copşa Mică geht es nach Valea Viilor (**Wurmloch**, Nagybaromlak). Seine Kirchenburg gehört seit 1999 zum UNESCO-Weltkulturerbe. Die Peterskirche entstand im 13. Jh. Anfang des 16. Jh.s wurde der Westturm festungsartig ausgebaut, Schiff und Chor eingewölbt und mit mehreren Wehrgeschossen auf den Bögen zwischen den hochgezogenen Strebepfeilern überbaut. Ein ovaler Mauerring mit vier quadratischen Wehrtürmen und einem Wehrgang auf Arkadenbögen bot zusätzlichen Schutz. Im Innern weist die Kirche vor allem spätgotische Stilmerkmale auf. Kunstvoll ist das **Ziegelrippennetz** im Schiff; die Sakramentsnische im Chor und das Gestühl stammen vom Anfang des 16. Jh.s, die übrige Ausstattung ist barock. Die Orgel stammt von 1808. Übernachtungsmöglichkeiten gibt es im Pfarrhaus (Kontakt und Schlüssel: Haus 211, Tel. 02 69/86 72 66).

Axente Sever

Nach 2 km, wo die Vişa in die Große Kokel (Târnava Mare) mündet, folgt Axente Sever (**Frauendorf**, Asszonyfalva). Die Kirchenburg wird von ihrem Glockenturm mit Wehrgang dominiert, der auf 1,6 m dicken Mauern ruht. Die 1322 beurkundete Kirche besitzt noch schöne gotische Details wie Kreuzgewölbe, Spitzbögen, Schlusssteine, Maßwerkfenster, Profile und Konsolen. Den **Barockaltar** schuf Meister Stephan Valepagi 1777. Aus dem gleichen Jahr stammt auch die Orgel. Südlich des Turms steht eine kleine Kapelle mit halbkreisförmiger Apsis. In die Burg gelangt man durch ein Torhaus im Osten oder eine kleine Pforte im Süden (Schlüssel in Haus 312, Tel. 02 69/84 00 24).

✶ **Moşna**

Die von einem ovalen Mauerring umgebene Kirchenburg in Moşna (10 km südlich von Mediaş; **Meschen**, Szász-Muzsna) ist besonders malerisch. Man betritt sie durch einen starken Torturm mit Gusslöchern. Die um 1300 errichtete gotische Basilika wurde Ende des 15. Jh.s von Andreas Lapicida aus Sibiu zur dreischiffigen Hallenkirche mit schönem Ziegelrippengewölbe umgebaut. Kunstvoll gearbeitet sind das Süd- und das Sakristeiportal, die Maßwerkfenster, Kanzel, Schlusssteine, ein Sakramenthäuschen und die Sedile (Sitznische) im Chor (Schlüssel in Haus 531; Tel. 02 69/86 21 54).

◄ weiter auf S. 282

Kirchenburgen Orientierung

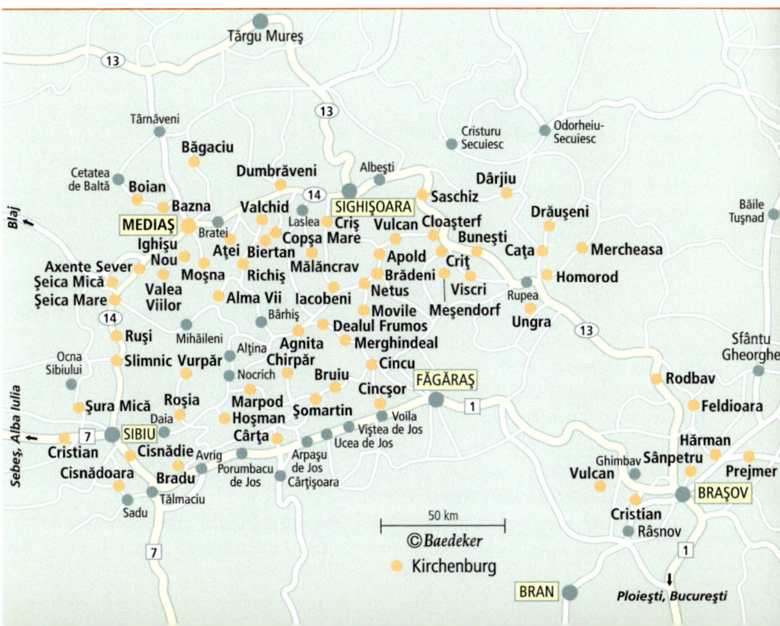

»Siebenbürgen war eine festgefügte Welt. In jenen Jahren hielt die evangelisch-lutherische Kirche die Siebenbürger Sachsen zusammen. In ihr waren sie vereinigt, bevor ihnen eingeredet wurde, dass sie in erster Hinsicht Deutsche sein sollten. Sie waren deutschen Ursprungs, das stand fest. Aber sie hatten achthundert Jahre Zeit gehabt, ihre Eigenart zu entwickeln und ihr eigenes prachtvolles Land auszubauen« (Gregor Rezzori in »Mir auf der Spur«).

Die Kirchenburg Hărman (Honigberg), eine der größten und imposantesten (Abb. S. 279 und S. 180)

SCHUTZWÄLLE DER CHRISTENHEIT

Die Kirchenburgen der Siebenbürger Sachsen sind nicht nur Zeugen der rund 800-jährigen Geschichte und Kultur ihrer Erbauer, sie gehören auch zu den bedeutendsten Baudenkmälern in Transsilvanien.

Von ursprünglich 300 Kirchenburgen, »Schutzwällen der Christenheit« (1483, Papst Eugen IV.), sind noch ca. 150 erhalten, neun gehören zum UNESCO-Weltkulturerbe. Die meisten findet man zwischen den Flüssen Târnava Mare (Große Kokel), Târnava Mică (Kleine Kokel) und Olt (Alt), im Burzenland um die Stadt Braşov, vereinzelt im Nösnerland bei Bistriţa und im Szeklerland.

Die vom 13. bis 16. Jh. erbauten Kirchenburgen oder Wehrkirchen, eine **Synthese von Sakral- und Wehrbau**, bilden eine geschlossene Gruppe von Baudenkmälern in Europa. Außer in Siebenbürgen sind sie auch in Franken (Deutschland) und in Südfrankreich zu finden. Ihre Bauherren waren keine Adligen, sondern Dorfbewohner, die den ständigen kriegerischen Auseinandersetzungen ihrer Landesherren oder räuberischen Überfällen von Nachbarvölkern wie Mongolen, Tartaren und Türken ausgesetzt waren. Die Bauern verfügten nur über notdürftige Waffen, außerdem fehlten ihnen die Mittel, Wehranlagen rings um das ganze Dorf zu errichten oder gar bekannte Architekten oder Baumeister für Neubauten zu engagieren. Da blieben die Kirchen. Sie waren oft der einzige Steinbau im Ort, »für die Ewigkeit« erbaut und groß genug, bei Gefahr alle Einwohner mitsamt Vieh und Vorräten aufzunehmen.

Geschichte der Siebenbürger Sachsen

Zum Schutz der Landesgrenzen hatten der ungarische König Gesa II. (1141–1161) und seine Nachfolger ab 1143 deutsche Siedler in das fruchtbare »Land hinter den Wäldern« (= Transsilvannien) geholt. Die sogenannten Siebenbürger Sachsen kamen aus Luxemburg, Rheinpfalz, Trier,

Lothringen, Rheinhessen und Franken. Sie erhielten in ihrer neuen Heimat zahlreiche Privilegien wie persönliche Freiheit und Freizügigkeit, die 1224 in der Goldenen Bulle bestätigt wurden. Dass sie »Sachsen« genannt wurden, lag vermutlich daran, dass die Ungarn alle Bewohner des Deutschen Reiches nach dem Sachsenkaiser Otto I., der die Ungarn 955 auf dem Lechfeld geschlagen hatte, Saxones nannten. Daneben schenkte der ungarische König Andreas II. dem **Deutschen Ritterorden** 1211 das **Burzenland**, wie die Gegend um Kronstadt (Braşov) genannt wird. Dieser sollte das Gebiet vor den Kumanen, einem asiatischen Steppenvolk, schützen. Als der Orden das Gebiet Papst Honorius III. unterstellen wollte, wurde er wenige Jahre später aus dem Land verwiesen. Auch die seit dem 13. Jh. hier ansässigen Zisterzienser konnten sich nicht halten, als die Bevölkerung im 16. Jh. geschlossen zur Reformation übertrat. Die Sachsen, freie Bauern und Bürger, unterstanden direkt dem König. Organisiert waren sie in **sieben »Stühlen«**, den nur dem König verantwortlichen Burgstädten Braşov, Sighişoara, Mediaş, Sibiu, Sebeş, Bistriţa und Cluj. Fragen der Politik, Verwaltung und des Rechts, die alle Sachsen betrafen, wurden in der **Nationsuniversität** (Universitas = Gemeinsamkeit) geklärt, ihrem Parlament, das ab 1473 in Sibiu zusammenkam. Für ihre Sicherheit mussten sie selber sorgen.

Von der Fliehburg zur Kirchenburg

Zunächst bauten die Sachsen zur Verteidigung auf nahe gelegenen Bergen oder in dichten Wäldern »Fliehburgen«, mit Erdwällen und Palisaden geschützte Plätze. Meistens erinnern heute nur noch Flurnamen an ihre Existenz, anders in Keisd/Saschiz, Reps/Rupea und Rosenau/Râşnov, wo diese einfachen Wehranlagen später zu **Bauernburgen** ausgebaut wurden. Ihr Nachteil war nicht nur, dass sie für die Dorfbewohner bei Gefahr nicht schnell genug erreichbar waren. Auch zeigte der Mongolensturm 1241/42, dass die alten Befestigungen nicht mehr ausreichend Schutz boten. Mitte des 13. Jh.s begannen dann die Sachsen mit der Befestigung ihrer

Kirchen. Im Sinn des Reformationslieds **»Ein feste Burg ist unser Gott«** wurden die Gotteshäuser mit einer oder mehreren Ringmauern, Gräben und Türmen bewehrt, der Hauptturm zum Bergfried ausgebaut. Über dem Chor oder über die ganze Kirche wurde ein Wehrgeschoss mit Schießscharten und Gusslöchern eingezogen, Kirchenfenster verkleinert oder sogar zugemauert und Eingangstore verstärkt. Im Laufe der Zeit und mit der wachsenden Angriffskraft der Gegner wurden die Kirchen immer stärker befestigt. Um längere Belagerungen zu überleben, wurden innerhalb der Mauern Brunnen, Vorrats- und andere Räume für kleine Handwerkstätigkeiten, den Schulunterricht oder wie in Prejmer, Tartlau (► S. 181), sogar eine Bäckerei eingerichtet. Bei aller Vielfalt architektonischer Lösungen ist den Kirchenburgen ein schlichter, bisweilen karger Baustil gemeinsam, entsprechend dem Glauben und der Lebensführung ihrer protestantischen Erbauer. Die kunstvollen Steinmetzarbeiten, schmückendes Rankenwerk und Heiligenfiguren, Fresken oder Altarbilder der ursprünglich katholischen Kirchen wurden bei ihrer Umwandlung in lutherische Kirchen meistens zerstört oder übermalt. Lediglich einige Portale haben ihre verzierenden Profilierungen und Fresken bewahrt, so die Kirchenburgen von Cisnădioara (Michelsberg), Darlos (Durles), Hoşman (Holzmengen), Aţel (Hetzeldorf) und Richiş (Reichesdorf). Eines der wertvollsten Ensembles gotischer Fresken (1405) ist in der Kirche von Malancrav (Malmkrog) erhalten; Reste findet man noch in Homorod (Hamruden). Die Kirche von Biertan (Birthälm) ist für den die ganze Chorwand einnehmenden Hochaltar (1515–1524) bekannt. Besonders wertvoll ist auch der gotische Flügelaltar (1450) der Kirche in Prejmer (Tartlau).

Selbst unter den Habsburgern verbesserte sich die Lage der Siebenbürger zunächst nicht. Erst in den 1730er-Jahren fanden die kriegerischen Unruhen ein Ende.

Sächsisches Erbe

Die Vertreibung der Sachsen nach dem Zweiten Weltkrieg, die Auswanderung nach 1978 im Rahmen der

Die Kirchenburg in Bazna (Baaßen) steht auf einer Anhöhe, umgeben von Schule und Pfarrhaus. Der Torturm ist gleichzeitig Glockenturm.

»Kopfgeld-Politik« – für jeden Aussiedler erhielt Rumänien umgerechnet rund 2500 Euro, später sogar mehr – und vor allem die große Aussiedlungswelle nach der Öffnung der Grenzen 1990 haben den Untergang der rund 800 Jahre lang bewahrten sächsischen Kultur in Siebenbürgen besiegelt.

Dennoch bestimmen bis heute **einfache Bauernhäuser** die sächsischen Dörfer. Sie bestehen aus Wohnhaus, Stallungen, Scheune und Schuppen, die um einen Hofplatz herum angeordnet und von der Straße durch ein großes Tor getrennt sind. Mächtige **Kirchenburgen** sicherten den Sachsen über Jahrhunderte das Überleben und geben heute den Dörfern ihren typischen Charakter. Ihre Erhaltung wird von verschiedenen in- und ausländischen Organisationen unterstützt. Ein wichtiges Zeichen war 1999 die Aufnahme von sechs weiteren Kirchenburgen ins UNESCO-Weltkulturerbe – Saschiz/Keisd, Dârjiu/Dersch, Viscri/Deutsch-Weißkirch, Valea Viilor/Wurmloch, Câlnic/Kelling und Prejmer/Tartlau –, zu dem seit 1993 bereits Biertan/Birthälm, Sighişoara/Schäßburg und Sebeş/Mühlbach gehören. Ein deutsch-rumänisches Projekt beschäftigte sich mit der Erfassung der Kirchenburgen, ihrer Renovierung sowie der Suche nach neuen Nutzungsmöglichkeiten. Die herrliche Landschaft und die Kulturdenkmäler sind zwar immer noch ein Geheimtipp, sie locken aber schon immer mehr Besucher an. Diese tragen durch Eintrittsgelder oder Souvenirkäufe ihren Teil zur Erhaltung der Kirchenburgen bei. Einige Dörfer vermieten leer stehende Pfarrhäuser an Übernachtungsgäste und bessern so die Gemeindekassen auf – eine gute Gelegenheit, Land und Leute kennenzulernen!

Alma Vii In Alma Vii (**Almen**, Szászalmád) geht es auf einer langen Treppe zur Kirchenburg hinauf. Die ältesten Teile der gotischen, klassizistisch ausgestatteten Hallenkirche sind romanisch. Im 15. Jh. entstand die polygonale Ringmauer mit 4 Türmen, Schießscharten und Pechnasen. West- und Südturm erhielten einen hölzernen Wehrgang, der Chor wurde turmartig erhöht und mit Pechnasen versehen.

Richiş Die gotische Basilika (Ende 14. Jh.) der Kirchenburg in Richiş (**Reichesdorf**, Riomfalva) ist turmlos. Haupt- und Seitenschiffe werden von Kreuzgewölben überspannt. Sie ist für ihre Bauplastik mit Pflanzen- und Tiermotiven bekannt, so an Schlusssteinen und Konsolen (man vermutet eine Beziehung zur Bauhütte der Marienkirche in Sibiu). Besonders kunstvoll ist das Tympanon über dem Westportal mit einer Kreuzigungsgruppe. Der Barockaltar ist eine feine Arbeit von Johann Folbarth (1775; Schlüssel in Haus 87; Tel. 02 69/86 84 29).

✶✶ Biertan Das malerisch 9 km abseits der Landstraße Mediasch-Schäßburg gelegene Dorf Biertan (**Birthälm**, Berethalom) ist eine der ältesten Siedlungen Siebenbürgens. Der 1283 erstmals erwähnte Ort war im Mittelalter ein Zentrum des Weinbaus. Diese Tradition wird in jüngster Zeit wiederbelebt. Von 1572 bis 1867 war es Bischofssitz der Evangelischen Landeskirche. Ortszentrum ist ein großer, von bunten Hausfassaden gesäumter Platz. Das älteste Wohnhaus mit einem Kern aus dem 15. Jh. steht im Hof des Pfarrhauses. Das Ortsbild beherrscht die auf einem Hügel über dem Dorf thronende **Kirchenburg** (Apr. bis Okt. tägl. 10.00–19.00 Uhr, sonst nach Voranmeldung bei Familie Weinrich, Tel. 02 69/86 82 62).

UNESCO-Weltkulturerbe ► Über einen langen, überdachten Wehrgang mit einer Holztreppe gelangt man ins Innere der Burg. Die spätgotische dreischiffige Hallenkirche entstand 1490–1524 anstelle einer älteren Marienkirche. Ihr Inneres überspannt ein schönes Sterngewölbe. Der riesige **Flügelaltar** mit 28 Bildern ist ein Meisterwerk vom Übergang der Spätgotik zur Renaissance (1483–1513). Im Zentrum steht die Kreuzigung Christi,

BIERTAN ERLEBEN

ÜBERNACHTEN

► Günstig

Im Gästehaus der Kirche
Voll- oder Halbpension
Anmeldungen im Gästehaus, Tel. 02 69/86 82 94, bei Beate Palfi, Tel. 02 69/86 82 25, sowie beim Kurator Karl Weinrich, Tel. 02 69/86 82 62

Pension Otto Wagner
Str. N. Balcescu 29
an der Straße Richtung Richiş bei der Abzweigung nach Copşa Mare, Tel. 02 69/86 82 49 und 07 40 04 73 00 (mobil), www.pensiuneaotto.3x.ro
Herr Wagner gibt auch Auskunft über Ausflugsziele in der Umgebung.

Gästehaus Dornröschen
am Hauptplatz, Tel. 02 69/24 41 65
Fax 42 14 60
www.biertan.net

Eine der prächtigsten Kirchenburgen Siebenbürgens: Biertan

die übrigen Bilder schildern Szenen aus dem Leben Marias. Auf einer Darstellung im obersten Mittelteil bildet ein Weinstock mit Reben ein Kreuz. Vom einstigen Wohlstand der Gemeinde zeugen auch die reichen Verzierungen an Portalen, Konsolen und Maßwerken. Die **Steinkanzel** mit Reliefs aus der Passionsgeschichte wird dem Steinmetz Ulrich aus Kronstadt (Braşov) zugeschrieben (1523). Über dem Triumphbogen legte man eine Inschrift von 1522 frei. Johannes Reychmuth aus Schäßburg (Sighişoara) schuf das mit Intarsien versehene Renaissancegestühl im Chor (1514) und die **Sakristeitür**. Sie besitzt ein Schloss mit 13 Riegeln, das auf der Weltausstellung 1900 in Paris einen Preis erhielt. Auch hier sind, typisch für die Kirchen der Siebenbürger Sachsen, die Bänke lehnenlos, damit sich die Frauen in ihren weiten, steifen Trachtenröcken setzen konnten.

◄ Birthälm wird zur Festung

Vom 14. bis 18. Jh. wurde **die Kirche zur Wehrkirche** umgebaut. Sie erhielt zwei Mauerringe, die im Westen, Süden und Osten um einen dritten Ring und mit Türmen und Bastionen verstärkt wurden. Der innere Ring war fast 12 m hoch und mit 7 Türmen und Bastionen verstärkt. Die westliche Bastion besaß einen Geheimgang zum zweiten Hof. Ein weiterer Geheimgang führte von der Burg hinab ins Dorf, so konnten die Burginsassen auch während einer Belagerung mit Lebensmitteln und vor allem Wasser versorgt werden. Im sog. **Mausoleumsturm** befinden sich die Grabsteine einiger Bischöfe. Im Südturm, wegen seiner Marienkapelle im Erdgeschoss auch **Katholischer Turm** genannt, sind Freskenreste aus der 2. Hälfte des 15. Jh.s zu sehen. Die **Ostbastion** mit steilem Satteldach war das »Gefängnis«. Im Westturm befand sich einst das Rathaus. Von der Burgmauer hat man einen weiten Ausblick.

Copşa Mare

Eine wesentlich kleinere, aber bemerkenswerte Kirchenburg steht im 2 km entfernten Dorf Copşa Mare (**Großkopisch**, Nagykapus). Die

Ringmauer bildet ein unregelmäßiges Rechteck mit Turm und Wehrhaus. Die Hallenkirche geht auf eine frühgotische Basilika zurück und besitzt die für diese Region typische Silhouette mit niedrigem Kirchenschiff zwischen Westturm und dem Anfang des 16. Jh.s wehrtechnisch erhöhten Chor. Einige Baudetails zeigen Merkmale der Spätgotik und Renaissance auf. Neueren Datums sind der Altar (1854), die Kanzel (1795) und die Orgel (1800).

Valchid

Nach weiteren 5 km abwärts im Valchid-Tal erreicht man die Kirchenburg von Valchid (**Waldhütten**, Váldhíd). Dominiert wird sie von ihrem starken Torturm mit einem hölzernen Wehrumgang und einem hohen Kirchendach. Die Ringmauer in Form eines unregelmäßigen Rechtecks mit Türmen ist weitgehend bewahrt geblieben. Einer der Türme zeigt noch Reste einer gotischen Inschrift in Deutsch: »Gehet ein durch die enge Pforte ...«. Nur im Chor blieb das ursprüngliche Netzgewölbe erhalten (Schlüssel in Haus 240; Tel. 02 69/86 83 51). Über das hübsche Dorf Saroş Pe Târnave und Brateiu, beide ebenfalls mit kleinen Kirchenburgen, gelangt man wieder zurück nach Mediaş.

Rückfahrt nach Mediaş ►

Im Norden von Mediaş

Bazna ►

Eine Ringmauer aus dem 15. und 16. Jh. schützt in Bazna (**Baaßen**, Bázna), 12 km nordwestlich von Mediaş, eine gotische Kirche, die noch einige Fragmente ihrer romanischen Vorgängerin (13. Jh.) bewahrt, so am Westportal und in der Chornische.

Băile Bazna (Bad Baaßen) mit seinem radioaktiven Schlammbad liegt mitten in Buchenwäldern.

Băgaciu

Über **Curciu** (Kirtsch, Küküllőrös) mit einer Kirchenburg, 11 km nordöstlich von Mediaş, erreicht man nach weiteren 5 km Băgaciu (**Bogeschdorf**, Szászbogács), dessen Kirchenburg (Mauerring aus dem 15. bis 17. Jh.) einen **kostbaren Flügelaltar** vom Anfang des 16. Jh.s besitzt. Im zentralen Schrein wird Maria mit dem Kind von der hl. Katharina und Maria Magdalena flankiert. Die Seitenflügel zeigen Szenen aus dem Leben Marias. Das Renaissancegestühl in der wehrhaften spätgotischen Hallenkirche stammt aus der Werkstatt von Johannes Reychmuth aus Schäßburg (Sighişoara).

★★ Moldauklöster

P 2

Region: Moldova · Moldau, Bukowina

Die nach dem Fluss Moldau benannte Region im Nordosten Rumäniens ist für ihre außergewöhnlichen Klöster berühmt. Am besten besichtigt man sie im Rahmen einer ein- bis mehrtägigen Rundtour. Ein möglicher Ausgangsort ist ►Suceava.

MOLDAUKLÖSTER ERLEBEN

ÜBERNACHTEN · ESSEN

► Günstig

Mănăstirea Humorului
Kloster Humor
Str. Ştefan cel Mare 125
Tel. 02 30/57 27 89
www.pensiunecristiana.lx.ro
Eine angenehme Übernachtung mit traditioneller ungarischer Küche bietet Cristiana Macovei in ihrer Pension.

Pensiunea Madalina
Putna
Str. Principală 691
Tel. 07 40/79 72 42
Die Pensiunea Madalina in dem hübschen Dorf Putna offeriert angenehme Übernachtungsmöglichkeiten und ein Restaurant.

Pensiunea Virginia
Vama
Str. Iorgu Toma 192
Tel. 02 30/23 91 78
Die kleine Pension ist vor allem Gästen zu empfehlen, die Wert auf gute, wenn auch einfache Küche legen.

Hotel Simera
Gura Humorului
Tel. & Fax 02 30/23 02 27
Kleines, sauberes und gemütliches Hotel, familiäre Atmosphäre

Cabana Voroneţ
Gura Homorului
Tel. 02 30/23 10 24
3 km vom Kloster Voroneţ entfernt; hinter der Brücke über die Moldava links. Schön gelegen. Einfache Unterkunft; Verpflegung nach Anmeldung

Casa Elena
Zwischen Gura Humorului und Voroneţ
Tel. 02 30/23 53 26
www.casaelena.ro
Empfehlenswerte Unterkunft mit Restaurant

✶✶ Kloster Voroneţ

»Sixtinische Kapelle des Ostens«

Von **Gura Humorului** (26 km südwestlich von Suceava) sind es 4 km südlich bis Voroneţ. Stephan der Große stiftete das Kloster (**Mănăstirea Voroneţ**) 1488 nach seinem Sieg in Vaslui. Laut einer Inschrift entstand die Kirche des hl. Georg in knapp viermonatiger Bauzeit (26. Mai–14. Sept.). Wegen ihrer kunstvollen farbenfrohen Außenbemalung ist sie ein Publikumsmagnet und wird auch »Sixtinische Kapelle des Ostens« genannt.

Öffnungszeiten: tägl. 8.00–18.00

Im Mittelalter war das Kloster ein Zentrum für Kunst und Kultur, hier wurden u. a. Chroniken geschrieben, Manuskripte kopiert und übersetzt, Kleider genäht und Geistliche ausgebildet. Mit der Herrschaft der Habsburger 1775 in der Südbukowina setzte der Niedergang ein. Erst 1991 wurde das Kloster auf Initiative dreier Nonnen wiederbelebt mit neuen Wohn- und Arbeitsgebäuden sowie einer Holzkirche.

◄ weiter auf S. 290

DIE BIBEL DER ARMEN

In der Region Moldau wartet ein besonderer Schatz: schlichte, in schöne Natur eingebettete Klöster, deren Innen- und Außenwände mit farbigen Bildteppichen überzogen sind. Neben religiösen zeigen sie auch zeitgeschichtliche Motive und sind ein Höhepunkt rumänisch-orthodoxer Kultur.

Auf wundersame Weise haben die Farben ihre Strahlkraft bewahrt und so leuchten die von Mauern umgebenen Kirchen noch heute wie Schmuckstücke in der Sonne. So gehört die im Nordosten Rumäniens gelegene **Bukowina** zu den beliebtesten Reisezielen des Landes.
Die Klöster liegen mitten in unberührter Landschaft in der Umgebung von **Suceava**, der einstigen Hauptstadt der Moldau. Meist wurden sie zum Dank nach einer siegreichen Schlacht über die Osmanen oder Kosaken errichtet. Stephan der Große (Ştefan cel Mare, 1457–1504) gründete rund 40 Klöster, auch seine Söhne und Nachfolger Bogdan III. (1504–1517) und Petru Rareş (1527–1546) waren engagierte Klosterstifter. Die Wahl des Standortes wurde dem (göttlichen) Schicksal überlassen bzw. drei Pfeile abgeschossen: Wo der erste Pfeil landete, wurde ein Brunnen gegraben, beim zweiten der Altar und beim dritten der Glockenturm gebaut. Die berühmtesten Klöster sind **Voroneţ, Humor, Moldoviţa, Suceviţa und Arbore**.

Architektur

Die Kirchen der Moldau bestehen meist aus einem etwa 30 m langen und selten über 15 m breiten Schiff mit vorgezogenem Satteldach. Im Grundriss sind sie ein **Dreikonchenbau** und bestehen aus Vorschiff (Pronaos), Grabkammer mit darüber liegender Schatzkammer (Tainită), Hauptschiff (Naos) und Altarraum (Apside). Später kam noch eine erst geschlossene, später auch offene Vorhalle (Exonarthex) hinzu. Eine Besonderheit ist auch das sog. Moldauische Gewölbe, das meist das Mittelquadrat des Naos bekrönt.

Das über und über bemalte Kloster Moldovița (links)

Ein selten erhaltenes Motiv: »Tugendleiter« im Kloster Rasca (rechts)

Malerei

Warum die Klosterkirchen von 1530 bis ca. 1590 auch außen bemalt wurden, ist nicht ganz geklärt. Vielleicht war es eine Mode? Vielleicht waren die Kirchen für gemeinsame Gottesdienste zu klein für Dorf- und Klosterbewohner sowie Feudalherren? Vielleicht musste das »einfache Volk«, das weder lesen noch die damals übliche slawische Liturgiesprache verstehen konnte, dem Gottesdienst außerhalb folgen? Und vielleicht unterstrichen dann die ebenso anschaulichen wie eindringlichen Heiligenbilder und wichtigen Bibelszenen auf den Außenwänden die Predigten und Glaubensgrundsätze? »Sie sind eine Art Buch für alle« (Johann von Damaskus), eine »Armenbibel«, eine Biblia pauperum.

Ikonografie · Bildprogramm

Die Ikonografie folgt einem einheitlichen Kanon und unterscheidet sich vor allem in der Handschrift des Künstlers und seiner Werkstatt sowie in der Farbigkeit und Ausführung. Die folgende Anleitung soll helfen, ihre Sprache besser zu verstehen:

Die **Westseite** ist in der Regel mit einer komplexen Darstellung des **Jüngsten Gerichts** bedeckt. Unter den Engeln und Tierkreiszeichen als Symbol für das Ende der Zeit ist hoch oben Gottvater abgebildet. Darunter sitzt Jesus in der Mandorla am Jüngsten Tag zu Gericht, flankiert von Maria und Johannes dem Täufer. Beide leisten Fürbitte für die zu richtenden Seelen und bilden auch das Zentrum der Ikonostase. Diese seit dem 11. Jh. bekannte Darstellung stammt aus Byzanz und trägt den Namen **Deësis**. Oft werden zur Unterstützung der Fürbitte noch Engel und weitere Heilige abgebildet.

Darunter befindet sich die sog. **Hetoimasia** (auch Etimasia), aus dem Griechischen »Vorbereitung«, eine mittelbyzantinische Dreifaltigkeitsdarstellung. Der leere Thron im Zent-

Kloster Moldovița:
Zwar geht es bei dem Freskomotiv »Belagerung von Konstantinopel« um die Belagerung von Konstantinopel im Jahr 626 durch die Perser und Awaren, ausgedrückt wird jedoch die im 16. Jh. ganz aktuelle Bedrohung der Moldau durch die Osmanen.

rum steht für Gottvater, das Lamm oder Kreuz für den Sohn und die Taube oder das Evangelienbuch für den Heiligen Geist. Auf beiden Seiten knien Adam und Eva. Darunter sind auf der linken Seite die Gerechten und auf der rechten Seite die Ungläubigen abgebildet. Aus den Füßen von Jesus scheint sich der Feuerstrom der Hölle zu ergießen, gefüllt mit scheußlichen Wesen sowie den schrecklichsten und brutalsten Torturen, während auf der anderen Seite Engel in ihre Instrumente blasen und die Heiligen ins Paradies drängen. Hier sitzt bereits Maria mit den Urvätern Abraham, Isaak und Jakob, die in ihren Schalen die Seelen der Gerechten halten.

Die Fresken der **Nordseite**, wegen der starken Witterungseinflüsse auch die »Wetterseite« genannt, sind am schlechtesten oder oft auch gar nicht mehr erhalten. Ihre Themen sind die **Genesis** (Erschaffung der Welt), Adams Pakt mit dem Teufel, Szenen aus dem Leben des hl. Antonius und die auf die Moldauregion beschränkten Himmlischen Zollschranken, eine **Stufenleiter der Tugenden** bzw. die **Leiter des Johannes Klimax**. Eine durch das Bild gezogene Diagonale trennt die Seligen von den Unseligen.

Die **Ostseite bzw. Apsisseite** bedeckt eine Heerschar von Einzelfiguren, darunter Engel und Seraphime, Propheten, Apostel, Patriarchen, Evangelisten, Märtyrer, Einsiedler, Kirchenväter und Bischöfe. Sie alle stehen betend um die thronende Muttergottes. Thema ist die himmlische und die irdische Rangordnung. Dieses **»Allerheiligengebet«** ist einzigartig in der orthodoxen Kunst und wird der moldauischen Malerschule zugeschrieben.

Die **Südfassade** wird in der Regel vom Stammbaum Jesse, auch **Wurzel Jesse**, eingenommen, traditionell auf leuchtend blauem Grund. Diese Darstellung der Genealogie von Jesus Christus ist in ihrer Größe eine künstlerisch und spirituell besonders faszinierende Komposition. Ausgangspunkt ist Jesse, der Vater des Königs David. Aus dem liegenden, zumeist schlafenden Jesse wächst ein Baum, in dessen Ästen und Verzweigungen die jüdischen Könige und Propheten bis hin zu Maria mit dem Kind abgebildet sind.

Ein anderes, immer wiederkehrendes Thema ist der sog. **Akathistos-Hymnus**, ein Dank- und Loblied an Maria, die Mutter Gottes, in 24 Szenen. Jedes der 24 Bilder korrespondiert mit einer Strophe aus dem Marien-Hymnus, der in den moldauischen Klöstern jeden Sonntag vor der Liturgie gesungen wird. Die Bilder der Lobpreisung der Gottesmutter erschienen seit dem 11. Jh. auch als Miniaturen. Eine weitere Szene erinnert an die einst die ganze byzantinische Welt erschütternde **Belagerung Konstantinopels** im Jahr 626 durch Perser und Awaren. In der Darstellung wurde die Kampfszene auf die damals aktuelle osmanische Bedrohung übertragen. So wundert es wenig, dass die abgebildete Stadt Ähnlichkeiten mit Suceava aufweist und die Belagerer türkische Gewänder tragen.

Farben und Ausführung

Ein Geheimnis ist bis heute die genaue Zusammensetzung der Farben und die Vorbereitung des Malgrunds. Obwohl sie über die Jahrhunderte allen Witterungseinflüssen ausgesetzt waren, haben sie ihre unbeschreibliche Leuchtkraft bewahrt. Für ihre Haftung war die Grundierung des Mauerwerks von entscheidender Bedeutung. Dieser **spezielle Putz** wurde aus einer Mischung von Sand, Kalk und Hanf- oder Leinenfasern angesetzt. Die so vorbereitete Mauer ließ man zunächst trocknen. Auf die Wand wurde dann der Grundriss der Komposition aufgetragen. Die aus Pflanzen und Mineralien gewonnenen natürlichen Farben erhielten ihre Beständigkeit wahrscheinlich durch den Zusatz von Eiweiß.

Vermutlich hat auch die relativ intakte Natur ihren Beitrag zum Erhalt der Fresken geleistet – gleich alte Fresken in einer größeren Stadt wären sicher in einem viel weniger guten Zustand. So haben die Demetriuskirche und die Georgskirche in Suceava ihren Freskenschmuck eingebüßt. Alle Moldauklöster gehören seit 1993 zum UNESCO-Weltkulturerbe.

Das Jüngste Gericht, ein Motiv auf der Westseite der Klosterkirche Voroneț

Kirche des hl. Georg Die Kirche des hl. Georg auf kleeblattförmigem Grundriss entspricht in ihrer Mischung aus gotischen mit byzantinischen Elementen ganz dem moldauischen Baustil. Die Höhe des Kirchenschiffs ist gotisch, Aufbau und Bemalung folgen byzantinischen Regeln. Die Raumaufteilung mit Eingangshalle, Vorraum, Kirchenschiff und Altarraum ist klassisch. Der Vorraum wurde unter Fürst Petru Rareş angefügt und 1547 bemalt. Zur gleichen Zeit entstanden auch die Außenfresken.

Fresken im Innern ▶ Im Vorraum ließ sich der Metropolit Grigorie Roşca mit dem Einsiedler Daniel verewigen, er wird wie Johannes Novus als Beschützer der Moldau verehrt. Die Malerei in der Eingangshalle folgt mit 366 Szenen dem orthodoxen Kalender. Die Fresken um den Altar sind noch aus der Erbauungszeit. Auf der Stifterszene an der Südwestwand wurde das Bild des verstorbenen ersten Thronerben Alexandru mit seinem Nachfolger Bogdan III. übermalt. Die vergoldete und reich verzierte **Ikonostase** ist aus Eichenholz. Besonders schön sind die Grabsteine des Einsiedlers Daniel (mit Palmblättern verziert) und des Metropoliten Grigorie Roşca (mit Lebensbaum). Aus der Zeit des Metropoliten (um 1550) stammen noch die Kirchenstühle. Der Armsessel des Fürsten ist eine Kopie. Die Akustik ist wegen der Resonanzräume in den Gewölbezwickeln hervorragend.

Die Außenfresken folgen dem orthodoxen Kanon (► Special S. 43). Dazu kommen an der **Südfassade** Szenen aus dem Leben der Heiligen Johannes Novus, Georg, der mit dem Drachen ringt, und Daniel. Die drei Schutzheiligen werden als die Verteidiger der Moldau vor den Osmanen gedeutet. Der hl. Nikolaus ist an einem schwarz-weiß gemusterten Gewand zu erkennen. Das aus dem Jüngsten Gericht übernommene Thema der Deësis findet man auf einem blauen, mit Sternen verzierten Hintergrund. Den größten Teil der Wand nimmt auf leuchtend blauem Grund (dem berühmten **»Voroneţ-Blau«**) der **Stammbaum Jesse** ein, eingerahmt von den messianischen Propheten. Auf den seitlichen Säulen sind gekrönte Philosophen des Altertums dargestellt, u. a. Aristoteles, Plato, die römische Sibylle, Pythagoras und Sokrates. Im **Osten** sind die Fresken unter dem heruntergezogenen Schutzdach besonders gut erhalten: Engel und Seraphine, eingerahmt von reich verzierten Friesen. Über dem Fenster thront die Jungfrau Maria, darüber ist der Gerechte Simeon zu sehen.

Außenfresken

? WUSSTEN SIE SCHON ...?

- ... dass das brillante Blau der Kirche in Voroneţ Vorbild wurde? Wie das Veroneser Grün oder das Rot von Rubens ging auch das Voroneter Blau in die Künstlerfachsprache ein. Untersuchungen ergaben, dass seine Leuchtkraft auf fein gemahlenem Lapislazulistaub beruht. »Es scheint, als hätten die Maler einen Teil des Himmels über der Bukowina eingefangen und ihn auf die Südmauer des Klosters aufgetragen, wo er heute der Ewigkeit trotzt« (Elena Simionovici, Nonne).

Eine gut erhaltene ausgewogene Komposition des Jüngsten Gerichts überzieht die **Westseite**. An der **Nordseite** sind noch einige Szenen der Genesis gut zu erkennen, darunter Adam und Eva, die um einen Baum gewickelte Schlange sowie Adams Pakt mit dem Teufel. Adam hatte dem Teufel die Seelen seiner Nachkommen dafür verkauft, dass dieser ihn beim Bearbeiten des harten Bodens unterstützte.

Kloster Slatina

Etwas zurück und ca. 30 km südlich von Voroneţ und auf einer schlechten Straße erreicht man das von einer Mauer umgebene Kloster (**Mănăstirea Slatina**), eine Stiftung des Fürsten Alexandru Lăpuşneanu von 1561. Wie alle nach 1550 entstandenen moldauischen Kloster trägt die Kirche keine Außenfresken mehr, daher fehlen auch die tief herabgezogenen Schindeldächer. Sie ist eine Dreikonchenanlage mit geschlossener Vorhalle, im Übrigen folgt sie dann der örtlichen Bautradition des 15./16. Jh.s. Das gut erhaltene ehemalige Fürstenhaus zeigt Renaissance-Einflüsse. In dem hübschen Klostergarten lässt es sich gut verweilen (täglich geöffnet).

★★ Kloster Humor

6 km nördlich von Gura Humorului erreicht man das Kloster Humor (**Mănăstirea Humorului**). Die Strecke führt durch das hübsche Tal des Flüsschens Humor, vorbei an den Ruinen eines ersten Klos-

Öffnungszeiten:
tägl. 8.00–18.00

Kloster Humor: Die Südseite der Kirche ist mit dem Akathistos-Hymnus bemalt.

ters von 1415 bis zu einem markanten Turm mit Ringmauer. Hier entstand 1530 auf Anregung des Fürsten Petru Rareş ein Kloster sowie die **Maria-Entschlafens-Kirche**. Stifter waren sein Berater Toader Bubuiog und dessen Gattin Anastasia. An der Südwand der Vorhalle findet man die in Stein gemeißelte Stiftungsgeschichte. Die Kirche besitzt zwei Neuerungen: die **Vorhalle** mit offenen Säulen – eine Säule zeigt den hl. Georg mit dem Drachen, beachtenswert ist der plastisch gearbeitete Heiligenschein – und die **Geheimkammer** (Tainită) über der Grabkammer. Der Turm und die Wehrmauer wurden 1641 im Auftrag Vasile Lupus verstärkt.

Malereien Die Wandmalereien folgen innen und außen den traditionellen Themen und versuchen zwischen Himmlischem und Irdischem zu vermitteln. Entsprechend der Gründungsgeschichte gibt es zwei Stifterbilder, einmal von der Stifterfamilie des Fürsten Petru Rareş mit dem Kirchenmodell, gefolgt von seiner Frau Elena und den Kindern, sowie von Bubuiog mit Anastasia. Bemerkenswert sind ihre authentischen Gewänder, die sich von der byzantinischen Mode unterscheiden.

Die **Außenfresken** malten der Meister Toma de Suceava, der den Berg Athos besucht haben soll, und seine Schüler 1535. Das Jüngste Gericht schmückt die Westfassade, an der Südfassade sieht man den Akathistos-Hymnus, der zum ersten Mal auf dem Berg Athos gemalt worden sein soll. Schon das Vorgängerkloster (Ruinen im Dorf) war im Mittelalter ein bedeutendes Zentrum der Schriftgelehrten. Das 1473 hier angefertigte Evangeliar ist heute im Museum von Putna (► S. 295) ausgestellt. Der Machtantritt der Habsburger in der Bukowina 1774 bedeutete auch das Ende dieses Klosters. 1991 wurde es von Nonnen wiederbelebt. Damals entstanden neue Klostergebäude sowie eine größere Kirche. Vom Turm hat man einen schönen Blick auf den hufeisenförmig angelegten Klosterkomplex mit Obst- und Blumengärten.

✶✶ Kloster Moldovița

Öffnungszeiten: tägl. 8.00–18.00

Wieder auf der Nationalstraße 17, verlässt man diese kurz vor Vama und erreicht nach 15 km Moldovița. Von außen erinnert das von dicken, hohen Mauern verborgene **Mănăstirea Moldoviţa** eher an eine starke Festung. Schon das Eingangstor ist mit Fresken geschmückt, die Außenfassade der Kirche fast vollständig bemalt.

Die Mariä Verkündigung geweihte Kirche entstand 1532 im Auftrag von Fürst Petru Rareş. Damals wurde auch das Kloster mit einer Ringmauer und Wehrtürmen umgeben. Bischof Efrem von Radauti ließ 1610–1612 die Abtwohnung bauen, die außerdem den Klosterschatz und die Schule für Schreiber und Miniaturmaler aufnehmen sollte. Hier ist heute ein kleines Museum eingerichtet mit sakralen Gegenständen und alten Schriften, darunter ein 1684 hier geschriebener Psalter.

◄ Museum

Die Kirche ist ein typischer Dreikonchenbau mit fünf durch Mauern getrennten Innenräumen, die alle unterschiedliche Gewölbesysteme aufweisen. Ungewöhnlich, aber sehr dekorativ ist das Sterngewölbe des Pronaos. Bauelemente wie die offene Vorhalle und eine Geheimkammer über der Grabkammer wurden von der Kirche in Humor übernommen. Über dem Naos erhebt sich der Licht spendende, außen achteckige und innen runde Turm.

Malereien

Stilistisch zeigt sich in den Wandmalereien eine Mischung von byzantinischem und Renaissancestil mit lokalen moldauischen Motiven wie Trachten und Landschaften. Die Loggia schmückt traditionellerweise das Jüngste Gericht. Außen am südlichen Pfeiler sind die Gottesstreiter hoch zu Ross gemalt: der Drachentöter St. Georg, St. Demetrius, St. Merkurius und der hl. Nestor. Künstlerisch besonders wertvoll ist die Darstellung der Betenden Jungfrau mit dem Jesuskind im Gewölbe des Pronaos. Die Stifterszene auf der Westwand zeigt Fürst Petru Rareş und seine Frau Elena unter auffallend hohen Kronen mit ihren Kindern in byzantinischen Gewändern. Szenen der Passion Christi schmücken die Seitenwände. Eher ungewöhnlich ist die Anwesenheit Moses in der Kreuzigungsgruppe, die Gottesmutter in der reich verzierten Ikonostase ist von ihren Eltern Anna und Joachim umgeben.

◄ Außenfassade

Die Außenbemalung entstand 1537. Ein besonders gut erhaltener Akathistos-Hymnus überzieht den oberen Teil der Südfassade. Darunter folgen Szenen der Belagerung Konstantinopels und der Scheiterhaufen von Moses. Das zweite große Thema ist der Stammbaum Jesse. Den Stamm bewachen die Häupter der 12 Stämme Israels. Den

Strebepfeiler daneben bevölkert wie in Voroneţ eine Gruppe antiker Philosophen. Das große Thema »der triumphierenden Kirche im Himmel und der kämpferischen auf Erden« beherrscht die Fläche der drei Apsiden. An der Nordfassade gibt es nur noch Fragmente zu sehen, darunter Szenen aus dem Leben der hll. Anna und Joachim.

✶✶ Kloster Suceviţa

»Zeugnis moldauischer Kunst«

Öffnungszeiten: tägl. 8.00–18.00

Auf einer landschaftlich schönen Bergstrecke über den 1109 m hohen Pass Pasul Ciumârna erreicht man das hinter einer quadratischen Wehrmauer mit polygonalen Ecktürmen gelegene **Mănăstirea Suceviţa**. Stifter waren die Bojaren-Brüder Simion und Ieremia Movilă, die als Ratgeber des Fürsten Petru Şchiopul (Peter der Lahme) zu einem beträchtlichen Vermögen gekommen waren. Initiator war der Metropolit Gheorghe Movilă. 1582–1584 entstand die Kirche. Ieremia Movilă ließ sie um zwei kleine, offene Vorhallen an Süd- und Nordseite erweitern. Anschließend folgten die wuchtigen Wehrmauern mit Türmen, Mönchszellen wurden angebaut und ein Herrenhaus (heute Ruine). Die wundervolle Innen- und Außenbemalung stammt auch aus dieser Zeit. In den mit kräftigen Farben gemalten Bildern ist ein starkes Aufbegehren zu spüren. Ieremia Movilă soll ein rebellischer Charakter gewesen sein. So ließ er sich auf seinem Grabtuch als starker Herrscher mit der Hand am Schwert abbilden und nicht, wie es die Tradition verlangte, demütig und mit gefalteten Händen wie sein Bruder Simion. Beide Grabtücher sind im Klostermuseum zu besichtigen.
Im Schutz des im Süden verlaufenden Bergzugs Obcina Mare gelegen und kaum von den Türken behelligt, entwickelte sich das Kloster zu einem der reichsten der Region. 1610 und 1615 wurde es von Polen und Kosaken überfallen und 1629 von Räubern geplündert. Erst 13 Jahre später zogen Mönche aus Galizien in das unbewohnte Kloster ein. Als die Habsburger im ausgehenden 18. Jh. die Klöster säkularisierten, blieb Suceviţa verschont. 1954 wurde die Anlage umfassend restauriert. Heute leben im Kloster rund 50 Nonnen und Novizinnen, die ihren Lebensunterhalt größtenteils durch Landwirtschaft und Kunstgewerbe finanzieren.

Malereien

Die hervorragend erhaltenen Fresken stammen von den moldauischen Ikonenmalerbrüder **Ioan Zugravul** und **Sofronie**. Die Künstler fügten dem traditionellen Programm neue Themen hinzu wie den Hymnus »Der Einziggeborene« (auf der das Schiff abschließenden Apside) und Heiligenlegenden wie die des hl. Johannes Novus. Von ihrer Kunstfertigkeit zeugt u. a. ihr Umgang mit der Perspektive. In der Farbgebung spielt das Grün eine besondere Rolle.
Die fünf Räume der Kirche sind traditionell durch Mauern bzw. die Ikonostase (1801) getrennt. Auf die Vorhalle mit dem Jüngsten Gericht folgt der Vorraum, dessen Wände u. a. die Lebensgeschichten der hll. Georg und Nikolaus erzählen. In der Grabkammer befinden

Kloster Humor: Detail des Akathistos-Hymnus

sich die mit dem moldauischen Auerochsen versehenen Grabplatten der Stifterbrüder Ieremia und Simion Movilă. Thema des Naos ist das Leben Christi. An der Westwand sind gleich zwei Stifterszenen zu sehen, die Familie Ieremia Movilă und der Metropolit Gheorghe Movilă gemeinsam mit Ioan Movilă, dem Vater der Stifterbrüder.
Außen ist auf der Nordseite die Darstellung der **»Himmelsleiter«**, auch »Stufenleiter der Tugenden« genannt, weitgehend erhalten; im oberen Teil sieht man Szenen aus der Genesis. Das »Allerheiligengebet« in sieben Reihen schmückt die Apsiden. Auf der Südwand sind ein Stammbaum Jesse und ein **Akathistos-Hymnus** mit einer Schutzmantelmadonna abgebildet. In eine Seite der Umfassungsmauer sind noch Wohnräume integriert. Der ehemalige Ratssaal an der Ostseite des Klosterhofs beherbergt ein besuchenswertes Museum für Sakralkunst.

✶ ◄ Klostermuseum

✶ **Kloster Putna**

Öffnungszeiten: tägl. 8.00–18.00

Das **Mănăstirea Putna** liegt nördlich von Sucevița, jenseits der Bergkette Obcina Mare. Die Straße führt durch das malerische **Marginea**. Das Töpferdorf mit gepflegten Bauernhäusern, schönen Vorgärten und Holztoren ist für seine **schwarze Keramik** bekannt. Auf einer Obstbaumallee erreicht man schließlich Putna und das mitten im Wald gelegene Kloster. Stephan der Große stiftete es nach seinem Sieg über die Türken bei Chilia 1466 und bestimmte die Kirche zu seiner Grablege. Er befahl auch die Verlegung der 1353 unter Dragoș erbauten Holzkirche aus dem Dorf Volovăț in die Nähe des Klosters. Das Kirchlein gilt als die älteste orthodoxe Kirche der Moldau.
Die Kirche, ein Dreikonchenbau, war ursprünglich außen bemalt. Statt der Fresken zieren heute Blendarkaden, Pilaster und gotische Fensterrahmungen die weiße Fassade. Die ursprünglich offene Vorhalle wurde geschlossen. Das Innere ist traditionell mit Fresken ausgemalt, die jedoch rußgeschwärzt und nur schwer zu lesen sind. Unter einem weißen Marmorbogen befindet sich das Grab Stephans des Großen sowie die Gräber seiner Frauen und Söhne und anderer Moldaufürsten. Die mit Majuskeln, Mäanderranken und Vögeln verzierten Grabplatten zeigen den Einfluss volkstümlicher Stickerei. Wegen des Grabes taufte Mihai Eminescu das Kloster »Jerusalem des rumänischen Volkes« und noch heute ist es v. a. am 2. Juli ein viel **besuchtes Pilgerziel**.

✶ Museum ► Das stark befestigte Kloster war im Mittelalter ein bedeutendes kulturelles Zentrum mit Schreib- und Künstlerwerkstätten. Davon zeugt das Klostermuseum, eines der reichsten der Moldau. Neben Handschriften, Ikonen, Miniaturen, liturgischen Geräten sowie Gold- und Silberstickereien zählt die **Stickereisammlung** zu den bedeutendsten der Welt. Zu den wertvollsten Stücken gehört die Grabdecke von Stephans zweiter Frau Maria mit ihrem gestickten Porträt. Sehenswert ist auch das im Kloster Humor (►S. 291) 1473 gefertigte Evangeliar.

Felsenkirche In der Felsenkirche (**Biserica lui Daniil Sihastrul**) am nahen Berghang lebte der Eremit Daniil, der Berater Stephans des Großen.

Rădăuţi Im Zentrum von **Radautz** erinnert heute nur noch die unscheinbare Nikolauskirche an der Durchgangsstraße an ihren Stifter Fürst Bogdan I. cel Batrin (Bogdan der Ältere, 1359–1365). Die turmlose, weiße Basilika mit Strebepfeilern unter einem tief herabgezogenen Schindeldach erinnert an ein Bauernhaus. Die nach ihrem Stifter **»Bogdana«** genannte Kirche entstand nach 1360 im romanisch-gotischen Stil und gilt als **älteste Steinkirche der Bukowina**. Die Originalfresken wurden Ende des 19. Jh.s übermalt. Die Grabplatten mit schönen Flachreliefs ließ Stephan der Große um 1480 von Meister Jan für seine Urahnen anfertigen. An die große jüdische Gemeinde in Radautz erinnert nur die Synagoge.

✶ **Kloster Arbore** Die Johannes dem Täufer geweihte Klosterkirche (**Mănăstirea Arbore**; 13 km südlich von Rădăuţi) stiftete 1503 Luca Arbore, geistlicher Berater von Fürst Stephan dem Großen. Da er »nur« Bojar war, musste die Kirche turmlos bleiben. Ihre ins Mauerwerk eingelassenen Nischen lassen sie trotz des rechteckigen Grundrisses wie einen Dreikonchenbau erscheinen. Anstelle einer Vorhalle bildet die **Westwand** unter einem mächtig geschwungenen Dach eine offene Nische. Hier sind die Fresken am besten erhalten. Sie wurden 1541 von Ana, der Tochter des Stifters, bei **Dragoş Coman di Iassi** in Auftrag gegebenen. Ihre feine Komposition sowie die durch Schattierungen der gleichen Farbe entstandenen Perspektiven und schönen Farbkombinationen zeugen von der besonderen Kunstfertigkeit des Meisters und seiner Schule. Die ersten drei Reihen schildern das Leben des hl. Georg, die 4. Reihe das Martyrium des hl. Demetrius, zwei weitere Reihen die Legende des hl. Nikita und die letzte die der hl. Paraschiva. Die weniger gut erhaltenen Fresken der Südfassade stellen den Akathistos-Hymnus (► Special S. 286) mit der Belagerung Konstantinopels dar.

Siret Siret, 20 km nordöstlich von Rădăuţi, war im 14. Jh. für kurze Zeit Fürstensitz. Aus dieser Zeit stammt die **Dreifaltigkeitskirche** (Biserica Sf. Treime; um 1375). Ihre Fassade ist entsprechend der Mode der damaligen Zeit mit Blendarkaden und Keramiken geschmückt.

Die 1493 erbaute Kirche in Bălineşti, 9 km südlich von Siret am gleichnamigen Fluss, ist eine architektonische Besonderheit. Die offene Vorhalle vor dem südlichen Eingang wurde später ergänzt. Im Pronaos fallen gotische Details wie Skulpturen im Flamboyantstil auf. Im Naos sind Fresken aus der Erbauungszeit erhalten. Das von Gavril Ieromonahul gemalte Stifterporträt des Kanzlers Tăuto gehört zu den künstlerisch besten Zeugnissen dieser Gattung. Der Stifter fand in der Kirche seine letzte Ruhestätte.

◄ Bălineşti

★ ◄ Stifterporträt

★ Odorheiu Secuiesc · Oderhellen · Székelyudvarhely

O 5

Region: Transilvania · Siebenbürgen, Szeklerland
Höhe: 473 m ü. d. M.
Einwohnerzahl: 36 800

Das freundliche Städtchen am Rand der Ostkarpaten an der Großen Kokel hat sich im Lauf der Jahrhunderte zu einem wirtschaftlichen und kulturellen Zentrum des Szeklerlandes entwickelt.

Geschichte

Balázs Orbán (1830–1890), der im Szeklerland als Nationalheld verehrt wird, war Schüler des hiesigen Calvinistischen Kollegiums. Nach langen Reisen in den Mittleren Osten, nach Griechenland und Ägypten widmete er sich der Kultur der Szekler und verfasste einen umfassenden Reiseführer über das Szeklerland. Im rumänischen Namen »Secuiesc« ist der Hinweis auf die Szekler Bevölkerung enthalten.

ODORHEIU SECUIESC ERLEBEN

VERANSTALTUNG

In der zweiten Augustwoche findet alljährlich das dreitägige Festival der Handwerker (Műves Emberek Sokatalma) statt. Folkloretänze und Konzerte runden den großen Markt ab.

ÜBERNACHTEN

► **Komfortabel**

Küküllő
Tamási Áron utca
Tel. 02 66/21 39 63
www.kukullo.ro
Das zentral beim Statuenpark gelegene Hotel ist eine gute Adresse.

Európa
Kossuth Lajos utca
Tel. 02 66/21 82 88
www.europahotel.ro
Neu eröffnetes, empfehlenswertes Hotel

► **Günstig**

Privatzimmer
Im 3 km von Miercurea Ciuc entfernten Ciceu (Csíkcsicsó) gibt es viele Privatquartiere; angeboten werden auch Ausflüge und Kutschfahrten. Kontakt: András Barta, Liliom Panzió, Haus Nr. 130, Tel. 07 45/36 65 38

Sehenswertes in Odorheiu und Umgebung

Odorheiu Secuiesc

Das **alte Zentrum** erstreckt sich rund um den lang gestreckten Rathausplatz (Városháza tér) und die Kossuth Lajos utca (die Straßenschilder sind auf Ungarisch). Das nordwestliche Platzende nimmt die doppeltürmige Klosterkirche des 1705 errichteten Franziskanerklosters ein. Der davor gelegene Statuenpark (Emlékezés Parkja) erinnert an 13 wichtige Persönlichkeiten aus der Geschichte der Szekler, u. a. an den legendären Anführer Prinz Csaba (►Special S. 370).

Innerstädtische Reformierte Kirche ►

Südöstlich erhebt sich der Turm der Innerstädtischen Reformierten Kirche (Belváros Református Templom), 1781 von Pál Schmidt erbaut. Im schlichten Innenraum gibt es weder einen Altar noch ein Kreuz. Mittelpunkt ist die steinerne Kanzel. Die in Kunstmarmor gestalteten Wände zeigen heute die gleiche Farbgebung wie 1789.

Vor der Innerstädtischen Kirche steht ein Denkmal des Heimatforschers Balázs Orbán. Die prächtige Fassade hinter einem mit Skulpturen geschmückten Brunnen gehört dem Rathaus. Kleine Läden säumen die schräg gegenüber abzweigende Lindenallee Lajos Kossuth. In dem schönsten Gebäude befindet sich das bereits 1797

Museum ►

gegründete **Volkskunst- und Geschichtsmuseum der Szekler** mit bunten Trachten der Region, Keramiken, bemalten Bauernmöbeln, Ofenkacheln, alten Büchern und Fotografien, darunter auch Werke von Balázs Orbán (Múzeum Haáz Rezső, Nr. 29; Di.–Fr. 9.00 –16.00, Sa., So. 9.00 –13.00 Uhr).

Hinter einem Mauerring an der Ausfahrtsstraße Richtung Cristuro Secuiesc steht die älteste Kirche der Stadt. Die kleine **Jesus-Kapelle** (Jézus-Szíve-kápolna) stammt aus dem 13. Jahrhundert. Mit ihrem kleeblattförmigen Grundriss ist sie ein besonders seltenes Baudenkmal in dieser Region.

Im Norden von Odorheiu Secuiesc

★ Corund ►

Ca. 1 km außerhalb des Zentrums unterhalb der Straße 13 B liegt die **Heilwasserquelle Seiche**, wo Mineralwasser (im Szeklerland = borvíz) kostenlos gezapft werden kann. Nach weiteren 25 km erreicht man Corund (**Korond**), ein bekanntes Töpferstädtchen. Noch heute werden die in gebrochenem Weiß lasierten Keramiken mit typischen Mustern wie Lebensbaum, Vögel, Wild oder Blumen in Grün, Gelb und Braun verziert. Seit dem 18. Jh. werden die Motive auch in dem von Sachsen importierten leuchtenden Kobaltblau ausgeführt. Besonders beim Adel erfreute es sich großer Beliebtheit. Heute bieten verschiedene Töpferfamilien auf beiden Seiten der Durchgangsstraße und vereinzelt auch im Dorf ihre handgefertigten Keramiken an.

★ **Praid**

Praid (**Parajd**), 10 km nördlich von Corund, ist wegen seiner Salzvorkommen auch touristisch sehr interessant. Der 567 m hohe **Salzberg** (Muntele de sare) ist eine geologische Kuriosität: Die Salzader reicht etwa 2 km in die Tiefe. An einigen Stellen tritt das Salz in bizarren, an Raureif erinnernden Formen auch an die Oberfläche. Klei-

Im Salzberg von Praid

ne Trampelpfade am Ortsende führen zu dem Naturschauspiel (der Berg steht unter Naturschutz!). Seit dem 16. Jh. wird hier Salz abgebaut. Vielerlei Erzeugnisse, u. a. Speise- und Badesalz, gibt es am Eingang zum Bergwerk zu kaufen. Die Besichtigung der Mine erfolgt mit einem Minibus. Das Klima in 120 m Tiefe verspricht Linderung bei Asthma (Str. Ocna; tägl. 9.00 – 14.00, in der Saison bis 18.00 Uhr, letzter Einlass eine Std. vor Schluss). Es gibt auch ein kleines Freibad mit Salzwasser (Infos: www.praid.ro und www.salinapraid.ro).

*** Sovata**

Von Praid sind es nur 8 km bis zu dem Luft- und Badekurort Sovata (Szováta). Die 1597 erstmals erwähnte Gemeinde liegt mitten im **Salzland** (Sóvidék), das an der Stelle eines urzeitlichen Meeres entstanden ist. Die östlich sich erhebenden **Ghiurghiului-Berge** gehören zum vulkanischen Teil der Ostkarpaten. Obwohl die modernen Hotelanlagen und die Relikte aus kommunistischer Zeit die alten Villen des 19./20. Jh.s zurückdrängen, erinnern noch einzelne Gebäude mit ihren zauberhaften Holzveranden, Erkern, Giebelchen und Türmchen mit leicht morbidem Charme an vergangene Zeiten. Besonders schön ist der reich geschnitzte und bemalte Holzeingang der **Bernády-Villa**. Attraktion der Ortes sind seine Salz- und Süßwasserseen. Besonders beliebt ist der **Bärensee** (Lacul Ursu, Medve-tó). Er entstand am 27. Mai 1875 infolge eines Erdeinsturzes, liegt 502 m hoch und ist zwischen 6 und 18 m tief. Seine Salzkonzentration ist mit 25 %, also 250 g Salz auf 1 Liter Wasser, ziemlich hoch. Der **Schwarze See** (Lacul Negru) von 1710 ist der älteste, der **Haselnuss-See** (Lacul Aluniş) von 1950 der jüngste. Im Seengebiet sind Flora und Fauna sehr reich. Das Wasser hilft bei Hautkrankheiten, Erkrankungen der Atemwege, Rheuma und Hormonstörungen.

◄ Salz- und Süßwasserseen

Im Westen von Odorheiu Secuiesc ✶

Mugeni ►

Westlich von Odorheiu Secuiesc bietet sich eine kleine »Kirchen-Rundtour« an: Die calvinistische Kirche im 8 km entfernten Mugeni (Bögöz) ist wegen ihrer Fresken ein bedeutendes Kunstdenkmal. Ein Freskenrest neben dem Kirchenportal weist darauf hin, dass die Außenfassade einst bemalt war. Ausgesprochen gut erhalten sind die drei Freskenzyklen aus dem 14. Jh. im Kirchenschiff. Der eine erzählt eine Geschichte aus dem Leben des hl. Ladislaus, der als Ungarnkönig (1077–1095) Szent Lázsló besonders im Szeklerland verehrt wird. Die Geschichte ist auch in der nahen Kirche von Dârjiu (► unten) erhalten. Dargestellt ist außerdem das Martyrium der hl. Margarete, die sich der Liebe eines heidnischen Herrschers verweigerte. Die untersten Fresken zeigen das Jüngste Gericht mit Christus in der Mandorla. Die an Runen erinnernden Schriftzeichen sind in traditioneller Szekler-Kerbschrift (Rovásírás) geschriebenes »Altungarisch«. Beachtenswert sind auch die Schlusssteine und Konsolen. Ein gotischer Bogen trennt das Schiff vom Chor, der von einem schönen Gewölbe überspannt wird. Die Kassettendecke im Schiff (1724) ist mit floralen Motiven bemalt. Kunstvoll gearbeitet ist ein Holztisch von 1764 mit einer Abendmahl-Darstellung (Schlüssel im Haus Nr. 268, Református Lelkészi Hivatal).

? WUSSTEN SIE SCHON ...?

- ... die traurige Geschichte über die Entstehung des Bären- und des Schwarzen Sees? Einst verliebte sich eine Fee in einen jungen Hirten. Eines Abends sah sie ihn mit einem Mädchen im Arm und verfluchte die beiden. Der Schleier der unglücklichen, rastlos umherstreifenden Fee verfing sich im Geäst und aus den Fasern bildeten sich die Salzberge. Auch in ihrem Haus fand die Fee keinen Frieden und es sank in die Tiefe. Aus ihrem Wasserkessel entstand der Bärensee. In ihrem Kummer setzte sich die Fee auf den Zoltán-Berg und weinte. Ihre Tränen füllen bis heute den Schwarzen See.

✶ **Dârjiu**

Dârjiu (**Dersch**, Székelyderzs) ist die einzige Kirchenburg im Szeklerland, in der auch die Kirche wehrhaft ausgebaut wurde (15. Jh., ► Special S. 370). Der Glockenturm und das um einen Wehrgang erhöhte Schiff sind mit Schießscharten versehen. Der hohe Kirchturm steht getrennt vom Schiff hinter einem hohen mit Schießscharten und Türmen bewehrten Mauerring. Die Vorratskammern in der Mauerinnenseite sind seit dem Mittelalter in Familienbesitz und können nur vererbt, nicht verkauft werden.

Die weiß getünchte Kirche stammt aus dem 13. Jahrhundert. Vor allem wegen ihrer gut erhaltenen und kunstvollen Ausmalung gehört sie zum UNESCO-Weltkulturerbe. Die **Fresken** aus dem 15. Jh. strahlen in einer besonderen Farbigkeit und sind reich mit Mustern dekoriert. Ein Freskenzyklus erzählt die Legende des beliebten St. Ladislaus, der als König einen Kumanen verfolgt, der eine junge Frau geraubt hat. Die Frau stößt ihren Peiniger vom Pferd und Ladislaus besiegt seinen Widersacher im Zweikampf. Der Kampf zwischen Christen und Heiden war im 15./16. Jh. ein beliebtes Thema, da die osmanische Bedrohung ganz real war. Allein die Farbikonografie spiegelt gut und böse wider. Während Ladislaus in Weiß gekleidet ist, trägt der Kumane Schwarz. An der Wand gegenüber sind der Erzengel Michael und Saulus auf dem Weg nach Damaskus zu sehen. Gut erhaltene Fresken gibt es auch in der reformierten Kirche (13./14. Jh.) in Daia (Székelydálya). ◄ Daia

Im Osten von Odorheiu Secuiesc

Die Straße nach Miercurea Ciuc passiert das Dorf **Satu Mare** (Máréfalva, 7 km westlich) mit typischen, reich geschnitzten Szeklertoren. Der 775 m hohe **Vlâhița-Pass** trennt die Szék- von der Csík-Region, was sich auch an den Ortsnamen ablesen lässt. In den Quellhäuschen des kleinen **Heilbads Băile Homorod** (Homoródfürdő) kann man sehr gutes Mineralwasser zapfen. Weiter führt die gut ausgebaute Straße durch einen schönen Tannenwald.

Miercurea Ciuc

Nach weiteren 8 km hat man Miercurea Ciuc (**Szeklerburg**, Csíkszereda) erreicht, die Hauptstadt der Provinz **Harghita**. Sie liegt in der Mitte eines Beckens, umgeben von dem vulkanischen Harghita-Gebirge und dem Ciucer-Gebirge. Am Ortseingang passiert man die große Bierbrauerei Ciuc. Heute ist Miercurea Ciuc das bedeutendeste **Industriezentrum der Region**. Von den 42 000 Einwohnern sind 82 % Szekler, daher ist Ungarisch neben Rumänisch Amtssprache. Leider fiel in den 1980er-Jahren fast die gesamte Altstadt der Abrissbirne zum Opfer. Nur die nach dem ungarischen Dichter und Nationalhelden benannte Straße Petőfi Sándor utca hat ihre alte Bebauung bewahrt und ist nun die **Flaniermeile der Stadt** mit kleinen Geschäften und belebten Cafés. Hauptsehenswürdigkeit ist die Burg (Castelul Mikó), mit deren Bau 1623 unter Graf Hídvégi Mikó Ferenc begonnen wurde. Der schlichte Bau mit starken Eckbastionen (zuletzt 1714–1716 umgebaut) beherbergt das Szeklermuseum (Csíki Székely Múzeum, Muzeul Secuiesc al Ciucului; Di.–So. 9.00–17.00 im Sommer, sonst nur bis 16.00 Uhr). Die reichen Sammlungen geben einen guten Einblick in die **Kultur und Tradition der Ciuc-Region**: Teppiche, die mit ihren ornamentalen Mustern an türkische Kelims erinnern, Puppen in traditionellen Kostümen, Typografie und Buchbindekunst sowie sakrale Gegenstände und Waffen. ✶ ◄ Szeklermuseum

Delnița ✶

In Delnița (Csíkdelne; 6 km nördlich von Miercurea Ciuc) lohnt die gotische, 1458–1500 erbaute Johanniskirche (Biserica, Templom) einen Besuch. Ihr Hauptaltar, ein Triptychon von 1675, ist nicht nur wegen seiner Größe (3 x 4,5 m) kostbar. Die Altarbilder zeigen in geöffnetem Zustand Osterszenen, geschlossen Szenen um Jesu Geburt. Auch die bemalte Holzkassettendecke ist noch aus der Renaissancezeit (Anfang 17. Jh.). ◄ Johanniskirche

Frumoasa (Csíkszépvíz; 4 km weiter nördlich) verdankt seinen etwas städtischen Charakter der Ansiedlung von Armeniern 1672 (► Gheorgheni). Sie bauten Bürgerhäuser und sogar ein Casino (heute Gemeindehaus). Hinter dem Pfarrhaus (1758; heute Waisenhaus) steht die armenische Kirche (1701). Ihren Barockaltar schmückt ein Bild von der **Schlacht bei Awarayr**, in der 451 die Armenier gegen ◄ Frumoasa

ORADEA ERLEBEN

AUSKUNFT

Piaţa Independenţei 39
Tel. 02 59/43 51 40
cetate@rdsor.ro
Mo.–Fr. 8.00–16.00 Uhr

GUT ZU WISSEN

Internet
Nonstop-Café im Zentrum, Str. M. Eminescu 4

ÜBERNACHTEN · ESSEN

► Luxus

① *Vulturul Negru*
Piaţa Unirii 1
Tel. 02 59/45 00 00
www.vulturulnegru.ro
Das Jugendstil-Hotel »Zum Schwarzen Adler« im Stadtzentrum ist die feinste Adresse der Stadt.

► Komfortabel

② *Park*
Calea Republicii 5
Tel. 02 59/41 16 99
Das Hotel liegt mitten in Oradeas Fußgängerzone und verströmt noch etwas vom Charme der vorigen Jahrhundertwende. Es gibt auch günstigere Zimmer ohne eigenes Bad.

③ *Atrium*
Str. Republicii 38
Tel. 02 59/41 44 21
www.hotelatrium.ro
Das Hotel in einer ruhigen Straße nahe der Fußgängerzone hat geräumige, um eine offene, glasgedeckte Halle herum gebaute Zimmer. Außerdem bietet es ein nettes Restaurant und einen bewachten Parkplatz.

► Günstig

Pensiunea Ioan şi Livia Danciu
in Gârda de Sus
an der Durchgangsstraße 51
Tel. 02 58/77 80 06, mobil 07 88/ 35 20 35
Die Pension liegt mitten im Dorf, etwas zurückgesetzt im Blumengarten einer ehemaligen Mühle. Außerdem gibt es einen Grillplatz. Die Frau des Hauses spricht französisch. Nur 50 m entfernt erwartet ein stilvolles Restaurant mit empfehlenswerter traditioneller rumänischer Küche seine Gäste.

häuser sowie einem Kaufhaus. Wegen der Cafés und Restaurants ist sie *die* Flaniermeile der Stadt. Das großzügige **Basar-Haus** an der Ecke zum Theaterplatz, heute **Piaţa Regele Ferdinand**, entstand 1900 nach Plänen von Kálmán Rimanóczy zusammen mit dem nahen **Theater**. Die Entwürfe für das Theater lieferten die Wiener Theaterspezialisten **Fellner und Helmer**. Statt der üblichen Gaslampen erhielt es bereits eine elektrische Beleuchtung. Den Eingang flankieren die Musen Komödie (Thalia) und Tragödie (Melpomene). Bis heute gibt es eine rumänische und eine ungarische Abteilung.

Haus Poynar Das rosarot-weiße Haus Poynar wurde 1907 von dem Architekten Ferenc Sztarill als Geschäftshaus entworfen. In dem vom gleichen Architekten entworfenen Jugendstilbau des einstigen Hotels und Caféhauses **Astoria** verkehrte der ungarische Dichter **Ady Endre** und lernte Leda kennen, die Muse seines Lebens. Das **Hotel-Restaurant Transilvania** vis-à-vis von Haus Poynar wurde 1903/1904 nach Plänen von József Guttman errichtet. Heute ist nur noch das Restaurant mit einem mit Spiegeln und Stuck dekorierten Speisesaal in Betrieb. In der Fortsetzung des Theaterplatzes führt eine Brücke ans andere Kreischufer. Für die Nüchternheit der Brücke entschädigt das Panorama.

Oradea • Großwardein *Orientierung*

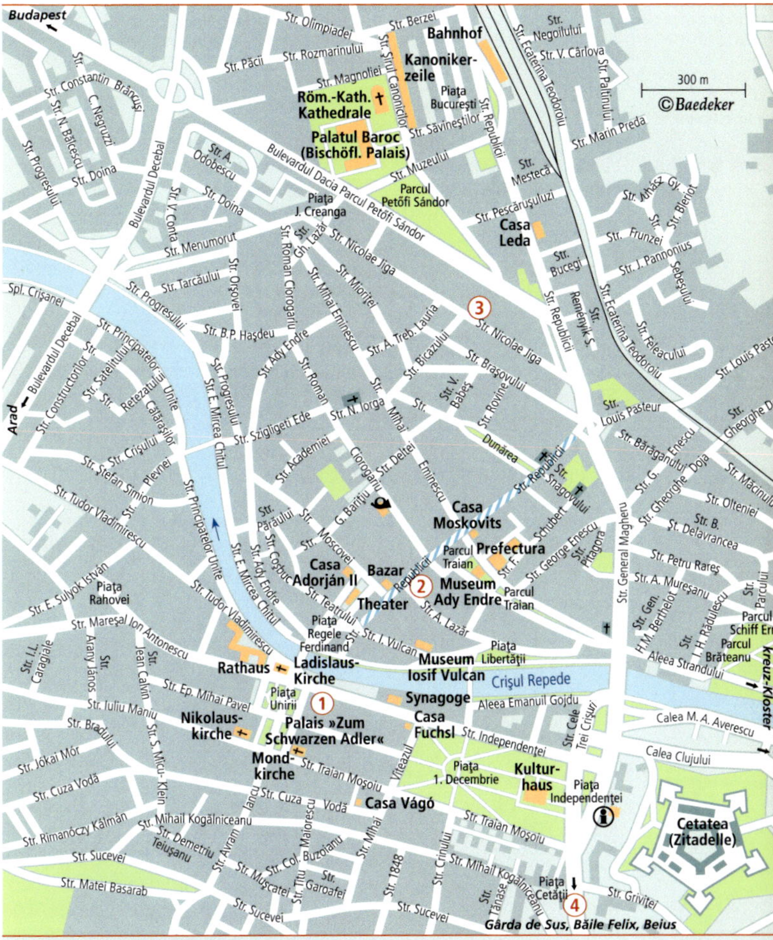

Übernachten • Essen

① Vulturel Negru (Zum Schwarzen Adler)
② Park
③ Atrium
④ Pensiunea Ian și Livia Danciu

Fußgängerzone

Einheitsplatz Am Südufer erhebt sich der 50 m hohe Turm des **Rathauses** (Primăria), das 1902/03 nach Plänen des Architekten Kálmán Rimanoczy errichtet wurde und den großzügigen Einheitsplatz (**Piaţa Unirii**) östlich abschließt. Seit 1995 dominiert ein **Reiterstandbild** von Michael dem Tapferen (Mihai Viteazul) die Platzmitte. Das Standbild des Ungarnkönigs Ladislaus I., das bis 1995 hier stand, wurde vor die katholische Kathedrale verbannt. Mit dem Bau der **Ladislauskirche** 1723–1742 auf dem Platz demonstrierte Habsburg nach der Vertreibung der Türken den Wiederaufbau der Stadt unter seiner Regie. 1760–1762 wirkte Michael Haydn, der Bruder von Joseph Haydn, hier als Violinist und Kapellmeister. Sein Nachfolger war Carl Ditters von Dittersdorf. 1769 wurde das Orchester von Kaiserin Maria Theresia aufgelöst.

✶✶ Zum Schwarzen Adler Auf der anderen Straßenseite nimmt das ebenso monumentale wie elegante Jugendstilpalais »Zum Schwarzen Adler« (**Palatul Vulturul Negru**) ein ganzes Carré ein. In den Cafés seiner glasgedeckten Ladenpassage trifft sich abends die Jugend zum Wasserpfeiferauchen. Die beiden Eingänge schmückt eine bunte Bleiverglasung mit Adler. Der faszinierende Bau entstand 1907–1909 nach dem Vorbild der Mailänder Galleria Vittorio Emanuele (Architekten Marcell Komor und Desző Jakab).

✶ Mondkirche ► Die Mondkirche (**Biserica cu Lun**) im Süden des Einheitsplatzes verdankt ihren Namen der Monddarstellung im Turmgiebel, die die Mondphasen anzeigt (Georg Rueppert, 1793). Die der Jungfrau Maria geweihte rumänisch-orthodoxe Kirche entstand 1784–1790 nach den Entwürfen von Jakob Eder und Ioan Lins Paler. Die Innenausmalung übernahm Eremia Profeta (1979).

Nikolauskirche Gegenüber der Mondkirche erhebt sich in der Seitenstraße Iuliu Maniu die griechisch-katholische Nikolauskirche (**Biserica Sf. Nicolae**) von 1803. Sie war während des kommunistischen Regimes der rumänisch-orthodoxen Kirche einverleibt worden, 1989 bekam die Gemeinde diese Kirche, eine von ursprünglich sieben, zurück.

✶ Festung Die Str. Independenţei führt vom Einheitsplatz an der 1890 erbauten Synagoge (Sinagoga) vorbei zur Festung (**Cetatea**). Die Pläne für den Innenausbau mit **Schloss und Kirche** stammen von Gábór Bethlens Hausarchitekten Giacomo Resti, den Entwurf für den fünfzackigen Festungsbau im Renaissancestil lieferte der italienische Baumeister Domenico da Bologna. Eine Besonderheit war der **Wassergraben**, der von dem Thermalwasser führenden Flüsschen Peţa gespeist wurde. Da das warme Wasser auch im Winter nicht vereiste, blieb der Graben ein ganzjähriges Hindernis, was die Festung zu einem bedeutenden Bollwerk Transsilvaniens machte. Erst als die Türken 1660 den Graben entwässerten, konnten sie die Festung stürmen. 1691 fiel

Die Marien-Kirche des Heiligkreuz-Klosters →

sie an die Habsburger. Zurzeit wird sie renoviert. In Zukunft soll sie ein Kulturzentrum und Sitz der Kunstakademie werden. Schon jetzt stehen in den Höfen zahlreiche Skulpturen. Ins ehemalige Warenmagazin wird eine Tourismusagentur und in die einstige Militärverwaltung ein Jugendhotel einziehen; auch die alte Bäckerei von 1692 soll ihren Betrieb wieder aufnehmen.

Bischofspalast

Etwas außerhalb des Zentrums, oberhalb des B-dul Dacia Parcul, liegt in einem Park der ehemalige Bischofspalast (**Palatul Baroc**). Der u-förmige Bau mit Freitreppe und 365 (!) Fenstern, die **größte Barockanlage Rumäniens**, wurde 1762–1777 von Michael Neumann nach den Entwürfen des Wiener Architekten Franz Anton Hillebrandt errichtet. Seit 1971 beherbergt der Palast das Kreisch-Museum (**Muzeul Ţării Crişurilor**) mit Abteilungen zur Geschichte, Bildenden Kunst, Volkskunde und Naturwissenschaft (wegen Renovierung geschlossen).

Kreisch-Museum ►

Kathedrale ►

Auf der Rückseite des Barockpalastes erhebt sich in warmem Kaisergelb die katholische Kathedrale. Die Mariä Himmelfahrt geweihte Kirche ist die **größte Barockkirche** des Landes. Die bischöflichen Auftraggeber entschieden sich für Giovanni Battista Ricca und damit für den norditalienischen Barock. Später kam Johann Michael Neumann, Vertreter des Wiener Spätbarock, dazu. 1780 wurde die Kathedrale als Sinnbild für das Widererstarken des Katholizismus nach 135 Jahren Protestantismus und Türkenherrschaft eingeweiht. Sogar die Kaiserin Maria Theresia hatte sich für den Bau eingesetzt. Papst Johannes Paul II. verlieh der Kirche 1992 den Titel **Basilica minor**. Vor der Kirche erinnert das Standbild des Ungarnkönigs Ladislaus I. an den Gründer Oradeas. Der 1192 heilig gesprochene Herrscher ist in der Kathedrale bestattet.

Jenseits des Parks, in der Şirul Canonicilor, steht der aus 57 Säulen bestehende Laubengang der **Kanonikerzeile**. Die ersten sieben Häuser entstanden 1753–1780, zwei weitere 1870 und das letzte 1875.

Weitere Sehenswürdigkeiten

Im Zentrum östlich der Str. Republicii erinnert ein Museum in einem kleinen gelben Pavillon am Parcul Traian an den **ungarischen Nationaldichter Ady Endre** (Muzeul Memorial, Emlékmúzeum; Di., Do., Sa. 10.00 –15.00, Mi., Fr., So. 10.00 –14.00, 16.00–18.00 Uhr).

★ Heiligkreuz-Kloster ►

Das jüngst errichtete orthodoxe Heiligkreuz-Kloster (Mănăstirea Sfintei Cruci) liegt am Nordufer der Schnellen Kreisch (ca. 2 km entlang der Aleea Strandului. Besonders sonntagvormittags lohnt sich ein Besuch, dann wird die Messe im Freien gehalten. Durch ein fünftürmiges Tor betritt man die großzügige Klosteranlage. Die Marien-Kirche wurde 1994 im byzantinisch-moldauischen Stil als Dreikonchenanlage mit offener Vorhalle erbaut und außen, der traditionellen Ikonografie folgend, bemalt (► Special S. 286). Die kleine, 1993 aus dem Dorf Corbeşti hierher versetzte **Holzkirche** (aus dem 17. Jh.) ist ein wertvolles Zeugnis der orthodoxen Holzkirchen der Region Maramureş.

Umgebung von Oradea

★ **Băile Felix**

Băile Felix (Felixbad; 8 km südlich), der größte und bekannteste **Kurort** im Nordwesten Rumäniens, liegt malerisch von bewaldeten Hügeln umgeben. Seine Attraktion sind Thermalseen, in denen eine seltene, angeblich noch aus dem Tertiär stammende subtropische Seerosenart wächst (Nymphaea lotus thermalis, ►S. 23). Die Seerose ist auch das Emblem der Stadt. In dem knapp 30 °C warmen Wasser leben außerdem die seltene Schneckenart Melanopsis parrezssi und die Fischart Scardinus racovitzae, Frösche und Schildkröten. Schon die Römer nutzten die Thermalquellen; 1221 wurde Termae Varadiensis (Therme von Oradea) das erste Mal urkundlich erwähnt. Heute gibt es gut 180 Quellen. Benannt ist Felixbad (ungar. Felixfürdő) nach Felix Heldrex, der um 1721 die Heilqualität des Wassers populär machte. Bald entwickelte sich der Ort zu einem Badeort der K.-u.-k.-Monarchie, woran heute leider nichts erinnert. Lediglich das jüngst renovierte **Badehaus Apollo** am Ende der großen Ringstraße hat noch ursprünglichen Charme. Angeschlossen ist ein großes Freibad mit Thermalwasser. Lohnend ist auch ein Spaziergang durch den **Kurpark** mit zwei Holzkirchen und den Seerosenteichen. Sie werden von dem Thermalwasser führenden Flüsschen Peţa gespeist. Das kalzium-, schwefelbikarbonat- und natriumhaltige Wasser eignet sich u. a. zur Behandlung von Rheuma, posttraumatischen, gynäkologischen und Ernährungskrankheiten.

Apuseni-Gebirge

Oradea ist ein guter Ausgangspunkt für Ausflüge in das für seine vielen Höhlen bekannte Apuseni-Gebirge (**Munţii Apuseni**). Der höchste Gipfel **Várful Bihor** erreicht 1849 m. Wiesen und Wälder prägen das Landschaftsbild der dünn besiedelten Region. Typische Baudenkmäler sind die ohne jegliches Metall erbauten orthodoxen Holzkirchen mit spitzen Türmen.

Eine interessante Tour führt über das Landstädtchen Beius (63 km südöstlich im Tal der Schwarzen Kreisch, Crişul Negru) ins Aries-Tal. Im ca. 40 km von Oradea entfernten Dorf **Copăceni** stößt man auf eine der typischen Holzkirchen (17. Jh.). Nach weiteren 20 km erreicht man das Landstädtchen Beius. Attraktion ist der Donnerstagsmarkt, auf dem Bauern und Handwerker der Umgebung ihre Produkte anbieten. Das Städtische Museum (Muzeul Municipal, Piaţa S. Vulcan 16; Di.–So. 10.00–15.00 Uhr) widmet sich der regionalen Volkskunst. Im Ort gibt es auch einige Pensionen.

◄ Beius

In Şebiş (11 km südlich) steht auf dem Friedhof eine Holzkirche (18. Jh.) mit separatem Glockenturm. Ihre Tür ist mit schönen Schnitzereien geschmückt, die Malereien im Innern schuf **David Zugravul**. Den in Curtea de Argeş geborenen Fresken- und Ikonenmaler hatte es als Wanderhandwerker in diese Region verschlagen, wo er in einigen Kirchen Zeugnisse seiner Kunstfertigkeit hinterließ.

◄ Şebiş

Weitere schöne Holzkirchen findet man in dem östlich in Richtung **Pietroasa** abzweigenden Tal in Dumbrăvani und Stânceşti. In beiden

! Baedeker TIPP

Für Naturliebhaber und Wanderer ...

... ist der Nationalpark des Padiş-Plateaus (Plateaul Padiş) ein Geheimtipp. Das kleine, geologisch interessante und abwechslungsreiche Karstgebiet bietet neben üppigen Wiesen und eindrucksvollen Felsformationen auch 150 m tiefe, begehbare Dolinen und drei Seen (Zugang über das Dorf Pietroasa).

Kirchen bemalte **David Zugravul** die Türen der Ikonenwand.

Einen Abstecher wert ist die auf einem Hügel thronende, 1733 aus Eichenbohlen errichtete Holzkirche von **Brădet**. Mit dem von einer umlaufenden Galerie umgebenen spitzen Turm, dem hohen Hauptschiff und der niedrigeren Apsis verkörpert sie eine harmonische Ausgewogenheit der Proportionen. Ihr Portal ist kunstvoll mit Schmuckbändern verziert. Die Verkündigungsszene auf den Türen der Ikonostase schuf wiederum **David Zugravul**. Leider wurde bei der jüngsten Renovierung das alte Schindeldach durch ein pflegeleichteres Blechdach ersetzt.

Chişcău

Die Häuser im etwas weiter südlich gelegenen Dorf Chişcău kopieren mit ihren offenen, zum Teil ausgemalten Loggien in der ersten Etage den typisch rumänischen Brâncoveanu-Stil. Das von dem Ehepaar Flutur gegründete Volkskunstmuseum (Muzeul Etnografic) in der Ortsmitte zeigt liebevoll zusammengestellte Sammlungen: Keramiken, alte Werkzeuge, Eisenöfen, Holzsättel, antike Dreschmaschinen, Kutschen, Feuerwehrwagen und Oldtimer.

* Volkskunstmuseum ►

Oberhalb des Parkplatzes befindet sich der Eingang in die Bärenhöhle (**Peştera Urşilor**). Wassertropfen haben über Millionen von Jahren bizarre Tropfsteine entstehen lassen, die dezent, aber effektvoll ausgeleuchtet sind, so die verzauberten Paläste, die Kerzenhalle, die Hexe oder das Zwergenhaus. Entdeckt wurde die Höhle 1975. Seit 1980 ist die obere, 847 m lange Ebene touristisch erschlossen. Die sog. Bärenhalle wurde nach hier gefundenen Knochen eines Höhlenbären benannt, der vor ca. 18 000 Jahren ausgestorben ist. Höhepunkt ist das vollständige Skelett des sog. Kavernenbären (Di.–So. 10.00 bis 17.00 Uhr, nur mit Führung, auch im Sommer warme Kleidung erforderlich).

** Bärenhöhle ►

Gârda de Sus

Zurück auf der Nationalstraße 76, biegt man in Lunca ab und erreicht auf einer zauberhaften Bergstrecke und über einen 1140 m hohen Pass das mit Pensionen und kleinen Restaurants touristisch etwas erschlossene Dorf Gârda de Sus im **Arieş-Tal**, ein guter Ausgangspunkt für Wanderungen ins Apuseni-Gebirge oder zur Eishöhle.

Die Bewohner dieser Region gehören zu den sog. **Motzen** (Moţi), einem traditionsbewussten rumänischen Bergvolk. Im Lauf der Jahrhunderte haben sie sich an die harten Lebensbedingungen der Berglandschaft angepasst und ihre Lebensweise bis heute weitgehend bewahrt. So leben einige Bauern das ganze Jahr über auf ihren Sennhütten. Eine architektonische Besonderheit sind die mit Reisig

In der Bärenhöhle

gedeckten Wirtschaftsgebäude. Für die Konstruktion der Dachstühle wurden Fichtenstämme mit gekrümmten Wurzelenden verwendet, wie man sie nur an Abhängen findet.

Auf dem Friedhof steht, versteckt hinter der großen neuen orthodoxen Kirche, noch die alte Holzkirche. Gleich gegenüber führt ein Weg zur 8 km entfernten Eishöhle (**Gheţar de la Scărişoara**). Entweder folgt man zu Fuß dem schlechten Fahrweg bergaufwärts oder man fährt etwas weiter bis zu einer Brücke und folgt von dort einem kleinen, steilen Fußpfad (rotes Dreieck auf weißem Grund; Aufstieg 1,5 bzw. 2 Std., Abstieg 1 Std.). Der Weg windet sich durch Wald und Wiesen, vorbei an einsamen Höfen und Sennhütten, wo man mit etwas Glück unterwegs ein Stück frischen Käse kaufen kann. Der Eingang in die Höhle liegt oben auf dem Gipfel (empfehlenswert ist warme Kleidung; Di.–So. 10.00–17.00 Uhr). Der Abstieg in die Höhle erfolgt über eine steile Metalltreppe. Ein Rundweg führt vorbei an zahlreichen fantasievollen Eisformationen. Seit Tausenden von Jahren liegen hier rund 60 000 m^3 Eis.

★ ◄ Eishöhle

Sehenswert ist auch die nahe, unten an der Straße ausgeschilderte Klamm **Poarta lui Ionele-Cheile**.

Auf dem Weg nach Cluj-Napoca

An der Strecke von Oradea nach ► Cluj-Napoca (an der Nationalstraße 1) gibt es ebenfalls einige typische Holzkirchen, so in **Borşa** (17. Jh.), in **Lunçoara** (18. Jh.), in **Gheghie** und in **Bucea**.

Piatra-Neamţ

Q 4

Region: Moldova · Moldau
Höhe: 310 m ü. d. M.

Einwohnerzahl: 108 000

Piatra-Neamţ, Deutschstein, eher bekannt als Kreuzburg an der Bistritz, liegt mitten in bewaldeten Bergen in den Ausläufern der Ostkarpaten.

Neamţ, die Sprachlosen

In römischer Zeit hieß die Stadt Petrodava (= steinerner Ort). Der heutige Name Neamţ geht auf das ungarische Wort néma = sprachlos, stumm zurück und erinnert an die deutschen Siedler, die sich im Mittelalter hier niederließen und wegen mangelnder Sprachkenntnisse kurzerhand die »Sprachlosen« genannt wurden. Auf Rumänisch heißen die Deutschen übrigens bis heute »Neamţ«.

Sehenswertes in Piatra-Neamţ und Umgebung

Piatra-Neamţ
Freiheitsplatz ►

Um den von Ştefan cel Mare (1433–1504; Stephan der Große) errichteten **Fürstenhof** (Curtea Domnească) gruppieren sich ein gotischer Glockenturm, die einstige Fürstenkirche und zwei Museen oberhalb des Parks am heutigen Hauptplatz **Freiheitsplatz** (Piaţa Libertăţii). Die 1498 von Stephan dem Großen gestiftete **Johanneskirche** (Catedrală Sf. Ioan) verkörpert den Übergang einer Basilika zu einer Dreikonchenanlage. Ihre unverputzte Fassade ist nach der Mo-

PIATRA-NEAMŢ ERLEBEN

GUT ZU WISSEN

Internet: Nova Computers, Str. Mihai Eminescu bl Nr. 1, Tel. 03 33/56 11 15 (etwas versteckt im Hinterhof)

ÜBERNACHTEN · ESSEN

► Komfortabel

Hotel Ceahlaul
Str. Ştefan cel Mare 3
Tel. 02 33/21 99 90
Zentral gelegen; aus den oberen Etagen hat man einen guten Blick auf die Stadt. Zum Frühstück gibt es die traditionelle Auberginencreme.

Doina
in Târgu Neamţ
Str. Mihai Kogălniceanu 6–8
Tel. 02 33/79 02 70
www.hotel-doina.ro
Das neu gebaute Hotel, nicht weit entfernt von den beiden Museen gelegen, bietet Ruhe und komfortable Räume.

► Preiswert

Kloster Neamţ
Im Kloster gibt es einfache Übernachtungsmöglichkeiten (►S. 316).

Ein Mönch im Kloster Bistriţa ruft zum Gebet

de der Zeit mit Blendarkaden, Friesen und glasierten Ziegeln verziert. Die obere Etage des Glockenturms war nur über eine Strickleiter zugänglich, wahrscheinlich diente sie als Versteck. Das **Volkskundemuseum** (Muzeul Etnografic) mit einer Ausstellung über das bäuerliche Leben im Neamţ-Gebiet und das **Kunstmuseum** (Muzeul de Artă) mit Werken einheimischer Künstler sind in hübschen Gebäuden im rumänischen Stil untergebracht (beide Museen: Di.–So. 10.00–18.00 Uhr). Das **Museum Curtea Romanesca** etwas unterhalb beherbergt eine ausgezeichnete mittelalterliche Sammlung (Di.–So. 11.00–18.00 Uhr). Eine Besonderheit ist die in der Nähe, jedoch zwischen Wohnhäusern versteckt gelegene hölzerne Synagoge (Sinagoga de lemn; Str. Dr. D. Ernici), eines der ältesten Gebäude dieser Art im Land.

✶ Kloster Bistriţa

Mănăstirea Bistriţa, 2 km nördlich am Stadtrand, ist eine Gründung von Alexandru cel Bun (Alexander der Gute, 1400 –1432) aus dem Jahr 1407. Alexandru Lăpuşneanu ließ auf den Fundamenten der ersten Kirche 1554 die jetzige Marienkirche als Grabkirche für seine Familie errichten. Im 19. Jh. wurden die alten Wandbilder nach dem Geschmack der Zeit übermalt. Wertvollstes Heiligtum ist die **Gnadenikone der hl. Anna** aus dem 14. Jahrhundert.

◄ Kapelle des hl. Johannes Novus

Die ältesten Fresken (1538) befinden sich in der Kapelle im ersten Stock des um 1498 entstandenen Glockenturms und im Fürstenhaus. Die Kapelle ist dem Schutzheiligen der Moldau, dem hl. Johannes Novus, geweiht. Ihre Wände sind bedeckt mit Szenen aus dem Leben des Heiligen (►S. 361) und aus der Passion Christi sowie Bildern der Evangelisten und Kirchenväter. In der Kopistenschule des Klosters entstand 1359 die erste Chronik der Moldau. Das ehemalige **Fürstenhaus** beherbergt seit 1932 ein Museum mit kostbaren Silberarbeiten, Stickereien, Handschriften, Ikonen und sakralen Gegenständen. Die Wände tragen noch einige Freskenfragmente aus dem 16. Jh.

◄ Museum

◄ Kloster Pângaraţi

Fährt man weiter auf der Nationalstraße 15 in Richtung Bicaz, erreicht man das einsam gelegene **Mănăstirea Pângaraţi** mit der »Doppelkirche« von 1642. Auf landschaftlich schöner Strecke geht es nach ► Gheorgheni durch die steil aufragenden Felswände der Bicaz-Klamm (Cheile Bicazului).

Kloster Văratec

Das **Mănăstirea Văratec** etwas nördlich ist eine Gründung der Nonne Olimpiada von 1785. Die ursprüngliche Holzkirche wurde 1812 durch den klassizistischen Steinbau ersetzt. Auf dem Klosterfriedhof liegt **Veronica Micle** begraben, Muse des Dichters Mihai Eminescu.

✶ Kloster Agapia

Ein stilles Plätzchen ist das **Mănăstirea Agapia**, rund 5 km flussaufwärts vom gleichnamigen Dorf gelegen. Das »Kloster der Liebe« stiftete 1647 Hetman Gavriil Coci, Bruder des Fürsten Vasile Lupu. Zwischen 1858 und 1862 erfolgte eine umfassende Erneuerung, wobei kein Geringerer als der zwanzigjährige, noch unbekannte **Nicolae Grigorescu** (1838 –1907) mit der Ausmalung der Kirche beauftragt wurde. Das Kloster ist ein kleines Idyll. In einem Museum sind Iko-

Kloster Neamţ, eines der ältesten Klöster der Moldau

nen und liturgische Geräte ausgestellt (tägl. 9.00–17.00 Uhr). Zum Kloster gehört ein malerisches Ensemble weiß getünchter Dorfhäuser mit bunten Blumengärten um eine kleine Kirche. In den Klöstern Agapia und Văratec leben heute rund 800 Nonnen.
Oberhalb im Tal, ca. eine halbe Stunde Fußweg entfernt, liegt das bereits im 14. Jh. erwähnte alte Kloster **Mănăstirea Agapia Veche**.

Târgu-Neamţ

Die alte Stadt (20 000 Einw.) liegt westlich der Moldau (Moldava) unterhalb der Ruine einer mächtigen Festung (**Cetatea Neamului**) auf dem 913 m hohen Berg Pleşu, die auf Petru I. Muşat zurückgeht (1391; Di.–So. 10.00–16.00 Uhr). An der Hauptstraße B-dul Ştefan cel Mare liegen **zwei Museen**. In einem Haus (1834) wird an die Poetin Veronica Micle (1850 –1889) erinnert, die Geliebte von Mihai Eminescu (Casa Memorială, Nr. 33). Das Historische und Ethnografische Museum (**Muzeul de Istorie i Etnografie**, schräg gegenüber, Nr. 27) zeigt die Entwicklung traditioneller Handwerksberufe wie Holzschnitzer, Gerber und Schmiede.

★★ Kloster Neamţ

Kloster Neamţ (**Mănăstirea Neamţ**), ca. 16 km westlich von Târgu Neamţ malerisch zwischen Hügeln in einem Flusstal gelegen, ist eines der ältesten und größten Klöster Rumäniens und ein Höhepunkt moldauischer Architektur. Die von hohen Mauern geschützte **Himmelfahrtskirche**, eine Stiftung Stephans des Großen von 1497, folgt als Dreikonchenbau mit geschlossener Vorhalle, Vorraum, Grabkammer, Hauptschiff und Altarraum der Raumteilung orthodoxer

Klöster in der Moldau. Die Außenfassade zieren Blendarkaden, Strebepfeiler, Pilaster, Lisenen, gotische Fensterrahmungen und farbig glasierte Keramik. Über dem Naos erhebt sich ein reich verzierter Turm. Im Innern verdienen vor allem die kunstvollen Gewölbe Beachtung. Die Originalfresken wurden leider im 19. Jh. übermalt.

Eine Klostergemeinschaft ist hier schon seit dem 14. Jh. bezeugt. An der Stelle einer Holzkirche folgte 1795 die Georgskirche im klassizistischen Stil. Sie wurde 1959 abgetragen und in den Osttrakt des Klosters versetzt. Darin wird die als wundertätig verehrte Ikone der Muttergottes mit drei Händen verehrt (das Original befindet sich auf dem Berg Athos). Das Kloster besaß im Mittelalter eine bedeutende Schule für Kalligraphen und Miniaturmaler. Einige Zeugnisse sind im Klostermuseum ausgestellt (tägl. 8.00 Uhr bis Sonnenuntergang). Im Kloster gibt es einfache Übernachtungsmöglichkeiten.

◄ Georgskirche

◄ Klostermuseum

Kloster Secu

Das **Mănăstirea Secu** im Wald rund 11 km südlich vom Kloster Neamţ wurde im 16. Jh. an der Stelle einer Einsiedelei gegründet. Die Kirche wurde 1602 Johannes dem Täufer geweiht. Ein kleines Museum zeigt sakrale und volkstümliche, von den Mönchen gefertigte Gegenstände (tägl. 8.00 Uhr bis Sonnenuntergang).

Kloster Sihăstria

Auf einem schönen Spaziergang gelangt man von hier zu dem nur wenige Kilometer entfernten **Mănăstirea Sihăstria**. Um 1655 entstand die Hauptkirche, die 1825 erneuert wurde. Vater Cleopa (1912–1998), ein wegen seiner Weisheit verehrter Mönch, lebte in diesem Kloster. Auf dem Rückweg nach Secu kann man einen kurzen Abstecher zur **Höhle der hl. Theodora** (Peştera Sf. Teodora) machen. Im 17. Jh. soll »Theodora die Fromme« 20 Jahre lang hier gelebt haben. Ein Stückchen weiter steht die Kapelle der **Sihla-Einsiedelei** (Schitul Sihla, 1763), Zentrum einer kleinen Mönchgemeinschaft.

★ Sfântu Gheorghe · Sankt Georgen · Sepsiszentgyörgy

P 6

Region: Transilvania · Siebenbürgen, Szeklerland
Höhe: 538 m ü. d. M.
Einwohnerzahl: 61 000

Die Stadt im südlichen Zipfel des Szeklerlandes, nicht zu verwechseln mit dem gleichnamigen Ort im Donaudelta, lohnt wegen des interessanten Szekler-Nationalmuseums einen Besuch.

Geschichte

Die nach dem hl. Georg benannte, 1332 erstmals erwähnte Stadt im Olt-Tal ist eine der **ältesten Städte des Szeklerlandes** (► Special S. 370). Bis heute ist der größte Bevölkerungsanteil ungarischsprachig.

SFÂNTU GHEORGHE ERLEBEN

AUSKUNFT

Str. 1 Decembrie 1918 Nr. 2
Tel. 02 67/31 64 74, sepsinfo@sepsi.ro

ÜBERNACHTEN · ESSEN

▸ Luxus

Zăbola Estate – Mikes Kastély
in Zăbala, Tel. 02 67/37 55 47
www.zabola.com
Schloss Mikes liegt 10 km außerhalb von Covasna in einem Park mit Blick auf die Karpaten. Gekocht wird nach alten transsilvanischen Rezepten mit Zutaten aus eigenem Anbau oder aus der Umgebung. Angeboten werden Ausflüge und Flughafentransfer.

▸ Komfortabel

Sugás
Str. 1. December 1918
Tel. 02 67/31 21 71
Das zentral gelegene, elegante Hotel ist auch für sein Restaurant bekannt.

▸ Günstig

Pension Tulipan
Str. Borvíz 37
Tel. 02 67/35 11 69
Die sympathische Pension mit Restaurant und Terrasse im Innenhof liegt im Norden des Stadtzentrums.

Pension Enikő Vendégház
in Cernat (bei Târgu Secuiesc)
Haus Nr. 482, Tel. 02 67/36 90 47,
mobil 07 44/48 26 87
Die Pension bietet in einem ehemaligen Herrenhaus ruhige Zimmer, auf Wunsch mit Voll- oder Halbpension.

Sehenswertes in Sfântu Gheorghe und Umgebung

Sfântu Gheorghe

Stadtmittelpunkt ist der parkartig angelegte **Platz Parcul Central**. Wie ein Wächter erhebt sich an seiner schmalen Nordseite der Uhrturm des 1868 erbauten sog. **Bazars**. Heute beherbergt das ockergelbe Geschäftshaus eine Galerie mit Werken transsilvanischer Maler des 20. Jh.s, u. a. von János Mattiss-Teutsch (1884 –1960). Daneben steht das alte Rathaus. Nur die Ostseite säumen einheitlich wirkende Bauten aus dem 19./20. Jh. Die othodoxe Kathedrale ein Stück weiter entstand 1939–1970.

Kunstgalerie ▸

Von hier sind es keine 10 Minuten zu Fuß bis zum reich geschnitzten Szekler Tor (1733) und dem dahinter in einem Blumengarten gelegenen Szekler-Nationalmuseum (**Székely Nemzéti Múzeum**). Das Gebäude im **transsilvanischen Jugendstil** entstand 1911–1913 nach den Plänen des bedeutenden Architekten Károly Kós. Ausgestellt sind naturgeschichtliche Exponate, Trachten und Gebrauchsgegenstände. Breiten Raum nimmt die Geschichte der Szekler sowie der ungarische Aufstand gegen Habsburg 1848/49 ein. Alles ist auch auf Deutsch beschriftet. In einem Freigelände neben dem Museum wurden Szekler-Tore und einige Bauernhäuser als kleiner Skanzen (= Freilichtmuseum) originalgetreu wieder aufgebaut (Kós Károly utca 10; Di.–Fr. 10.00 –18.00, Sa., So. bis 16.00 Uhr).

★★ Szekler Nationalmuseum ▸

Die alte **Festungskirche** (Biserică Fortificată, Vártemplom) an der Straße Richtung Heilbad Băile Şugaş geht auf eine dem hl. Georg geweihte gotische Kirche aus dem 14. Jh. zurück. Um 1547 erhielt sie ihre heutige Gestalt und ihren sehenswerten Renaissance-Eingang.

Arcuş

In Arcuş (Árkos), 5 km nördlich, liegt im Park hinter einem von Löwen bewachten Eingang das **Szentkereszty-Schloss**. Es wurde im ausgehenden 19. Jh. im Stil des Barock und Klassizismus asymmetrisch errichtet. Ceauşescu ließ es für sich als Sommerresidenz renovieren, konnte es dank seines Sturzes 1989 aber nie nutzen. In dem leicht verwilderten Garten mit verschiedenen modernen Skulpturen gibt es einen Teich mit Booten. Am anderen Dorfende erhebt sich auf einem Hügel die alte **Kirchenburg**. Auf dem klassizistischen Turm (1844) steht auf Ungarisch »Nichts ist höher als Gott«.

Sehenswertes auf dem Weg nach Târgu Secuiesc

Covasna

◄ Stadt der 1000 Quellen

Der bekannte **Kurort** Covasna (Kovászna; 35 km östlich) am Fuß der **Vrancei-Berge** (Munţii Vrancei) wird wegen seiner zahlreichen Mineralquellen auch »Stadt der 1000 Quellen« genannt. Auf dem Hauptplatz steht das Denkmal einer milchig sprudelnden Mofette, der Teufelssee (Balta Dracului, Pokolsár). Hier kann auch stark kohlendioxydhaltiges Mineralwasser (= borvíz) gezapft werden. Das Covasner-Wasser verspricht Linderung bei Herz-, Gefäß-, Nerven-, Haut- und Frauenleiden sowie bei Rheuma. Angeboten werden Bade- und Trinkkuren, aber auch Heilschlammbäder. Eine Besonderheit sind die Mofetten, vulkanische, viel Kohlendioxid enthaltende Gasausströmungen, in denen der Kurgast steht (der Kopf ragt allerdings heraus), z. B. die Mofeta Bene (im Zentrum in der Str. Petőfi 3, Tel. 02 67/34 17 77). Die meisten Kliniken, Sanatorien und Hotels findet man im Tal der Feen (Valea Zânelor).

◄ Mofetten

Zăbala

In Zăbala (Zabola; knapp 7 km nördlich) wurde das kleine **Mikes-Schloss** den ursprünglichen Besitzern zurückgegeben, die es in ein Nobelhotel mit wenigen stilvollen Suiten umgestaltet haben (► S. 318). Sehenswert ist die befestigte Kirche aus dem 15. Jh., deren Decke mit traditionellen floralen Motiven geschmückt ist (Schlüssel im Pfarramt, Reformatus Imáház). Das Dorfmuseum (Muzeul Satului, Falumúzeum) widmet sich der wahrscheinlich mit den Szeklern verwandten Volksgruppe der Csángó (► Iaşi), die in einer kargen Landschaft der Moldauregion leben. Da der dortige Boden nicht viel abwirft, kommen sie bis heute als Erntearbeiter ins Szeklerland und nach Ungarn.

◄ Csángó

★ **Ghelinţa**

Nach weiteren 6 km erreicht man das Dorf Ghelinţa (Gelence). Die hinter einer weißen Mauer gelegene katholische Kirche gehört zum UNESCO-Weltkulturerbe. Sie wurde im 13. Jh. erbaut und mehrfach umgestaltet. Während das Schiff seinen romanischen Charakter be-

Die Statue Áron Gábors vor dem Vigadó-Haus in Târgu Secuiesc

wahrt hat, erhielt der Chor eine gotische Sakramentsnische und einen barocken Hochaltar (18. Jh.). Das Schiff überspannt heute eine Renaissance-Kassettendecke mit floralen Motiven (1628). In den 1970er-Jahren wurden die während der Reformation übertünchten Fresken freigelegt. Sie zeigen einen einzigartigen **St.-Ladislaus-Zyklus** (Szent Lázsló) von 1330 (► S. 302). Die Bilderreihe darunter (1419) zeigt die Passionsgeschichte. Die Freskenfragmente im Chor handeln von der Ursulalegende (Schlüssel, templom kulcs, im Haus Nr. 799; man muss um die Kirchenmauer fast ganz herum gehen, dann in eine winzige Gasse zwischen zwei Häusern einbiegen und sich am Ende links halten).

✶✶ Târgu Secuiesc

Nach 9 km ist man bereits im 1407 erstmals erwähnten Târgu Secuiesc (Szekler Neumarkt, Kézdivásárhely), dem **schönsten Szeklerort**. Nach einem verheerenden Brand 1834, dem 421 von den 558 Wohnhäusern zum Opfer fielen, verhinderten Stadtrat und Einwohner einen geplanten modernen Wiederaufbau. So blieb das alte Ortsbild mit seinen Hofpassagen erhalten. Mittelpunkt ist ein lang gestreckter, begrünter Platz mit einer Skulptur des im Ort geborenen Áron Gábor (1814–1849), eines Helden des Freiheitskampfes von 1848/49. Ein intakter Ring bunter Fassaden umgibt den Platz. Die Geschäftshäuser sind in Neostilarten oder im Jugendstil erbaut und oft geschmückt mit gusseisernen Balkonen. Regelrecht pompös ist das hellblaue Vigadó-Haus. **Hofpassagen** (Curtea, Udvartér) säumen kleine Häuschen mit dörflichem Charakter, manchmal ist auch ein kleiner Laden oder Handwerksbetrieb darunter. Sie verbinden den Platz mit den dahinterliegenden Straßen. Früher trugen viele dieser Gassen Familiennamen. Die Hofpassage am Historischen Zunftmuseum (Céhtörténeti Múzeum; Di.–Fr. 9.00–16.00, Sa. bis 13.00, So. bis 14.00 Uhr) ist besonders malerisch. Das Museum präsentiert die Geschichte der örtlichen Zünfte. Neben Keramiken, Gusseisen, Werkzeugen und anderen Handwerksprodukten werden 247 Puppen in traditionellen Kostümen gezeigt.

◄ Historisches Zunftmuseum

Am anderen Ende des Platzes erhebt sich die barock-klassizistische calvinistische Kirche (1782), die größte in Transsilvanien mit Platz für 1000 Besucher.

Sehenswert ist auch die **Kirchenburg in Sânzieni** (Kézdiszentlélek, 5 km nördlich). Sie liegt malerisch auf dem Friedhofshügel oberhalb des Dorfes. Die weiß getünchte Kirche hinter einer polygonalen Mauer mit Eckbastionen wurde im romanischen Stil begonnen, gotisch umgestaltet (aus dieser Zeit stammen die Maßwerkfenster) und ist heute im Innern eine klassizistische Hallenkirche. Allein das Kirchenschiff misst 34 m. Der Hauptaltar ist von 1685.

! *Baedeker* TIPP

Leckere Brote

Unterwegs werden entlang der Straße an kleinen Ständen große, runde Brote verkauft. Sie sind im Holzofen nach traditionellem Rezept gebacken, gut haltbar und schmecken einfach wundervoll! Ihr Geheimnis liegt in der richtigen Mischung von Hefe, Sauerteig, Mehl und Kartoffeln.

Cernat

★★

◄ Ethnografisches Museum

Einen Besuch lohnt das lang gestreckte Dorf Cernat (Csernáton; an der Nationalstraße 11 in Richtung Sfântu Gheorghe) mit dem einzigartigen Ethnografischen Museum (Néprajzi Múzeum, Muzeul Sătesc) im Damokos-Herrenhaus. Gegründet wurde es von Pál Haszmann (1902 bis 1977) und seiner Frau Ida Cseh (1909 –2003), heute führen ihre Enkel die Tradition fort. Die liebevoll zusammengetragenen Sammlungen alter Handwerkskunst zeigen traditionell bemalte Szekler-Möbel, Schmiedeobjekte, alte Landwirtschaftsgeräte und -maschinen, Kutschen und frühe Automobile. Zu den Höhepunkten gehören alte Radios und Grammofone, ein großer Otto-Motor sowie die ca. 100 gusseisernen Öfen, deren Dekorations- und Formenreichtum von der einstigen Kunst des Eisengießens zeugt. Im Garten sind alte Grabhölzer, ein Lapidarium und Original-Bauernhäuser von 1711 und 1726 zu sehen. Das älteste der drei Szekler-Tore stammt von 1761 (Haus Nr. 330, Tel. 02 67/36 75 66; tägl. bis 18.00 Uhr).

Die reformierte Kirche in der Nähe war einst eine Kirchenburg. Ihr Turm ist der höchste im Bezirk Covasna. Von einer älteren Besiedlung zeugen die Ruinen der romanischen Kirche aus dem 12./13. Jh. am Dorfende. Ca. 5 km entfernt liegt die Ruine der 1332 erwähnten Festung »Ika«. Heute lebt der einst für seine Pferdezucht berühmte Ort von Ackerbau und Viehzucht. Von ursprünglich 34 Wassermühlen existiert nur noch eine.

◄ Festung Ika

Dalnic ► In Dalnic (Dálnok; 6 km entfernt) soll der ungarische Volksheld und Anführer des großen Bauernaufstands **György Dózsa** (1470 –1514) geboren worden sein. Eine überlebensgroße Bronzeskulptur (1975, András Szobotka) erinnert an den Kämpfer gegen die Leibeigenschaft. Nach der Niederschlagung des Aufstands wurde er in Timişoara hingerichtet. Laut einer Legende wurde er auf einen glühend heißen Eisenthron gesetzt, sein Fleisch später seinen Anhängern als Mahlzeit vorgesetzt.

★★ Sibiu · Hermannstadt · Nagyszeben

M 6

Region: Transilvania · Siebenbürgen **Einwohnerzahl:** 170 000
Höhe: 431 m ü. d. M.

Seit Sibiu 2007 Kulturhauptstadt war, ist die Stadt am Rand der Südkarpaten in aller Munde, und wer sie besucht hat, gerät ins Schwärmen: malerische Gassen mit Schwibbögen, Treppengassen und eine belebte Fußgängerzone, nachts in mildes Licht getaucht. Typisch sind die wie Augen in den Dächern sitzenden Gauben. Farbenfrohe Fassaden aus vergangenen Stilepochen bilden ein einheitliches Ensemble um die beiden Hauptplätze. Dunkel wirkt dagegen die altehrwürdige evangelische Stadtkirche. Und über allem wacht der Stadtturm mit seinem farbigen Majolikadach.

Geschichte »Eine grosse statt nit viel kleiner dann wien ...«, schrieb 1550 der Kosmograf Sebastian Münster. Anfang des 20. Jh.s befand der Historiker und Politiker Nicolae Iorga: »Hermannstadt ... bewahrt bis heute etwas von seiner kraftvollen und aristokratischen Vergangenheit. Von Anfang an behauptete es sich als Zentrum der Sachsen.«

Älteste Siedlung der Siebenbürger Sachsen ► Die ersten deutschen Siedler ließen sich um 1150 auf dem Hügel oberhalb des Flüsschen Cibin (Zibin) nieder, der heutigen Oberstadt von Sibiu. Die erste Erwähnung als Praepositum Cibiniensem ist von 1191. Ab 1223 ist der Ort dann als **Villa Hermani** bekannt. Angeblich soll ihr Gründer Hermann eine Ochsenhaut in schmale Streifen geschnitten haben, um so ein möglichst großes Gebiet abzustecken.

Am Schnittpunkt zweier Handelsstraßen in der Nähe eines wichtigen Passes über die Karpaten gelegen, gab es 1376 bereits 19 verschiedene Zünfte, deren Waren, Waffen, Werkzeuge, Geschmeide und Textilien nach Westeuropa und bis in den Orient exportiert wurden.

Universitas Saxonum ► 1366 erhielt Hermannstadt Stadtrecht. 1437 gründeten Siebenbürger Sachsen hier die Universitas Saxonum, die sächsische **Nationsuniversität**. Der Zusammenschluss von ungarischem Adel, Sachsen und Szekler, Symbol für die wirtschaftliche und politische Unabhängig-

Frisch herausgeputzt: die alte Stadt Sibiu mit dem Kleinen Ring

keit Siebenbürgens, existierte bis 1878. An ihrer Spitze stand der sog. Sachsengraf. 1560 erschienen die **Hermannstädter Statuten**, ein Zivilgesetzbuch, das die Habsburger 1853 durch ihr eigenes Bürgerliches Gesetzbuch ersetzten. 1692 wurde Sibiu Hauptstadt von Siebenbürgen, 1703–1791 und 1849–1867 war es sogar die Hauptstadt des Großfürstentums Siebenbürgen. Mit dem Gouverneur **Samuel Freiherr von Brukenthal** (1721– 1803) ist eine kulturelle und wirtschaftliche Blütezeit der Stadt verknüpft. Er soll 1776 sogar die ersten Kartoffeln in Siebenbürgen angepflanzt haben.

◄ Hauptstadt Siebenbürgens

Auf dem Landtag in Sibiu 1863/64 versuchte man vergeblich, ein eigenständiges Siebenbürgen zu gründen. Doch kam es unter der K.-u.-k.-Monarchie zu Ungarn. Noch 1918 schrieb **Kurt Tucholsky**: »Hermannstadt ist entzückend: bestes, altes, gutes Deutschland. Winklige Gassen, eine wundervolle Bevölkerung; sehr gutes Essen nicht zu vergessen.« »Im übrigen aber sank Hermannstadt in die Reihe der kleinen Provinzstädte des vereinigten ungarischen Königreiches ab. Der vollständige Niedergang bewahrte Hermannstadt vor der Wandlung ins Häßliche und Moderne ...«, schrieb der Historiker **Nicolae Iorga** über die letzten Jahre vor dem Zweiten Weltkrieg. Auch unter Ceauşescu erlangte die Stadt ihre alte Bedeutung nicht wieder. Erst nach der Wende 1989 und zuletzt durch die Ernennung zur **Kulturhauptstadt 2007** zog Sibiu zahlreiche internationale Firmen, Investoren, Touristen und sogar auch wieder deutsche Einwanderer an und ist heute erneut eine der bedeutendsten Städte Rumäniens und eine der schönsten dazu.

◄ »Bestes, altes, gutes Deutschland«

SIBIU ERLEBEN

AUSKUNFT

im Rathaus, Piața Mare 7
Tel. 02 68/20 89 13; Mo.–Fr. 9.00–17.00. Sa. 10.00–13.00 Uhr

im Luxemburghaus, Piața Mică 16
Tel. 02 68/21 68 54

www.sibiu.ro/
Informative Website, auch auf Deutsch

in Cisnădie/Heltau
Str. Cetății 1, Tel. 02 69/56 12 36
Mo.–Sa. 9.00–17.00 Uhr
cos@Logon.ro

GUT ZU WISSEN

Internet-Café
In der Fußgängerzone Str. N. Bălcescu 27 im 1. Stock, rund um die Uhr

Einkaufen
Deutsche Buchhandlung Schiller, Piața Mare 7 (Großer Ring)
Wochenmarkt, Piața Cibin, nahe dem Zentrum am Cibin, tägl. bis 18.00 Uhr

Veranstaltungen
Sibiu veranstaltet mehrere Festivals, u. a. ein Internationales Theaterfestival, ein Jazzfestival, das Filmfestival Astra im Oktober und das mit dem gleichnamigen Klavier- und Kompositionswettbewerb verbundene »Carl-Filtsch-Festival«. Beliebt ist auch der Töpfermarkt (Festivalul Olarolor) Anfang September auf der Piața Mare.

ÜBERNACHTEN · ESSEN

► Luxus

① *Impăratul Romanilor*
Str. N. Bălcescu 4
Tel. 02 69/21 65 00, Fax 21 32 78
www.imparatulromanilor.ro
Die Geschichte des Hotels »Zum Römischen Kaiser« reicht bis 1776 zurück. Es liegt in der Fußgängerzone. Hotel und Restaurant im Art-déco-Stil erinnern an vergangene Pracht.

► Komfortabel

② *Euro Hotel*
Str. Tudor Vladimirescu 2
Tel. 02 69/22 20 41
Jenseits des Flüsschens Cibin, aber immer noch zentral, liegt das Euro mit einem guten Restaurant.

③ *Gasthof Clara*
Str. Raului 24, Tel. 02 69/22 29 14, www.gasthofclara.ro
Ebenfalls jenseits des Cibin, jedoch noch zentral gelegen, etwas schicker als das Euro Hotel. Besitzt ebenfalls ein gutes Restaurant.

► Günstig

Gästehaus der evangelischen Stadtpfarrkirche, Piața A. Huet
Tel. & Fax 02 69/21 12 03
hermannstadt@evang.ro
Anmeldungen bei Pfarrer Kilian Dörr

Villa Pensiunea Villa Mary Luisa
in Ocna Sibiului
Str. Bailor 16, Tel. 07 42/99 20 56
Im 15 km entfernten Badekurort erwartet die hübsche, im Stil der vorigen Jahrhundertwende erbaute Villa ihre Gäste.

Camping Oude Wilg
in Cârța
Str. Prundului 311, Tel. 02 69/52 13 47
mobil 07 23/18 63 43
www.campingdeoudewilg.nl
Der von einem holländisch-rumänischen Ehepaar geführte Campingplatz »Alte Weide« ist ein guter Ausgangspunkt für eine Tour zu den Kirchburgen und zum Făgăraș-Pass.

Sehenswertes in Sibiu

Dicht an dicht reihen sich die Sehenswürdigkeiten um die Plätze der **Oberstadt** (Oraşul de Sus) und entlang von Straßen und Gassen der **Unterstadt** (Oraşul de Jos). Treppenstraßen, sog. Stiegen, wie die steile **Turmstiege** (Turnul Scărilor) oder die malerische **Sagstiege** (Pasajul Scărilor) mit ihren Schwibbbögen verbinden die beiden Zentren. An der Stelle der einstigen Stadtmauer verläuft heute eine mehrspurige Straße. Beinahe unbemerkt fließt westlich das nun kanalisierte Flüsschen Cibin (Zibin) vorbei.

Oberstadt (Oraşul de Sus)

Die Oberstadt besteht aus **drei großen, ineinander übergehenden Plätzen** Huet, Kleiner und Großer Ring (Piaţa Huet, Mică und Mare), um die sich die bedeutendsten Bauwerke drängen. In den präch-

Sibiu • Hermannstadt Orientierung

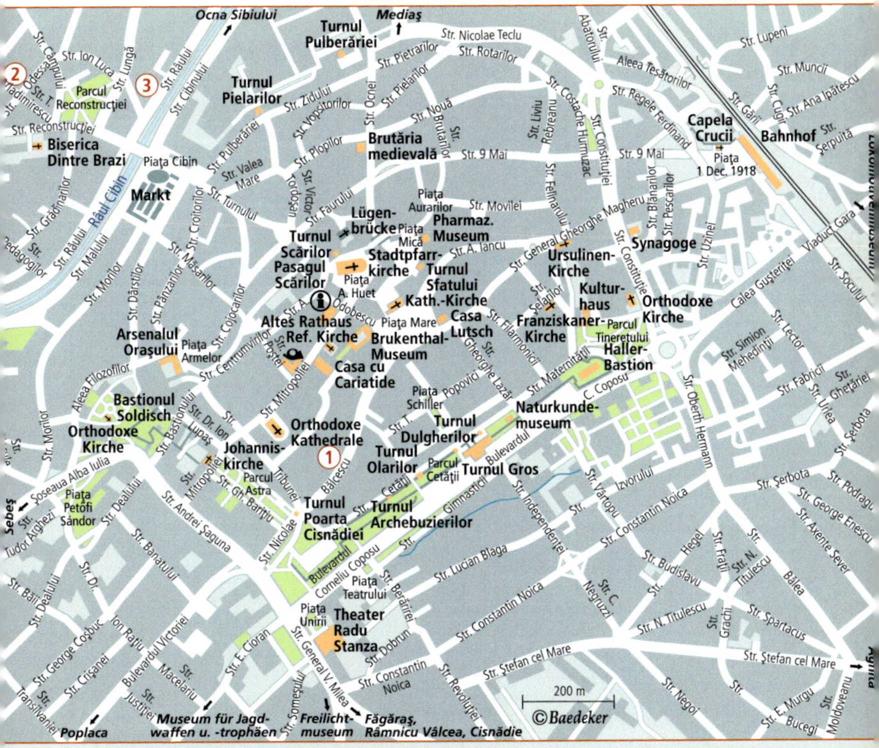

Übernachten • Essen

① Imparatul Romanilor ② Euro Hotel ③ Gasthof Clara

Die Lügenbrücke

tigen Häusern lebten vor allem Patrizier, wohlhabende Kaufleute und die Vorsteher der Zünfte. Ein Publikumsmagnet ist die den Huet-Platz und Kleinen Ring verbindende Lügenbrücke (**Podul Minciunilor**, 1860), die erste gusseiserne Brücke Rumäniens. Vor allem nachts verzaubert sie mit romantisch leuchtenden Kandelabern.

★ Lügenbrücke ►

★ **Huet-Platz**

Der älteste der drei Plätze, **Piaţa A. Huet**, ist nach dem Sachsengraf Albert Huet (von Hutter, 1537–1607) benannt und wird von der evangelischen Stadtpfarrkirche bestimmt, dem bedeutendsten Sakralbau Siebenbürgens neben der Schwarzen Kirche in ►Braşov und der Michaelskirche in ► Cluj-Napoca. Das Denkmal davor zeigt Georg Daniel Teutsch (1817–1893). Während seiner Amtszeit als Bischof wurde der Bischofssitz der siebenbürgisch-sächsischen Kirche von Biertan (Bierthälm, ►S. 282) nach Hermannstadt verlegt. Die Bronzestatue schuf 1899 der Stuttgarter Bildhauer Adolf von Donndorf.

★★ **Evanglische Stadtpfarrkirche**

Die über der Altstadt thronende Kirche (**Biserica Evanghelică**) mit ihren bunten Majolikadächern ist das Wahrzeichen der Stadt (tägl. 9.00–20.00, im Winter 10.00–15.00 Uhr; Gottesdienst in deutscher Sprache an Sonn- und Feiertagen, 10.00 Uhr) und Heimat des über die Landesgrenzen hinaus bekannten »Hermannstädter Bachchores«. Der über 73 m hohe Kirchturm kann bestiegen werden. Seine vier Ecktürmchen symbolisieren die städtische Blutgerichtsbarkeit.

Der markante Bau entstand ab 1320 in drei Etappen und hat einen unregelmäßigen Grundriss. Während auf der Nordseite außer dem

Turm noch das Querschiff und das Nordportal hervorragen, gibt es auf der Südseite fünf weitere Vordächer mit dem davor gesetzten Südportal. Den Westen schließt statt des Turmes ein weiteres Schiff ab, die **Ferula** (1452). In der erst 1905–1911 abgetrennten Kapelle sind eine spätgotische Kanzel, ein spätgotisches Altarfragment aus der Kirchenburg von Copşa Mare (Großkopisch, ► S. 283) mit der Darstellung Christi als Schmerzensmann und die Grabsteine bedeutender siebenbürgisch-sächsischer Persönlichkeiten aus dem 16. bis 18. Jh. zu sehen, u. a. Bürgermeister Petrus Haller († 1569), Bischof Albert Huet († 1607) und Samuel von Brukenthal († 1803). Mihnea Vodă cel Rău (Mihnea der Schlechte, † 1510), der Sohn des »Grafen Dracula« soll vor der Kirche ermordet worden sein.

Die Umgestaltung des südlichen Seitenschiffs vom basilikalen zum Hallenquerschiff erfolgte in der 2. Häfte des 15. Jh.s. Aus dieser Zeit stammt auch die Orgelempore mit schönem Netzgewölbe über dem Südportal. Die heutige Orgel (Firma Wilhelm Sauer, Frankfurt an der Oder, 1914/15) ist mit 78 Registern und 4 Manualen die größte Orgel Siebenbürgens (mittwochs finden **Orgelkonzerte** statt). Kanzel, Altar und Gestühl im neogotischen Stil sind von 1853 bis 1855. Die fein gemeißelten Schlusssteine (14. Jh.) im Kreuzrippengewölbe des Querschiffs zeigen zwei Christus-Darstellungen sowie ein Lamm Gottes, in den Seitenschiffen u. a. Maria mit dem Kind und den hl. Wolfgang; man vermutet eine Beziehung zur Bauhütte Peter Parlers.

? WUSSTEN SIE SCHON ...?

- ... wie die Lügenbrücke zu ihrem Namen kam? Eine der populärsten Erklärungen lautet, dass sich hier Paare gerne die ewige Liebe schwören, was eine, wenn auch romantisch-unschuldige Lüge ist. Einige meinen, dass Sibiu, einst »Klein-Venedig« genannt, mit der Lügenbrücke ein Pendant zur berühmten Seufzerbrücke schaffen wollte. Andere erzählen von Tagelöhnern, die sich das Warten auf eine Arbeit mit Lügengeschichten vertrieben. Am beliebtesten ist die Version, dass die Brücke einstürzen würde, wenn jemand beim Überqueren die Unwahrheit erzählt.

◄ Rosenauerbild

Das Rosenauerbild an der Nordwand des Chores, gemalt 1445 von Johannes von Rosenau, zeigt eine Kreuzigung. Von ursprünglich 24 Altären ist nur ein **gotischer Flügelaltar** von 1512 erhalten. 1545 wurde er nach evangelischem Geschmack verändert, 1702 von Jeremias Stranovius d. Ä. barock übermalt und 1985 restauriert. Die acht Tafelbilder der Werktagsseite zeigen die Passion Christi und das Mittelbild bei geöffneten Flügeln eine Kreuzigung. Die goldenen Lettern auf blauem Grund, zwei Bibelzitate (Mt. 11,28 und Jes. 53,11), verdecken seit 1545 Heiligenfiguren. Eines der wertvollsten Ausstattungsstücke ist das kunstvoll gearbeitete bronzene Taufbecken in Kelchform. Es ist mit gotischen Inschriften sowie **228 Medaillons** mit allegorischen Figuren und Szenen aus dem Alten und Neuen Testament geschmückt und soll 1438 vom Meister Leonhardus aus einer türkischen Kanone gegossen worden sein. Bemerkenswert ist auch der kleine mehrflügelige **Barockaltar** aus der ersten Hälfte des 17. Jh.s. Im nördlichen Langhaus sind reich geschmückte **Epitaphe** zu sehen,

◄ Taufbecken

Evangelische Stadtpfarrkirche mit der Statue von Georg Daniel Teutsch

u. a. von Bürgermeister Simon von Paussnern († 1742) und vom Sachsengrafen Valentin Frank von Frankenstein († 1697). Ein gotisches Relief über dem Portal zur Bischofsloge zeigt Jesus im Garten Gethsemane.

Weitere Sehenswürdigkeiten

Das **Pfarrhaus** neben der Kirche geht auf das 15. Jh. zurück. Sein Portal schuf 1502 der Hermannstädter Steinmetz Andreas Lapicida. Die Jahreszahl findet man in dem darüberliegenden Wappen des Stifters und Priesters Johannis von Altana. Einen guten Ruf genießt bis heute das benachbarte **Brukenthal-Gymnasium** (Liceul).

Historisches Museum

Das Historische Museum (**Muzeul de Istorie**) ist im Alten Rathaus untergebracht, einem der bedeutendsten mittelalterlichen Profanbauten Siebenbürgens. Ursprünglich war das um einen Innenhof angelegte Gebäude in den zweiten Befestigungsring integriert. Der Wohnturm im Südwesten wurde 1475–1485 im Auftrag des Bürgermeisters und Königsrichters Thomas Altemberger von Meister Andreas Lapicida errichtet. Dass im Hof einst gefoltert wurde, daran erinnert heute lediglich der Name »Martergärtchen«. Ausgestellt sind eine umfangreiche Münzsammlung, zahlreiche Objekte der einstigen Zünfte, Waffen sowie archäologische Funde aus der Stadt und Umgebung (Str. Mitropoliei 2; Di.–So. 10.00–17.00 Uhr).

★★ Kleiner Ring

Der mit vielen Cafés im Sommer südländische Atmosphäre verbreitende Kleine Ring (**Piaţa Mică**) wird vom Rathausturm (**Turnul Sfatului**) überragt. Der Turm aus dem 13./14. Jh. wurde nach dem verheerenden Erdbeben von 1568 erneuert und zuletzt 1826 umgebaut. Benannt ist er nach dem Nachbargebäude, wo einst der Stadtrat tagte. Im Innern befindet sich ein kleines Stadtmuseum. Sehr schön ist der Blick von oben über die Stadt, der bei guter Sicht bis zu den Karpaten reicht (tägl. 10.00–18.00 Uhr).

◄ Stadtmuseum

Casa Artelor

Neben der »Lügenbrücke« fällt das schöne Laubenganghaus Casa Artelor, das sog. **Schmuckkästchen**, ins Auge. Das seit 1370 beurkundete Haus war einst das Zunfthaus der Schlachter. Heute finden hier Kunstausstellungen statt.

Pharmazeutisches Museum

Gegenüber dem rot gestrichenen **Luxemburghaus** ist in einem Gebäude von 1568 das pharmazeutische Museum (**Muzeul de Istorie a Farmaciei**; Piața Mică 26, Di.–So. 10.00–18.00 Uhr) untergebracht. An der Fassade lassen sich noch gotische und Renaissance-Elemente erkennen. Bereits im 16. Jh. gab es hier die Apotheke »Zum Schwarzen Bären«, eine der ersten in Osteuropa. Ausgestellt sind rund 6600 Exponate aus dem 17. bis 19. Jahrhundert. Ein Raum ist der Homöopathie gewidmet – kein Wunder, war doch Samuel Hahnemann (1755–1843), Begründer der Homöopathie, 1777/78 Leibarzt und Sekretär des hiesigen Gouverneurs von Brukenthal.

Völkerkundemuseum

Das ethnografische Franz-Binder/Emil-Sigerus-Museum (**Muzeul de Etnografie Universală Franz Binder/Muzeul Emil Sigerus**) wurde 1993 in dem neogotischen ehemaligen Gewerbevereinshaus von 1867 eröffnet. Es war das erste Völkerkundemuseum mit außereuropäischen Exponaten in Rumänien. Sein Namensgeber Franz Binder war Ägyptologe und dessen Afrika-Sammlung bildet den Grundstock. Zu den Attraktionen zählt eine Mumie in einem Sarkophag. Außerdem finden regelmäßig Wechselausstellungen statt (Piața Mică 11, Di.–So. 10.00–18.00 Uhr). **Siebenbürgisch-sächsische Volkskunst** gibt es auf der Rückseite des Hauses (Piața Huet 12).

Pasajul Aurarilor

Die **Fingerlingsstiege** führt hinunter zur Piața Aurarilor (Fingerlingsplatz) mit mittelalterlichem Flair. Die umliegenden Häuser gehen auf das 14. Jh. zurück.

**** Großer Ring**

Der Große Ring (**Piața Mare**) mit seinen bunten Fassaden hat Habsburger Flair bewahrt, während seine Größe eher italienisch anmutet. Im Mittelalter fand hier der Markt statt und diese Tradition wird jährlich im September mit einem großen **Töpfermarkt** lebendig. Der beinahe rechtwinklige Grundriss geht auf den Anfang des 18. Jh.s zurück, als die katholische Kirche zwischen Kleinem und Großem Ring erbaut wurde. Eine Skulptur erinnert an den rumänischen Reformer Gheorghe Lazăr (1779–1823). Um den Platz gruppieren sich das blaue Stadthaus mit einer klassizistischen Fassade, das Brukenthal-Palais mit grau-weißer Fassade, die einstige Bodenkreditanstalt im Neobarockstil mit halbrunder, gelb-weißer Fassade, heute Rathaus, die römisch-katholische Kirche, das Jesuitenkolleg, heute **Bischofssitz der evangelischen Landeskirche** (Episkopia evangelică), und der Rathausturm (►oben, Piața Mică).

Katholische Kirche

Die spätbarocke Saalkirche (Biserica Romano-Catolică oder Biserica Iezuită, Jesuitenkirche, 1726–1733) erinnert an die Habsburger und ihre gegenreformatorischen Bestrebungen. Sie beherbergt das bemerkenswerte Bild »Maria mit dem Kinde« von Anton Steinwald. Die heutige Gestaltung des Innenraums geht auf den Münchner Maler Ludwig Kandler zurück (1904).

★★ Brukenthal-Museum

Das bedeutendste Museum Sibius (**Muzeul Brukenthal**) ist in einem prächtigen, dreistöckigen Palais untergebracht (Piața Mare 4–5, Di. bis So. 9.00–17.00 Uhr). Es wurde 1785–1788 im Wiener Barockstil nach den Plänen von Eberhard Blaumann um zwei Höfe errichtet. Der im nahen Nocrich geborene Gouverneur Samuel von Brukenthal (1721–1805) war ein großer Kunstliebhaber und enger Freund Maria Theresias, der die Entwicklung der Stadt nachhaltig prägte. Nicolae Iorga schreibt in seinen Notizen über Hermannstadt: »Der Baron von Brukenthal übertraf in der zweiten Hälfte des 18. Jh.s alle, denen bis dahin Ehren zuteil geworden waren ... Als Grandseigneur, als ›großer Herr‹ der bänder- und spitzenreichen, gepuderten Zeitmode, fuhr er in goldenen Kutschen ... er trug aus der ganzen Welt Bilder zusammen, darunter einige Meisterwerke aus Holland und Frankreich ... und möblierte sein Palais am Großen Ring nach Pariser Vorbild.« Der letzte Spross einer siebenbürgisch-sächsischen Adelsfamilie vermachte seinen Nachlass der sächsischen Nation. 1817 wurde das Brukenthal-Museum eröffnet und ist somit das älteste Museum Rumäniens. Neben Gemälden von Rubens, van Dyck, Tizian, Cranach und anderen flämischen, holländischen, deutschen, österreichischen, französischen, italienischen und spanischen Meistern sind Werke rumänischer Künstler des 19. und 20. Jh.s zu sehen, u. a. von Theodor Aman, Lucian Grigorescu, Ștefan Luchian und Theodor Pallady. Der Baron hatte fast 16 000 Bücher gesammelt, der heutige Bestand zählt 280 000 Exemplare, darunter zahlreiche Handschriften und Inkunabeln. Zu den wertvollsten Stücken zählt ein Werk von Thomas von Aquin (1469). Die Bibliothek ist nur für wissenschaftliche Zwecke zugänglich.

! Baedeker TIPP

Einblicke

Brukenthals Leben, seine Wiener Erlebnisse und seine Beziehung zu Maria Theresia beschreibt Lisa Fischer in: Eden hinter den Wäldern. Samuel von Brukenthal: Politiker, Sammler, Freimaurer in Hermannstadt/Sibiu, hora 2007.

★ Unterstadt (Orașul de Jos)

In der Unterstadt lebten vor allem Handwerker. Auch wenn die Häuser wesentlich bescheidener sind als in der Oberstadt, lohnt ab und zu ein Blick in die Toreinfahrten. Die Prachtstraße war und ist die schnurgerade Str. Nicolae Bălcescu (früher Heltauergasse), heute Einkaufs- und Flaniermeile. In neuem Glanz erstrahlt das Nobel-Hotel »Zum Römischen Kaiser« (Nr. 4), ein Prachtbau von 1895, der auf ein 1555 eröffnetes Gasthaus zurückgeht. Den aristokratischen Namen erhielt es nach Kaiser Joseph II., der 1773 hier logierte. Berühmte Gäste waren u. a. Franz Liszt und Johann Strauss. Eine Gedenktafel an Haus Nr. 17 erinnert an **Alexandru Ioan Cuza** (►S. 66). Den Hof von Haus Nr. 16 rahmen schöne Loggien. Dort, wo die Straße endet, erstreckt sich rechts der Parcul Astra, ein beliebter Treffpunkt. Links laden die Reste der alten Befestigungsanlagen zum Spaziergang ein.

◄ Zum Römischen Kaiser

In der Str. Avram Iancu (ehem. Reispergasse) stehen die ältesten Wohnhäuser der Stadt, darunter das Böbel-Haus (**Casa Böbel**, Nr. 8) mit Treppengiebel und schönem Innenhof. Es verkörpert am besten den mittelalterlichen Wohnstil in der Unterstadt.

◄ Böbel-Haus

Über diese Straße oder die Str. General G. Magheru (ehem. Sporngasse) gelangt man zur Ursulinenkirche. Sie wurde 1474 für die Dominikaner anstelle des bisherigen, außerhalb der Stadtmauern gelegenen Klosters erbaut. Das neue Kloster war bis zur Reformation 1544 in Betrieb. Erst 1728 gingen Kirche und Kloster in den Besitz der Ursulinen über. Heute dient die Kirche **der griechisch-katholischen Gemeinde** als Gotteshaus.

◄ Ursulinenkirche

Wo die Straße die Str. Constituției kreuzt, wurde 1888 die Synagoge erbaut. Im weiteren Verlauf gelangt man zum **Bahnhof**. Südlich des Großen Rings erstreckt sich bis zu den alten Befestigungsanlagen ein **intaktes Altstadtviertel** mit eigenem Flair. Ausruhen lässt es sich gut auf der Piața Friedrich Schiller, wo man an der Ecke zur Str. Tipografilor auf die Büste von **Sándor Petőfi** trifft. Der ungarische Poet und Freiheitskämpfer von 1848/49 war am 1. April 1849 im Haus Nr. 23 zu Gast.

* ◄ Schiller-Platz

Stadtbefestigung

Nach dem verheerenden Mongolensturm 1241 begannen die Hermannstädter mit dem Bau einer starken Befestigungsanlage, die später für die Türken unbezwingbar blieb. So entstanden drei Mauerringe, zwei schützten die Burg, einer die Altstadt, sowie 39 Türme und vier Bastionen. Zu der Befestigung gehörten auch Bäche, Seen und Teiche, die Sibiu den Beinamen »Klein Venedig« einbrachten. Bei Belagerungen versorgten sie die Einwohner mit Trinkwasser, außerdem garantierten sie Fisch, trieben Mühlen an und versorgten die öffentlichen Badestuben.

Der erste und kleinste Mauerring umschloss den **Huet-Platz** mit der ersten Stadtkirche. Das Luxemburghaus, heute Kulturzentrum, war einst in den Mauerring eingebaut. Der Sagturm (**Turnul Scărilor**) ist der einzige erhaltene von ursprünglich drei Tortürmen. Vom **zweiten Ring** um den Kleinen Ring (Piața Mică) steht noch der dominante Rathausturm. Weitere Überreste sieht man an der Piața Aurarilor (Fingerlingsplatz), im Hof von Haus Nr. 5 wurde ein Verteidigungsturm zum Wohnhaus umgebaut.

◄ Sagturm

Die eindrucksvoll ausgestattete orthodoxe Kathedrale

Vom **dritten Mauerring** ist im Südosten an der Harteneckgasse (Str. Cetății) ein ganzer Mauerabschnitt mit starken Türmen, Bastionen und restauriertem Wehrgang erhalten geblieben. Der Armbrusterturm (**Turnul Archebuzierilor**) wurde im 15. Jh. auf einem achteckigen Fundament errichtet. Nach dem Niedergang dieser Zunft aufgrund neuer Waffentechniken übernahmen die Leinenweber den Turm und die damit verbundenen Verteidigungsaufgaben. Es folgen der Töpferturm (**Turnul Orarilor**) und der Zimmermannsturm (**Qurnul Dulgherilor**). Der Dicke Turm (**Turnul Gros**) wurde 1540 auf u-förmigem Grundriss erbaut und reicht 25 m über den Mauerring hinaus. Schon 1778 eröffnete man darin das erste Theater der Stadt und in dieser Tradition steht der jüngst erneuerte Thalia-Saal, heute **Sitz der Hermannstädter Philharmoniker** und Konzertsaal. Ein Fußweg führt in die 1791 zwischen dem Dicken Turm und der Hallerbastei als Promenade gepflanzte Grünanlage. Im Auftrag des Bürgermeisters Petrus Haller entstand 1552 die als dreiblättriges Kleeblatt angelegte, 223 m lange und 9 m hohe Haller-Bastion (**Bastionul Haller**). Von hier führt ein Mauerabschnitt bis zur Str. Funarilor (Seilergasse).

Armbrusterturm ▶ Töpferturm ▶ Zimmermannsturm ▶ Dicker Turm ▶ Thalia-Saal ▶ Haller-Bastion ▶

Von der Befestigung der Unterstadt stehen nur noch der Pulverturm (**Turnul Pulberăriei**) im Schulhof der Stradă Ocnei 33 (Burgergasse; 16. Jh.) und der Gerberturm (**Turnul Pielarilor**), wenige Meter entfernt in der Str. Pulberăriei (Pulvergasse; 1638 auf achteckigem Fundament errichtet). Die Soldischbastion (**Bastionul Soldisch**) an der Str. Bastionului etwas südlich entstand 1622–1627. Der Vorsprung auf der Außenseite diente der besseren Abwehr von Leitern. Das **Stadtwappen** hier ist das schönste der Stadt.

In der Unterstadt ▶ Pulverturm ▶ Gerberturm ▶ Soldischbastion ▶

Die 1883 erbaute evangelische Johanniskirche ist nach ihrer Renovierung wieder geöffnet. Im nahen Teutschhaus wurde 2007 das **Landeskirchliche Museum** eröffnet. In sieben Räumen werden sakrale Kunstgegenstände gezeigt und die 800-jährige siebenbürgisch-sächsische Kirchengeschichte dokumentiert. Zu sehen sind u. a. die mittelalterlichen Flügelaltäre aus Roadeş und Fişer (Str. Mitropoliei; Kirche tägl. 12.00–14.00, 17.00–19.00, Museum tägl. 10.00–17.00 Uhr).

Johanniskirche

◄ Teutschhaus

Die 1902–1906 in der vom Großen Ring abgehenden Str. Mitropoliei (ehem. Fleischergasse) errichtete orthodoxe Kathedrale (Catedrală Ortodoxă »Sfânta Treime«) erinnert an die Hagia Sophia in Istanbul. Ihre größte Kuppel hat einen Durchmesser von 15 m. Bemerkenswert ist auch die prächtige Ikonostase im Inneren. Wenige Schritte entfernt steht ein schönes Palais von 1892, heute Sitz des **orthodoxen Metropoliten** von Siebenbürgen.

Orthodoxe Kathedrale zur Heiligen Dreifaltigkeit

Das Hermannstädter Naturkundemuseum (Muzeul de Istorie Naturală) in einer Villa aus dem Jahr 1895 gilt als das bedeutendste seiner Art in Rumänien und umfasst Botanik, Zoologie, Paläontologie und Mineralogie. Hauptsehenswürdigkeiten sind ein 1900 bei Sighişoara entdecktes vollständiges Wisentskelett und eine reiche Schmetterlingssammlung (Str. Cetăţii 1; Di.–So. 9.00–17.00 Uhr).
Das Museum für Jagdwaffen und -trophäen (Muzeul de Arme şi Trofee de Vânătoare) im Haus des königlichen Jagdmeisters Oberst von Spieß zeigt eine historische Waffensammlung und zahlreiche ausgestopfte Tiere (Str. Şcoala de Înot 4; Di.–So. 9.00–17.00 Uhr).
Das Museum (Muzeul de Locomotive) ist nicht nur eine Attraktion für Eisenbahnfans. Von den beinahe 100 Lokomotiven sind gut ein Drittel bereits zu besichtigen, darunter Dampflokomotiven, dampfgetriebene Schienenschneepflüge, schienengebundene Kranfahrzeuge und die Loks der beliebten **Schmalspurbahn »Wusch«** (Dorobanţilor 22, etwas versteckt hinter dem Bahnhof). Sie verkehrte 1898–1965 zwischen Sibiu und Agnita. Im Volksmund hieß die »Vizinalbahn« einfach »Wusch«, eine lautmalerisch-ironische Anspielung auf ihre Langsamkeit. Ihre drei Lokomotiven hießen Galilei nach dessen Zitat »und sie bewegt sich doch«, Luther nach »hier stehe ich, ich kann nicht anders« und Schiller für »spät kommt ihr, doch ihr kommt« (Wallenstein).

Weitere Museen

◄ Naturkundemuseum

◄ Jagdwaffen und -trophäen

◄ Lokomotiven-Museum

Das Museum (Muzeul Civilizaţiei Populare Tradiţionale Astra) ist das größte **Freilichtmuseum** des Landes und eines der größten weltweit. 350 traditionelle Bauten aus ganz Rumänien wurden in einem Park mit Wiesen, Wald und Seen wieder aufgebaut. Gehöfte erzählen vom bäuerlichen Leben, von Handwerk und Volkskunst, darunter eine Sennerei, eine Schnapsbrennerei und eine Kerzenzieherei. Eine Attraktion sind die vielen verschiedenen Mühlen, die durch Wind, Wasser, Tier- oder Menschenkraft angetrieben wurden. Strohgedeckte Bauernhäuser, reich geschnitzte Hoftore, Ställe, Scheunen, Werk-

★ Museum Astra

stätten und Wirtshäuser sowie eine alte Holzkirche mit spitzem Turm machen den Spaziergang durch das Museumsdorf zu einem Erlebnis. Im Sommer finden Vorführungen statt in der Töpferei, in der Fassbinderei und in der Wollspinnerei (Calea Răşinari; Mai–Okt. Di.–Fr. 10.00–19.00, Sa., So. 10.00–20.00 Uhr). Das Museum liegt rund 2 km südwestlich des Stadtzentrums und ist auch mit den Straßenbahnlinien 1 und 5 vom Bahnhof erreichbar.

Umgebung von Sibiu (Karte ►S. 277)

Ocna Sibiului

Der **Bade- und Kurort** Ocna Sibiului (**Salzburg**, Vízakna), 15 km nordwestlich von Sibiu verdankt seine Entwicklung zu einem blühenden Handelszentrum im Mittelalter großen Salzvorkommen. Bis 1845 gab es nur Salzbergwerke, dann wurde das angeblich bereits von den Römern therapeutisch genutzte Salzwassser auch zu Gesundheitszwecken eingesetzt. 1906–1909 entstanden der Hauptpavillon und die Badehäuser nach Plänen **Ödon Lechners, des führenden ungarischen Jugendstilarchitekten**. Seit ihrer Renovierung verströmen sie wieder Fin-de-Siècle-Flair.

★ Badehäuser ►

1931, nach der Schließung der letzten Salzmine, setzte die Wandlung der Salzbergwerke zu Salzseen ein. Einige Gruben stürzten ein, Regenwasser und steigender Grundwasserspiegel taten das Übrige und heute erstrecken sich 15 Salzseen im und um den Ort. Der Salzgehalt erreicht auf dem Grund 320 g/Liter! Der sog. Bodenlose See ist 35 m tief und bildete sich über der bereits 1775 geschlossenen »Grube Franz«, der tiefste See mit 126 m ist der Avram-Iancu-See.

Medizinische Indikationen sind rheumatische, neurologische, dermatologische und orthopädische Leiden, Probleme der oberen Atemwege sowie gynäkologische und endokrinologische Erkrankungen. Neben einem Viersternehotel gibt es im Ort zahlreiche Pensionen und Privatzimmer (►S. 324).

Cindrel-Gebirge

Das Cindrel-Gebirge (**Munţii Cindrel**) 32 km südwestlich von Sibiu ist ein beliebtes Naherholungs- und Wintersportgebiet (Dezember bis März gilt als besonders schneesicher). Auf halber Strecke passiert man **Răşinari** mit einem Volkskunstmuseum und den Geburtshäusern zweier berühmter Dichter: **Octavian Goga** (1881–1938), der das Leben der rumänischen Bauern in Siebenbürgen in den Mittelpunkt seiner Lyrik stellte, und **Émil Cioran** (1911–1995), Sohn eines orthodoxen Priesters, der seit den 1930er-Jahren in Paris lebte.

Hinter Răşinari geht es auf kurvenreicher Strecke nach **Păltiniş** hinauf (Hohe Rinne; 1450 m). Rumäniens höchstgelegener Erholungsort ist ein beliebter Ausgangspunkt für Bergwanderungen.

★ Olt-Tal

Das Olt-Tal mit seinen engen Schluchten südlich von Sibiu ist bis heute eine wichtige Verbindung zwischen Transsilvanien und der Walachai, die durch die Südkarpaten getrennt sind, und eine spannende Strecke (►Umgebung von Curtea de Argeş, S. 236ff.).

Kirchenburg von Cisnădie: innerer Mauerring

★★ **Cisnădie**

Das schmucke Kleinstädtchen Cisnădie (**Heltau**, Nagydisznód) liegt 10 km südlich von Sibiu am Zusammenfluss von Silber- und Bärenbach, am Fuß des 1304 m hohen Götzenbergs (Curmătura Măgurii). Es war ein Zentrum der Sichelschmiede und Tuchweberei, 1944 gab es im Ort 176 Betriebe mit 503 Webstühlen, daran erinnert heute ein **Textilmuseum**. Berühmtester Sohn der Stadt ist der evangelische Theologe, Schriftsteller, Verleger und Reformator **Caspar Helth** (ungarisch Heltai Gáspár, um 1520–1574). Auch die Kinder- und Jugendbuchautorin **Karin Gündisch** (geb. 1948) kam in Heltau zur Welt; seit 1984 lebt sie in Deutschland (►S. 92).

◄ Kirchenburg

Herzstück ist die ursprünglich romanische Kirche. Sie wurde ab dem 15. Jh. zur gotischen Kreuzkirche und Kirchenburg umgebaut und mit einer dreifachen Ringmauer, jeweils mit Wehrgang, umgeben (tägl. Mo.–Sa. 10.00–13.00, 14.00–17.00, So. 11.00–13.00, 14.00 bis 17.00 Uhr; ►Special S. 278). Der Mauerring wurde mit Türmen und Bastionen gesichert, am inneren Ring Vorratskammern angebaut. Von den Türmen stehen noch der **Burghüterturm**, das **alte Rathaus**, der **Speckturm**, **Sichelschmiedeturm**, **Schulturm** und der **Turm im Pfarrgarten**. Der Chor wurde turmartig erhöht, die Seitenportale mit Verteidigungstürmen und Schießscharten verstärkt. Der mächtige Glockenturm bekam 1425 die erste Turmuhr von Siebenbürgen und 1797 den ersten Blitzableiter östlich von Wien. Seine Ecktürmchen zeugen von der Eigengerichtsbarkeit des Ortes. Anstelle der Nordapsis entstand die Sakristei, die Südapsis wurde zur Schatzkammer.

◄ Mauerring

Die Kircheneinrichtung wurde 1911 erneuert. Zur ursprünglichen Ausstattung gehören ein gotisches Taufbecken und romanische Fresken; dargestellt sind Maria mit dem Kind und die hl. Drei Könige, Kreuzigung, Grablegung und hinter dem Flügelaltar im Chor die hl.

Walpurga. Der **Veit Stoß d. J.** zugeschriebene Altar (um 1520) stammt aus dem Ort Bruiu (Braller). Im Zentrum steht die sog. **Braller-Madonna**, sie wird von den Wohltaten des hl. Nikolaus flankiert. Jeden Sonntag findet ein Gottesdienst in deutscher Sprache statt.

Kirchenburg Cisnădie • Heltau Orientierung

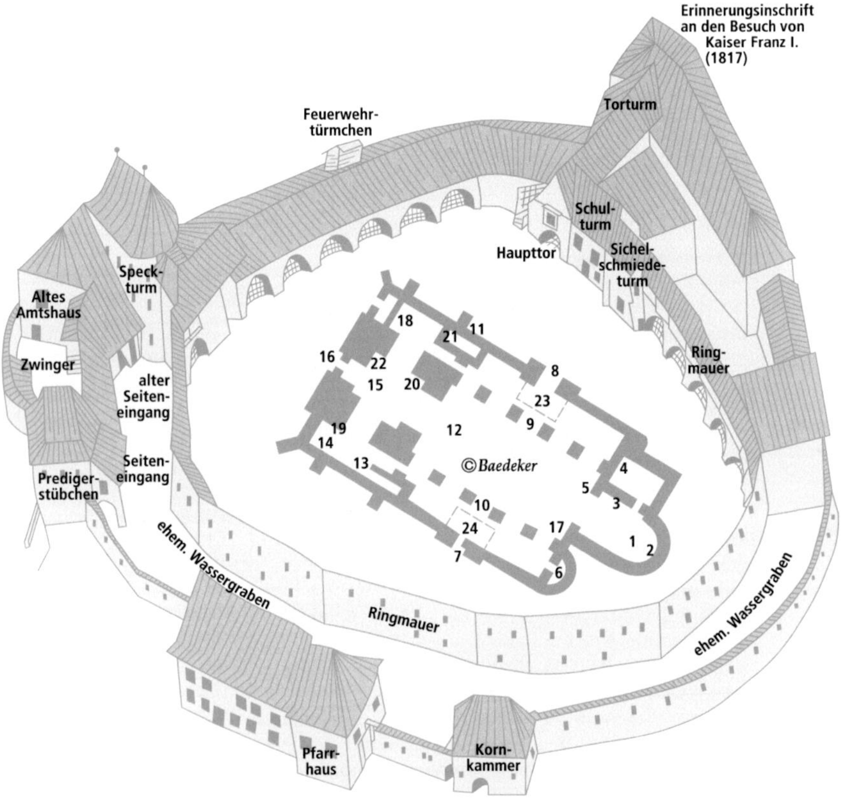

1 Flügelaltar (vor 1520) mit »Braller Madonna«
2 Romanisches Fenster (12. Jh.) mit Fresko und Inschrift
3 Fresko (12. Jh.) mit Brandspuren von 1943
4 Figuraler Grabstein des Pfarrers Johannes Hutter (1638) - Sakristei
5 Kanzel mit barockem Kanzeldeckel (18. Jh.)
6 Geheime Apsidiola
7 Gotisches Südportal (16. Jh.)
8 Gotisches Nordportal (16. Jh.)
9 »Wassider« Flügelaltar
10 Neugotisches »Heltauer« Retabel (1879)
11 Blitzableiter (1797)
12 »Wegenstein«-Orgel (1944)
13 Bauerntruhe (18. Jh.)
14 »Heltauer Bildstein« (12. Jh.)
15 Opferstöcke (19. Jh.)
16 Romanisches Portal (12. Jh.)
17 »Johannes-Hahn«-Orgel (1793)
18 Barocker Altar aus Werd (18. Jh.)
19 Eingang zu den Verteidigungs-anlagen
20 Gotische Schlusssteine
21 Presbytergestühl aus Zied (17. und 18. Jh.)
22 Bauerntische (17. Jh.)
23 Verteidigungsturm mit 6 Etagen (16. Jh.)
24 Neue Speckkammer

Cisnădioara vor eindrucksvoller Kulisse

Das 400-Seelen-Dorf Cisnădioara (**Michelsberg**, Kisdisznód) liegt nur 2 km von Cisnădie entfernt im Silberbachtal. Bei guter Sicht erkennt man im Hintergrund das majestätische Făgăraş-Gebirge. Die Kirche auf einem kreisrunden, 70 m hohen Bergkegel in der Ortsmitte wurde vor 1241 erbaut und ist eine der ältesten romanischen Kirchen in Rumänien. Im Unterschied zu den meisten siebenbürgisch-sächsischen Gemeinden unterstand Michelsberg lange einem Kloster. Bis 1474 gehörte es der Kerzer Zisterzienserabtei (Cârţa). Die aus rotem Sandstein erbaute kleine Basilika besitzt ein kunstvoll profiliertes Westportal mit figurativ verzierten Kapitellen. Ein bedeutender Fund in der Kirche war eine Münze von 1172. Die Ringmauer mit Zinnen und einem Torturm ist teilweise erhalten. Auf dem Gelände liegen mächtige Steinblöcke. Laut einer Legende mussten die Männer in der Nacht vor ihrer Hochzeit einen Stein auf den Burgberg schaffen. Dieses »Symbol ihrer Männlichkeit« hatte auch einen praktischen Sinn: Im Falle eines Angriffs wurden die Steine auf die Feinde hinabgerollt (Kirchenschlüssel im Pfarrhaus oder im Haus 150; Übernachten ►Tipp S. 338).

★ **Cisnădioara**

Nur 6 km südlich von Sibiu in Şelimbăr (**Schellenberg**, Sellenberk) versteckt sich eine Kirchenburg aus dem 13. Jh. hinter einem Gebäudekomplex.

Şelimbăr

Die auf einer Anhöhe um 1275 errichtete Basilika von Hosman (**Holzmengen**, Holcmány) wurde im 15. Jh. befestigt. Der Glocken-

★ **Hosman**

! Baedeker TIPP

Für (fast) jeden Geldbeutel

In der Ferienanlage »Ananas«, in schöner Umgebung von Cisnădioara, Michelsberg, und nur 10 km von Sibiu, Hermannstadt, entfernt gelegen, gibt es vom Campingplatz, über einfache Hütten und Apartments bis zu komfortabel ausgestatteten Ferienhäusern Unterkünfte für alle Ansprüche. Auch Ausflüge in die Umgebung werden angeboten. Kontakt: Michael Benöhr, Str. Cimitirului 32, 555301 Cisnădioara, Tel. 02 69/56 60 66, mobil 07 41/74 66 89, www.ananas7b.de.

turm erhielt einen Wehrgang, die beiden Seitenschiffe wurden abgerissen und die Anlage mit einem zweifachen Mauerring mit Wachtürmen umbaut. Erhalten sind das Fallgitter aus Holzbohlen und das Westportal mit reichem Reliefschmuck, darunter die Heiligen Petrus und Paulus. Ein weiteres Relief befindet sich an der Westwand des Turmes. Im 18. Jh. wurde die Kirche in eine barocke Hallenkirche umgebaut. Neben Biertan und ►Sighişoara besitzt sie die einzige noch funktionierende, 300 Jahre alte Turmuhr.

Nocrich Von der Kirchenburg von Nocrich (**Leschkirch**, Újegyház) aus dem 13. Jh. sind noch 4 Bastionen und die Wehrmauer erhalten. Die romanische Basilika wurde im Auftrag des 1721 hier geborenen Samuel von Brukenthal 1803–1806 durch einen Neubau ersetzt.

Alţâna ► Von der Kirchenburg auf einem Hügel über Alţâna (**Alzen**, Alcina) blieb die in der Romanik begonnene Kirche mit starken Wehrtürmen erhalten. Das Tonnengewölbe mit Stichkappen über dem Mittelschiff stammt aus der Gotik und der Orgelprospekt von 1780.

Avrig In Avrig (**Freck**, Felek), 27 km südöstlich von Sibiu am Olt (Alt), steht die einstige barocke Sommerresidenz der Brukenthals. Bedeutendster Sohn von Avrig ist der rumänische Pädagoge, Reformer und Theologe **Gheorghe Lazăr** (1779–1823).

✶ **Cârţa** Der Ort (**Kerz**, Kerc) geht auf ein 1205 gegründetes und 1474 unter König Matthias Corvinus aufgelöstes Zisterzienserkloster zurück. Hier wurde der ungarische König Andreas II. bestattet († 1235), der die Siebenbürger Sachsen mit dem Goldenen Freibrief ausgestattet hatte. Mehrfach wurde das Kloster zerstört und wieder aufgebaut. Die erhalten gebliebenen Reste der Abtei spiegeln die einstige Größe und Baukunst des Ordens wider und gehören zu den frühesten Beispielen frühgotischer Architektur in Siebenbürgen. Original sind u. a. der Chor (er dient seit dem 16. Jh. der protestantischen Gemeinde als Gotteshaus) und die Westfassade mit Portal und der Öffnung der einstigen Rosette (Schlüssel im Pfarrhaus im Klosterhof).

Făgăraş-Gebirge ► Südlich führt eine malerische, allerdings nicht ganzjährig geöffnete Passstraße über das Făgăraş-Gebirge nach ►Curtea de Argeş.

✶ **Cristian** 10 km westlich von Sibiu erreicht man Cristian (**Großau**, Kereszténysziget) mit einer malerisch in einer Biegung des Zibin gelegenen Kirchenburg. Die Bewohner der 1223 erstmals erwähnten Siedlung bauten 1472–1498 ihre romanische dreischiffige Basilika zu einer spätgotischen Hallenkirche um, Baumeister war **Andreas Lapicida** aus Hermannstadt. Damals wurde sie auch mit einer doppelten Ringmauer und Türmen befestigt. Um 1550 wurden zwei Vorhöfe angebaut. Das Pfarrhaus besitzt eine der wenigen erhaltenen **Pestkanzeln**. Die Gemeinde litt unter verheerenden Überfällen, Bränden und Epidemien. Als Folge wurden hier und in der Nachbargemeinde Apoldu de Sus aus Kärnten und dem Salzkammergut vertriebene protestantische Landler angesiedelt. Anstelle von Straßennamen hat der Ort römische Ziffern!

Sibiel ✶ ◄ Ikonenmuseum

Das kleine Dorf Sibiel (**Budenbach**), 5 km südlich der Straße 7 bzw. von Săcel, zieht mit einem einzigartigen Museum für Hinterglasikonen Besucher an (**Muzeul de Icone pe Sticlă**, tägl. 9.00–20.00, im Winter nur bis 17.00 Uhr). Neben rund 700 Ikonen sind Keramiken, Möbel, volkstümliche Handarbeiten und Holzikonen zu sehen.

Miercurea Sibiului

Schon von der Straße 7 aus sieht man die kompakte Anlage der Kirchenburg von Miercurea Sibiului (**Reußmarkt**, Szerdahely). Der um 1200 gegründete Ort spielte als Sitz einer der »Sieben Stühle« (► S. 278) eine wichtige administrative Rolle in der Region. Mit dem Bau der Kirche und der ersten Wallanlagen wurde 1260 begonnen, das Gotteshaus im 18. Jh. barockisiert. Der intakte Mauerring weist Wehrgänge und Vorratskammern aus. An den einst hier betriebenen Weinbau erinnert die Traube im Wappen.

✶✶ Sighişoara · Schäßburg · Segesvár

N 5

Region: Transilvania · Siebenbürgen **Einwohnerzahl:** 37 000
Höhe: 380 m ü. d. M.

Sighişoara, malerisch in einer hügeligen Umgebung im Târnava-Tal gelegen, besitzt eines der schönsten mittelalterlichen Stadtbilder des Landes. Bekannt ist das Städtchen jedoch vor allem als angeblicher Geburtsort des sagenumwobenen Dracula.

Geschichte

Die Stadt wurde in der 2. Hälfte des 12. Jh.s als »Castrum sex«, als sechste der sieben Burgen von Sachsen gegründet, die erste Burg vermutlich 1191 auf dem 850 m hohen Bergrücken südlich der Târnava (Große Kokel) erbaut. Die Stadtmauer von 1350 wurde im Laufe der Zeit erhöht und durch 14 Türme und Bastionen verstärkt. 1367 erhielt Schäßburg die Stadtrechte und entwickelte sich zu einem Zentrum siebenbürgischen Handels. 1376 gab es bereits 25 Gewerbe, die in 19 Zünften organisiert waren. Außerhalb der Stadtmauern siedel-

SIGHIŞOARA ERLEBEN

AUSKUNFT

Derzeit gibt es noch kein Touristenbüro. Informationen online:
www.schaessburg.de
www.sighisoara.org.ro

GUT ZU WISSEN

Parken
Am besten parkt man sein Auto in der Unterstadt auf dem Marktplatz (bewachter Parkplatz, Piaţa Hermann Oberth).

Feste
Mittelalter-Festival (Festivalul de Artă Medievală) am letzten Juli-Wochenende mit Volkskunst, Folklore und Konzerten.
ProEtnica-Festival alljährlich im August: Minderheitentreffen mit Trachtenumzug, Tanz und Gesang.

ÜBERNACHTEN · ESSEN

► Komfortabel

① *Casa cu Cerb – Haus mit dem Hirschgeweih*
Str. Şcolii 1
Tel. 02 65/77 46 25, Fax 77 73 49
www.casacucerb.ro
Das Traditionshaus am Burgplatz; alle Zimmer sind stilvoll modernisiert. Zum Haus gehören ein gutes Restaurant sowie ein Weinkeller.

② *Sighişoara*
Str. Şcolii 4–6
Tel. 02 65/77 10 00, Fax 77 77 88
www.sighisoara.com/hs
Hinter der grünen Fassade am Burgplatz gibt es 29 schlichte, gemütliche Zimmer; ebenfalls mit gutem Restaurant und Weinkeller.

③ *Casa Wagner*
Str. Piaţa Cetăţii 7
Tel. 02 65/50 60 14, Fax 50 60 15
www.casa-wagner.com
Die 14 DZ des rund 400 Jahre alten Gebäudes im Herzen der Oberstadt sind geschmackvoll mit Antiquitäten eingerichtet. Mit Terrasse, Restaurant und Weinkeller.

► Günstig

④ *Burg Hostel Sighişoara*
Bastionul 4–6
Tel./Fax 02 65/77 84 89, www.ibz.ro
Interkulturelles Begegnungszentrum, Internet-Café, Jugendhotel und Restaurant mit Bar.

Dacia
in Agnita
Tel. 02 69/51 09 00
In der südlich gelegenen Kleinstadt Agnita gibt es an der Hauptstraße das einfache, saubere Hotel Dacia mit dem verstaubten Charme des sozialistischen Realismus. Mit Engagement und Freundlichkeit versucht man den Hotelbetrieb aufrechtzuerhalten. Um die Ecke gibt es ein gutes Gartenlokal.

ten Rumänen, Ungarn und Juden. Nicht gesichert ist, dass Dracula alias Vlad Ţepeş (►Special S. 343) 1431 in Sighişoara geboren wurde. Fest steht jedoch, dass sich sein Vater 1431–1436 in der Burg aufgehalten hat. Mit dem Dracula-Mythos beschäftigt sich **Dieter Schesak** (geb. 1934) aus Sighişoara, Schriftsteller und Mitglied des Deutschen P.E.N.-Zentrums (► S. 92). Auch **Marie Stritt** (1855–1928), eine

Wegbereiterin der deutschen Frauenbewegung, stammte aus Schäßburg. Ernste Gefahr drohte der Altstadt unter Ceauşescu, er wollte die Unterstadt abreißen lassen. Glücklicherweise wurde der Diktator rechtzeitig abgesetzt, lediglich ein Einkaufszentrum von seiner Chefarchitektin Anca Petrescu erinnert an diese Absichten. Für einen Dracula-Vergnügungsparks sollten 2002 am westlichen Stadtrand alte Eichen gefällt werden, auch dieses Projekt wurde erfolgreich abgewehrt.

Sehenswertes in Sighişoara

Die gut erhaltene Altstadt, seit 1999 UNESCO-Weltkulturerbe, besteht aus **Unter- und Oberstadt**. Die auf dem Burgberg (Cetatea) gelegene Oberstadt ist von einem intakten Mauerring umgeben. Mit ih-

Sighişoara • Schäßburg Orientierung

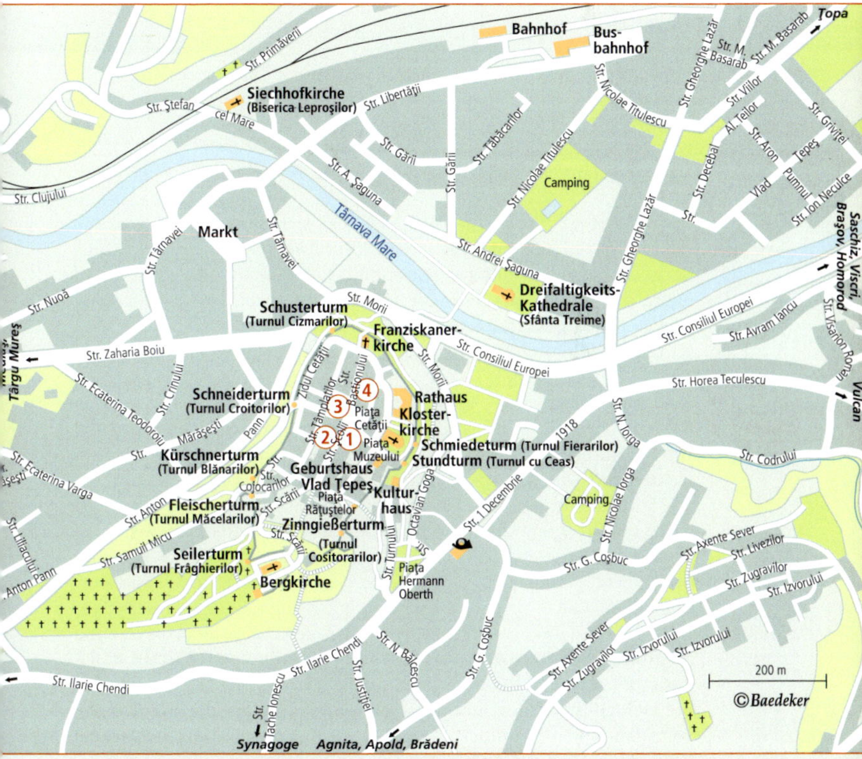

Übernachten • Essen

① Casa cu Cerb ② Sighişoara ③ Casa Wagner ④ Burg Hostel Sighişoara

Sighişoara, überragt vom Stundturm

ren Türmen und Türmchen, Zinnen und roten Ziegeldächern thront sie malerisch über der Unterstadt.

★★ **Oberstadt**

Die Oberstadt (**Oraşul de Sus**) erstreckt sich über zwei Terrassen, den 350 m hohen Burgberg (Cetatea) und den 429 m hohen Schulberg. Die schönen Patrizierhäuser sind dicht aneinandergereiht. Auf altem Pflaster flaniert man über Plätze und durch verwinkelte Gassen, an bunt gestrichenen Hausfassaden, kleinen Läden und Cafés, Kirchen und Hotels vorbei.

★ **Stundturm**

Das mit seinem bunt gemusterten Majolikadach »herausragende« Wahrzeichen der Stadt ist der Stundturm, **Turnul cu Ceas**. Er wurde im 14. Jh. über dem Haupttor in die Oberstadt (Oraşul de Sus) errichtet und war Schatz- und Munitionskammer, Gefängnis und bis 1575 auch Rathaus. Im 16. Jh. wurde er um fünf Stockwerke auf 64 m erhöht. Vier 12,5 m hohe Ecktürmchen, einst Gerichtsbarkeitssymbol der mittelalterlichen Stadt, flankieren das Ziegeldach von 1894. Sein Name geht auf die 1648 erstmals erwähnte Turmuhr (**Turnul cu Ceas**) zurück, die ursprünglich nur einen Stundenzeiger besaß. Seit 1899 beherbergt der Turm das von dem Arzt und Sammler **Josef Bacon** gegründete Geschichtsmuseum (**Muzeul de Istorie**; Di.–Fr. 9.00–15.30, Sa., So. 10.00–15.30 Uhr). Ausgestellt sind archäologische Funde, u. a. Opferaltäre und Waffen aus der Bronzezeit, dakischer Schmuck sowie ein römischer Mithrasaltar, die Sammlung Medizin und Pharmazie des Mittelalters, Möbel und andere Erzeugnisse der einstigen Zünfte. Interessant ist auch das »**Rad**

Geschichtsmuseum ▶

weiter auf S. 346 ▶

So könnte Vlad Țepeș III. der Pfähler ausgesehen haben (Gemälde, 2. Hälfte 16. Jh., Bukarester Geschichtsmuseum).

DRACULA – HISTORISCHE FIGUR ODER VERKAUFSSCHLAGER?

»Sein Mund, so weit ich ihn unter dem starken Schnurrbart sehen konnte, sah hart und ziemlich grausam aus; die Zähne waren scharf und weiß und ragten über die Lippen vor, deren auffallende Röte eine erstaunliche Lebenskraft für einen Mann in seinen Jahren bekundeten.«

Dazu kommen ein raubvogelartiger Nasenrücken, eine hohe, gewölbte Stirn, buschige, dicht stehende Augenbrauen, farblose, spitze Ohren und eine außerordentliche Blässe. So lässt **Bram Stoker** den Anwalt Jonathan Harker gleich zu Anfang seinen unheimlichen Gastgeber beschreiben. Dieses mit der Feder geschaffene Bild des dämonischen **Grafen Dracula** ist bis heute die Vorlage für Draculafiguren im Speziellen und Vampire im Allgemeinen.

Der Stoff der Geschichte wurde mehrfach verfilmt, so bereits in Friedrich Wilhelm Murnaus Filmklassiker »Nosferatu. Eine Symphonie des Grauens« von 1921 mit **Max Schreck** als Dracula. Zehn Jahre später folgte von Tod Browning mit **Béla Lugosi** als Graf Dracula eine weitere Bearbeitung des Themas. Béla Lugosi wurde übrigens in Lugoj (Lugosch) 60 km von Timişoara geboren. In Terence Fishers »Dracula« von 1958 spielte **Christopher Lee** die Hauptrolle. Legende wurde Werner Herzogs »Nosferatu: Phantom der Nacht« (1979) mit **Klaus Kinski** als Graf. In Francis Coppolas Version von 1992 wird auch Transsilvanien zum mythischen Schauplatz bestimmt. Hauptdarsteller war **Gary Oldman**. Eine gelungene komische Verarbeitung der Geschichte gelang Roman Polanski mit **Ferdy Mayne** als Graf in »Tanz der Vampire« (1967).

Wahrheit und Dichtung

Für die Rumänen ist Graf Dracula, eigentlich Vlad Țepeș, zugleich geliebtes und ungeliebtes Adoptivkind.

Zum einen ist er ein Tourismusmagnet, beliebtes Souvenir und gut florierender Exportschlager. Zum anderen ist der wohl berühmteste Rumäne ein Fantasieprodukt, erschaffen Ende des 19. Jh.s von einem Ausländer, der selber nie in Rumänien war.
Aber der Ire **Bram Stoker** hat gut recherchiert, denn er schreibt: »... Er muss tatsächlich jener Woiwode Dracula gewesen sein, der sich in den Türkenkriegen berühmt gemacht hat, ... dann war er kein gewöhnlicher Mann, denn damals und noch Jahrhunderte später wurde er als der klügste und geschickteste, aber auch als der tapferste der Söhne des ›Landes jenseits der Wälder‹ (= Transsilvanien) gerühmt. ... Die Dracula waren, sagt Arminius, ein großes und edles Geschlecht; von Einzelnen seiner Sprösslinge erzählen allerdings die Zeitgenossen, dass sie Bündnisse mit dem Satan hätten. Sie lernten seine Künste in den Bergen beim Hermannstädter See (= Sibiu), wo der Teufel jeden Zehnten seiner Schüler als Tribut fordert.« Und so hat diese aus der Historie hervorgegangene »Fantasiefigur« zusätzlich die Vorstellung von einem schaurig schönen Transsilvanien geprägt, wo Aberglaube und Geister lebendig sind, Knoblauch und Kreuz in jedes Haus gehören, Fledermäuse als unheimlich gelten und Wölfe in einer wilden Karpatenlandschaft den Mond anheulen. Die Idee vom blutsaugenden Vampir ist bis in unsere Zeit lebendig geblieben, als manche sogar glaubten, der Diktator Ceaușescu habe regelmäßig Bluttransfusionen bekommen, für die Waisenkinder sterben mussten. So fühlt mancher Rumäne sich selbst und sein Land auf Bram Stokers Dracula (1897) reduziert und damit ins primitive Abseits gedrängt. Soweit die fiktive Seite.

Vlad Țepeș III.

Gegeben hat es den walachischen Fürsten Vlad Țepeș III. (1431–1476) wirklich, und viele Rumänen sind stolz auf ihn, hat er sich doch den Osmanen widersetzt und gegen sie gekämpft. Anstelle des dämonischen Vampirs umgibt ihn in der Heimat eher der Mythos eines unbestechlichen, tapferen Herrschers, der zwar grausam, aber gerecht war. Diese

Lobpreisung geht wahrscheinlich auch auf ein Gedicht des rumänischen Nationaldichters **Mihai Eminescu** zurück. Als Sohn Vlad Draculs II. wurde er 1431 in ►Sighişoara geboren, wo er jedoch nur kurze Zeit verbrachte, da er schon als Kind als Geisel an den osmanischen Hof gebracht wurde. Von dort kehrte er erst als 17-Jähriger zurück, um die Herrschaft (1448, 1456–1462, 1477) des verstorbenen Vaters zu übernehmen. Seinen Herrschaftssitz verlegte er jedoch nach ► Târgovişte. Obwohl er am Hof des Sultans erzogen worden war, verweigerte er diesem die Tributzahlungen. Den Beinamen »Dracul« hatte er vom Vater Vlad II. geerbt, der 1431 auf dem Nürnberger Reichstag von König Sigismund von Luxemburg zum Fürsten der Walachei erhoben und zum Ritter des Drachenordens (Ordo Draconis) geschlagen worden war. Sein zweiter Beiname »Ţepeş« (= Der Pfähler) bezieht sich auf die grausame Tötungsart des Pfählens, die Vlad III. als Bestrafung und Abschreckung an seinen politischen Widersachern ebenso vollstrecken ließ wie an Dieben oder gefangenen Türken – mit dem einzigen Unterschied, dass bei Adligen die Spitzen vergoldet gewesen sein sollen. So soll Sultan Mehmed II. 1462 beim Anblick seiner sich bis zum Horizont auf den Stangen windenden Soldaten seinen Feldzug abgebrochen haben. Um die walachischen Kaufleute zu stärken, soll Vlad III. sogar einige ihrer siebenbürgisch-sächsischen Konkurrenten gepfählt haben.

Aus solchen blutrünstigen Greultaten entwickelten sich schnell weitere Horrorgeschichten, so soll er beispielsweise das Blut seiner Feinde getrunken haben. Kein Wunder, dass Bram Stoker in Vlad Ţepeş ein Vorbild für seine Dracula-Figur gefunden hat. Außerdem orientierte sich Stoker an **Joseph Sheridan le Fanus** Erzählung »Carmilla« (1872) und an Berichten des ungarischen Reisenden und Gelehrten **Arminius Vambery**, der ihm von Vampirmythen in Transsilvanien berichtete. Und so kommt es, dass ein walachischer Fürst als transsilvanischer Vampir in die Weltliteratur eingegangen ist.

der Zeit«, das Uhrwerk der Turmuhr mit ihren von dem Meister Johann Kirschel geschnitzten Figuren. Ein Trommler schlägt die Stunden an. Um 6.00 Uhr morgens erscheint ein Morgenengel, um 18.00 Uhr der Engel der Nacht. Montags zeigt sich die Mondgöttin Luna, dienstags Mars, mittwochs Merkur, donnerstags Jupiter, am Freitag Venus, samstags Saturn und sonntags die Sonne. Andere Figuren repräsentieren Gerechtigkeit, Justiz und Frieden. Von der Galerie hat man einen herrlichen Ausblick auf die Unterstadt.

Ein weiterer Raum ist **Hermann Oberth** gewidmet, einem Pionier der Raumfahrttechnik. Er wurde 1894 in Sibiu geboren (gest. 1989 in Nürnberg) und besuchte acht Jahre das Schäßburger Gymnasium. Im Untergeschoss des Turms ist eine Folterkammer eingerichtet, im

Alberthaus ► Nachbarhaus eine mittelalterliche **Waffensammlung** zu sehen.

Klosterkirche

Die turmlose evangelische Kirche (**Biserica Mănăstirii**) rechts neben dem Stundturm wurde 1492–1515 als dreischiffige Hallenkirche von den Dominikanern erbaut. Mit dem Übertritt der Siebenbürger Sachsen zum lutherischen Glauben wurde sie 1556 evangelische Stadtpfarrkirche und das danebenliegende Klostergebäude zum Rathaus umfunktioniert. Aus der Zeit der Gegenreformation stammen der Barockaltar (1681), die Orgel sowie der Schalldeckel der Kanzel, alles Werke des Schäßburger Meisters Johannes Fest und des Hermannstädter Malers Jeremias Stranovius. Beachtenswert sind das bronzene, 1411 von Meister Leonhardus von Hermannstadt in Kelchform gegossene **Taufbecken** sowie 39 Orientteppiche (16./17. Jh.), Geschenke von Kaufleuten.

Vlad Ţepeş

Eine Statue hinter der Kirche erinnert an Vlad Ţepeş, der angeblich 1431 in Sighişoara geboren wurde. Sein vermeintliches Geburtshaus (Casa Vlad Dracul) liegt zwischen Stundturm und Burgplatz (Piaţa Cetăţii). Hinter der ockergelben Fassade befinden sich heute ein Restaurant und die Alchemie-Bar. Links und rechts schließen sich gut erhaltene Häuser aus dem 16. und 17. Jh. an. Schräg gegenüber verdient auch das »Venezianische Haus« (**Casa Veneţiana**, 16. Jh.) im Stil der venezianischen Gotik mit Zwillingsfenstern und Kleeblattbögen Beachtung.

Burgplatz

Auf dem Burgplatz (**Piaţa Cetăţii**) wurden im Mittelalter Markt und öffentliche Gerichtsverhandlungen abgehalten. Gesäumt wird er von prächtigen Patrizierhäusern aus dem 17./18. Jh., darunter das »Haus mit dem Hirschgeweih« (**Casa cu Cerb**; Restaurant, Hotel und Deutsch-Rumänisches Kulturzentrum). Ein Kuriosum ist das echte Geweih mit einem gemalten Körper. In der Sommersaison findet ein mittelalterlicher Markt statt.

Katholische Kirche

Die katholische Kirche (Biserica Catolică) wurde 1894 von der ungarischen Bevölkerung errichtet und dem hl. Joseph geweiht. Nebenan erinnert eine Skulptur an den **ungarischen Bischof Apor Vilmos**.

Wehrtürme

Entlang der Burgmauergasse (Str. Zidul Cetăţii) entdeckt man Reste der ehemaligen Burgbefestigung. Von einst 14 Wehrtürmen sind 9 erhalten. Ursprünglich gehörten sie bis auf den Stundturm verschiedenen Zünften, die für ihre Instandhaltung sowie die Bemannung und Verteidigung verantwortlich waren. Die Aufgabe des **Turms der Goldschmiede** in der Südwestecke des Mauerrings war der Schutz der Bergkirche (► unten). 1809 wurde er vom Blitz getroffen und brannte aus, wurde 1863 teilweise erneuert und als Turnhalle des Gymnasiums genutzt. Heute beherbergt er die evangelische Totenkapelle. Daneben befindet sich der Eingang zum Bergfriedhof; der Friedhofswächter wohnt heute im **Seilerturm** (Turnul Frângherilor, 13. Jh.). Auf diesen folgt im Uhrzeigersinn der sechseckige **Fleischerturm** (Turnul Măcelarilor). In diesem Abschnitt erreicht die Stadtmauer mit 8 bis 10 m ihre ursprüngliche Höhe. Der schlichte **Kürschnerturm** (Turnul Cojocarilor) steht nahe einer Maueröffnung, an der früher abends die Kuhherde eingelassen wurde. Der massige **Schneiderturm** (Turnul Croitorilor) mit zwei Durchfahrten wurde ursprünglich mit schweren Eichenholztoren und Eisengittern geschlossen. Beim Großbrand 1676 explodierte das hier gelagerte Schießpulver. Der sechseckige **Schusterturm** (Turnul Cizmarilor) mit rotem Spitzdach wurde nach dem Brand mit barocken Stilelementen erneuert. Auf den **Schmiedeturm** (Turnul Fierarilor) folgen der Stundturm (► oben) und der **Gerberturm** (Turnul Tăbăcarilor). Der 25 m hohe **Zinngießerturm** (Turnul Cositorarilor) ist der eindruckvollste: Sein Fundament ist viereckig, darüber folgt ein fünfeckiges Mittel- und ein achteckiges Oberteil. Das Dach ist schließlich sechseckig. Die Turmmauer zeigt noch Spuren vom Kanonenkugelhagel von 1704.

Schulberg

Vom Burgplatz gelangt man entweder über die Schulgasse (Str. Şcolii) und ihre Fortsetzung zum Schulberg hinauf oder über die überdachte **Schülertreppe** (Scara acoperită; 175 Stufen!). Sie sollte den Schülern seit 1642 vor allem im Winter den Aufstieg zur Schule erleichtern. Oben steht linkerhand die 1792–1799 erbaute, 1901 aufgestockte Bergschule. Sie beherbergt heute das nach dem Märchensammler Joseph Haltrich benannte **Deutsch-Rumänische Lyzeum**.

★ **Bergkirche** 🕐

Die Bergkirche (**Biserica din Deal**) ist die einzige Kirche in Siebenbürgen mit einer Krypta (im Sommer 10.00–19.00 Uhr). Sie entstand vermutlich 1345 über einem romanischen Vorgängerbau, der heute die Krypta bildet, und erinnert an die Michaelskirche in ► Cluj. Der 42 m hohe Westturm stammt noch aus dem 13. Jh., während eines Umbaus wurde er 1429 in die dreischiffige spätgotische Halle einbezogen. Das spätgotische Nordportal mit dem Schäßburger Wappen ist von 1495, das Südportal mit seiner Vorhalle folgte 1525. Das Innere wird überspannt von einem schönen Netzgewölbe. Beachtenswert sind ein spätgotisches Sakramenthäuschen (1480), die geschnitzte Kanzel mit steinerner Brüstung (1480) und das Chorge-

In der Bergkirche

stühl mit Intarsien von Johannes Reychmuth (1523). Der spätbarocke Hauptaltar entstand um 1650. Beeindruckender ist jedoch der spätgotische Flügelaltar im nördlichen Seitenschiff (1513), vermutlich ein Werk von Johann Stoß, dem Sohn des berühmten Nürnbergers Veit. Seine Mitteltafel zeigt den hl. Martin. In der Sakristei mit ihrem Sterngewölbe befindet sich eine schöne Darstellung der Anbetung der Heiligen Drei Könige an den Strebepfeilern. Die Wand- und Deckenfresken in den Seitenschiffen sowie in der Turmvorhalle schuf Jacobus Kendlinger aus St. Wolfgang, Österreich, 1488. Die Wandmalereien im Chor und Triumphbogen stammen von Valentinus Pictor. Diese spätgotischen Fresken wurden 1776 auf Befehl des evangelischen Stadtrats übermalt und erst 1934 wieder freigelegt.
Um die Kirche liegt der leicht verwilderte evangelische **Bergfriedhof** (Cimitirul Cetății) mit alten Grabsteinen, die meisten Inschriften sind in deutscher Sprache.

Unterstadt

Die Unterstadt (**Orașul de Jos**) gab es bereits 1225. Ursprünglich wohnten hier alle »Nichtsachsen«. Vor allem um den Piața Hermann Oberth gibt es noch einige schöne Fassaden vom Ende des 19. bzw. Anfang 20. Jh.s. Südlich des Hermann-Oberth-Platzes ist in der Str. Tache Ionescu die einstige **Synagoge** erhalten.

Weitere Sehenswürdigkeiten in Sighișoara

Am anderen Ufer der Großen Kokel ragt die schneeweiße orthodoxe Kathedrale **Sf. Treime** (Str. Andrei Șaguna) mit byzantinisch anmutenden Türmen auf (1934–1937; Wandmalereien von A. Demian).

Die sog. **Siechhofkirche** (Biserica Leproşilor) in der Str. Ştefan cel Mare 34, südlich des Bahnhofs, ist seit 1461 beurkundet und wurde 1877 umgestaltet. Im benachbarten Siechenhaus wurden Leprakranke behandelt. Beachtenswert ist die an der Siechhofkirche angebrachte Pestkanzel – die Erkrankten durften nicht ins Kircheninnere.

Kirchenburgen in der Umgebung (Karte ►S. 277)

✶ **Apold**

In Apold (**Trappold**, 15 km südlich) erhebt sich auf einem Hügel mitten im Dorf eine wuchtige Kirchenburg aus dem frühen 16. Jh. (tägl. 9.00–17.00 Uhr). Beherrscht wird sie von einer gotischen Hallenkirche mit gedrungenem Westturm. Im Innern ist sie vor allem barock und klassizistisch, der Altar stammt von 1821.

Brădeni

6 km weiter folgt in Brădeni (**Henndorf**, Hégen) eine bereits 1350 erwähnte, von einer rechteckigen Mauer und Bastionen umgebene Kirchenburg (Schlüssel: Haus 32 neben dem Rathaus, Tel. 02 69/ 51 81 44). Die turmlose Saalkirche erhielt über dem Chor Verteidigungsgeschosse, deren Holzverkleidung hervorkragt. Das kelchförmige Taufbecken schuf Leonhardus von Hermannstadt (15. Jh.).

Iacobeni

Die Kirchenburg in Iacobeni (**Jakobsdorf**, Jakabfalva; 11 km südwestlich) fällt durch ungewöhnlich angeordnete Türme auf. Die gotische Saalkirche aus dem 14. Jh. (Schlüssel im Pfarrhaus) mit einem Wehrgeschoss besitzt einen starken Westturm und einen kompakten Wehrturm an der Nordseite des Chors. Im Innern finden sich Rippen-, Kreuz- und Sterngewölbe. Der Altar ist klassizistisch.
Auch die kleine Kirchenburg im Nachbardorf **Stejărişu** (Probstdorf, Prépostfalva; 14. Jh.) mit weiß getünchter Kirche und massigem, naturbelassenen Turm mit hölzernem Wehrumgang ist sehenswert.

✶ **Dealu Frumos**

Die Kirchenburg in Dealu Frumos (**Schönberg**, Lesses), östlich von Agnita, wird von einer nahezu quadratischen Mauer mit Türmen an den Ecken umgeben. Über dem Chor im Osten wurde ein weiterer Turm errichtet (15. Jh.). Das Netzgewölbe, das Gestühl und ein Kruzifix sind spätgotisch (Besichtigung nach Anmeldung bei Johann Herberth, Tel. 03 69/51 36 85).

◄ Merghindeal

Auch in Merghindeal (**Mergeln**, Morgonda, 4 km weiter) wird die romanische Kirche von zwei starken Türmen flankiert. Die gut erhaltenen Befestigungen stammen aus dem 15./16. Jh.

✶ **Agnita**

Die nette Kleinstadt Agnita (12 000 Einw.; **Agnetheln**, Szentágota), etwa auf halber Strecke zwischen Sighişoara und Sibiu im Harbachtal (Valea Hârtibaciu) ist ein guter Ausgangspunkt für eine Kirchenburgen-Tour. Ab 1409 bauten ihre Einwohner auf dem Fundament einer romanischen Basilika die gotische Hallenkirche. Ihr barocker Doppelflügelaltar ist von 1650, die Orgel von 1851. Ende des 19. Jh.s wurden der Wehrgang über dem Chor und ein Teil der Befestigungs-

Dorfplatz im urtümlichen Jacobeni

mauern abgetragen. Seit dem Mittelalter findet hier in der Karnevalszeit das »**Urzelnlaufen**« statt, dann tanzen mit geschnitzten Zunftmasken verkleidete Männer durchs Dorf. Ein kleines Museum an der Hauptstraße stellt mittelalterliche Handwerkskunst aus.

Von Sighişoara nach Braşov

Saschiz Auch an der Straße 13 von Sighişoara nach ► Braşov gibt es eindrucksvolle Kirchenburgen. Die Ruine der ersten taucht auf einem Hügel in Saschiz (**Keisd**, Szászkézd) auf. Streng genommen handelt es sich bei ihr um eine Bauernburg wie die von Râşnov und Rupea. Die Kirche in der Ortsmitte entstand 1493–1496 im gotischen Stil. Deutlich erkennt man über Schiff und Chor das Wehrgeschoss. Der 1678 um zwei Stockwerke erhöhte wuchtige Wehrturm im Norden erinnert mit seinen vier Ecktürmchen und dem bunten Keramikdach an den Stundturm in Sighişoara. Unterhalb der Uhr steht in einer Nische die Figur eines Glöckners.

Archita ►
Cloaşterf ►

Ein kurzer Abstecher führt nach Archita (**Arkeden**, Erked) und nach Cloaşterf (**Klosdorf**, Miklóstelke, nur 2 km von der Straße 13 entfernt) mit gut erhaltenen Kirchenburgen. In Cloaşterf umschließt ein als unregelmäßiges Viereck mit Ecktürmen angelegter Mauerring die turmlose Kirche. Der separate Glockenturm im Südwesten wurde 1816–1819 errichtet. Ein spätgotisches Rippengewölbe überspannt Kirchenschiff und Chor der Saalkirche (Schlüssel im Haus 99, Tel. 02 65/71 16 74).

Die Kirchenburg in Criţ, ca. 5 km weiter (**Deutschkreuz**, Szászkeresztúr) erhebt sich oberhalb des Dorfes. Fünf Türme verstärken die 7 bis 8 m hohe Ringmauer. Die gotische Kirche wurde 1818 durch einen klassizistischen Neubau mit Glockenturm ersetzt. Auch in Meşendorf (**Meschendorf**, Mese; 6 km entfernt) steht eine im 15. Jh. ausgebaute Wehrkirche mit verdoppeltem Mauerring und Torturm. ◄ Criţ ◄ Meşendorf

Die Kirchenburg von Buneşti (**Bodendorf**, Szászbuda) wird von einer Mauer mit vier Türmen und einem Torturm umgeben. Im Süden der Anlage steht ein Zwinger. Der frühgotische Chor gehörte zu einer Vorgängerkirche aus dem 14. Jh. (Schlüssel im Haus 14, Tel. 02 68/24 87 02). ◄ Buneşti

★★ Viscri

Viscri (**Deutschweißkirch**, Szaszfehéregyháza, ca. 8 km südlich auf einer Anhöhe; UNESCO-Weltkulturerbe) gehört zu den malerischsten Kirchenburgen Siebenbürgens. Obwohl auf kleinstem Raum errichtet, wirkt sie mit ihren Türmen und Bastionen recht monumental. Der Ende des 12. Jh.s gegründete Ort lag abseits der wichtigen Verbindungswege. Vielleicht ist er deshalb über die Jahrhunderte so gut bewahrt geblieben. Auch heute ist Viscri aufgrund der schlechten Straßenverhältnisse nicht einfach zu erreichen. Um 1500 wird das aus 51 Höfen bestehende Viscri in einer Urkunde als freie Ortschaft des Repser Stuhls (= des Bezirks von Rupea) urkundlich erwähnt. Die pastellfarben frisch gestrichenen Fassaden der typisch sächsischen Hofhäuser bieten einen malerischen Anblick. Eine schattige Allee führt aus dem Dorf zur Kirchenburg und ihrem weiß gekalkten Eingangstorturm, der auch der Glockenturm ist. Zu den ebenfalls weiß getünchten Ringmauern gehören drei Wehrtürme und zwei Bastionen, die innen durch einen hölzernen Wehrgang verbunden sind. Eine zweite, niedrigere Ringmauer wurde zu großen Teilen abgetragen. Die romanische Kirche wurde im 13. Jh. frühgotisch umgestaltet. Zwei Kapitelle sind aus der Erbauungszeit erhalten. Die jetzige Einrichtung stammt überwiegend aus dem 17./18. Jh., die weiße Orgel ist von 1723. Weiter nach Rupea geht es nun über **Dacia** (**Stein**, Garát; Kirchenburg mit romanischen Spuren) oder zurück zur Straße 13 und über **Roadeş** (Radeln, Rádos; Kirchenburg) und **Fişer** (Schweischer, Sövénység; Kirchenburg).

Rupea

Wahrzeichen Rupeas (**Reps**, Kőhalom) ist die auf einem Basaltberg über dem Städtchen thronende **Bauernburgruine**, deren Anfänge ins 12. Jh. zurückgehen. Nach ihrer Zerstörung durch die Türken wurde sie im 15. Jh. wieder aufgebaut und im 17. Jh. mit einer fünfeckigen Bastion verstärkt. Einst konnten ihre Bewohner über einen unterirdischen Gang mit Lebensmitteln versorgt werden. Ein gefangener Türke soll den 50 m tiefen Brunnen gegraben und dafür seine Freiheit erhalten haben. Im Mittelalter gehörte der Ort zu den »Sieben Stühlen« (► S. 278). Sehenswert ist die gotische Kirche in der Ortsmitte mit separatem Turm und einer Schwalbennestorgel (1726). Ein hübsches Ensemble bilden die sächsischen Häuser mit ihren hohen Toreinfahrten. Rupea ist der Geburtsort des Komponisten, Violinisten und Musikwissenschaftlers **Wilhelm Georg Berger** (1929–1993).

★★ Homorod

Nur 3 km östlich von Rupea erwartet den Besucher in Homorod (**Hamruden**, Homoród) ein Schmuckstück unter den Kirchenburgen in Siebenbürgen: eine Kirche (1270) zwischen zwei Türmen mit einem nach Süden ausgerichteten Chor. Im 15. Jh. erhielt sie eine 7 bis 8 m hohe doppelte Ringmauer mit Ecktürmen, von der nur Reste erhalten sind. Der für die Region typische fünfeckige Turm entstand 1657 anstelle eines Vorgängers. Der Chor wurde zu einem achtgeschossigen Wehrturm umgebaut. Hier sind Wandmalereien erhalten, u. a. der »Schmerzensmann«, zu seinen Füßen Maria und ein Engel (14. Jh.), und darunter Szenen aus dem Leben des hl. Ladislaus (ca. 1420). Ein Rosettenschlussstein zeigt eine Sonnenblume, ein Motiv des Zisterzienserordens. Ende des 15. Jh.s erhielt der Glockenturm seitliche Anbauten. Im Innern der Kirche überrascht der 1784 aus Raummangel angebaute Südchor. Die Kirchenbänke besitzen aus Rücksicht auf die weiten, steifen Trachten der Frauen keine Lehnen. Es gab im Übrigen eine strenge Sitzordnung. Die ältesten Männer saßen auf Stühlen entlang der Kirchenwände, die jungen Knechte bevölkerten die mit Bauernmotiven bemalten Emporen. Altar und Orgel entstanden Ende des 18. Jh.s. Einer der wenigen Siebenbürger Sachsen in Homorod ist Johann Thomae, der Besucher mit viel Wissen durch die Kirchenburg führt (Haus 374, Tel. 02 68/28 65 56).

Umgebung von Homorod ►

Weitere Kirchenburgen gibt es in **Caţa** (Katzendorf, Kaca, 6 km nördlich), in **Drăuşeni** (Draas, Homoróddaróc, 8 km weiter; Schlüssel im Haus 87, Tel. 07 24/45 68 99), in **Mercheaşa** (Streitfort, Mirkvásár; 6 km nordöstlich von Homorod) und in **Ungra** (Galt, Ugra; 3 km südlich von Homorod).

★★ Sinaia

P 7

Region: Muntenia · Große Walachai **Einwohnerzahl:** 14 000
Höhe: 800–850 m ü. d. M.

Der 37 km von Braşov und 123 km von Bukarest entfernte Wintersport- und Luftkurort am Fuß des über 2000 m hohen Bucegi-Gebirges ist der eleganteste Erholungsort des Landes.

St. Moritz Rumäniens

In dem mondänen Ferienort, dem »St. Moritz« Rumäniens oder der »Perle der Karpaten« vergnügten sich Adlige und Reiche schon vor hundert Jahren. Heute zieht er auch ganz »normale« Naturfreunde und Skitouristen an. Seine Entdeckung geht auf König Karl I. von Hohenzollern-Sigmaringen (Carol I.) zurück, der sich in der 2. Hälfte des 19. Jh.s in die bezaubernde Landschaft des Prahova-Tals verliebt hatte und Schloss Peleş als Sommerresidenz bauen ließ.

Sinaia gestern und heute

Bis 1874 gab es hier nur das kleine Dorf Podul Neagului und das später namengebende Kloster Sinaia. 1866 hatte König Carol I. das Kloster besucht und später hier ein ca. 400 ha großes Gelände einschließlich des Ortes Pietrele Arse (Verbrannter Stein) erworben. Hier ließ er mitten im Wald eine prächtige Residenz erbauen. Zahlreiche Adlige und Reiche folgten ihm. Auf sie gehen die heute noch den Ort prägenden romantischen Villen zurück, die Seite an Seite stehen mit Hotels, Restaurants und Cafés. Am Ende des Parks Dumitie-Ghica lässt der verspielte Bau des einstigen **Kasinos** (1912) das Flair der vorigen Jahrhundertwende lebendig werden. Als Vorbild soll das Kasino von Monaco gedient haben. Oberhalb befinden sich das Kloster Sinaia, die Schlösser Peleş und Peleşior sowie das Jagdschlösschen Foişor. Bereits 1870 gab es eine Eisenbahnverbindung mit Bukarest, was die Attraktivität des Ortes zusätzlich steigerte.
Sinaia ist ein guter Ausgangspunkt für die Erkundung des Bucegi-Gebirges mit vielen **Wander- und Wintersportmöglichkeiten**. Die Kabelbahn (von der Hauptstraße über die Str. Cuza Vodă) schwebt von der Ortsmitte zu den 1400 und 2000 m hohen Gipfeln hinauf. Sinaias **Hausberg Furnica** besitzt sieben verschiedene Skipisten.

SINAIA ERLEBEN

AUSKUNFT

B-dul Carol I. Nr. 47
Tel. 02 44/31 56 56
Mo.–Fr. 8.30–16.30, Sa. 9.00–15.00, So. 9.00–14.00 Uhr
www.infosinaia.ro

www.predeal.ro
www.bucegipark.ro
www.montania.ro

GUT ZU WISSEN

Sinaia hat eine 1500 m lange Bob- und Rodelbahn. Auch Mountain-Biker kommen auf ihre Kosten (Fahrradverleih vor Ort).

ÜBERNACHTEN · ESSEN

► Luxus

Palace
Str. Octavian Goga 8
Tel. 02 44/31 01 22, Fax 31 48 55
Elegantes Hotel (150 Z.) im Grünen, mit nostalgischem Flair vom Anfang des 20. Jh.s und einem Restaurant.

► Komfortabel

Caraiman
B-dul Carol I. Nr. 4
Tel. 02 44/31 35 51, Fax 31 06 25
Ein 120 Jahre altes, geschmackvolles Hotel mit 61 Zimmern und Restaurant in zentraler Lage.

Peştera
in Buşteni
Tel. 0 21/252 30 87 oder 02 41/55 57 00
info@cazari.ro
Sechsstöckiges Haus im Chaletstil in 1610 m Höhe mit Restaurant und Sportangeboten.

► Günstig

Cabana Trei Brazi
in Predeal
Str. Trei Brazi
Tel. 07 22/37 29 98
www.treibrazi.ro
Ruhiges, gemütliches Haus in 1128 m Höhe an einem Weg ins Gebirge. Mit Restaurant.

Schloss Peleş, das »Neuschwanstein Rumäniens«

Sehenswertes in Sinaia

Enescu-Museum ✶

Luminiş-Villa ▶

Auch der international berühmte Komponist und Geigenvirtuose **George Enescu** (1881–1955) besaß in Sinaia eine Sommerresidenz. In der etwas abgelegenen Luminiş-Villa gab er 1927 Yehudi Menuhin zwei Monate Unterricht. Am nördlichen Ortsausgang, rechts im Cumpătu-Viertel, liegt Enescus elegantes Domizil, heute Museum (Muzeul, Str. Yehudi Menuhin; Mi.–So. 9.00–15.00 Uhr). Zu der stilvollen Einrichtung gehören Originalnoten und Fotos aus Enescus Leben sowie ein Ibach-Klavier, auf dem er die rumänischen Rhapsodien komponiert haben soll. Sein schlicht mit rumänischen Wandteppichen gestaltetes Arbeitszimmer nannte er selbst die »Zelle«. Bemerkenswert sind auch die orientalischen Teppiche.

✶ **Kloster Sinaia**

Nach der Rückkehr von einer Pilgerreise ins Heilige Land stiftete der walachische Fürst Mihai Cantacuzino am Fuß der Karpaten ein Kloster, das er nach dem Kloster der hl. Katharina am Fuß des Berges Sinai **Mănăstirea Sinaia** nannte (tägl. 9.00–16.00 Uhr). Von dem 1690–1695 wie eine Festung gebauten Gotteshaus sind noch die starken Umfassungsmauern und die **kleine Marienkirche** im zweiten Hof erhalten. Bemerkenswert ist der Portikus im Brâncoveanu-Stil. Die prächtige orthodoxe Kirche in der Mitte des ersten Hofs entstand erst 1842–1846 unter Carol I. im byzantinischen Stil. Drei grüne Keramiklinien, Symbol der hl. Dreieinigkeit, laufen um das Gebäude. Im Innern dominieren die goldene Ikonostase und goldene

Throne. Ein Fresko zeigt die **Stifterszene**: Carol I. mit seiner Frau Elisabeth und Prinzessin Maria zusammen mit dem Metropoliten-Bischof Josif Gheorghian, der die Kirche 1903 segnete, sowie Fürst Mihai Cantacuzino. Im Hauptglockenturm (1892) wurde die 1700 kg schwere Glocke aus der Colțea-Kirche in Bukarest aufgehängt. Seit 1895 gibt es ein Museum sakraler Kunst, das erste Rumäniens. Ausgestellt sind Ikonen, Gegenstände der orthodoxen Liturgie sowie kostbare Manuskripte. Derzeit leben etwa zwanzig rumänisch-orthodoxe Mönche im Kloster.

◄ Museum sakraler Kunst

★★ **Schloss Pelesch**

Auf einer weitläufigen Lichtung erhebt sich die einstige Sommerresidenz von König Carol I. (**Castelul Peleş**). Mit seinen Türmchen, dem mächtigen zentralen Uhrturm mit hölzernem Umgang und Spitzdach, Säulen, Erkern, Fachwerk und ornamentalem Fassadenschmuck sowie den Trompe-l'œil-Malereien lockt das »Neuschwanstein« Rumäniens jährlich Tausende von Touristen den Berg hinauf (Mi.–So. 9.00–15.00 Uhr).

Das Schloss entstand zwischen 1873 und 1914 im Stil der Neorenaissance. Erster Architekt war der Wiener Wilhelm von Doderer, sein Assistent Johannes Schultz aus Lemberg führte die Arbeit fort. Die Erweiterungsarbeiten leitete Karel Liman, der auch die Restaurierung des Schlosses Bran unter sich hatte.

Nachdem das Anwesen dem Diktator Ceauşescu als Privatresidenz und zur Unterbringung von Staatsgästen gedient hatte, wurde es 1990 umfassend restauriert und dem Publikum geöffnet.

Offen für technische Neuerungen, machte Carol I. es zu einem der **modernsten Schlösser seiner Zeit**. Er ließ elektrisches Licht, eine Zentralheizung, Aufzüge, Telefon und ein elektrisch zu öffnendes Glasdach einbauen. Der Strom wurde durch Wasserkraft des Bachs Peleş erzeugt. Die Ausstattung der rund 170 Zimmer bietet dem Besucher ein **Potpourri an Stilen und Stilepochen**. Deutsche und italienische Neorenaissance wechseln mit Barock und Rokoko, byzantinisch oder türkisch gestalteten Räumen.

? WUSSTEN SIE SCHON ...?

- ... dass Königin Elisabeth von Rumänien, 1843 auf Schloss Monrepos bei Neuwied geboren und 1869 mit dem späteren rumänischen König Carol I. vermählt, eine Schriftstellerin und Künstlerin war? Unter dem Pseudonym Carmen Sylva (= Lied des Waldes) schrieb sie Gedichte, Dramen (»Frauenmuth«, 1890), die Märchen »Aus Carmen Sylvas Königreich« und Unterhaltungsromane. Außerdem übersetzte sie rumänische Gedichte in ihre Muttersprache und spielte Orgel.

Hinter dem reich geschmückten Innenhof steht die von dem Bremer Rathaus und der Lübecker Handelskammer inspirierte Ruhmeshalle. Holzreliefs zeigen die 40 Schlösser der Hohenzollern, ein Meisterwerk von Bernhard Ludwig. Hier findet man auch **Kopien von weltbekannten Kunstwerken**, darunter Rembrandt-Gemälde, Marmorskulpturen von Donatello und Luca della Robbia sowie von Michelangelo oder der Jungfrau von Nürnberg von Peter Vischer. Im Florentiner Saal hängt eine Kopie eines Gemäldes von Vasaris, aus-

◄ Ruhmeshalle

geführt von **Gustav Klimt**. Originale sind die Bilder von Veronese. Der junge Klimt bemalte als Student auch die Decke des mit Seidentapeten ausgekleideten Schlosstheaters. Hier fand 1906 die erste Kinovorstellung Rumäniens statt. Zu den Lieblingszimmern der Königin gehörte der **Lesesaal**; von der benachbarten Bibliothek führte ein Geheimgang ins zweite Stockwerk, wo die Räume der Dienerschaft lagen. Im **Ratssaal** sind die Fenster aus dem 16. Jh. bemerkenswert.

Schlosstheater ►

Maurischer Saal ►

Der Maurische Saal wurde von dem französischen Architekten Charles Lecompte nach dem Vorbild der Alhambra in Granada gestaltet. Beachtenswert sind die kostbaren Teppiche und Gobelins, auch die im Türkischen Saal. Eine Ehrentreppe führt in den ersten Stock zu den Gemächern des Königspaars und den Gästezimmern.

Konzertsaal ►

Im 1906 eingerichteten Konzertsaal beschloss 1914 der Staatsrat die Neutralität Rumäniens im Ersten Weltkrieg. Nicht nur Musiker dürfte die 1621 in Antwerpen gebaute Harfe faszinieren, das Blüthner-Vertikalpiano oder die Rieger-Orgel. Die prächtige **Kaisersuite** wurde speziell für den Kaiser Franz Josef I. eingerichtet, der persönlich zum 40. Geburtstag von König Carol I. erschien. Außerdem gibt es eine Waffensammlung aus dem 14. bis 18. Jh., darunter eine komplette Ritterrüstung für Reiter und Pferd.

Gartenanlagen ►

Auch die üppigen Gartenanlagen mit den reich geschmückten **sieben Terrassen** laden zum Verweilen ein. Während die Statue Carols I. in Herrschermanier aus dem italienischen Garten in den weitläufigen Park blickt, arbeitet seine Gemahlin Elisabeth im römischen Garten an einer Stickerei, zur Erinnerung an ihren Einsatz für die rumänische Web- und Stickkunst. Auf eigene Kosten gründete sie eine Handarbeitsschule und trug auf Reisen im Land Volkstracht, um die Rumäninnen dazu zu bewegen, ihre traditionellen Kleider zu tragen und nicht der Pariser Mode zu erliegen.

Jagdschloss Foişor ►

Zeitgleich mit Schloss Peleş wurden die **Nebengebäude, heute Hotel und Restaurant**, sowie das Jagdschloss Foişor gebaut, eine Villa mit 42 Zimmern im Schweizer Stil. Während der Restaurierungsarbeiten des Schlosses diente es der Königsfamilie als Residenz.

✶ Schloss Pelişor

Das benachbarte, von Königin Marie auch das »Kleine Peleş« genannte Schloss entstand 1899–1902 nach den Plänen von Karel Liman als Residenz für den **Thronfolger Ferdinand I.** und seine Frau Marie, da nach der Verfügung von Carol I. Schloss Peleş als Museum die Erinnerungen an ihn und seine Frau Elisabeth bewahren sollte. Weil ihre Tochter Prinzessin Maria mit vier Jahren an Typhus gestorben war, hatte Carol I. Prinz Ferdinand als Adoptivsohn angenommen.

Wie sein »großer Bruder« Peleş besitzt Schloss Pelişor Fachwerkfassaden und ein bunt gedecktes Turmdach, doch auf üppigen Schmuck wurde verzichtet. Umso einfallsreicher ist die Ausstattung der von Königin Marie gestalteten Innenräume. Aufgrund ihres schriftstellerischen und künstlerischen Talents wurde sie auch »Künstlerkönigin« genannt. Ihre besondere Vorliebe galt dem **Jugendstil, den sie**

Künstlerkönigin ►

Die Bucegi-Berge in den Südkarpaten

mit byzantinischen und keltischen Elementen mischte. Ihre schottische Abstammung erklärt die Nähe zum Keltentum. Besonders eigenwillig ist der **Goldene Saal**, der durch ein Oberlicht in Form eines keltischen Kreuzes Tageslicht bekommt. Die Wände sind rundum vergoldet und mit Blättern von Disteln, einem Wahrzeichen Schottlands, geschmückt. Hier verbrachte Königin Marie ihre letzten Stunden. Die Kapelle und das Schlafgemach der Königin zeichnen sich durch eine reiche Ornamentik aus. Die Schlafzimmermöbel wurden eigens nach Zeichnungen der Königin von Handwerkern aus Sinaia angefertigt. Die Lehnstühle und der Schreibtisch in ihrem mit Säulen im Brâncoveanu-Stil geschmückten Arbeitszimmer tragen ihre Symbole, die Lilie und die Distel. Dagegen ist das Arbeitszimmer König Ferdinands sehr schlicht im Stil der Neorenaissance. Für seine Ausstattung und die der übrigen der insgesamt 70 Räume war der Wiener Bernhard Ludwig verantwortlich. Bemerkenswert sind auch die Lalique-Vasen, Tiffany-Lampen sowie Mobiliar, Glas- und Keramiken des Jugendstil-Künstlers Émile Gallé, Gefäße und Kleinplastiken der Gebrüder Auguste und Antoine Daum sowie des Mitbegründers der »Wiener Sezession« Josef Hoffmann. Ganz im antikisierenden Stil ist die Terrasse an der Ostfassade gestaltet: mit Büsten und Skulpturen, Vasen und Löwen (Mi.–So. 9.00–15.00 Uhr).

◄ Ausstattung

Umgebung von Sinaia

Câmpina

Der Ort 32 km südöstlich von Sinaia (an der Straße nach Ploieşti, ► Târgovişte) lohnt den Besuch wegen des liebevoll eingerichteten Museums für **Nicolae Grigorescu** (1838–1907; ►S. 68), den bedeutendsten Maler Rumäniens. In dem Atelierhaus ist auch eine Sammlung seiner Gemälde zu sehen (Muzeul Memorial Nicolae Grigorescu; B-dul Carol I. Nr. 166, Di.–Fr. 10.00–17.00, Sa., So. bis 13.00 Uhr).

Prahova-Tal und Bucegi-Nationalpark

Predeal ►

Das Prahova-Tal, ein beliebtes Wander- und Wintersportgebiet zwischen den Bucegi-Bergen, ist die **Wiege des rumänischen Bergtourismus**. Höchster Gipfel ist der 2505 m hohe Omu. Heute gehört das Gebiet nördlich des Ortes Azuga mit dem Erholungsort Predeal (1060 m ü. d. M.; 5700 Einw.) noch zu Transsilvanien, während Buşteni und Sinaia bereits Teil der Walachei sind.

Buşteni ►

Die kleine Bergstadt (4800 Einw.) liegt 10 km nördlich von Sinaia in 850 m Höhe vor der imposanten Kulisse der beiden Gipfel Coştila (2484 m) und Caraiman (2325 m). Unterkunft bieten zahlreiche Hütten und das Hotel Peştera (zu erreichen mit der Seilbahn aus Buşteni). Berühmt sind die bizarren Felsformationen Babele (Alte Weiber), zu erreichen über eine anstrengende Wanderstrecke, die rund 1350 m Höhenunterschied überwindet, oder bequem mit der Seilbahn aus Buşteni (►Natur- und Nationalparks S. 94).

✱ Babele ►

Suceava · Suczawa · Szucsáva

Q2

Region: Moldova · Moldau **Einwohnerzahl:** 117 000
Höhe: 270–440 m ü. d. M.

Die alte Stadt liegt im Herzen der Südbukowina. Als Verwaltungszentrum der Region besitzt sie eine gute Verkehrsanbindung. Im Mittelalter war Suceava Fürstensitz und Handelszentrum.

Geschichte

Die 40 km von der ukrainischen Nordbukowina (► S. 17) entfernte Stadt war jahrhundertelang ein wichtiger Handelsumschlagplatz zwischen Westeuropa und dem Orient, Fürstensitz und unter Ştefan cel Mare (Stephan der Große, 1457–1504) Hauptstadt der Moldau. 1624 wurde Suceava von den Türken niedergebrannt und versank unter den Habsburgern endgültig in die Bedeutungslosigkeit. Noch Anfang des 18. Jh.s prägten 40 Kirchen das Stadtbild. Heute empfangen den Besucher stattdessen Platten- und Industriebauten. An den alten Glanz erinnern nur noch eine Handvoll kunsthistorisch interessanter Kirchen und Klöster sowie die imposante Ruine der Burg Stephans des Großen. Dank der nahen ►Moldauklöster steigen die Erwartungen in den Tourismus.

Sehenswertes in Suceava

✱ **Demetriuskirche**

Die Demetriuskirche (**Biserica Sfântul Dimitriu**) mit ihrem frei stehenden Glockenturm (Str. Curtea Domnească, nördlich der Piaţa 22. Decembrie) ist die älteste Kirche der Stadt. Fürst Petru Rareş ließ sie

Ikonostase in der Demetriuskirche

1534 im typisch moldauischen Stil errichten. Der 30 m hohe Turm wurde um 1561 ergänzt. An seiner Ostseite befindet sich eine Inschrift mit dem moldauischen Auerochsen-Wappen. Die Außenmalereien der Kirche sind nur noch spärlich erhalten, die übrigen Fresken werden zur Zeit restauriert. Die Restaurierung im Vorraum ist abgeschlossen, nach Expertenmeinung leider wenig einfühlsam. Ihre Ikonografie ist typisch moldauisch mit Jüngstem Gericht, Stifterszene, Pankreator und Heiligen. Die Ikonostase erstrahlt in Gold. Ausgrabungen brachten Fragmente eines Vorgängerbaus zutage, sind aber noch nicht abgeschlossen.
Wenige Meter entfernt, jenseits der Fußgängerzone, findet ein bunter Wochenmarkt statt.

◄ Wochenmarkt

Krönungskirche

Die einstige Krönungskirche (**Biserica Sf. Gheorghe Mirâuiţi**; östlich, Ecke Luca Arbore/Str. Mirâuiţilor) entstand im ausgehenden 14. Jh.; Mitte des 17. Jh.s wurde sie erneuert und erhielt das mit bunt glasierten Keramikziegeln gedeckte Dach. Typisch ist das umlaufende Ornamentsband. Die 1643 errichtete Kirche des hl. Johannes des Täufers (Biserica Sf. Joan Botezator, auch Biserica Domnielor genannt; südlich, Ecke B-dul Ana Ipătescu/Str. Ştefăniţă Vodă) zeigt außen noch Spuren der Bemalung.

◄ Kirche des hl. Johannes d. T.

✶ **Festung**

Von hier sind es rund 20 Min. zu Fuß durch den Parcul Şipote zu den Ruinen der Festungsburg (**Cetatea de Scaun a Sucevei**; Di.–So.

wällen umgebene Anlage wird umfassend restauriert. Bemerkenswert ist die in die Mauer integrierte Kirche mit dem umlaufenden Zopfband. In der Mitte steht die größere Hauptkirche (Str. Zamcii).

Umgebung von Suceava

Im Westen von Suceava

Borgó-Pass ►

Die Nationalstraße 17 über den Pasul Tihuţa (1200 m), seit Bram Stokers »Dracula« bekannt als Borgó-Pass, ist ein alter Verbindungsweg zwischen Nord-Transsilvanien und der Moldau. Hier liegen die für ihre farbigen Außenfresken berühmten ►**Moldauklöster Humor, Voroneţ, Moldoviţa und Suceviţa**.

Câmplung Moldovenesc ►

Nach landschaftlich schöner, kurvenreicher Strecke folgt Câmplung Moldovenesc, Hauptort des Oberen Moldova-Tals, mit einem sehenswerten **Museum für Holzkunst** (Muzeul Artă Lemnului, Calea Transilvaniei 10; Di.–So. 9.00–17.00 Uhr). Nach dem nächsten Pass (Pasul Mestecănis, 1096 m) ist es nicht mehr weit bis zu nach Vatra Dornei. Die DN 18 führt durch herrliche Gebirgslandschaft über den Pasul Prislop (1416 m), den **höchsten Pass** Rumäniens.

Prislop-Pass ►

★ **Vatra Dornei**

Der bekannte Bade- und Luftkurort (19 000 Einw.; 105 km westlich von Suceava) mit dem Beinamen »Perle der Bukowina« liegt am Zusammenfluss von Dorna und Bistriţa, umgeben von bis zu 2000 m hohen Bergen. Die waldreiche Region inspirierte bereits Bram Stoker: »... eines der wildesten und wenigsten bekannten Gebiete von Europa.« Laut einer Legende weilte der Fürst Dragoş Vodă im 14. Jh. hier zur Jagd und verliebte sich in ein blondes Mädchen mit Namen Dorina. Versehentlich erschoss er die Geliebte anstatt eines Hirsches, begrub sie und wachte an ihrem Grab. Die Gegend wurde als **Vatra Dornei, Dorinas Herz**, bekannt. Und bis heute gibt es in dieser Region viele Frauen mit dem Namen Dorina. Erstmals erwähnt wurde der Ort 1592. Seine Mineralwasserquellen, das »Wasser, das auf der Zunge sticht«, werden seit 1807 genutzt. Im ausgehenden 19. Jh. hielt sich hier die High Society der Habsburger Monarchie gerne auf. Daran erinnern noch einige **Fin-de-Siècle-Bauten**. Das alte Zentrum verläuft parallel zu Fluss und Bahnlinie. Geschäfte, Restaurants und noch einige schöne Bauten der vorigen Jahrhundertwende säumen die Str. Mihai Eminescu. Die einstige Synagoge an der Str. Luceafărului zeugt von der großen jüdischen Gemeinde, die es hier bis zum Zweiten Weltkrieg gab. Hinter dem verspielten Hotel Maestro erstreckt sich der weitläufige Kurpark mit der Sentinela-Quelle in einem neogotischen Pavillon. Das örtliche Heilwasser verspricht Linderung bei Herzkreislauf- und Gefäßleiden, Erkrankungen der Schilddrüse, des Nervensystems, des Verdauungsapparates und bei Diabetes.

★ Sentinela-Quelle ►

Vatra Dornei bietet viele Möglichkeiten für Wanderer, Kletterer, Mountain-Biker oder Wintersportler. Direkt im Ort bringen Lifte Besucher in die zauberhafte Bergwelt. Das Städtchen ist auch ein guter Ausgangspunkt für Touren in den Călimani-Nationalpark nördlich des Mureş (►S. 94).

Călimani-Nationalpark ►

Kloster Probota: die Stifterfamilie des Fürsten Petru Rareş

Südlich von Suceava

★★ ◄ Kloster Probota

Etwa 40 km südöstlich von Suceava erreicht man das **Mănăstirea Probota** im gleichnamigen Ort am Fluss Suceava. Das von Mauern umgebene Kloster entstand 1398 an der Stelle einer Holzkirche, der Name »Probota« bedeutet »Bruderschaft«. Die große, dem hl. Nikolaus geweihte Kirche in der Hofmitte (1530) ist die erste Stiftung des Fürsten Petru Rareş. Sie sollte fürstliche Grabkirche und Schatzkammer sein und ist die erste Klosterkirche mit Außenfresken in der Region Moldau (► Special S. 286). Um 1677 übernahmen griechische Mönche das Kloster, die 1844 die Fresken innen übermalten und diejenigen außen übertünchten. In den 1990er-Jahren konnten die Bilder innen mit japanischer Unterstützung wieder freigelegt werden. Die Außenmalereien sind nur noch teilweise erhalten.

Lisenen, Blendarkaden und gotische Fensterrahmungen strukturieren die Fassade des für die Moldau typischen Dreikonchenbaus. An der Südwand erkennt man das Motiv der Wurzel Jesse. Die geschlossene Vorhalle wird von der ältesten Darstellung des Jüngsten Gerichts in der Moldau geschmückt. Der von zwei Türmen bekrönte Pronaos erhält durch zwei hohe gotische Fenster zusätzliches Licht. Hier beginnt die Darstellung des orthodoxen Heiligenkalenders, die sich bis in die Grabkammer fortsetzt, wo Fürst Petru Rareş und seine Frau Elena ruhen. Im Naos zeigt das **Votivbild** die Stifterfamilie in moldauischen, vom Stil der Renaissance beeinflussten Gewändern, die Frauen in Rot, die Männer in Blau. Der Sohn Ilias trägt als Thronerbe schon die Krone. Sein Gesicht wurde, nachdem er zum Islam übertrat, eingeschwärzt. Die südliche Apsis ist dem Kirchenpatron

St. Nikolaus gewidmet. Aus der Kuppel blickt Christus Pantokrator auf die Besucher herab (tägl. 8.00 – 18.00 Uhr).

Kloster Râşca

Auch die Kirche des **Mănăstirea Râşca** (westlich der Nationalstr. 2) geht auf Petru Rareş zurück (1542). Unter dem Statthalter Costea Băcioc wurde sie 1611–1617 um eine geschlossene Vorhalle mit einem zweiten Turm erweitert. Die Wehrmauer mit Türmen stammt aus dem 17./18. Jahrhundert. Die Ikonografie der Außenfresken entspricht zwar thematisch dem traditionellen Kanon, wurde aber von dem Maler Stamatello Cotronas 1552 ungewöhnlich platziert. An der Südfassade sind anstelle des Stammbaums Jesse das Jüngste Gericht, die Leiter des Johannes Klimax sowie Szenen aus dem Leben des hl. Antonius zu sehen. Die Darstellung der »Tugendleiter«, die die Sünden von den Tugenden trennt, gehört zu den wenigen erhaltenen in der Moldau. Im Innern sind das Votivbild mit der Stifterfamilie und die wundersame Brotvermehrung im Naos sowie der hl. Nikolaus im Altarraum hervorzuheben (tägl. 8.00–18.00 Uhr).

★ Leiter des Johannes Klimax ►

Im Norden von Suceava

Kloster Dragomirna ►

Die Geschichte des einsam an einem See gelegenen Klosters Dragomirna (**Mănăstirea Dragomirna**; 12 km nördlich von Suceava; tägl. 8.00–18.00 Uhr) ist eng mit Anastasie Crimca verbunden. Der in Suceava geborene Sohn eines Händlers und einer Fürstentochter war ein großer Gelehrter und herausragender Miniaturist, wurde 1608 Metropolit der Moldau und ließ 1609 am Ufer des Sees die große Klosterkirche bauen; sein Grab befindet sich in der Kirchenvorhalle. Um 1627 wurde das Kloster mit einer mächtigen Wehrmauer und Ecktürmen verstärkt.

★ Kirche ►

Die Kirche der »Ausgießung des hl. Geistes« besitzt ungewöhnliche elegante Proportionen: Sie ist nur 9,60 m breit, in der Turmspitze aber stolze 42 m hoch! Die Außenwände sind mit Stützpfeilern, Blendarkaden, spätgotischen Fensterrahmungen und einem umlaufenden Flechtband verziert, das für die »Heilige Dreifaltigkeit« steht und typisch ist für den byzantinisch-moldauischen Stil.

Der schlanke Turm ist mit fein gemeißelten floralen und ornamentalen Motiven verziert und erinnert an die Drei-Hierarchen-Kirche in ►Iaşi und an die Klosterkirche in ► Curtea de Argeş. Im Innern steigt der Boden von der Vorhalle in sieben Stufen zum Altar an, dadurch wird das spätmittelalterliche Streben nach Erhöhung zusätzlich betont. Gotisch beeinflusst sind auch die kunstvollen Netzrippengewölbe. Im Hauptschiff und Altarraum sind Fresken der moldavischen Maler

? WUSSTEN SIE SCHON ...?

- Die Region ist für ihre hübsch herausgeputzten Bauernhäuschen bekannt. Die Fassaden sind reich verziert, bunt gestrichen und besitzen geschnitzte Vordächer, Veranden und Giebelschmuck. Erst wenn man einen Blick auf die Seitenwände wirft, erkennt man, dass es sich um Holzhäuser handelt. Als Zeichen von Wohlstand wurden die Schauseiten wie bei einem Steinhaus verputzt. Als Putz diente ein besonderer Lehm, der nach alter Überlieferung nur im Frühling und Herbst haltbar auf dem Holz angebracht werden konnte.

Crăciun, Ignat, Mătieş und Gligorie zu sehen. Die Mönchszellen an der Nord- und Westseite des Klosters entstanden erst um 1845. Das **Refektorium**, dessen Spitzbogengewölbe auf einem achteckigen Pfeiler ruht, beherbergt ein besuchenswertes **Museum** mit in der Klosterschule gefertigten Miniaturen und Handschriften von Crimca und seinen Schülern sowie kostbar bestickten Messgewändern, Buchbeschlägen aus vergoldetem Silber, Kultusgegenständen und geschnitzten Kreuzen aus Eben- und Zedernholz, das älteste von 1542.

Die Kirche von Kloster Dragomirna

Pătrăuţi

Die kleinste Kirche Stephans des Großen ist die 1487 erbaute **Heiligkreuzkirche** von Pătrăuţi (8 km nördlich von Suceava). Sie steht am Dorfende auf einer umfriedeten Wiese zwischen Obstbäumen, Ziehbrunnen und separatem Holzturm (18. Jh.). Die wohlproportionierte Dreikonchenkirche ist das älteste erhaltene Beispiel dieses moldauischen Kirchentyps. Nach einem Überfall, bei dem alle in die Kirche geflüchteten Nonnen zu Tode kamen, blieb das Gotteshaus über 200 Jahre ungenutzt. Die **Bemalung** folgt der byzantinischen Tradition. Auf der Westfassade ist über einem gotischen Portal noch ein Fragment des Jüngsten Gerichts zu sehen; der damaligen Todesvorstellung entsprechend, sterben die Guten mit Lautenmusik und die Schlechten unter Qualen.

Das **Votivbild** an der Westwand des Naos zeigt die Stifterfamilie, die Männer tragen byzantinische Mode, die Frauen venezianische Kleider. Als das Bild entstand, war Stephans achtjähriger Sohn und ursprünglicher Thronerbe Alexandru bereits gestorben. Gezeigt wird daher der jüngere Sohn Bogdan mit Frau und zwei kleinen Kindern. Die jüngste Tochter Stephans ist noch abgebildet, muss aber kurz darauf auch gestorben sein, denn sie fehlt auf dem etwas später entstandenen Votivbild in Voroneţ (► S. 286). Einzigartig ist die »Himmlische Armee«: Anstelle der Engel wurden christliche Helden gemalt, die sich wie beim Hora-Tanz umarmen. Im Turm ist eine Sammlung von Holzkreuzen zu sehen (Schlüssel im Pfarrhaus, Tel. 07 40/05 77 12).

Östlich von Suceava

Botoşani ► In Botoşani (Botoschan; 42 km östlich nahe der Grenzen zu Moldawien und zur Ukraine) lebten schon immer viele Kulturen friedlich zusammen. So blieb im Stadtkern ein Teil des jüdischen Viertels mit reich verzierten Handelshäusern erhalten. Bemerkenswert sind die schmiedeeisernen Balkone. Älteste Kirche ist die von Stephan dem Großen 1497 gestiftete Nikolauskirche (**Biserica Sf. Nicolae**) des Klosters Popăuţi am Stadtrand (an der Nationalstraße 29 C).

Ipoteşti ► Der rumänische Nationaldichter **Mihai Eminescu** (1850–1889; ►67) verbrachte in dem nur 5 km nordwestlich gelegenen Dorf Ipoteşti die ersten neun Lebensjahre. Sein mit Originalmöbeln eingerichtetes Elternhaus (ein Nachbau) unterhalb einer kleinen Ziegelkirche ist heute ein Museum (Casa Memorială; 15.5.–15.9. Di.–So. 9.00–17.00, sonst 8.00–16.00 Uhr). Auf einer Freilichtbühne hinter dem Museum werden seine Werke aufgeführt.

Eminescu-Gedenkhaus ►

George Enescu

Das hübsche Dorf Liveni Vârnav rund 40 km nördlich von Botoşani wurde nach seinem berühmten Sohn, dem Komponisten, Violinisten und Dirigenten **George Enescu** (1881–1955; ► S. 67) umbenannt.

Museum ► Das Geburtshaus ist noch original möbliert. Eines der vielen Fotos zeigt ihn als Jungen mit Geige; auf einem Ölbild sieht man ihn mit Bauern und Musikern im Dorf (Di.–So. 9.00–16.00 Uhr).

Târgovişte · Tergowisch

08

Region: Muntenia · Große Walachei
Höhe: 350 m ü. d. M.
Einwohnerzahl: 90 000

Zwar hat die Stadt am Fluss Ialomia ihren Charme als Residenzstadt eingebüßt, doch die Ruinen des alten Fürstenhofs und die Große Fürstenkirche lohnen eine Besichtigung.

Geschichte

Das erste Mal erwähnt wurde das 60 km von Bukarest entfernte Târgovişte 1396 von Johannes Schiltberger (1381–1427), einem bayerischen Kreuzritter. Vom 15. Jh. bis 1714 war es **Fürstensitz der Walachei** (►Curtea de Argeş). Das tragische Ende des Fürsten Brâncoveanu 1714 leitete seinen Niedergang ein. Mit der Entdeckung der Erdölvorkommen im 19. Jh. begann der Aufstieg zur Industriestadt. An Weihnachten 1989 wurden hier Nicolae Ceauşescu und seine Ehefrau Elena auf ihrer überstürzten Flucht gefasst.

Sehenswertes in Târgovişte

★ Fürstenhof

Die Ruinen der Fürstenresidenz (**Curtea Domnească**) und die Große Fürstenkirche liegen hinter einer Mauer am Südrand des Stadtparks an der Durchgangsstraße (Calea Domnească 181; Di.–So. 9.00–19.00 im Sommer, im Winter bis 17.00 Uhr). Man betritt das Gelände

Mauerreste des ehemaligen Fürstensitzes der Walachei

durch das südliche Tor von 1584. Zuerst erreicht man die frisch renovierte, über dem Grundriss eines griechischen Kreuzes errichtete Große Fürstenkirche (**Biserica Domnească**), eine Stiftung von Petru Cercel (1583–1585). Nach dem Vorbild ottomanischer Architektur wurde über dem Eingang in den Naos ein Balkon für die fürstliche Familie angebracht. Aus der Erbauungsphase sind Fresken in einer Apsis und an der Südwand des Pronaos zu sehen. Nach Zerstörungen durch die Türken ließ **Constantin Brâncoveanu** 1696–1698 die Kirche erneuern. Aus dieser Zeit stammen u. a. das Stifterbild an der Westwand, das Brâncoveanu mit Petru Cercel und einem Kirchenmodell zeigt, sowie die seltene Darstellung der »Speisung der Fünftausend« im Naos. Bemerkenswert sind die harmonische Farbwahl und die ausdrucksvolle Ausarbeitung der Gesichter. Vier mit Heiligen bemalte Säulen tragen den von einer hohen Kuppel überwölbten Naos. Kostbar ist auch die mächtige, reich mit pflanzlichen und tierischen Motiven verzierte vergoldete Ikonostase von 1697. Die Ikone der Mutter Maria mit Jesuskind schuf Constantinos. Aus dem 17. Jh. stammen auch noch zwei geschnitzte Stühle und ein Kerzenhalter. Im Pronaos befinden sich die kunstvoll verzierten Grabsteine von Matei Basarabs Gattin Elina († 1652) und ihrem Sohn Mateiaş († 1653).

★ ◄ Große Fürstenkirche

Ruinen des Fürstenhofes

Wenige Meter entfernt liegen die Ruinen der einstigen Fürstenresidenz. Die ersten Gebäude waren ein **kleiner Palast** und eine Kapelle, die Fürst Mircea der Ältere errichten ließ. Erhalten ist ein 15 x 6 m

TÂRGOVIŞTE

ÜBERNACHTEN · ESSEN

► **Komfortabel**
Dâmboviţa
B-dul Libertăţii 1
Tel. & Fax 02 45/21 33 70
www.hoteldambovita.ro
Recht großer Hotelkomplex nicht sehr weit vom ehem. Kloster Stelea entfernt. Mit Restaurant.

großes Fundament aus Flusssteinen. Vlad II. Dracul (1436–1442) ließ einen westlich größeren Palast mit einer Zeremonienhalle und Wohnräumen bauen. Sein Sohn Vlad Ţepeş baute sie zur Festung aus, u. a. mit dem **»Chindia«-Wachturm** (Turnul Chindiei). Heute finden hier Ausstellungen statt. Von oben hat man einen guten Blick auf den Ruinengarten. Petru Cercel (1583–1585) ließ südlich einen **Renaissancebau** errichten. Im teilweise erhaltenen Erdgeschoss ist heute ein Lapidarium eingerichtet. Unter Matei Basarab (1639–1654) wurde der zwischenzeitlich von den Türken zerstörte Palast wieder aufgebaut, mit einer 20 m hohen Mauer mit fünf Wachtürmen umgeben und 1640 um ein **türkisches Bad** erweitert, dessen Fundamente an der Ostseite zum Park noch zu sehen sind. Nach dem Tod Brâncoveanus 1714 verfiel der Hof.
Die **hl. Freitagskirche** in der äußersten Südecke des Geländes ist aus dem 15. Jh., das sog. **Frau-Balasa-Haus** ganz in der Nähe des Eingangs von 1656. Im Nordteil des Parks mit seinen Blumenrabatten und kunstvoll aus Blumen gestalteten Tieren steht eine Büstengalerie der walachischen Herrscher.

Weitere Sehenswürdigkeiten

Das sehenswerte **Museum der Buchdruckkunst** (Muzeul tiparului) etwas südlich der Festung informiert über den rumänischen Buchdruck des 16.–19. Jh.s (Str. Justiţiei 3–5; Di.–So. 9.00–17.00 Uhr). Jenseits der Calea Domnească steht der frisch renovierte **Klosterkomplex Stelea** (heute finden hier Ausstellungen statt), eine Stiftung des moldauischen Fürsten Vasile Lupu von 1645. Die Kirche entstand nach dem Vorbild der Drei-Hierarchen-Kirche in ► Iaşi. Gegenüber erhebt sich die **Nikolaus-Geartoglu-Kirche** (16. Jh.); bemerkenswert sind das feine Dekor mit glasierten Keramiken und die Fresken im Kircheninnern (Str. Revoluţiei, Galeria Stelea; Di.–So. 9.00–17.00 Uhr).

Umgebung von Târgovişte

✶ Kloster Dealu

Die Kirche des Klosters Dealu (**Mănăstirea Dealului**) am Nordrand der Stadt stammt noch aus dem Gründungsjahr 1431. Ihre klare Architektur und die mit Blendarkaden rhythmisierte Fassade zeigen armenischen Einfluss. Die Fresken im Innern sind neueren Datums. In der Kirche wurden sechs Woiwoden beigesetzt, darunter der Stifter Radu cel Mare und der Kopf des von den Habsburgern ermordeten Fürsten und Nationalhelden Mihai Viteazul (Michael der Tapfere, ► Berühmte Persönlichkeiten; Anfahrt: von Târgovişte auf der Str. 71

Richtung Sinaia, dann auf der Str. 72 Richtung Ploieşti, nach 1 km biegt man links ab; tägl. 8.00–16.00 Uhr).

Die Marienkirche auf dem Friedhof im Dorf Doiceşti (8 km nördlich an der Str. 71) stiftete 1706 Constantin Brâncoveanu; die Säulen der Vorhalle sind mit floralen Motiven geschmückt. ◄ Doiceşti

Ploieşti

Die 250 000 Einwohner zählende Industriestadt Ploieşti, Mittelpunkt eines Erdölfördergebiets, liegt im Vorland der Südkarpaten, 42 km östlich von Târgovişte. Sie ist mit ihrer Philharmonie und dem neoklassizistischen Kulturpalast (1812–1819) das kulturelle Zentrum der Region. 1909 kam hier der Komponist **Paul Constantinescu** zur Welt († 1963). Im Zweiten Weltkrieg wurden weite Teile der Altstadt durch Bombardements der Alliierten zerstört, ein Übriges tat Ceauşescu Abrisswut. Erhalten blieben die 1639 von Mihail Basarab gegründete **Fürstenkirche** (Biserica Domnească) sowie das **Hagi-Prodan-Haus** (Ende 18. Jh.; Str. Goleşti, südlich des Hauptplatzes), der älteste Profanbau der Stadt. In der Stadt gibt es drei Museen (jeweils Di.–So. 9.00–17.00 Uhr): ein Uhrenmuseum (Muzeul Ceasului, Str. N. Simache 1), ein Kunstmuseum (Muzeul de Artă, B-dul Independenţei) mit Werken des Malers **Nicolae Grigorescu** und ein **Erdölmuseum** (Muzeul Naţional al Petrolului, Str. Dr. Bagdasar 8). ◄ Museen

Im nahen Haimanale wurde der rumänische Schriftsteller Ion Luca Caragiale (1852–1912) geboren. Er gilt als der bedeutendste Dramatiker Rumäniens. ◄ Haimanale

★ Târgu Mureş · Neumarkt am Mieresch · Marosvásárhely

N 4

Region: Transilvania · Siebenbürgen **Einwohnerzahl:** 150 000
Höhe: 320 m ü. d. M.

Die Stadt an der Mureş im Herzen des siebenbürgischen Hochlandes ist die Hauptstadt der Szekler und neben Rumänisch hört man auf der Straße oft auch Ungarisch. In der Altstadt lädt der Rosenplatz mit Häusern im ungarischen und siebenbürgischen Sezessionstil, zahlreichen Geschäften und Cafés zum Flanieren ein.

Geschichte

Der Handel spielte in der verkehrsgünstig gelegenen, im 14. Jh. als Novum Forum Siculorum (= Neuer Markt der Szekler; ► Special S. 370) erstmals erwähnten Stadt über Jahrhunderte hinweg die entscheidende Rolle. Das spiegelt sich auch in ihren verschiedenen Stadtnamen wider (ungarisch: vásár, rumänisch: târgu = Markt). 1571 garantierte der Landtag die freie Religionsausübung und der Protestantismus konnte sich frei entwickeln. Der siebenbürgische Fürst Gábor Bethlen erhob den Ort 1616 sogar zur freien königlichen

◄ weiter auf S. 372

Zwischen dem Harghita-Gebirge und den Ostkarpaten zeigen zweisprachige Schilder – auf Rumänisch und Ungarisch – sowie reich mit Schnitzereien verzierte Hoftore dem Reisenden an, dass er sich im Szeklerland befindet.

IM ZEICHEN VON SONNE, MOND UND VENUS – DIE SZEKLER

Die Szekler, eine ungarisch sprechende Minderheit mit eigener Kultur und Schrift, leben seit Jahrhunderten in Südost-Siebenbürgen im Szeklerland.

Für manche Ungarn sind die Szekler sogar die »besseren Ungarn«, da sie stärker in der Tradition verankert sind, für andere sind sie aus den gleichen Gründen eher rückständig und Opfer etlicher Witze, vergleichbar mit den Ostfriesen.

Erstmals schriftlich erwähnt werden die Szekler 1116 als **Siculi**. Daher nennen die Rumänen sie Secui (Plural Secuii). **Bozgori** ist eine andere, wenig schmeichelhafte Bezeichnung, eine Anspielung auf eine angebliche Herkunft von den Baschkiren. Die Szekler leiten ihren Namen vom ungarischen »szék« (= Stuhl, Stuhlbezirk) ab, denn ihr Land war wie Siebenbürgen verwaltungstechnisch in **sieben Stühle** aufgeteilt, u. a. die Region Háromszék in die drei Stühle (három = drei) Kézdiszék bei Târgu Secuiesc, Orbaíszék bei Miercurea-Ciuc und Sepsiszék bei Sfântu Gheorghe.

Die Szekler gestern und heute

Das Szeklerland (ung. Székelyföld, rum. Ţinutul Secuiesc) entspricht heute etwa den Bezirken Harghita und Covasna sowie einem Teil von Mureş. 2002 lebten in Harghita und Covasna 84,6 bzw. 73,8 % Szekler, in Mureş nur noch 39,3 %.

In der **Volkskunst** haben sich Motive ihrer einst heidnischen Religion erhalten, lebendig ist auch ihre **einzigartige Kerbschrift**. Diese altungarische Kerbschrift (Rovásírás) aus 45 Zeichen ist bei den Szeklern seit dem 9. Jh. verbreitet. Sie erinnert an germanische Runen, ist jedoch eher mit der Kerbschrift der Awaren verwandt. Man findet sie beispielsweise heute noch auf Wandmalereien oder an Kircheneingängen.

Die genaue Herkunft der Szekler ist nicht gesichert. In verschiedenen Theorien wird über ihre awarische,

hunnische oder gepidische Abstammung diskutiert. Aber auch ein türkischer oder kumanischer Einfluss wird von einigen Wissenschaftlern für möglich gehalten. Als gesichert gilt, dass sie aus Asien stammen. Wie in Rumänien üblich, gibt es in solchen Fällen eine »erklärende« Legende. Als Anführer der Szekler gilt Prinz Csaba, einer der **Söhne Attilas**, des Hunnenkönigs und Gründers Ungarns. Nach der Niederlage im Kampf gegen seinen Bruder Aladár um den ungarischen Thron, soll sich Csaba mit seinen Kriegern in die skythische Heimat zurückgezogen haben – bis auf 3000 Mann, die sich im Szeklerland niederließen. Somit wären die **Szekler wie die Ungarn Nachfahren Attilas**.

Ab dem 10. Jh. wurden die Szekler von den Ungarn als Grenzwächter an den Westhängen der Karpaten angesiedelt. Im Gegenzug erhielten sie einige Autonomierechte: Sie waren »Freie« und mussten keine Steuern zahlen. Mit dem ungarischen Adel und den Siebenbürger Sachsen gehörten die Szekler so zu den drei herrschenden Bevölkerungsgruppen bzw. Nationen Siebenbürgens. Ihre historische **Szeklerflagge** zeigt Sonne, Mond und Venus auf blauem Grund. Schon im Mittelalter herrschten bei den Szeklern gewisse demokratische Strukturen, worauf sie bis heute stolz sind. Unter der Österreichisch-Ungarischen Doppelmonarchie ab 1867 verloren Siebenbürgen und Szekler ihre Autonomie an Ungarn. 1920, nach dem Anschluss an Rumänien, begann eine starke Rumänisierungspolitik. Doch die Szekler blieben weitgehend unter sich. Dieses **»Inseldasein«** wurde auch während der kommunistischen Ära – nicht ohne »Zähneknirschen« – geduldet; 1952 bis 1968 war das Szeklerland nach sowjetischem Vorbild eine autonome ungarische Provinz in Rumänien.

Seit dem Mittelalter betonen die Szekler ihre eigene Herkunft, doch fühlen sie sich allein über die **Sprache stark mit Ungarn verbunden**. Es gibt sogar Szekler, die nur Ungarisch, vielleicht etwas Englisch oder Deutsch, aber kein Rumänisch sprechen. Lediglich der Polizist im Dorf sei ein Rumäne, witzelt man noch heute.

TÂRGU MUREŞ ERLEBEN

AUSKUNFT

Str. Enescu 2
Tel. 03 65/40 49 34
Di.– Sa. 8.00 –20.00 Uhr
www.cjmures.ro

VERANSTALTUNG

Das Stadtfest findet alljährlich in der letzten Juni-Woche statt. Auf dem Programm stehen Folkloreveranstaltungen und ein großer Markt mit regionalen Spezialitäten.

ÜBERNACHTEN · ESSEN

► **Luxus**

Concordia
Piaţa Trandafirilor 45
Tel. 02 65/26 06 02
Das feinste Hotel am Platz ist vor allem in den Farben Rot, Weiß, Schwarz gehalten. Auch das Restaurant hat einen ausgezeichneten Ruf.

► **Komfortabel/günstig**

Transilvania
Piaţa Trandafirilor 46–47
Tel. 02 65/26 56 16
Das Hotel liegt zentral am Rosenplatz; je nach Modernisierung entspricht es zwei oder drei Sternen (und dementsprechend variieren die Preise).
Mit Restaurant.

Präfektur und Kulturpalast, die örtlichen Aushängeschilder

Stadt. Während der Revolution 1848/49 unterstützte Târgu Mureş die Ungarn. Zur Strafe ließen die Habsburger 1854 die Anhänger des niedergeschlagenen Aufstands hier hinrichten. Heute ist Târgu Mureş eine moderne Industriestadt mit sechs Hochschulen. Ein Besuch wert ist auch Kurort Sovata im Osten (►Odorheiu Secuiesc).

Sehenswertes in Târgu Mureş

★ **Rosenplatz** ◄ Präfektur

Am lang gestreckten Rosenplatz (**Piața Trandafirilor**) steht das Wahrzeichen der Stadt, die 1907 erbaute Präfektur mit einem 60 m hohen Turm und typisch ungarischem Majolikadach. Die Pläne lieferte das ungarische Architekten-Team Marcell Komor und Dezső Jakab. Vor der Präfektur steht eine Kopie der »römischen Wölfin«. Sie soll die dako-römische Herkunft des Landes unterstreichen und ist nicht unumstritten in der »Szekler-Hauptstadt« (►S. 224).

★ **Kulturpalast**

Das mehr am siebenbürgischen Baustil orientierte Jugendstilpalais des Kulturpalastes (**Palatul Culturii**) entstand 1913 ebenfalls nach Plänen von Marcell Komor und Dezső Jakab. Die Farben Blau-Weiß-Rot des Majolikadachs sind die des Stadtwappens. Die Fassadenmosaike und die Wandmalereien im Vestibul stammen von dem Künstler Aladár Körösfői-Kriesch. Lohnend ist ein Blick in den **Konzertsaal** mit der großen Orgel von 1914. Der eindrucksvollste Raum ist der 45 m lange, mit Carraramarmor ausgelegte **Spiegelsaal**, zwölf von Sándór Nagy gestaltete Buntglasfenster zeigen Szenen aus Geschichte, Legenden und Mythen der Szekler.
In dem Gebäude sind u. a. das Historische und das Kunstmuseum für rumänische und ungarische Malerei des 19./20. Jh.s untergebracht (Di.– Fr. 9.00 –16.00, Sa., So. 9.00–13.00 Uhr). ⌚
Westlich der Präfektur steht das **Rathaus** (Primărie), dann folgt die dreieckige **Piața Victoriei**. Die katholische Kathedrale in der Mitte (1939) ist eine verkleinerte Kopie des Petersdoms. ◄ Siegesplatz

Orthodoxe Kathedrale

Den östlichen Abschluss des Rosenplatzes bildet die dreikuppelige orthodoxe Kathedrale (1925–1934) mit Fresken in der großen Kuppel. Davor steht das Reiterstandbild des **Avram Iancu**, Anführer der rumänischen Revolution von 1848, der in seiner Jugend als Anwalt in Târgu Mureş gearbeitet hat. Die benachbarte **katholische Kirche** wurde 1728–1764 im Barockstil errichtet.

Ethnografisches Museum

An der Nordseite des Platzes fällt das barocke **Toldagi-Palais** (Nr. 11) ins Auge. Es wurde 1759–1762 nach Plänen von Jean Luis d'Or und P. Schmidt erbaut und beherbergt das Ethnografische Museum (Muzeul de Etnografie, Néprajzi Múzeum; Di.– Fr. 9.00 –16.00, Sa. 9.00 –14.00, So. nur bis 13.00 Uhr). ⌚ Gezeigt werden u. a. Volkskunst sowie Trachten aus der Maramureş-Region. Auf dem Spielplan des dahinter gelegenen, 1970 erbauten **Nationaltheaters** stehen rumänische und ungarische Stücke.

Zitadelle

Die Festung (Cetate, Vár) auf dem Hügel östlich des Rosenplatzes mit einem Befestigungsring und Bastionen entstand in der 1. Hälfte des 17. Jh.s auf den Ruinen einer älteren Anlage. Die reformierte Kirche in der Festung stammt noch aus dem 14. Jh. (im 18. Jh. barockisiert). In der Kirche fanden 38 Landtage statt, darunter auch der im Jahr 1571, als die Religionsfreiheit proklamiert wurde. 1704 wurde hier Ferenc Rákóczi II. gekrönt, der letzte Fürst Transsilvaniens. Rákóczi führte den letzten Kuruzenaufstand gegen die Habsburger an, unterlag und floh ins türkische Exil nach Tekirdag.

Synagoge

Die **Synagoge** in der Str. Aurel Filimon (eine Parallelstraße im Norden vom Rosenplatz) wurde um 1900 nach Plänen des Wiener Architekten Jacob Gärtner erbaut und gilt als die schönste Synagoge Transsilvaniens (Schlüssel im Haus Nr. 23; Mo.– Fr. 9.00 –13.00 Uhr).

Naturgeschichtliches Museum

Um die Ecke, in der Str. Horea, befindet sich das **Naturgeschichtliche Museum** (Muzeul de Ştiinţele Naturii, Természetrajzi Múzeum; Di.– Fr. 9.00–16.00, Sa. bis 14.00, So. bis 13.00 Uhr). Ausgestellt sind vor allem ausgestopfte Tiere, riesige Schmetterlinge und Insekten.

Teleki-Bolyai-Bibliothek

In der südlich vom Rosenplatz abzweigenden Str. Bolyai stehen vor dem Bolyai-Gymnasium, einem Jugendstilbau, die Statuen der Mathematiker Farkas (1775–1856) und János Bolyai (1802–1860). Als Begründer der Nichteuklidischen Geometrie haben sich die beiden weltweit einen Namen gemacht. Eine Gedenkausstellung ist in der einstigen Residenz des **Fürsten Samuel Teleki** (Nr. 17) eingerichtet. Für seine rund 40 000 Bände ließ er 1802 die Bibliothek erbauen. Zu den wertvollsten Stücken gehören Handschriften von Erasmus von Rotterdam sowie das erste tibetanisch-englische Wörterbuch, ein Werk des Szeklers Sándor Kőrösi Csoma (1784–1842), der sich bei der Suche nach den Ursprüngen der Ungarn nach Tibet begeben hatte (Di., Do. 8.00 –18.00, Mi. bis 14.00, Sa., So. 10.00–13.00 Uhr).

Umgebung von Târgu Mureş

Reghin

Das Städtchen (**Regen**, Szászrégen) 30 km den Mureş flussaufwärts war bis Anfang des 20. Jh.s überwiegend von Siebenbürger Sachsen bewohnt. Heute stellen die Ungarn die größte Bevölkerungsgruppe. Bekannt ist der Ort als **Zentrum des Musikinstrumentenbaus**. Neben kleinen Privatmanufakturen ist hier auch »Hora« ansässig, die größte Musikinstrumentenfirma des Landes. Die Altstadt konzentriert sich um die Str. Mihai Viteazul und den Parcul Central. Bunt gestrichene Häuser mit kleinen Läden bilden ein einheitliches Ensemble. Lohnend ist ein Besuch des Volkskunstmuseums (Muzeul Etnografic, Str. Vânătorilor 51; Mi.–So. 9.00–17.00 Uhr) mit schönen Sammlungen von Trachten, Bauernmöbeln, Geräten und Werkzeugen, zwei traditionell eingerichteten Hütten, eine in ungarischem und eine in rumänischem Stil, und einer kleinen orthodoxen Holzkirche.

Volkskunstmuseum ►

★★ Timişoara · Temeschwar · Temesvár

F 6

Region: Banat **Einwohnerzahl:** 336 000
Höhe: 90 m ü. d. M.

In Timişoara, der altehrwürdigen Hauptstadt der historischen Region Banat und einer der größten Städte Rumäniens, leben seit Jahrhunderten viele Völker zusammen, Ungarn, Deutsche, Serben, Juden, Rumänen und Roma, was sich in einer offenen Atmosphäre niederschlägt.

»Klein Wien«

Ein Bummel durch das Stadtzentrum mit seinen engen Straßen und großzügig angelegten Plätzen, prächtigen Barockbauten, Jugendstilhäusern sowie historisierenden Fassaden folgt den Spuren der K.-u.-k.-Monarchie, aber auch jenen der Revolution von 1989, da hier am 15. Dezember 1989 der Aufstand ausbrach, der zum Sturz des Ceauşescu-Regimes führte.

Geschichte

Die erste urkundliche Erwähnung von Timişoara stammt von 1154. 1212 ist von einem »Castrum Temesiensis«, **Burg an der Timiş**, die Rede. 1552 wurde sie von den Türken eingenommen, unter deren Oberhoheit sie bis zur Eroberung 1716 durch Prinz Eugen von Savoyen blieb. Es folgten 200 Jahre unter Habsburger Einfluss. Maria Theresia ließ Temeschwar zur Garnisonsstadt ausbauen. Mit dem Anschluss an das Eisenbahnnetz und dem Bau des Bega-Kanals erlebte die Stadt in der 2. Hälfte des 19. Jh.s eine wirtschaftliche Blüte. 1884 erhielt sie als erste Stadt Europas eine elektrische Straßenbeleuchtung. Aus dieser Zeit stammt auch der Beiname **»Klein Wien«**.
Bis zum Zweiten Weltkrieg war Timişoara eine **Vielvölkerstadt**, wobei die Banater Schwaben die größte Gruppe bildeten (gefolgt von Ungarn und Serben; ► S. 20). Heute leben hier überwiegend Rumänen (85,52 %), gefolgt von Ungarn (7,65 %), Deutschen (2,25 %), Serben (1,98 %), Roma (0,6 %), Schweizern (0,5 %) und Italienern (0,4 %). Wegen dieses Völkergemischs gilt Timişoara als die toleranteste und weltoffenste Stadt Rumäniens. So war es sicher kein Zufall, dass hier die Revolution ausbrach! Auslöser war der Pfarrer László Tőkés, der in seinen Predigten offen zum Widerstand aufforderte. Als er strafversetzt werden sollte, brach am 15.12.1989 die Revolte aus, die das Regime hinwegfegte.

? WUSSTEN SIE SCHON ...?

- ... dass der berühmteste Tarzan-Darsteller und Leistungsschwimmer Jonny Weissmuller 1904 in Freidorf, heute Stadtteil von Timişoara, als Sohn jüdisch-katholischer Eltern geboren wurde? 1907 wanderte die Familie in die USA aus. »Meinen Dschungelschrei lernte ich von meinen Vorfahren. Die gingen an den Wochenenden immer ins Gebirge«, vertraute Weissmuller einmal der FAZ an.

In den letzten Jahren hat sich **Timişoara zur Boomtown** entwickelt. Die Wirtschaft floriert, die Altstadt wird Stück für Stück saniert, es gibt anerkannte Universitäten und rumänisch-, deutsch- und ungarischsprachige Bühnen, Zeitungen und Schulen.

Sehenswertes in Timişoara

★★ **Platz der Einheit**

Der großzügige Einheitsplatz (**Piaţa Unirii**) ist das Herz von Timişoara. Hier wurden die Märkte abgehalten, fanden öffentliche Prozesse, Aufmärsche, Prozessionen, Festumzüge und Hinrichtungen statt, wie die von dem Bauernführer **György Dózsa** (1470–1514). Der im 18. Jh. im Barockstil umgestaltete Platz verströmt bis heute den Geist der Habsburger Zeit. Malerisch herausgeputzte Fassaden, die mächtige Kathedrale und die Dreifaltigkeits- oder Pestsäule bilden ein einheitliches Ensemble.

TIMIŞOARA ERLEBEN

AUSKUNFT

Str. Proclamatia de la Timişoara 5
Tel. 02 56/43 79 73
Mo.– Sa. 10.30 –20.00 in der Saison, sonst bis 18.00 Uhr
infocentru@ccmtm.ro

GUT ZU WISSEN

Internet
Das Internet-Café im Zentrum in der Str. Mercy ist bis ca. Mitternacht geöffnet.

Wein
23 km östlich von Timişoara wird um den Ort Recaş der sog. Schwabenwein gekeltert. Weinverkauf und -verkostung bietet das Weingut Cramele Recaş (Tel. 02 56/33 02 96, www.recaswine.ro).

ESSEN

► Fein & teuer/erschwinglich

① *Lloyd & Club XXI*
Piaţa Victoriei 2
Tel. 02 56/29 49 49
Traditionsreiches Restaurant (das frühere Café Wien) mit traditioneller und internationaler Küche.

ÜBERNACHTEN · ESSEN

► Luxus

① *Continental*
B-dul Revoluţiei 3
Tel. 02 56/49 41 44
www.hotelcontinental.ro
Das Haus im Zentrum bietet aus den oberen Etagen einen schönen Blick auf die Stadt. Die 250 Zimmer sind komfortabel eingerichtet. Im Haus gibt es ein Restaurant und eine Diskothek.

► Komfortabel

② *Euro Hotel*
Str. Mehadia 5
Tel. 02 56/20 12 51
www.eurohotelsite.com
Das sympathisch geführte Hotel liegt auf der Südseite des Bega-Kanals im Studentenviertel. Mit Parkplatz, Restaurant und Internetanschluss.

③ *Central*
Str. N. Lenau 6
Tel. 02 56/49 00 91
www.hotel-central.ro
Das Hotel liegt in der Nähe des Piaţa Victoriei und wurde kürzlich renoviert; mit Restaurant und Bar.

Im Osten wird der Platz dominiert von der eleganten Doppelturmfassade der 1736–1773 erbauten barocken **Catadrală Romano-Catolică**, Symbol des österreichischen Triumphes über die Türken. Die Pläne lieferte der für seine Bauten in Wien und Prag bekannte Architekt Emmanuel Fischer von Erlach. Der Hauptaltar ist ein Werk von Michael Unterberger; besonders bemerkenswert sind die Seitenaltarbilder des Prager Malers **Johann Nepomuk Schöpf**.

★ Katholische Kathedrale

Ebenfalls im Wiener Barockstil gestaltet ist die **Dreifaltigkeits- oder Pestsäule** in der Platzmitte (1740, Gustav Major, Coloana Ciumei). Reliefbilder vergegenwärtigen die Schrecken der Pestepidemie von

Timişoara • Temeschvar *Orientierung*

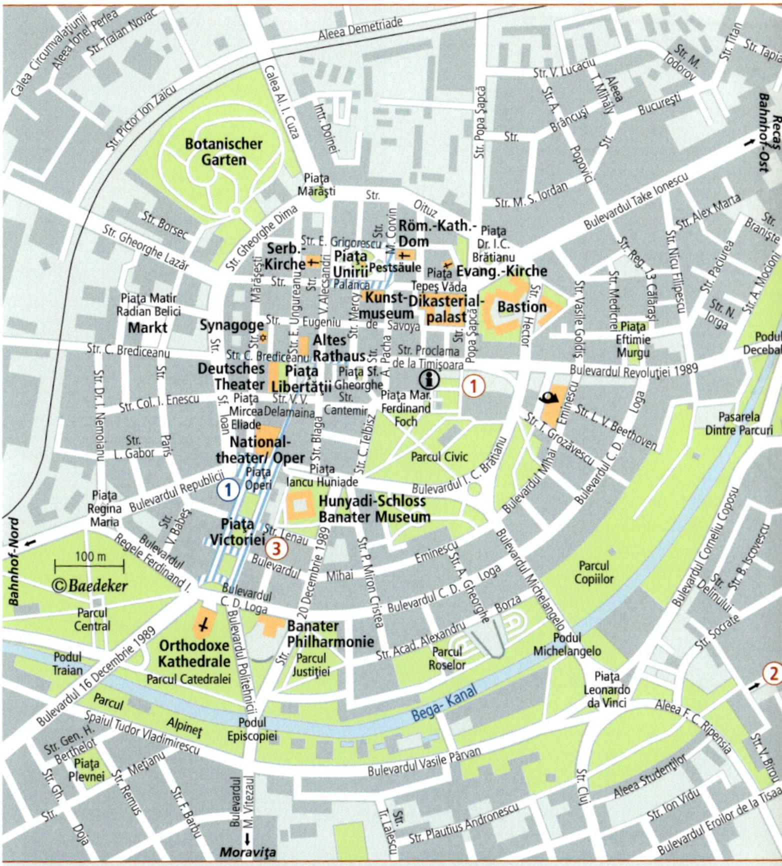

Essen
① Lloyd & Club XXI

Übernachten • Essen
① Continental ② Euro Hotel ③ Central

Fußgängerzone

Platz der Einheit mit der Katholischen Kathedrale

1739. An der Westseite des Platzes erbauten die Serben 1748 ihre barocke **Serbische Kirche** (Catadrală Sârbească). Um 1791 wurde sie um zwei Türme vergrößert (Eingang Str. Ungureanu). Daneben steht der exotisch aussehende Serbische Bischofpalast (**Palatul Episcopal Sârb**), heute ein serbisches Museum. Allein das Vestibül lohnt einen Blick; sehenswert sind auch die Ikonensammlung (18. Jh.) sowie serbische Trachten (Mo.–Fr. 8.00 –15.30 Uhr). Das benachbarte schöne **Jugendstilgebäude** gehörte einst der Banca de Scont. Es wurde 1908 nach den Plänen von Marcell Komor und Dezső Jakab erbaut.

Serbischer Bischofpalast ►

Brück-Palais, Kunstmuseum

An der Südseite des Platzes ziehen zwei weitere Gebäude die Aufmerksamkeit auf sich. Das Brück-Palais wurde von dem Jugendstil-Architekten László Székely konzipiert. Das andere Barockgebäude (**Prefectura Veche**) entstand 1754 als Gouverneurspalast. Nach seiner Renovierung wird hier das Kunstmuseum mit seinen Sammlungen italienischer und flämischer Meister seine Türen öffnen.

Freiheitsplatz

Die **Piața Libertății** liegt ungefähr in der Mitte der Altstadt. Auffällig ist die rote Fassade des **Alten Rathauses** (Primăria Veche) an der Nordseite. Architekt des in einem Stilmix aus Neorenaissance und Barock erbauten Rathauses (1731–1734) war der Italiener Pietro del Bronzo. Später wurde das Gebäude mehrfach umgestaltet und beherbergt heute die Musikakademie. Interessant ist das Temeschwarer Wappen: Es zeigt eine starke Festung mit offenem Tor in der Mitte, weil man glaubte, dass die Gefahr nun vorüber war. Die Osmanen waren 1716 geschlagen und vertrieben worden. Vor dem Alten Rat-

haus steht eine barocke **Mariensäule** (1734) mit dem hl. Johannes von Nepomuk, seit 1727 der Schutzheilige des Banat.
Die zum Siegesplatz führende **Str. Alba Iulia** ist eine belebte Fußgängerzone, gesäumt von schönen Geschäften.

★
◄ Fußgängerzone

★★
Siegesplatz

Die Ende des 19. Jh.s als Verbindung zwischen Opernhaus und orthodoxer Kathedrale angelegte lang gestreckte **Piaţa Victoriei** ist ein schöner Ort zum Verweilen mit Bänken zwischen den Hecken, Brunnen und Blumenrabatten. Wie in vielen Städten des Landes wurde auch hier eine **Kopie der »römischen Wölfin«** aufgestellt. Hohe Jugendstilfassaden geben dem Ganzen einen edlen Rahmen; Hauptarchitekt war László Székely. Genau hier entzündete sich im Dezember 1989 der Revolutionsfunke, der zum Sturz des Ceauşescu-Regimes führte. An die Ereignisse und die Opfer erinnert ein Kreuz gegenüber der orthodoxen Kathedrale.

Orthodoxe Kathedrale

Die orthodoxe Kathedrale (**Catedrală Mitropolitan Ortodox**) bildet mit ihren vielen Türmchen, den bunten Dachziegeln und dem 96 m hohen zentralen Turm einen malerischen Platzabschluss. Sie entstand 1936–1947 und verbindet byzantinische und moldauische Stilelemente. Da das Baugelände in einem Sumpfgebiet lag, mussten für das Fundament über 1000 Betonpfeiler in die Erde versenkt werden. Im Souterrain befindet sich eine Ausstellung **sakraler Kunstgegenstände aus dem 16.–18. Jh.** (Mi. –So. 9.00 –16.00 Uhr).

Oper, Nationaltheater

Die Rumänische Oper und das Nationaltheater (Opera Română, Teatrul Naţional) schließen den Platz im Norden ab. Das Gebäude wurde 1875 nach Plänen des Wiener Architekturbüros Fellner und Helmer errichtet. Nach einem Brand im Ersten Weltkrieg wurde es von Duiliu Marcu im neobyzantinischen Stil umgestaltet und hat einiges von seiner einstigen Pracht eingebüßt. Schräg gegenüber liegt im Erdgeschoss eines Gebäude von 1911 das traditionsreiche **Restaurant Lloyd**.

Banat-Museum

Das alte **Hunyadi-Schloss** wenige Meter östlich auf der Piaţa Iancu Huniade beherbergt das Banat-Museum (**Muzeul Banatului**; Di. bis So. 10.00 –16.30 Uhr). Es steht auf den Fundamenten der Anfang des 14. Jh.s von dem ungarischen König Karl Robert von Anjou erbauten Residenz. Das heutige Gebäude entstand größtenteils in der 2. Hälfte des 19. Jh.s. Ausgestellt sind historische, naturhistorische und archäologische Sammlungen. Die Straßenlampe vor dem Eingang erinnert an die Einführung der elektrischen Straßenbeleuchtung 1884.

Weitere Sehenswürdigkeiten

★
◄ Bastion

Die Bastion östlich vom Einheitsplatz, an der Str. Popa Şapcă, ist das einzige Relikt der unter Maria Theresia errichteten sternförmigen Festung. Die 20 m hohen Mauern geben einen guten Eindruck von der Mächtigkeit der einstigen Zitadelle. In der Tat wurde sie nie bezwungen. Heute beherbergt die Bastion das **Ethnografische Museum** (Muzeul Etnografie) mit Keramiken, Handarbeiten, Trachten und Bauernmöbel aus dem Banat (Di.–So. 10.00–16.00 Uhr).

Dikasterialpalast ► Der große Neorenaissancebau mit drei Innenhöfen und 365 Fenstern gegenüber ist Sitz des Bezirksgerichts. Nach dem Vorbild der Paläste in Venedig wurde er 1850–1854 für den Gouverneur erbaut.

Museum der 1989er-Revolution

Anhand von Zeitungsausschnitten, Fotografien und Videos dokumentiert das Museum (**Memorialul Revoluţiei**) die Ereignisse der Revolution von 1989 in Timişoara und anderen Städten Rumäniens. Ebenso interessant wie ungewöhnlich ist die Ausstellung von Kinderzeichnungen zu dem Thema. Im Erdgeschoss erinnert eine kleine Gedenkkapelle an die Opfer (Ecke Str. Gheorghe Lazăr/Str. Ungureanu; Mo.–Fr. 9.00 –16.00, Sa. 9.00 –14.00 Uhr).

Jüdische Zeugnisse

Von der einst großen jüdischen Gemeinde zeugen noch drei Synagogen, leider alle in einem beklagenswerten Zustand. Die mit schönen Keramikbändern verzierte Synagoge im Zentrum (**Sinagoga din Cetate**, Str. Mărăşeşti 6), die einzige innerhalb des Festungsrings, entstand 1863 –1865 nach den Plänen von Ignaz Schumann und dient heute der Philharmonie für Konzerte. Nicht weit davon, in der Str. G. Lazăr 5, kann man im **Jüdischen Büro** (Mo.– Fr. 8.00 –13.30 Uhr) nach einer Besichtigung der Synagogen fragen. Die **Iosefin-Synagoge** (Sinagoga din Iosefin, B-dul Iuliu Maniu) liegt südwestlich des Zentrums nahe am Bega-Kanal, die sog. Neue Synagoge östlich des Zentrums an der Str. 3. August 1919.

Von hier sind es nur wenige Meter zum **Prinz-Eugen-Haus** (Casa de Savoya; Ecke Str. Eugeniu de Savoya), Sitz des Habsburger Generals. Eine Plakette erinnert an seinen Sieg über die Osmanen 1716.

! *Baedeker* TIPP

Für Steinliebhaber

Das Museum für Gesteinskunde im Dorf Ocna de Fier (Eisenstein; 7 km nordöstlich von Reşita) genießt auch bei Fachleuten einen hervorragenden Ruf. Gegründet wurde es von Constantin Gruescu. Der Bergmann und spätere Bergbautechniker hat eine Leidenschaft für die schillernden und bunten Steine. Quarze, Amethyste, Granate und andere Mineralien konkurrieren um die Gunst der Besucher und die kommen mittlerweile aus der ganzen Welt. Herr Gruescu, inzwischen weit über 80 Jahre alt, führt kundig durch die Sammlung (Ocna de Fier, Str. Vale 113).

Umgebung von Timişoara

Lenauheim

In Lenauheim, früher Csatád, 32 km westlich von Timişoara im Dreiländereck Ungarn, Serbien und Rumänien, kam 1802 **Nikolaus Lenau** zur Welt († 1850 in Wien). Ein kleines Museum in seinem Geburtshaus erinnert an den Dichter und Kämpfer für politische und religiöse Freiheit während des Vormärz. Im gleichen Gebäude ist auch eine Volkskunstausstellung der Donauschwaben zu sehen (Mo.–Fr. 8.00–12.00, 13.00–16.00 Uhr; Schlüssel im Haus Nr. 442).

Das **Weindorf Rekasch** (23 km östlich) ist bekannt für seine weißen und roten »Schwabenweine«. Eine Spezialität der Region ist die Weißweinrebe Creața galbenă, ein trockener bis halbtrockener Wein mit einem angenehmen Bukett (►S. 83).

Recaş

Die alte Bergbaustadt Reşita (**Reschitza**; 102 km südöstlich von Timişoara) liegt am Fuß der bis zu 1400 m hohen Semenic-Berge. Für Eisenbahnfans ist das Freiluft-Lokomotivmuseum (Muzeul Locomotive) mit 16 Dampfloks aus der Gründerzeit lohnenswert, darunter befindet sich die erste rumänische Lokomotive von 1872.

Reşita

Für Naturliebhaber ist der 16 km südlich gelegene Nationalpark Semenic-Caraş-Klamm (Parcul National Semenic-Cheile Carasului) ein **herrliches Wandergebiet** (►S. 94).

◄ Nationalpark Semenic-Caraş-Klamm

Tulcea

V 7

Region: Dobrogea · Dobrudscha **Einwohnerzahl:** 95 000
Höhe: 50 m ü. d. M.

Die Stadt südlich der Donau nahe der ukrainischen Grenze ist die Eingangspforte ins Donaudelta, das »Tor zum Schwarzen Meer«.

Tor ins Donaudelta

Der Archäologe Boucher de Parthes beschrieb 1853 seine Eindrücke: »Links auf einem Hügel bietet sich eine der lieblichsten Aussichten. Es handelt sich um eine Armee von Windmühlen, die sich alle eifrig drehen. ... Man sieht auch die Schlote der Dampfer ... Die Schiffsmasten gemeinsam mit den Flügeln der Windmühlen ergeben ein äußerst ungewöhnliches Ensemble.« Die Windmühlen sind verschwunden, Betonbauten und eine riesige Aluminiumfabrik bestimmen das Stadtbild. Dreh- und Angelpunkt Tulceas ist die **Hafenpromenade**, hier starten die Ausflugsboote ins Donaudelta.

Geschichte

Vor gut 2600 Jahren gründeten hier griechische Siedler aus Milet die Stadt Aegyssus. Kurze Zeit gehörte sie zum Dakerreich von Burebista. Der römische Dichter Ovid spricht in seinen »Briefen vom Schwarzen Meer« von einem Kastell Aegissus. Damals war Tulcea die Basis der römischen Nordost-Flotte.
Als bedeutende Hafenstadt geriet Tulcea unter wechselnde Herrschaften: Im 8. und 9. Jh. war es bulgarisch, dann byzantinisch, im 13. Jh. gehörte es für kurze Zeit zu Genua. Die Türken nannten die Stadt 1416 Tolçu. Erst seit dem

? WUSSTEN SIE SCHON ...?

- Auch wenn die Măcin-Berge westlich von Tulcea nur maximal 467 m hoch sind, der hier abgebaute Granit wurde weit exportiert: Straßen in Istanbul und Marseille wurden mit seinem Stein gepflastert und auch beim Bau des Münchner Olympiastadions wurde er verwendet.

TULCEA UND UMGEBUNG ERLEBEN

AUSKUNFT

Str. Garii 26
Tel. 02 40/51 91 30
Mo.–Fr. 9.00–17.00,
Sa 10.00–13.00 Uhr
tourism_tulcea@yahoo.com

Danube Delta Biosphere Reserve Administration (ARBDD)
Str. Portului 34a
Tel. 02 40/51 89 45, Mo.–Fr. 8.00–16.00 Uhr, www.ddbra.ro
Hier bekommt man alle nötigen Informationen über Touren ins Donaudelta, die notwendige Eintrittserlaubnis für Individualreisende und Angelpässe.

WWF Deutschland
Rebstöcker Str. 55, 60326 Frankfurt
Tel. 069/791 44 0
www.wwf.de
Der WWF Deutschland engagiert sich besonders für den »Grünen-Donau-Korridor«, ein gemeinsames Projekt von Rumänien, Bulgarien, Moldawien und der Ukraine zum Schutz und zur Renaturierung der Feuchtgebiete entlang der etwa 1000 km langen unteren Donau.

GUT ZU WISSEN

Büro der Linienschiffe
Navrom Delta SA.
Str. Portului 26
Tel. 02 40/51 15 33
www.navrom.x3m.ro

Reiseveranstalter (Auswahl)
Viking Flusskreuzfahrten GmbH
Hohe Straße 68–82
50667 Köln, Tel. 02 21/258 62 09
www.vikingrivers.com

Gaea Tours
Kultur- und Naturreisen
Bruggstr. 28, 8942 Oberrieden
www.gaea.ch

VERANSTALTUNGEN

Jedes Jahr im August findet ein internationales Volksmusik- und Tanzfestival statt. Im September gibt es einen Tag der Fischer.

ÜBERNACHTEN · ESSEN

► Luxus/komfortabel

④ *Enisala Safari Village*
in Enisala
Tel. 07 22/30 02 00, Fax 3 14 58 37
www.safari.ro
Die Gäste sind in reetgedeckten, weiß verputzten Häusern und rustikal eingerichteten Zimmern untergebracht. Breites Ausflugsangebot auf dem Wasser, mit Rädern, zu Fuß oder mit Pkws.

► Komfortabel

① *Delta*
Str. Isaccei 2
Tel. 02 40/51 47 20
www.deltahotel.ro
Das Hotel liegt an der Donaupromenade und seine Zimmer bieten einen herrlichen Ausblick. Zum Service gehören außer dem Restaurant ein Swimmingpool und ein gutes Infozentrum für Reisen ins Donaudelta.

① *Insula*
Str. Portului
Tel. 02 40/51 51 21
Das Hotel, dessen Front auf den Stadtsee ausgerichtet ist, lässt sich von der Promenade aus noch gut zu Fuß erreichen. Das Restaurant ist für seine Fischgerichte bekannt.

① *Select*
Str. Păcii 6
Tel. 07 44/33 30 80 und 52 78 02

www.calypsosrl.ro
Modernes und bequemes Hotel mitten im Zentrum. Im Restaurant gibt es gute einheimische Küche.

② *Cormoran*
in Uzlina
Tel. 07 44/65 63 72
www.cormoran.ro
Direkt am Kanal gelegener Hotelkomplex mit unterschiedlichen Unterkunftsarten und breitem Sportangebot. Guter Ausgangspunkt für Touren in das südliche Delta.

► **Günstig**
③ *Campingplatz*
in Murighiol
Tel. 02 40/54 55 16
mobil 07 44 84 51 39
Mitten im Fischerort Murighiol am Sf.-Gheorghe-Kanal betreibt Romeo Cozorovschi mit seiner Frau Daniela einen kleinen Campingplatz. Vermietet werden auch einfache Hütten. Auf Wunsch gibt es frisch gegrillte Fische.
Der Hausherr spricht Deutsch und ist ein erfahrener Guide mit einem kleinen Boot für Touren ins Donaudelta.

In vielen kleinen Dörfern, vor allem an den abgelegenen Donauarmen, gibt es viele Privatquartiere, so auch im größten Ort Sulina.

Berliner Vertrag von 1878 gehört Tulcea wie die Dobrudscha zu Rumänien. Eine staatlich verordnete Rumänisierung setzte ein und viele Türken verließen das Land. Die Hauptstadt wurde von Tulcea nach ►Constanţa verlegt, da der dortige Hafen eisfrei war. Die Haupterwerbszweige sind auch heute der Flusshafen und die Industrie.

Sehenswertes in Tulcea und Umgebung

Tulcea

Zentrum der Stadt ist der dreieckige Platz Piaţa Civica mit dem Reiterstandbild des Walachenfürsten Mircea cel Bătrân (Mircea der Alte, 1386–1394). Folgt man der langsam ansteigenden Str. Dobrogeanu, findet man noch Reste einer älteren Bebauung sowie einige Kirchen, u. a. die 1854 nach den Plänen von Ştefan Dopron als Bischofskirche erbaute Verkündigungskirche (Biserica Buna Vestire) mit einem schönen Säulenportikus. Von hier bergab gelangt man zu dem großen Markt an der Hauptstraße Str. Isaccei.

◄ Museen

An die lange Stadtgeschichte erinnern Relikte im **Archäologischen Museum** (Muzeul de Istorie şi Arheologie, Parcul Monumentul Independentei; Di.–So. 10.00–16.00, im Sommer bis 18.00 Uhr) in einem Park auf einer Anhöhe. Unterhalb des Museums steht die Geamia-Azizie-Moschee (1863). Weitere Museen der Stadt sind das **Volkskundemuseum**, u. a. mit einer Ausstellung über den Fischfang (Muzeul de Artă Populară şi Etnografie, Str. 9. Mai 4; Di.–So. 10.00–16.00, im Sommer bis 18.00 Uhr). Eine gute Einführung in die **Flora und Fauna des Donaudeltas** erhält man im Deltamuseum (Muzeul de Stiinţele Naturii, Str. Progresului 32; Di.–So. 10.00–16.00, im Sommer bis 18.00 Uhr). Im **Kunstmuseum** sind rund 700 Glas- und

◄ Moschee

◄ Deltamuseum

Hier starten die Ausflugsschiffe ins Donaudelta.

Holzikonen sowie sehenswerte rumänische Malerei ausgestellt, u. a. Arbeiten von Nicolae Grigorescu, Theodor Pallady und Nicolae Tonitza (Muzeul de Artă; Str. Grigore Antipa 2, Di.–So 10.00–16.00, im Sommer bis 18.00 Uhr).

Ausflüge ins Donaudelta ►

Von der lang gestreckten, von Restaurants, Cafés und Geschäften gesäumten **Donauhafen-Promenade** starten die meisten **Ausflugsboote** ihre Tages- oder Wochentrips in das Naturparadies sowie die **Linienschiffe** zu den im Delta lebenden Menschen (►S. 388).

✶ Dinogetia

An der Stichstraße zwischen Garvăn und der Industrie- und Donauhafenstadt Galați im Westen von Tulcea liegt die von den Geto-Dakern gegründete Siedlung Dinogetia, die von den Römern zu einer Festung ausgebaut wurde. Zu erkennen sind noch die Grundmauern der römischen Basilika und der byzantinischen Kirche, verschiedene Gebäude und die Straßenführungen. Außerhalb wurden die Reste einer römischen Therme freigelegt. Besucher führt der heute hier lebende Bauer sachkundig durch die Ausgrabungsstätte.

Isaccea

In dem kleinen Donaustädtchen Isaccea, der einstigen Römersiedlung Novodunum, ist der Erdwall der ehemaligen Festung ein guter Aussichtspunkt über die Donau. Die türkische Moschee mit Minarett in der Ortsmitte stammt aus dem 16. Jahrhundert.

Kloster Cocoș

Nach wenigen Kilometern liegt rechter Hand und vor den Măcin-Bergen (Munții Măcinului) die schneeweiße Kirche des Männerklosters Cocoş. Größter Schatz des 1833 gegründeten Klosters (Cocoş = Hahn, der Name geht auf die einst in großer Zahl hier lebenden Auerhähne zurück) sind die Reliquien der vier Märtyrer Zoticos, Attalos, Kamasie und Filippos. Man entdeckte sie 1971 im Nachbardorf Niculiţel, als man die Grundmauern einer aus dem 4. Jh. stammenden Kirche freilegte und auf die noch verschlossene Gruft mit den Gebeinen der Märtyrer stieß. Inschriften weisen auf ihre Identität. Um den Ausgrabungsort zu schützen, hat man ein **Museum** (Bazilica Martirica) darüber gebaut. Im Ort steht auch die älteste Kirche der Region: Der kleine, schlichte Bau der **Biserica Sf. Atanasie** mit niedrigem Turm geht auf die 2. Hälfte des 13. Jh.s zurück. 1977 wurde das Innere neu ausgemalt, sodass ursprüngliche Fresken nur an der Decke des Naos erhalten sind.

✶ ◄ Niculiţel

Kloster Saon

Das nur 8 km entfernte Nonnenkloster Mănăstirea Saon liegt idyllisch inmitten von Weinfeldern. Es wurde ab 1846 von Mönchen des nahen Klosters Celic-Dere errichtet und wird seit 1930 von Nonnen bewohnt. Im Innern der St. Peter und Paul geweihten Kirche ist die Darstellung der hl. Hycenica interessant, denn sie trägt eine regionale Tracht. Zum Kloster gehört eine hölzerne Getreidemühle.

◄ Kloster Celic-Dere

Der Name des 1841 gegründeten Mănăstirea Celic-Dere bedeutet »Eisen-Bach« und bezieht sich auf das vom Eisenerz rot gefärbte Wasser des Klosterbachs. Die Klosterzellen liegen um die dreitürmige Kuppelkirche. Im Klostermuseum ist neben alten Handschriften, kultischen Gegenständen und Teppichen eine der ältesten Ikonen Rumäniens ausgestellt. Sie stammt noch vom Berg Athos.

Babadag

An der Strecke nach ► Constanţa erreicht man nach 21 km die Kleinstadt mit dem orientalisch klingenden Namen Babadag. Über den Namen (Baba = Vater, Dagh = Berg) erzählt eine Legende, dass hier einst der Hirte Korun Baba wohnte. Zwei türkische Pilger fragten ihn nach dem Grab des hl. Sari Saltuk. Er zeigte ihnen eine von einem Stein bedeckte Stelle auf der Bergkuppe, die seine Schafe mieden. Hier begannen die Pilger zu graben, fanden schließlich die Gebeine des Heiligen und bauten darüber ein Mausoleum.

✶ ◄ Ali-Gazi-Pascha-Moschee

Mitte des 13. Jh.s wurden in der Region unter Sari Saltuk Baba rund 12 000 Türken angesiedelt. Ihre Kultur ist noch in der Ortsmitte präsent: Die Ali-Gazi-Pascha-Moschee von 1522 ist das älteste islamische Bauwerk in Rumänien. Ihr angeschlossen ist das Grabmal Ali Gazis (Türbe) und ein kleines **Museum orientalischer Kunst**. Zu sehen sind anatolische Teppiche, Dolche, Teeservice, Kultgefäße, Schmuck und orientalische Kleidungsstücke.

Enisala

◄ Festung Heracleea

Im Dorf Enisala, 8 km östlich, gibt es ein liebevoll eingerichtetes Bauernmuseum (Gospodaria Taraneasca, Mo.–Fr. 10.00–18.00 Uhr) sowie die etwa 2 km außerhalb auf einem Hügel über dem **Razim-See** thronende Festung Heracleea (Cetatea). Sie wurde im ausgehenden 13. Jh. von Genueser Kaufleuten errichtet und 1417 von Sultan

Mehmet I. erobert. Im 16. Jh. verlor sie ihre Bedeutung und verfiel. Von dem kargen Hügel hat man einen herrlich weiten Blick über den See und die dahinter liegenden Feuchtgebiete. Deutlich erkennt man an den regelmäßigen Grasstrukturen die einst hier angelegten Terrassen. **Sarichioi**, 8 km nördlich von Enisala, ist ein Lipowaner-Dorf (ca. 4000 Einw.). Die Kirchen der »Altgläubigen« (► Special S. 388) erkennt man an dem Doppelkreuz mit einem schrägen Balken. Von Enisala fährt man am besten zurück auf die Nationalstraße 22, da die Strecke in das ebenfalls von Lipowanern gegründete Dorf **Jurilovca** mit Schlaglöchern gespickt ist.

★★ Festung Histria

Griechische Siedler aus Milet gründeten im 7. Jh. v. Chr. am Ufer des Sinoe-Sees die **älteste Siedlung in Rumänien**. Damals war der See eine offene Bucht mit einem natürlichen Meereshafen, der wahrscheinlich im 2. Jh. n. Chr. allmählich versandet ist. Lange Zeit war Histria das wichtigste wirtschaftliche und kulturelle Zentrum der Region, ihr Wahrzeichen war ein Adler über einem Delphin. Im 1. Jh. n. Chr. eroberten die Römer die Stadt und bauten im 3./4. Jh. n. Chr. die einst durch drei vorgelagerte Wälle verstärkte Ringmauer. Dennoch gelang es den Awaren, Histria im 6. Jh. zu erobern und zu zerstören. Seit 1914 wird die antike Stadt ausgegraben, die Funde liegen in mehreren Schichten übereinander. Zu sehen sind Reste aus griechischer und vor allem aus römisch-byzantinischer Zeit (tägl. 9.00–17.00 Uhr, in der Saison bis zum Sonnenuntergang).

Man betritt die Stadt durch das Haupttor im Westteil der Mauer und gelangt auf einen von öffentlichen und privaten Gebäuden gesäumten trapezförmigen Platz. Von hier geht es auf einer gepflasterten Straße zu den Thermen (2./3. Jh.) im Süden der antiken Stadt. An diese schloss sich das Handwerkerviertel an. Im Osten sind Fundamente ehemaliger Wohnhäuser sowie die Reste einer großen Basilika (6. Jh.) zu sehen. Im Norden wurden Reste aus griechisch-hellenistischer Zeit ausgegraben.

! **Baedeker TIPP**

Ins Herz des Deltas

Die Geheimnisse des Labyrinths entdeckt man am besten mit ortskundigen Fischern und ihren kleinen Booten. Für sie ist der Tourismus mittlerweile zu einem guten Nebenverdienst geworden. Man trifft sie mit ihren Booten ebenfalls an der Donaupromenade in Tulcea oder in den kleinen Dörfern im Delta. Dann gleitet man unter Bäumen dahin, die sich als dunkelgrünes Dach über dem Kopf schließen, fährt durch Schilf und Teppiche von Seerosen oder nähert sich einem auf dem Wasser schaukelnden Schwarm Pelikane.

★ Museum ►

Ein sehenswertes Museum präsentiert Keramikfunde der Hamangia-Kultur aus dem Neolithikum (4200–3700 v. Chr.), Marmorfriese, Statuen, Gefäße aus hellenistischer Zeit sowie Grabsteine, Amphoren und Schmuck der Römer (Di.–So. 9.00–18.00 Uhr).

Schwarzmeerküste ►

Von Istria sind es keine 30 km bis zu dem **Badeort Mamaia** (► S. 225) an der für ihre langen Sandstrände bekannten Schwarzmeerküste.

Das Donaudelta, ein einzigartiges Ökosystem und größte Schilfrohrfläche der Welt

★★ Ausflüge ins Donaudelta (Karte ►S. 391)

UNESCO-Weltnaturerbe ►Special S. 388

Bis auf die Straße nach Murighiol sind die Straßen innerhalb des Deltas der **Dunarea** bzw. Donau für gewöhnliche Pkws nicht geeignet. Am besten erkundet man das Labyrinth aus Seen, Sümpfen, Kanälen, Auenwäldern und Schilf daher über den Wasserweg. Tulcea ist ein guter Ausgangspunkt für Bootstouren (tages- oder wochenweise). Die **drei Hauptkanäle** sind Chilia, Sf. Gheorghe und Sulina. Auskunft erhält man in der Touristeninformation, an der Donaupromenade in den verschiedenen Reisebüros oder bei einer der Schifffahrtsgesellschaften (►S. 382).

◄ Mit Ausflugs- oder Linienschiffen

Eine Alternative zum Ausflugsschiff ist die Fahrt mit einem der **Linienschiffe**, die die abgelegenen Dörfer im Delta mit Tulcea verbinden. Doch sollte man dann eine Übernachtung (meist in einem Privatquartier) oder in einem Boothotel einplanen, da oft am selben Tag kein Schiff mehr zurückfährt. Die Abfahrtszeiten in Tulcea sind in der Regel gegen 13.30 Uhr. Von den Zielorten geht es recht früh morgens zurück, so gegen 6.00 oder 7.00 Uhr. Achtung, nicht alle Orte werden täglich angefahren! Touren auf eigene Faust – man braucht eine offizielle Erlaubnis vom ARBDD (►S. 382) – können gefährlich sein, da man sich im Gewirr der vielen Kanäle und kleinen Seitenarme sowie im Schilf leicht verfahren kann.

★ Chilia-Arm

Über den Chilia-Arm (Bratul Chilia) gelangt man über Pardina und Chilia Veche bis ins Dörfchen Periprava. Der 115 km lange Kanal ist

Fauna einen geschützten Lebensraum. Wichtigster Faktor für die reichhaltige Biodiversität sind die schwankenden Wasserstände. Neben ständig überfluteten Arealen und trockenen Dünen bietet das Delta alle möglichen Zwischenstufen. Über 90 Fischarten leben hier, darunter Hechte, Barsche, Zander, Karpfen und zur Laichzeit der für seinen schwarzen Kaviar begehrte Stör, der bis zu 10 Zentner auf die Waage bringen kann. Nicht nur für Angler, auch für Ornithologen ist das Delta ein Paradies mit rund 330 teils bedrohten Vogelarten. Es ist das größte Rastgebiet für die Zugvögel, hier kreuzen sich nämlich sechs Vogelzugrouten. Pelikane sind die »Stars«, von den Krauskopfpelikanen leben rund 550 Paare im Delta, von den Rosapelikanen über 7000. Heimisch sind u. a. auch verschiedene Reiherarten, so die hier seltenen Seiden- und Silberreiher, Stelzenläufer, Löffler, Zwergkormorane und die Brandgans. Außerdem trifft man auf Otter, Bisamratten und Hermeline. Mehr als die Hälfte des zum Biosphärenreservat erklärten Donaudeltas ist vom Menschen nahezu unberührt.

Menschen im Delta

In dieser unzugänglichen, wildromantischen Landschaft leben ca. 15 000 Menschen in kleinen Dörfern oder in der Stadt Sulina als Fischer, Imker oder Schilfschneider. Ihre Lebensbedingungen sind wenig romantisch, die Natur fordert ihren Tribut. Neben Rumänen sind es viele **Minderheiten**, darunter Ukrainer, Russen, Italiener und Lipowaner, Nachkommen russischer Einwanderer, die 1654 vor religiöser Verfolgung aus Russland hierher flohen. Zwischen den Flussarmen des Donaudeltas fanden die »Altgläubigen« Schutz und konnten ungestört ihrem alten orthodoxen Glauben nachgehen und ihren Dialekt bewahren. Die meisten Ortsnamen sind deshalb zweisprachig. Ihre Häuser und Kirchen haben die Lipowaner gerne in einem leuchtenden Taubenblau gestrichen. Heute lebt die größte Gemeinde der Lipowaner mit 16 350 Mitgliedern in Tulcea.

der jüngste der drei Wasserstraßen und verläuft entlang der ukrainischen Grenze. Chilia Veche, die **griechische Siedlung Achillea**, ist mit Abstand der größte Ort (3000 Einw.) und wegen ihres Gefängnisses unter Ceauşescu berühmt-berüchtigt gewesen. Chilia Veche, einst eine Hafenstadt, liegt aufgrund der kontinuierlichen Verlandung mittlerweile 40 km von der Küste des Schwarzen Meeres entfernt! Es gibt ein paar Pensionen und in einem Zentrum wird die Tradition des **Schilfrohrflechtens** neu belebt. Die am ukrainischen Donauufer liegende Stadt Kiliya wurde von dem Moldaufürsten Stephan der Große (Ştefan cel Mare) im 15. Jh. gegründet.

◄ Chilia Veche

◄ Kiliya

Der **Roşca-See** (Lacul Roşca) südöstlich von Chilia Veche, ein streng schütztes Reservat, ist für seine große Pelikankolonie bekannt. Das Fischerdorf Periprava ist der letzte mit dem Linienschiff angefahrene Ort und Ausgangspunkt für Erkundungen des **Letea-Waldes** (Padurea Letea) mit bis zu 500 Jahre alten Eichen und Ulmen. Hier leben noch wilde Pferde, Bären und Adler. Über einen Seitenarm nach Sulina erreicht man das Dorf **Letea**, wo es Privatzimmer gibt.

*

◄ Periprava

Sulina-Arm

Der 62 km lange, fast schnurgerade Sulina-Arm (Bratul Sulina) ist die kürzeste Verbindung zum Schwarzen Meer. Bereits 1880–1902 wurde

Donaudelta Orientierung

Übernachten • Essen

① Tulcea: Delta Select ② Uzlina: Cormoran ③ Murighiol: Campingplatz ④ Enisala: Enisala Safari Village

? WUSSTEN SIE SCHON ...?

- Seit Jahrhunderten wird das Reet aus dem Delta wirtschaftlich genutzt und heute nach ganz Europa exportiert. Fünf Jahre wächst das Rohr, in denen es jährlich geschnitten wird, dann ergibt es zehn bis zwölf Jahre beste Qualität. Anschließend muss das Feld ein paar Jahre ruhen. Im Winter wird das noch grüne Schilf geschnitten. Im Frühjahr, es ist nun gelb, wird es gesäubert, sortiert und gebunden. U. a. wird es zum Dachdecken genutzt, die Bündel auf dem Dach müssen alle 40 bis 50 Jahre erneuert werden, jedoch nur die oberen Schichten.

die 150 m breite und 7,5 bis 25 m tiefe Fahrrinne ausgebaggert und erlaubt heute auch großen Schiffen die Passage nach Tulcea und Brăila. Der nördlich liegende Furtuna-See (Lacul Furtuna) ist einer der größten des Deltas und ein beliebtes Revier von Schwänen, Moorhennen und Pelikanen. In **Mila 23** geht die **Alte Donau** (Dunarea Veche) vom Sulina-Kanal ab. Der seltsame Name des 600-Seelen-Dorfs geht zurück auf englische Ingenieure, die bei »null« in Sulina mit dem Kanalbau begonnen und in Mila Meile 23 erreicht hatten.

★ Crişan ► Das alte Fischerdorf Crişan (500 Einw.) ist ein guter Ausgangspunkt für kleinere Touren zu den Natursehenswürdigkeiten des Deltas. Hier findet man leicht eine Privatunterkunft, auch gibt es zahlreiche Boote zu mieten, um die nahen Seen und Kanäle zu erkunden. Ein Anziehungspunkt ist der von Sandbänken umgebene **Caraorman-Wald** (türkisch = Schwarzer Wald) bei dem gleichnamigen Dorf. Im Dickicht leben noch Eulen, Bären, Wölfe und Wildkatzen.

★ Sulina ► Das bereits um 950 erwähnte Sulina ist die östlichste Stadt Rumäniens und Europas. Die mit über 5000 Einwohnern größte Siedlung des Deltas war ein bedeutender Hafen, egal ob für Kaufleute, Abenteurer oder Piraten. Wahrzeichen ist der 18,5 m hohe **Leuchtturm** von 1802. Im 19. Jh. war Sulina Sitz der Europäischen Donaukommission, die den Ausbau der Wasserstraße leitete. Das Großprojekt zog Arbeiter aus ganz Europa an, wovon noch die unterschiedlichen Grabinschriften auf dem Friedhof zeugen. In Sulina legen die großen Kreuzfahrtschiffe aus aller Welt an. In den Sommermonaten überrascht der Ort mit munterem Nachtleben.

★★ **Sfântu-Gheorghe-Arm**

Der nach dem hl. Georg benannte, 109 km lange Sfântu-Gheorghe-Arm (Bratul Sfântu Gheorghe) ist nur für kleine Schiffe passierbar und vor allem für seine abwechslungsreiche Landschaft bekannt.

Mahmudia ► Das nach einem türkischen Sultan benannte Dorf Mahmudia ist über Wasser und über den Landweg zu erreichen. Laut einer Legende hatte sich der Sultan Mahmud in ein Fischermädchen aus dem Dorf verliebt, das aber bereits einen anderen liebte. Da befahl der Sultan dem Mädchen, ihm ein wasserdichtes Hemd zu weben, sonst würde er ihren Geliebten töten. Verzweifelt setzte sie sich ans Donauufer und begann zu weinen. Die Donau-Fee erhörte ihr Flehen, schenkte ihr das benötigte Hemd und der Sultan musste das Paar in Frieden lassen. Im Dorf gibt es auf einem Hügel am Ufer die Reste der einstigen Festung Salsovia sowie ein kleines Volkskundemuseum.

Murighiol

Nur 8 km ist es bis Murighiol (türkisch = lila See), wo sich zwischen dem 6. Jh. v. Chr. und dem 7. Jh. nach Chr. die **antike Stadt Halmyris** befand. In den Grundmauern der alten Basilika wurden die Gebeine der Märtyrer Epictet und Astion gefunden. Der größte Teil der einstigen Stadt wartet noch auf seine Ausgrabung. Zur Zeit Ceaușescus, der hier am Kanal eine Residenz hatte, hieß der Ort Independența. Murighiol ist ein guter Ausgangspunkt für Touren in den abgeschiedenen Ort **Uzlina** und die dahinter liegenden Seen mit ihren Schwanen- und Pelikankolonien.

* Sfântu Gheorghe

Das Fischerdorf Sfântu Gheorghe direkt am Schwarzen Meer ist seit 1318 beurkundet und für seine gute Fisch-Küche, speziell den Schwarzen Kaviar, bekannt. Der lange, von schönen Dünen gesäumte Sandstrand lädt zu endlosen Spaziergängen ein.

REGISTER

Der Übersichtlichkeit wegen sind im folgenden Register die Vokale mit verschiedenen Sonderzeichen ins Alphabet eingeordnet.

a

b

c

t

u

VERZEICHNIS DER KARTEN & GRAFISCHEN DARSTELLUNGEN

BILDNACHWEIS

akg-images/H. Maack S. 66
Eastway/Mediafax S. 31
M. Eichler S. 5 (Mitte), 7, 9, 10, 11 (oben), 12 (unten), 30, 34, 136 (kleine Abb.; © VG Bild-Kunst, Bonn 2008), 153, 158, 160, 180, 183 (unten), 201, 227, 235, 279, 286, 296, 297 (oben links), 298, 332, 337, 345, 348, 367
V. Ionescu S. 182, 184
E. Hagenberg-Miliu S. 45, 75, 123 (oben links), 228, 254
HB Verlag S. 5 unten, 388 (O. Meinhardt); 123 unten (T. Schulze)
Interfoto/M. Fellerer S. 64
Galerie Michael Janssen/Alistair Overbruck S. 55
M. Kirchgessner S. 328
S. Lehretter S. 12 (oben), 283, 316, 365, 378
Mauritius/Imagebroker S. 202
O. Meinhardt S. 73, 88, 96, 108, 120/121, 149, 171, 209, 259, 261, 267, 292, 313, 357
Dinu Mendrea S. 8/9, 164, 169
Radu Mendrea S. 11 (Mitte), 93
Sandu Mendrea S. 38, 146, 196, 239, 251, 343, 372
Sandu & Dinu Mendrea S. 295, 297 (oben rechts)
picture alliance S. 47 (AFP), 59 (epa pap Bednarczyk), 63 (W. Kumm), 70 (I. Schiffler)
H.-G. Roth S. 100, 281
Rumänisches Fremdenverkehrsamt S. 14, 115, 143, 194, 207, 301, Umschlagklappe
H. Schmeck S. 4, 5 (oben), 11 (unten), 12 (Mitte), 17, 27, 42, 48, 50, 51, 67, 76, 84, 87, 105, 123 (rechts oben), 136/137, 150, 163, 166, 167 (oben), 168, 178, 183 (oben), 213, 218, 220, 222, 224, 232 (© VG Bild-Kunst, Bonn 2008), 237, 255 (© VG Bild-Kunst, Bonn 2008), 256, 271, 287, 289, 290, 309, 314, 320, 335, 342, 350, 359, 363, 371, 384, vordere Umschlaginnenseite
J. Sieckmeyer S. 1, 6, 29, 36, 53, 156, 167 (unten), 175, 244, 248, 275, 297 (unten), 323, 354, 390, hintere Umschlagaußenseite
Transit/T. Schulze S. 13, 23, 387 (T. Schulze); 74/75, 185, 199, 326 (P. Hirth)

Titelbild: Transit/O. Meinhardt

IMPRESSUM

Ausstattung:
161 Abbildungen, 35 Karten und grafische Darstellungen, eine Reisekarte
Text:
Anne Kotzan
Mit einem Beitrag von Reinhard Zakrzewski (Klima)
Bearbeitung:
Baedeker Redaktion
(Anja Schliebitz, Beate Szerelmy)
Kartografie:
Christoph Gallus, Hohberg; MAIRDUMONT, Ostfildern (Reisekarte)
3D-Illustrationen:
jangled nerves, Stuttgart
Gestalterisches Konzept:
independent Medien-Design, München (Kathrin Schemel)

Sprachführer in Zusammenarbeit mit Ernst Klett Sprachen GmbH, Stuttgart, Redaktion PONS Wörterbücher

Chefredaktion:
Rainer Eisenschmid, Baedeker Ostfildern

1. Auflage 2009

Urheberschaft:
Karl Baedeker Verlag, Ostfildern

Nutzungsrecht:
MAIRDUMONT GmbH & Co KG; Ostfildern

Printed in China
Gedruckt auf 100% chlorfrei gebleichtem Papier

atmosfair: Handeln statt reden

- Reisen bereichert und verbindet Menschen und Kulturen. Doch wer reist erzeugt auch CO_2. Der Flugverkehr trägt mit bis zu 10% zur globalen Erwärmung bei. Wer das Klima schützen will, sollte nach Möglichkeit schonend reisen, z. B. mit der Bahn. Wenn keine Alternative zum Fliegen besteht, kann man mit *atmosfair* handeln und klimafördernde Projekte unterstützen. atmosfair ist eine gemeinnützige Klimaschutzorganisation unter der Schirmherrschaft von Klaus Töpfer. Die Idee: Flugpassagiere spenden einen kilometerabhängigen Beitrag für die von ihnen verursachten Emissionen und finanzieren damit in Entwicklungsländern Projekte, die den Ausstoß von Klimagasen verringern helfen. Dazu berechnet man auf **www.atmosfair.de** mit dem Emissionsrechner, wieviel CO_2 der Flug produziert und was es kostet, eine vergleichbare Menge Klimagase einzusparen (z.B. Berlin – London – Berlin 13 Euro). atmosfair garantiert die sorgfältige Verwendung Ihres Beitrags. Auch die Mitarbeiter des Karl Baedeker Verlags fliegen mit *atmosfair*. Unterstützen auch Sie unser Klima. Alle Informationen dazu auf www.atmosfair.de.

BAEDEKER VERLAGSPROGRAMM

- Ägypten
- Algarve
- Allgäu
- Amsterdam
- Andalusien
- Athen
- Australien
- Australien • Osten
- Bali
- Baltikum
- Barcelona
- Belgien
- Berlin • Potsdam
- Bodensee
- Brasilien
- Bretagne
- Brüssel
- Budapest
- Bulgarien
- Burgund
- Chicago • Große Seen
- China
- Costa Blanca
- Costa Brava
- Dänemark
- Deutsche Nordseeküste
- Deutschland
- Deutschland • Osten
- Djerba • Südtunesien
- Dominik. Republik
- Dresden
- Dubai • Vereinigte Arabische Emirate
- Elba
- Elsass • Vogesen
- Finnland
- Florenz
- Florida
- Franken
- Frankfurt am Main
- Frankreich
- Fuerteventura
- Gardasee
- Golf von Neapel
- Gomera
- Gran Canaria
- Griechenland
- Griechische Inseln
- Großbritannien
- Hamburg
- Harz
- Hongkong • Macao
- Indien
- Irland
- Island
- Israel
- Istanbul
- Istrien • Kvarner Bucht
- Italien
- Italien • Norden
- Italien • Süden
- Italienische Adria
- Italienische Riviera
- Japan
- Jordanien
- Kalifornien
- Kanada • Osten
- Kanada • Westen
- Kanalinseln
- Kapstadt • Garden Route
- Kenia
- Köln
- Kopenhagen
- Korfu • Ionische Inseln
- Korsika
- Kos
- Kreta
- Kroatische Adriaküste • Dalmatien
- Kuba
- La Palma
- Lanzarote
- Lissabon
- Loire
- London
- Madeira
- Madrid

- Malediven
- Mallorca
- Malta • Gozo • Comino
- Marokko
- Mecklenburg-Vorpommern
- Menorca
- Mexiko
- Moskau
- München
- Namibia
- Neuseeland
- New York
- Niederlande
- Norwegen
- Oberbayern
- Oberital. Seen • Lombardei • Mailand
- Österreich
- Paris
- Peking
- Piemont
- Polen
- Polnische Ostseeküste • Danzig • Masuren
- Portugal
- Prag
- Provence • Côte d'Azur
- Rhodos
- Rom
- Rügen • Hiddensee
- Rumänien
- Russland (Europäischer Teil)
- Sachsen
- Salzburger Land
- St. Petersburg
- Sardinien
- Schottland
- Schwäbische Alb
- Schwarzwald
- Schweden
- Schweiz
- Sizilien
- Skandinavien
- Slowenien
- Spanien
- Spanien • Norden • Jakobsweg
- Sri Lanka
- Stuttgart
- Südafrika
- Südengland
- Südtirol
- Sylt
- Teneriffa
- Tessin
- Thailand
- Thüringen
- Toskana
- Tschechien
- Tunesien
- Türkei
- Türkische Mittelmeerküste
- Umbrien
- Ungarn
- USA
- USA • Nordosten
- USA • Südwesten
- Usedom
- Venedig
- Vietnam
- Weimar
- Wien
- Zypern

LIEBE LESERINNEN, LIEBE LESER,

ein herzliches Dankeschön, dass Sie sich für einen Baedeker Allianz Reiseführer entschieden haben. Er wird Sie zuverlässig auf Ihrer Reise begleiten und Sie nicht im Stich lassen.
Natürlich beschreibt er die wichtigen Sehenswürdigkeiten, aber er empfiehlt auch Hotels für den großen und kleinen Geldbeutel, gibt Tipps für Restaurants, Shopping und für vieles mehr, was eine Reise zum Erlebnis macht. Dafür hat unsere Autorin Anne Kotzan Sorge getragen. Sie ist für Sie regelmäßig nach Rumänien gereist und hat all ihre Erfahrungen und Kenntnisse in diesen Reiseführer gepackt.

Trotzdem: Die Erfahrung zeigt, dass Fehler und Änderungen nach Drucklegung, für die der Verlag keine Haftung übernehmen kann, nicht ausgeschlossen werden können. Für Kritik, Berichtigungen und Verbesserungsvorschläge sind wir Ihnen außerordentlich dankbar. Schreiben Sie uns, mailen Sie uns oder rufen Sie an:

► **Verlag Karl Baedeker GmbH**
Redaktion
Postfach 3162
D-73751 Ostfildern
Tel. (0711) 4502-262, Fax -343
E-Mail: info@baedeker.com

Besuchen Sie uns auch im Internet unter www. baedeker.com. Hier finden Sie jeden Monat den aktuellen Reisetipp der Redaktion und das gesamte Verlagsprogramm. Hier können Sie auch lesen, wer Karl Baedeker war und wie er seinen ersten Reiseführer geschrieben hat. Mit seinen über 180 Jahren ist der Karl Baedeker Verlag der älteste Reiseführer-Verlag der Welt.

www.baedeker.com

ZU GEWINNEN: STADTREISE NACH LONDON

Unter allen Einsendungen verlost der Verlag am Jahresende – unter Ausschluss des Rechtswegs – eine Städtekurzreise für zwei Personen nach London.
Freuen Sie sich auf ein spannendes Wochenende in London. Natürlich ist ein Baedeker Allianz Reiseführer London auch dabei!